国家出版基金资助项目
"十二五"国家重点图书出版规划项目

张劲夫　罗波◎著

独龙江文化史纲：
俅人及其邻族的社会变迁研究

芜野东南的民族丛书

何国强　主编

中山大学出版社
·广州·

版权所有　翻印必究

图书在版编目（CIP）数据

独龙江文化史纲：俅人及其邻族的社会变迁研究/张劲夫，罗波著.—广州：中山大学出版社，2013.12

（芜野东南的民族丛书/何国强主编）

ISBN 978-7-306-04696-3

Ⅰ.①独… Ⅱ.①张… ②罗… Ⅲ.①独龙族—民族文化—文化史—研究—中国 Ⅳ.①K286.5

中国版本图书馆 CIP 数据核字（2013）第 216477 号

出 版 人：徐　劲
策划编辑：嵇春霞
责任编辑：嵇春霞
封面设计：林绵华　曹巩华
责任校对：廖泽恩
责任技编：何雅涛
出版发行：中山大学出版社
电　　话：编辑部 020-84111996，84113349，84111997，84110779
　　　　　发行部 020-84111998，84111981，84111160
地　　址：广州市新港西路 135 号
邮　　编：510275　　传　真：020-84036565
网　　址：http://www.zsup.com.cn　　E-mail: zdcbs@ mail.sysu.edu.cn
印 刷 者：广州中大印刷有限公司
规　　格：787mm×1092mm　1/16　19.75 印张　376 千字
版次印次：2013 年 12 月第 1 版　2013 年 12 月第 1 次印刷
印　　数：1~2000 册　　定　价：52.00 元

如发现本书因印装质量影响阅读，请与出版社发行部联系调换

总　　序

黄淑娉

青藏高原古称"芃野"①，"喜马拉雅"与"横断"两条山脉在东南交汇，形成北半球地表褶皱最明显而紧密的区域——纵横千里，层峦叠嶂，忽而峡谷幽深、激流汹涌，忽而悬崖突兀、雪峰傲立。雄奇的景观掩饰着严酷的自然。适宜耕种的土地集中在河谷，陡峭的高坡土层稀疏、岩石裸露、杂草丛生，经常发生泥石流。山川、植被、动物、村庄依季节交替呈现出各种姿态：旱季，尘土飞扬、风霜严寒、万物萧条；雨季，四野青翠、鸟语花香、人畜徜徉于云端。

芃野东南素有"民族摇篮"之称。在北纬25°～38°、东经90°～104°的广袤区域，由东至西，有金沙江、澜沧江、怒江、独龙江和雅鲁藏布江，史前时代的汉羌之争，造成部分羌人融为汉族，部分羌人西迁。② 西迁的羌人一部分沿着江河古道北上甘青，另一部分南下川滇，到达今川、滇、藏交界区，更有一些部落进入了东南亚。他们南北行走的整套路线分布的区域到公元前4世纪业已形成民族走廊。《史记》记载了张骞出使大夏（今阿富汗）见到四川特产的见闻③，那是公元前2世纪发生的事情。又过了两个世纪，最后一批迁徙者

---

① 《诗经·小雅·小明》曰："明明上天，照临下土。我征徂西，至于芃野。二月初吉，载离寒暑。心之忧矣，其毒大苦！……"大意为周天子令诸侯征伐氐羌系部落，西行到青藏高原，将士思乡，无心恋战，企图班师回朝的情景。《说文解字》解"芃"，一为"远荒"；一为草本植物，如"秦芃"——兰花形，生长于黄土高原与青藏高原接壤地带、海拔3 000米的荒野，愈往西愈密。故"芃野"指今青藏高原东部，即今川、青、滇、藏四个省（自治区）相交界的区域。

② 如（南北朝）范晔《后汉书·卷八十七·西羌传第七十七》（景印文渊阁四库全书本第252～253册）有"秦献公初立，欲复穆公之迹，兵临渭首，灭狄獂戎。忍季父卬畏秦之威，将其种人附落而南，出赐支河曲西数千里，与众羌绝远，不复交通"的记载，说战国初期（公元前475年）以"卬"为首的一支羌人迫于族群竞争的压力，由今甘陕地区向西南徙迁至玉树地区。

③ 汉朝的四川特产远播大夏绝不可能走西域丝绸之路，那样将徒增路程，最有可能的是走西南丝绸之路，起点为成都，终点为印度甚至波斯（今伊朗），中间点为夜郎（今贵州）、滇（今昆明）、南诏（今大理）、缅甸。这说明中西交通很早就贯通了。

沿着民族走廊进入东南亚。东晋、十六国时期（317—420年），鲜卑族从大兴安岭西迁，抵达青海湖与当地羌人杂处，出现西羌、吐谷浑、白兰、党项、附国、吐蕃、姜人等古代部族，也有南迁的情况出现。各氏族部落在南迁路中定居、联姻、繁衍，发生贸易、战争和宗教行为，经过千百年的基因采借与文化交汇，演变出藏族、门巴族、珞巴族、纳西族、傈僳族、怒族、独龙族、景颇（克钦）族、克伦族、骠族、缅族、掸族等境内外民族。① 元明以降，封建国家的势力先后侵及这片土地。目前，一块归中国，一块归印度，一块归缅甸。《羌野东南的民族丛书》就揭示了中国西南川、滇、藏和川、青、藏接壤地带极具内涵的民族文化。这些民族是藏族、纳西族、怒族、独龙族和傈僳族。这些民族人们的体质特征与三支种群有关：①蒙古北亚人，特征是高身材、中头型、高鼻型、前额平坦、黑眼珠，男人高大英俊，女人身材颀长；②蒙古南亚人，特征是身材略矮、低头型、前额微窄、褐色眼珠、低鼻型；③"藏彝走廊"型，介于前两者之间，又自成一类，其特征是中身材、中头型、中鼻型，孩子的眼珠较黑，成人的眼珠泛褐。具体来说，怒族和独龙族人带有蒙古南亚人的体质特征，藏族、纳西族和傈僳族人带有"藏彝走廊"型的体质特征。由于藏族人的来源复杂，内部族群众多，有的体质特征偏向蒙古北亚人。例如，三岩藏族人的体质特征与塔吉克族、维吾尔族、锡伯族、哈萨克族、蒙古族等北方民族关系密切些，跟藏彝类型的藏族关系疏远些。② 无论体质特征如何，这5个民族的人民都有率真淳厚、健谈好客、谦让刚毅、吃苦耐劳的一面。人们因地制宜谋取生活资料，建造房屋，修建梯田，引水渡槽，高山放牧；人们也抽烟喝酒、唱歌跳舞，知足常乐。

新中国成立后，党和政府组织集中进行民族识别（1953—1956年）和少数民族语言与社会历史调查（1956—1958年）。根据20世纪80年代出版的《民族问题五种丛书》的描述，当时藏族、纳西族、怒族、独龙族和傈僳族等民族已出现社会分化：有的社会结构呈尖锥形，如藏族的农奴制、纳西族的土司制；有的社会结构呈钝锥形，如保留着原始公社残余的怒族和独龙族。民族文化的保持与传承是通过社会结构来实现的。独龙江两岸的村落出现了头人、大小巫师（南木萨、龙萨）、工匠、平民、家奴。前三种人基本上是富裕的族人，他们拥有土地，蓄养奴隶，并未完全脱离劳动。奴隶来自债务和买卖，成为家庭的一员，由主人安排婚姻，给予经济开支。奴隶在公共场合（如祭礼、

---

① 参见（五代）刘昫《旧唐书》卷197列传第147（景印文渊阁四库全书本第268～271册，台湾商务印书馆1983年版）和（宋）欧阳修《新唐书》卷222上列传第147上下（景印文渊阁四库全书本第272～276册，台湾商务印书馆1983年版）关于南蛮、西南蛮和骠国的描述。

② 参见何国强、杨晓芹、王天玉等《三岩藏族的体质特征研究》，载《人类学学报》2009年第4期，第408～417页。

公议、公断等）与平民有身份界限。劳动过程中主仆地位不同，主人为奴隶提供生产资料（如土地、牲畜、农具、种子），并占有全部收获物。人们在社会结构中各居其位，各层次的差别不大，在血缘、地缘基础上发生的共济、共庆、换工等集体行为维持着内部平等，原始宗教和基督教起到恐吓叛逆者、安抚民众、制止反抗的作用。旧的社会结构被打碎以后，新的社会结构逐步建立，其所传承的文化与过去有着质的不同。

17世纪，西方人陆续进入喜马拉雅东部山区与横断山脉南部的多条河谷。早期的传教士、探险家带着猎奇的眼光看待这里的风土人情。19世纪伊始，民族学家、地理学家、行政人员、桥梁工程师开始进入这片地域上无人知晓、地图上一片空白的沃野。到20世纪40年代末的150年间，他们记录了大量宝贵的材料。英国、美国、印度三国学者的成绩尤为突出，如果只见他们为殖民政府服务的一面而不见其科学记述的一面是不公平的。在此，我愿意借鉴沙钦·罗伊的书单①，肯定J.马肯齐、J.布特勒、G.W.贝雷斯福德、A.F.查特尔、P.C.巴利、B.C.戈海尔、M.D.普格②等人的工作；我还要提到F.M.贝利、F.K.沃德、维雷尔·埃尔温、P.N.S.古塔、马骏达、N.罗伊、B.C.古哈和S.罗伊等人的努力，特别是约瑟夫·洛克、克里斯托夫·冯·菲尤勒-海门道夫和埃得蒙·利奇的奉献。

洛克于1922年到达中国西南边陲，在川、青、甘、滇接壤地带考察，为美国农业部、国家地理协会和哈佛大学收集植物和飞禽标本，在丽江度过了27年。随着时间的推移，洛克的研究兴趣转移到纳西族的文化上。他的《纳西英语百科词典》收入了东巴教及濒于消亡的古纳西语，他撰写的《中国西南古纳西王国》叙述了当时甘青交界处、滇西北、川西南和西藏纳西族居住区域的地理、历史、物产和文化。1992年，迈克尔·阿里斯在纽约出版了《喇嘛、土司和强盗》，以图文并茂的形式回顾了洛克在川、滇、藏的田野研究经历。③

第二次世界大战期间，利奇在克钦山区打游击。那个地区为中国的滇、藏和印度的阿萨姆邦三面环绕，有号称"野人山"的莽莽丛林。利奇广泛地接

---

① 参见（印）沙钦·罗伊《珞巴族阿迪人的文化》，李坚尚、丛晓明译，西藏人民出版社1991年版，第297～302页。

② 他们的代表作分别为《孟加拉东北极边地区山区部落记事》（1836年版）、《阿萨姆山区部落概述》（1847年伦敦版）、《阿萨姆东北边境记》（1881年西隆版、1906年重印）、《阿波尔的吊桥》（载《皇家工程师》1912年第16卷）、《阿萨姆山区部落的头饰》（载《皇家孟加拉亚细亚学会会刊》1929年总字第25卷）、《阿波尔人的农业组织》（载《人类学系调查报告》1954年第3卷第2册）、《东北边境特区的娱乐活动》（1958年版）等，这里仅仅提到很少的一部分。

③ 参见 Michael Aris *et al. Lamas, Princes, and Brigands: Joseph Rock's Photographs of the Tibetan Borderlands of China.* China House Gallery, China Institute in America, 1992.

触克钦人，于1954年出版《上缅甸诸政治体系》，提出社会转变的动力学模型。几乎在同一时期，克里斯托夫·冯·菲尤勒-海门道夫在印度调查了10年，期间以特派员的身份在阿萨姆地区工作两年。他和妻子贝蒂·勃纳多在调查阿帕塔尼人①的间隙中，专程到麦克马洪线以南的斯皮峡谷，那里距离西藏的瓦弄咫尺之遥。因物资供应不足，1944年4月2日夫妇俩开始撤退，准备翌年再进行调查，后因印度政府决定推迟这项计划，最终未能进入西藏察隅地区。海门道夫基于田野调查的12本书②对于青藏高原的研究极具参考价值。

20世纪50年代以后的民族学家，无论是美国人、英国人、法国人、印度人，还是中国人，都是在利用前人收集的原始资料、绘制的地图、提炼的概念、阐述的命题和他们的民族识别、文化分类的成果，并汲取他们务实与求真的精神力量。

中国学者对青藏高原东南部的民族调查可追溯到抗日战争时期，左仁极、羊泽、朱刚夫、李式金、李中定、陶云逵、黄举安（以姓氏笔画为序）等人曾赴三江（金沙江、澜沧江、怒江）并流地区，调查成果虽然一鳞半爪，但科学精神不可低估。李霖灿、方国瑜、杨仲鸿对纳西语的研究尤其值得一提。新中国成立后的几十年间，我的同仁，如王辅仁、王晓义、孙宏开、刘龙初、刘芳贤、宋恩常、宋兆麟、吴从众、李坚尚、杨毓襄、张江华、姚兆麟、龚佩华、谭克让、蔡家骐、欧阳觉亚（以姓氏笔画为序）等，跋涉于川、青、滇、藏交界区的山水之间，也提出批判地学习和吸收西方人类学的任务。③ 1979年，西藏社会科学院资料情报研究所在北京成立，后迁至拉萨，组织翻译了一批文献，吴泽霖、费孝通都身体力行地做过译介工作。④ 由于各种原因，我们的研究起步较晚，田野研究缺乏长期性、系统性，理论方法上也有故步自封的表现，偏重于社会经济形态的素材，而较容易忽视社会组织、风俗制度与意识形态的素材。

---

① 中国民族学界有一种观点，认为阿帕塔尼人与珞巴族人同源，阿帕塔尼是珞巴族的组成部分。珞巴族包含20多个部落，如尼升、巴依、玛雅、纳、崩尼等，其经济形态与独龙族完全相同。

② 它们是《赤裸的那加人：阿萨姆邦的猎头部落的战争与和平》（1939年第1版、1968年第2版、1976年第3版）、《苏班西尼地区的民族学注释》（1947年版）、《喜马拉雅山区未开化的民族》（1955年版）、《阿帕塔尼人和他们的邻族：喜马拉雅山东部的一个原始社会》（1962年版，有中译本）、《尼泊尔的夏尔巴人：信佛的高地居民》（1964年版）、《尼泊尔、印度和锡兰的社会等级制度和血缘关系：对印度教与佛教相接触地区的人类学研究》（1966年版）、《尼泊尔人类学述略》（1974年版）、《喜马拉雅山区的贸易者：尼泊尔高地的生活》（1975年版，前三章半有中译本）、《喜马拉雅山地部落：从牲畜交换到现金交易》（1980年版）、《阿鲁纳恰尔邦的山地人》（1982年版）、《西藏文明的复兴》（1990年版）和《在印度部落中生活：一位人类学家的自传》（1990年版中译本）。

③ 参见林耀华《序》，见黄淑娉、龚佩华《文化人类学理论方法研究》，广东高等教育出版社2004年版。

④ 参见《费孝通译文集·前言》（上册），群言出版社2002年版，第2页。

改革开放以来,国内强调"补课",出版了不少社会文化人类学(民族学)的理论著述,这是可喜可贺的。最近十几年,获得高级职称的中青年学者也越来越多。但是,不可否认,一些民族学工作者欠缺实地调查的经历,学界对田野调查的要求放松,对边陲少数民族的研究远远不够,市面上田野研究的著述稀少。有人说,目前田野工作的条件(如交通、通讯、住宿、饮食、医疗、安全、语言沟通、调查工具和手段等)较之20世纪五六十年代不知改善了多少,可如今的实地调查与书斋研究的比例较之于过去不知减少了多少。① 本人深有同感。我虽然退休多年,但也知道一点外面的情况。现在科研的资助力度每年都在增大,下达的课题也在增多,出版界欣欣向荣,民族类的期刊、书籍相当多;但是,深入扎实的调查研究没有跟上来。由于辛勤收集第一手资料和认真提炼、精巧构思并以朴实平正的笔调叙述的作品不太为社会所赏识和鼓励,因此田野作品越来越少。这种情况与历史的发展很不合拍。就青藏高原东南部而言,随着旅游的开发,三江并流自然景观被列入《世界遗产名录》,社会对非物质文化的保护意识被带动起来了,国内外迫切需要了解这一区域的民族现状,抢救、整理和保存当地的原生态文化迫在眉睫。但经常到农牧区做调查的人不多。原因何在?这恐怕与投入和产出的衡量标准有关。譬如,有些环境陌生而艰苦,原创性作品生产周期长,即使出得来,社会反应也需要一定时间,不如"跟风"成效快。"不可否认,学界急功近利的浮躁之风,评判成果室内室外一刀切的做法,都是使田野调查边缘化的原因。"② 我认为,端正调查之风、调整激励机制势在必行,否则民族学研究将难以为继,更谈不上以良好的姿态服务于社会。

西北川、青、藏交界区,以及西南边陲川、滇、藏接壤地区,民族学资源异常丰富,吸引着以何国强教授为首的研究团队不畏艰苦、锲而不舍地调研。这套由7部专著组成的丛书即有选择性地介绍了那里的民族文化。分册和作者名依次为《青藏高原的婚姻和土地:引入兄弟共妻制的分析》(坚赞才旦、许韶明)、《碧罗雪山两麓人民的生计模式》(李何春、李亚锋)、《整体稀缺与文化适应:三岩的帕措、红教和民俗》(许韶明、坚赞才旦)、《独龙江文化史纲:俅人及其邻族的社会变迁研究》(张劲夫、罗波)、《青藏高原东部的丧葬制度研究》(叶远飘)、《妇女何在?三江并流诸峡谷区的性别政治》(王天玉)、《滇藏澜沧江谷地的教派冲突》(王晓、高薇茗、魏乐平)。翻开细细品

---

① 参见郝时远主编《田野调查实录:民族调查回忆·前言》,社会科学文献出版社1999年版,第3页。

② 英国皇家人类学会编订:《人类学的询问与记录·序言》,周云水、许韶明、谭青松等译,国际炎黄文化出版社2009年版,第13~14页。

味，看得出作者们长期研究的积累。主编何国强教授是我的学生，也是这个研究团队的组织者。他 17 年来坚持探索汉藏区域文化，主张多学科相结合，调查素材、史志和理论三点互补，中外资料融会贯通，以及汉族区域和少数民族区域的文化现象互为衬托的研究思路。自 1996 年夏天至今，他已 11 次踏上青藏高原。担任博士生导师以后，他努力寻求基金会的支持①，推动每一届研究生到青藏高原东部和东南部选题作论文，秉承老一辈民族学家研究西南民族的传统，深入偏远的高山峡谷。据我所知，另外 10 位中青年作者在跟随他学习期间，除极少数人之外，皆有 1 年左右的调查经历，目前分别在高校或科研部门工作。他们的成果与书斋式的研究不同，每一本书都充满鲜活的材料，讲理论、重实际，穿插纵横（时空）比较和跨文化研究（类型）比较，散发着田野的芬芳。

　　调查员根据已有的知识草拟提纲，到当地观察、询问和感受，苦学语言，一丝不苟地记录，孜孜不倦地追寻文化变迁的足迹，修正调查提纲和理论预设。他们入乡随俗、遵循当地礼节，与村民建立互信，由此获得可信的感知材料。但这套丛书不是田野材料的机械堆砌，而是在科学方法和理论模块引导下的分析、综合与描述，不仅揭示了该地区存在的一些问题——如风俗制度的动力和机制、传统生计的命运、社会转型时期妇女的角色变迁等——而且对这些问题做出了切合实际的解答。

　　这套丛书坚持了民族学研究偏远之地的优良传统，同时强调多维视角，突出科研的前沿性、创新性及应用性，对于边疆少数民族的研究具有弥足珍贵的作用，同时给东南亚乃至世界的民族学提供了参考价值；在抢救和整理濒临绝境的原生态文化方面，体现了学术研究在增进国民福祉及促进社会和谐过程中的作用，在为西部开发提供决策依据并带动民族文化的保护性研究等方面均有不可忽视的意义。

　　这套丛书还凸显了"好料做好菜"的诀窍。前期 4 个课题资助，10 余年田野调查取得的第一手资料绝不会自动转化为社会公认的产品，需要紧扣"民族特色"提炼选题，科学搭配，形成整体效应。编者先是将婚姻与丧葬制度、血缘组织、传统生计、本地宗教和外来宗教（东巴教、藏传佛教和天主教）的碰撞、妇女地位、先进民族的帮助与后进民族的发展等选题集合在一个总题目下共同反映特定区域的文化，"好菜"就做了一半；继而在中山大学

---

　　① 本研究相关课题获得 4 次资助，即"青藏高原的兄弟共妻制研究：以卫藏和康的五个社区为例"（香港中山大学高等学术研究基金，2004—2005 年）、"青藏高原东部三江并流地区民族文化的历史人类学研究"（教育部人文社会科学基金，2006—2008 年）、"三江并流峡谷的民族文化和社会结构变迁研究"（国家社会科学基金，2007—2009 年）、"川青滇藏交界区民族文化多样性的动力学研究"（国家社会科学基金，2012—2014 年）。

出版社的鼎力协助下申请国家出版基金资助项目,争取新的资源来整合后续工作。这样,整道"菜"就做好了。以上两点在何国强教授与中山大学出版社的通力合作中可见端倪,同时专家的支持①也相当重要。在这个基础上,各分册的作者和责任编辑保持良好的互动,认真审稿,精益求精地修改文本、补充资料、优化结构,本着为人民高度负责的精神对待自己的职业。凡此皆说明学术界与出版界的精诚合作对于完成科研成果转换的重要作用。

---

① 这套丛书于2011年入选"十二五"国家重点图书出版规划项目,2012年入选国家出版基金资助项目。两次申报工作,均得到四川省社会科学院任新建研究员和中国人民大学胡鸿保教授的极力推荐。

目录

导论　独龙族生存的动力模式/1
　　第一节　峡谷中的独龙族……………………………… 1
　　第二节　生存的动力学：一个可操作的研究模式 … 19
　　第三节　田野工作与资料来源…………………………… 33

第一章　食物的生产及技能的调适/41
　　第一节　食物的供给与技能习得 …………………… 41
　　第二节　以政府为主导的技能培训 ………………… 63
　　第三节　技术改良与发展干预 ……………………… 77

第二章　流动中的秩序：亲属与村落组合的原则/84
　　第一节　亲属分类法则 ……………………………… 84
　　第二节　克恩：土地与血亲组合的村落………… 100
　　第三节　领土权与村落边界的流变……………… 115

第三章　交换与分享：获取资源的途径/127
　　第一节　交换的类型和特点……………………… 127
　　第二节　内部交换系统与远距离贸易…………… 139
　　第三节　稀缺与分享：交换的社会动力学……… 154

第四章　信仰与仪式：村落社会整合的宗教因素/158
　　第一节　神灵信仰中的互惠性、禁忌及其实践…… 158
　　第二节　基督教精英的角色及教堂活动………… 175
　　第三节　适应的困境：信仰的理由在哪………… 186
　　第四节　社会秩序的维系与整合：观念、实践与调适
　　　　　　……………………………………………… 192

第五章　精英的角色：内外沟通的行动者/197
  第一节　家族长、祭司和头人：擅长沟通的地方精英…………… 197
  第二节　作为国家与地方的中介：地方精英的行动…………… 206
  第三节　村干部的生存角色…………………………………… 216

第六章　边缘政治：从多边关系到一体化进程/229
  第一节　边疆社会的族群与政治……………………………… 229
  第二节　夹缝中的生存政治…………………………………… 250
  第三节　民族国家进程中所依赖的生存条件………………… 260

结论　互动、交换与适应产生的动力学诠释/273

附录/283
  附录1　独龙江迪政当新生代的生存经历 …………………… 283
  附录2　独龙江乡技能培训计划（2012—2013年）…………… 288

参考文献/290

后　记/300

导论　独龙族生存的动力模式

俅江在喜马拉雅山东面的南麓，这条大山之阳，乃印、藏、滇、缅的交接地带。印度的血种本是很复杂的，西藏也并不是很单纯。滇缅边缘地，是蒙古种中较初民族的逃蔽地。这一带的居民无论在体质上还是在文化上，都非常复杂，问题极多，从而引起了人们浓厚的兴趣。俅江一个月，只能了解俅子族①的概况。但是，这地方非常值得研究，希望以后还有机会来。

——陶云逵《俅江纪程》

第一节　峡谷中的独龙族

峡谷、河流构成了滇西北各族生存的生态空间，而滇西北中缅交界地带独龙江和独龙族的历史过程很好地诠释了"一方水土养育一方人"的意义。独龙江旧称"俅江"，发源于喜马拉雅山余脉舒伯拉岭东麓，两支源流从西藏察隅县境内流下，其中一支源流称为日东河，流入云南境内称为克劳洛，与另一条位于东部的支流麻必洛相汇于斯仁，始称独龙江。至此，从北向南的深谷不断有涧流从两岸山谷中流入，经过钦兰当出国境与南塔迈河汇合后称恩梅开江，再经依洛瓦底江流入印度洋。独龙江在我国境内总长178.6公里，总流域面积4 327平方公里。② 大小村落分布在独龙江两岸——独龙族人称之为"当"的平缓地带，一个"当"字所在的村落，即是人口比较集中的大村子。克劳洛和麻必洛不仅是独龙江的源头，也是独龙族的发源地之一。奔腾的江水，滋养了茂密的森林和野生动物，为独龙族人提供了赖以生存的食物和生态

---

① 俅江、俅子族分别为独龙江和独龙族的旧称。
② 参见李恒编著《独龙江地区植物·前言》，云南科技出版社1993年版。

环境。

一、边界与历史：独龙族人生存空间形成的过程

独龙江作为地理区域概念，属于云南西北部横断山脉四江（另三江为金沙江、澜沧江、怒江）并流的重要组成部分，西南与缅甸毗邻，北靠西藏察隅县，处于横断山脉与青藏高原的过渡地带。独龙江深切于群山之中，与东西两岸的高黎贡山北段和担当力卡山共同构成了区域地貌的基本骨架——地势北高南低，向西南开口，朝向印度洋孟加拉湾。两山夹江对峙，南北绵亘，海拔多在3 500米以上。其最高山峰滴舍尔腊卡（察隅境内克劳洛北面）海拔为5 242米，第二高峰贡山县境内独龙江乡和丙中洛乡交界处的嘎瓦嘎普峰海拔为5 128米，这是独龙族和怒族共同的神山；至南部出国境的江面海拔降至1 160米，相对高差3 000～4 000米，属于起伏极大的高山峡谷地貌类型。独龙江上游段（雪扒腊卡以北）具有高原面上的宽谷特征，孕育了比较平坦的河谷盆地，如雄当、迪政当。中下游河谷（巴坡以下）狭窄，谷坡陡峻，阶地不发育，河水湍急，多险滩，水面宽仅20～30米；马库至钦兰当一带嶂谷多，山川紧逼，形成天堑，仍覆盖着原始森林。独龙江流域属于北亚热带季风气候，但受高山峡谷地貌的影响，气候垂直分布带谱十分明显：沿江地带（海拔1 200～1 800米）为湿热河谷区，年平均气温14.8℃；从江边至山顶，随海拔每升高100米气温下降0.48℃。海拔3 000米以上的山坡，每年有半年以上的积雪，对外交通因此而受阻，到目前为止，一年有6个月封山。由于受印度洋暖湿气流的影响，降水充沛，每年降雨量为2 900～3 000毫米，下游地区年平均降雨量接近4 000毫米，是云南省降雨量最多的地区之一。①

山高谷深、天无三日晴的地理气候特点以及半年的积雪封山限制了峡谷内居民与外界的交往，因而给世人一种刻板印象——在此峡谷中生活着一群彼此封闭、与世隔绝的独龙族人。然而，地方文献清楚地记载着峡谷中的人民为了生存而与邻族进行物资交换，而且随着生活物资的流动，外来的文明、政治力量也被带进了峡谷。地理因素并没有妨碍独龙族人与外界交往，也未能阻挡来自相邻地方势力的入侵，只是相较而言延缓了独龙江人迈向现代文明的进程。

（一）明代以前的历史考证

唐代樊绰的《云南志》卷二"大雪山"条曰："大赕，周回百余里悉皆野蛮，无君长也。"又卷六"永昌城"条曰："西北去广荡城六十日程。"方国瑜

---

① 参见尹绍亭著《远去的山火——人类学视野中的刀耕火种》，云南人民出版社2008年版，第154页；李恒编著《独龙江地区植物·前言》，云南科技出版社1993年版。

据此认为该地北接吐蕃，西抵天竺，是木王地坎底城，南诏阁罗凤所开西北重镇。① 其位于今天恩梅开江河畔，缅甸联邦克钦人控制区域的坎底平原，又称葡萄县，是清末边地官员夏瑚巡视俅夷地时的终点站。由此，学界普遍认为，独龙江流域最早纳入地方政权的管辖始于唐代，但唐朝时期地方资料有限，无法佐证，坎底及独龙江流域独龙人是否属于南诏管辖还未能明证。

唐初，松赞干布统一了西藏地区各部落并建立吐蕃王朝。他所控制的势力范围东至青海和四川西部，东南至迪庆高原。吐蕃地方政权为了稳固滇茶和其他物资的供应，同时为了保障出兵四川右翼的安全想要控制洱海地区，这使得迪庆高原成为唐朝与六诏角逐的基地。② 为此，吐蕃王朝在铁桥镇设置了神川都督。根据唐代樊绰《蛮书》记载，神川治地铁桥指今天丽江县塔城，辖区包括今丽江、维西及剑川以北地区。又据《蛮书》卷二："往往有吐蕃至赕贸易"，"大羊多从西羌、铁桥接吐蕃界，三千三口将来贸易"。西羌是指川青地区，铁桥指今塔城地区。由此可见，包括今迪庆所属中甸、维西、德钦各县当时俱为吐蕃地域。937年大理王国崛起，滇西地理建制承袭南诏的设置，设剑川节度治理与吐蕃接界的北域。随着吐蕃政权的衰落，大理趁势将吐蕃遗部驱逐，"以白人居之，立义督赕"（《混一方域胜览》"鹤庆路"条），废剑川节度，隶于谋统府。③ 同时，在东北部设立善巨郡（今永胜地），后改为成纪镇，治所仍在善巨，并辖及旧日南诏从吐蕃夺得的铁桥地。据《元史·地理志》"临西"条称：临西"乃大理极边险僻之地，夷名罗衰间，居民皆摩、些二种蛮……"，元时维西称临西。从这段记录来看，大理政权并没有控制维西地域及其西北之地，那么对隔着怒江峡谷和高黎贡山的极西之地独龙江流域更加无法顾及。元朝统一了西藏地区，采取"因其俗而柔其民"的治理政策，大力起用地方大族或上层掌握当地政权，在卫藏地区扶持萨迦派，僧俗并用，以维护中央政府的统治利益；在原来吐蕃王朝的"多康"设吐蕃等路宣慰使司都元帅府（亦称朵甘思宣慰使司）④，德钦、中甸的上四境及维西西北部地域俱为其管辖之地；其余滇西北大部分地区处于丽江路管辖。

方国瑜考证《元一统志》"丽江路风俗"条记载的八蛮⑤之一"撬"为俅江之居民，今独龙族先祖；又据八蛮的居住分布来推断丽江路辖地西界至怒江

---

① 参见方国瑜主编《云南史料丛刊》（第十二卷），徐文德、木芹、郑志惠纂录校订，云南大学出版社1999年版，第145～146页。
② 参见王恒杰著《迪庆藏族社会史》，中国藏学出版社1995年版，第37页。
③ 参见方国瑜著《中国西南历史地理考释》（上），中华书局1987年版，第660～661页。
④ 参见陈庆英、高淑芬主编《西藏通史·前言》，中州古籍出版社2003年版。
⑤ 《元一统志》"丽江路风俗"条："蛮有八种：曰磨些、曰白、曰罗落、曰冬闷、曰峨昌、曰撬、曰吐蕃、曰卢，参错而居。"

以西的俅江。①

但是，以上所记载资料无法说明今天的贡山县所在的独龙江流域的地理历史情况，直到明清时期滇西麽些②木氏土司的兴衰引起地方政治格局的变动，使得官方文献中的记录增加，怒江西北的情况才逐渐明朗。与此同时，滇西北地方族群的历史遭遇和维西土司的命运，以及木氏土司与西藏地方政权之间的军事角逐纠缠在一起。

（二）俅江的开拓

明朝承袭元代的设置，维西仍被称为临西，处于滇藏势力的交界。万历《云南通志》卷四"丽江府"条记载："明仍为临西县，正统二年被吐蕃占夺，仅存一寨，后被革除。"明初，藏族地方武装常侵扰滇西北，而明朝军队路途遥远难以顾及，于是明朝中央政府扶持地方大族丽江木氏来牵制之，封木氏为千夫长"守巨津州石关，与西番接境"③。此后，木氏土司势力迅速增强，先征服了迪庆藏族聚居区，渐而控制川藏交界处的木里、巴塘、理塘、盐井各地，成为滇西北的一方豪强。

明末清初，木氏土司的势力受到了打压，其军队亦退出了藏族聚居区；随着清朝政府平定吴三桂等"三藩之乱"后，大清帝国开始全国大一统的进程，清军进入云南，而后采取"改土归流"，滇西逐步纳入中央政治体系中。同时，清朝扶持藏传佛教格鲁派，不希望木氏土司与藏族武装有军事上的冲突，木氏的势力由此衰落。但在极边远之地，土司的权威尚在，由于语言、习俗的影响，相比流官，地方族群更信赖原来的土司。中央政府也非常重视这一情况，因而并没有完全取消土司的权力，而是委派他们担任土守备、土千总等职位，与流官共同治理地方社会。此后，在滇西北及滇藏边缘地带，西藏喇嘛寺与云南土司、地方政府争夺某一区域的人口、税收管辖权发生冲突、合作与联盟等多重地缘政治关系。维西土司禾娘及其家族与察瓦龙领主之间的复杂关系就证明了这一点。

禾娘原属于丽江木氏的一个家庭分支，被任命为"木瓜"④驻守维西地区，她与儿媳妇禾志明——也是一位非常勇敢忠心的女将，共同开辟维西及其西北的怒俅一带。她们在上帕（今怒江州福贡地区）任命熟悉俅江之地且能干的怒人为俅管，到俅江替她们征收门户送解，每年一次，其子孙世代相沿，

---

① 参见方国瑜著《中国西南历史地理考释》（下），中华书局1987年版，第846页。
② 历史上，麽些又称么些、摩些、磨些、末些。
③ （明）《太祖洪武实录》（卷二〇七）。
④ "木瓜"为纳西语，"木"为兵的意思，"瓜"为管理者之意，"木瓜"意为"兵的管理者"，是丽江土司之下的最高官员。

及至清末。① 雍正五年（1727年），随着丽江木氏土司的日渐衰落及其改土归流，禾娘、禾志明主动归附朝廷，受委于清云南地方政府，禾娘仍被授为土千总。维西建厅设流官后，于乾隆十九年（1754年）归丽江府管辖。与此同时，独龙江流域和怒江上半段怒俅子民先后归附于维西土司。禾娘通过设俅管"伙头"、"百色"（相当于民国时期的甲长和保长）来管理村寨事务，收缴土司岁贡。② 因此，俅江地区在明中后期受纳西族土司的管辖，最后与维西土司一起并入大清王朝的版图。

纳西族人（麽些）禾娘、禾志明婆媳两人在驻守维西时，凭借其勇猛，北抵西藏察瓦龙喇嘛寺的武装，西拓怒俅之地；但是，她们自己也遭受了创伤，禾娘的丈夫和儿子皆发病身亡，从而直接影响并削弱了纳西族土司在西藏交界地带的统治力。根据当地居民的口述③，怒江上半部和独龙江原是维西土司辖地，因其儿子生病，禾娘（贡山当地人称阿日甲姆）请西藏喇嘛来作法治病，如治好其子的病，禾娘许诺送怒江上半部和独龙江为其"香火钱粮"——每年喇嘛可派人去其地收税。后来，禾娘儿子的病并没有治好，但慑服于喇嘛强大的法力，只能忍痛送给他们两江上段的收税权。在清代文献的记载和地方志表述中则没有提到禾娘及其丈夫和儿子病亡的情况，而是记录了禾娘的后人即维西土司的继任者王国相（第八个继任者）"丢掉"独龙江和怒江上半部的统治权。例如，乾隆年间云贵总督硕色奏折《伴送遣回俅夷》提到维西叶枝土司第八代统治者王国相将俅江划分为上下两端进行统治，上端完全划归察瓦龙土司和喇嘛寺管理④；在民国二十一年（1932年）编撰的《菖蒲桶志》中记载："时于光绪年末叶，王土司信佛，将管辖区钱粮送与藏属察瓦龙喇嘛作香火资。"⑤ 上述记录无法说明察瓦龙喇嘛寺和领主如何取得独龙江和怒江上半部的统治权，但已经表明了两江早在清代被划入察瓦龙藏族人税收范围。《征集菖蒲桶沿边志》记载："菖属喇嘛教，系为红教。……其管理寺者，系喇嘛管事夷人，小喇嘛四人，掌教者系维西叶枝禾姓大喇嘛，现在维西寿国寺代务，建寺原因，纯系土司主义。"⑥ 又如清末阿墩子弹压委员夏瑚

---

① 参见《纂修云南上帕沿边志》[系民国二十年（1931年）钤印抄本，时任上帕（福贡）设治局长是保维德（云南陆良人），此抄本现藏福贡县图书馆]，见怒江州志办公室编《怒江旧志》，1998年。

② 参见李道生《维西康普、叶枝等土司管理怒江始末》，见李道生主编《怒江文史资料选辑》（第十一辑），政协怒江傈僳族自治州委员会文史资料研究委员会1989年刊印，第50页。

③ 参见云南省编辑组编《独龙族社会历史调查》（二），云南民族出版社1985年版，第18～19页。

④ 参见硕色《伴送遣回俅夷》，见《怒江简史》，中国第一历史档案馆藏，第20～22页。

⑤ 菖蒲桶行政委员公署编撰：《菖蒲桶志》，见贡山独龙族怒族自治县志编纂委员会编《贡山独龙族怒族自治县志》，民族出版社2006年版，第507页。

⑥ 《征集菖蒲桶沿边志》，见怒江州志办公室编《怒江旧志》，1998年刊印，第141页。

在《怒俅边隘详情》记载，"上江向归菖蒲桶寺喇嘛管理，收受钱粮……擦（同'察'，下同，不再标注）瓦龙土千总，亦每年遣人收受钱粮一次"①。上江指的是独龙江上游，可见禾娘不甘示弱，捐出土地建立菖蒲桶喇嘛寺，由她的族人入寺当大喇嘛掌管执事，并对维西土司的领地上帕（福贡）菖蒲桶（贡山）包括独龙江、怒江户民的税收、诉讼等事务行使职权。

（三）边界危机与中央势力的渗透

清初，随着清军入藏戡平蒙古准噶尔的入侵和西藏政权内乱之后，滇藏间的界线趋于明朗。雍正三年（1725年），为了扶植格鲁派势力，清廷将贡觉、左贡、桑昂曲宗以及洛隆等地封赠给达赖喇嘛。两年后，中央政府为了加强西藏的管理和统治，创设了驻藏大臣制；同时，将康区宁静山和怒江以西的地区划归西藏管辖。② 巴塘南界的维西、中甸属于云南，以大雪山（即现在梅里雪山的主峰卡瓦格博）为滇藏界。③ 察瓦龙地区属于桑昂曲宗，由门空喇嘛寺和协傲④管辖，代其征收钱粮税务和支差。⑤ 察瓦龙南下边缘地连接云南滇西北怒俅地，直接到独龙江负责征收钱粮的是察瓦龙扎恩村的大连布和半连布，他们附属于门空喇嘛寺和协傲。⑥ 虽然滇藏边界已经划定，但是怒江以西的原属于维西土司管辖的怒江、独龙江之地与察瓦龙之间的界线非常模糊，并没有明确划定。这种边界的模糊性一方面造成该区域管辖权的混乱，另一方面也为西藏察瓦龙喇嘛寺与云南西北的纳西族土司、地方政府之间的政治军事力量的博弈埋下了伏笔。

但是，清末英俄帝国势力入侵西藏和云南边境，引发边界危机，使滇西北、怒俅两江之地的局势变得更加复杂。当英国人翻越喜马拉雅山进兵拉萨，同时以传教、勘查、游玩等各种方式侵扰滇藏边地之际，四川巴塘等地发生了地方僧俗捣毁天主教堂、杀死外籍传教士的教案。面对边地政治危机，清朝政府痛定思痛，于光绪三十一年（1905年）设立川滇边务大臣衙门，由赵尔丰

---

① （清）夏瑚：《怒俅边隘详情》，见方国瑜主编《云南史料丛刊》（第十二卷），徐文德、木芹、郑志惠纂录校订，云南大学出版社1999年版，第167页。

② 参见多杰才旦主编《西藏封建农奴制社会形态》，中国藏学出版社1995年版，第176～217页。

③ 参见任乃强《西藏自治与康藏划界》，见徐丽华、李德龙主编《中国少数民族旧期刊集成》，中华书局2006年版，第434页。

④ 协傲，是西藏地方政府噶厦直接任命的官职，一般由地方头人或领主担任，负责辖境内的收税和支差义务，三年一换。

⑤ 参见西藏社会历史调查资料丛刊编辑组编《藏族社会历史调查》（四），西藏人民出版社1989年版，第6页。

⑥ 参见杨毓骧著《伯舒拉岭雪线下的民族》，云南大学出版社2000年版，第9页、56页。

首次担任边务大臣，在康区①采取行动，进行改土归流，设立府县，推行新政。②

在英人入侵、边境危机日盛的形势下，独龙江流域首次得到了地方官员和中央政府的重视。不过，首先引起地方政府关注的是"教案"。光绪三十四年（1908年）七月丙中洛喇嘛寺（原维西土司禾娘捐建的菖蒲桶喇嘛寺）僧俗火烧白汉洛法国教堂，并驱赶法国传教士仁安守，史称"白汉洛教案"。时任阿墩子（德钦）弹压委员夏瑚受命与丽江知府前来查办，这是夏瑚第一次到怒江。他同时被任命为怒俅两江委。夏瑚处理完"教案"后，便巡视怒江各地，划定西藏察瓦龙与怒俅界，同时报请云南巡抚，宣布边民无须向察瓦龙土司缴纳贡赋、土司不得到独龙江流域掠夺人口等；然后，他带着随从从贡山出发，克服各种困难，到独龙江流域各寨巡视。夏瑚每到一地，"极力扶绥曲民，分委各处火头，发给执照"，并委任袁裕才为总俅管，辖治"俅江、狄子江、狄不勒江三江一带"③。夏瑚等人最后到达木王地坎底（现今为缅甸葡萄县），与其他路巡察人员汇合一同返回。以此次考察和体验资料为本，夏瑚写成《怒俅边隘详情》一文，认为"窃以版图所在，寸土必争，如怒江以外之各江，历来舆图虽未载入，而与吾滇西陲接壤，又多系滇民迁徙流寓，则此土地人民，有不容置之度外，任人攫取者"，提出"设官、兴学"等10条建议。④

由于高山峡谷阻隔，虽然独龙江流域属于维西土司辖地，但是历来没有土司驻守，只是每年收税之时派俅管征收送解。反之，独龙江江尾地势平缓，若外人取道缅甸北部，顺着恩梅开江逆上，则比怒江之地更容易进入独龙江。当时，夏瑚也看到了这个要害，而维西土司的管治长期废弛，所以他建议在独龙江设一知县，管辖独龙江、狄子江和狄不勒江。作为第一次到达独龙江的政府官员，夏瑚此次巡视最大的意义在于安抚边民、明确权属，同时把国家的概念也带到了独龙江流域。可惜，夏瑚遭人诬告，不久被丽江府撤职查办，他所提出的治理怒江、俅江的建议最终也没能实现。之后，夏瑚加入赵尔丰麾下任桑昂曲宗（位于今天西藏林芝地区察隅县）善后委员，宣统三年三月（1911年

---

① 康区包括四川甘孜藏族聚居区、西藏昌都地区及云南藏族聚居区，这些地区传统上由中央政府任命地方人和活佛为土司进行统治，历来各部落自主管治，连西藏地方政府噶厦也没有完全控制。

② 参见秦和平《20世纪初清政府对西藏察隅等地查勘及建制简述》，载《中国边疆史地研究》2009年第1期，第35～51页。

③ 狄子江、狄不勒江位于独龙江西部担当力卡山之外，源头自西藏察隅，下江与独龙江汇合于恩梅开江，原属中缅北段未定界区域，后被英缅侵占，1962年划界归缅甸。

④ 参见方国瑜主编《云南史料丛刊》（第十二卷），徐文德、木芹、郑志惠纂录校订，云南大学出版社1999年版，第146～163页。

4月）桑昂曲宗设察隅县和科麦县，夏瑚被任命为科麦县知事，处理政务。夏瑚任职不久，便率领人员到察隅西部压必龚曲、原梯龚拉、闷空等中印边界线一带，查勘山川走向、社会形势及风土民情，召见头人，加以委任。发放门派、明确归属等宣抚活动，① 坚定了边地头人及民众接受清朝统治的决心。同年，内地爆发辛亥革命，赵尔丰被杀，英人蛊惑西藏地方武装围攻察隅、科麦治所，夏瑚等人抵御不住，被迫后撤，察隅、闷空等地复归西藏噶厦地方政府控制。

"丙中洛教案"之后，清政府在该地区实行改土归流，重新委任伙头、俅管，牵制土司和喇嘛寺的势力，由两江委夏瑚兼管。由此，喇嘛寺及其维西土司禾娘家族的势力进一步被削弱，但仍然是云南西北地区第一大土司。② 辛亥革命后，新旧政权更替，国民党云南陆军第二师师长李根源在大理发起"开拓怒俅"计划，于兰坪之营盘街成立"怒俅殖边督办公署"。民国二年（1913年），李根源组织的"殖边队"进入今天的贡山③，民国政府在贡山的茨开设立菖蒲桶殖边公署，1916年独龙江称菖蒲桶行政委员西保董，1918年菖蒲桶殖边公署改为菖蒲桶行政委员会。"殖边队"和菖蒲桶行政委员会在怒江地区的开辟，也未能阻止英国人在独龙江流域下游地区的殖民活动。据《菖蒲桶志》记载："民国七八年，已被英人占去十分之九，所有俅境之木王坎、狄子江、狄不勒江、狄瞒江、托洛江、拉达阁等地，完全失陷。"④ 英国人还图谋继续扩大地盘，占去拉达阁一带，在白芝果山私钉一木界桩，又占去了托洛戈，继而顺俅江侵略，逐站盖起洋房直到岩羊，在此插一木界桩，上面写有中缅两种文字。⑤ 独龙江流域没有被侵占者，仅上游一小段长400余里，以木克甘的空贤⑥为界，由于所辖境地被侵占，俅江总管袁裕才退为平民。但他在独龙江一带有很高的威望，发生难于定夺的纠纷时常被请去解决。他的儿子袁怀仁和女婿何廷彦继续担任俅江各段的俅官，1930年受政府委派前来勘查的杨斌铨还向他们询问了俅江的管理情况。面对英国人的咄咄逼人，民国政府进行行政改制以应对，1933年将菖蒲桶行政委员会改为贡山设治局，称独龙江地区为孟底乡，以保甲制度代替过去的伙头制，加强独龙江地方行政管理和边防

---

① 参见刘赞廷撰《西南野人山归流记·夏瑚日记》，见平措次仁、陈家琎主编《西藏地方志资料集成》（第二集），中国藏学出版社1997年版，第25页。

② 参见陶云逵《俅江纪程》，见《西南边疆》第12期，成都西南边疆研究社1941年刊印，第64页。

③ "贡山"一名取自"高黎贡山之首"之意，自1933年设贡山设治局始，一直沿用至今。

④ 菖蒲桶行政委员公署编撰：《菖蒲桶志》，见贡山独龙族怒族自治县志编纂委员会编《贡山独龙族怒族自治县志》，民族出版社2006年版，第507页。

⑤ 参见蔡家麒编《独龙族社会历史综合考察报告》（第一集），云南省民族研究所1983年刊印，第117页。

⑥ 木克甘空贤位于独龙江下游地区，现在缅甸境内，距离独龙江乡钦兰当村有2小时的山路。

建设。1939年独龙江改称新民乡，整个独龙江地区分别设立四保，每一行政村为一保，每一自然村为一甲，并任命当地独龙族长为保长、甲长，负责替国民政府收纳税款，平时处理村社内的大小事务，保长3年一任。① 独龙江峡谷从此进入了民国地方政府②管辖时期，但实际情况更复杂。夏瑚被撤后，察瓦龙势力又进入独龙江上游收取香火钱粮及放贷粮盐，贡山设治局亦奈何不得；维西土司残余、喇嘛寺等地方特殊势力仍然发挥影响；独龙江下游一带傈僳族奴隶主又恢复了对独龙族人的"尸骨钱粮"税收。同时，英缅势力趁独龙江流域管理混乱和中国政府无暇顾及之际，以武力吞噬了下游大片地区。在边疆危机的背景下，云南地方政府维持了与地方少数民族头人（土司）、喇嘛寺混合控制的权力格局。实际上，当国家力量在边界地带还不稳固的情况下，保留地方特殊势力是希望其继续起到"藩篱"的效果，这种局面一直维持到民国后期。

由于国内外政治环境比较复杂，一方面国内局势一直不稳，另一方面太平洋战争爆发，中缅边界在清末以来的"悬案"一直未能解决，滇缅边界南北段亦没有正式划定，但民国政府多次派人勘查独龙江流域边界。这些人包括李根源、尹明德、杨斌铨、王继先、严德一等，他们是云南籍人士或是云南的地方官员，有着保卫家乡的情感，不畏沿途艰难，甚至化装成当地土人深入到英缅占区，绘制地形图、安抚边民以及了解他们的生产生活习俗。③ 他们提供的调查报告成为20世纪60年代正式划界时的历史参考依据，也为研究独龙族人的学者提供了珍贵的素材。

1949年8月，贡山设治局最后一任局长陆双积向滇西工委交出政权。1950年3月，在中共怒江特工委的领导下，贡山县临时政务委员会成立；同年5月，在贡山县召开第一届各族各界代表大会，正式宣布贡山县人民政府成立；9月，设为贡山县第四区的俅江成立区公所，全区划分为四个村，当地头人孔志清被任命为第一任区长，同时选出各村的主要负责人，从此独龙江进入了中国共产党领导的时期。两年后，孔志清受邀到北京天安门参观，中共领导人周恩来接见了他，并确定了独龙族的族称。1956年，经国务院批准，正式成立贡山独龙族怒族自治县，孔志清当选为自治县第一任县长。1962年，周

---

① 参见贡山独龙族怒族自治县志编纂委员会编《贡山独龙族怒族自治县志》，民族出版社2006年版，第9页；高志英著《独龙族社会文化与观念嬗变研究》，云南人民出版社2009年版，第52页。

② 贡山民国政府设置先后更名为菖蒲桶殖边公署（1913年）、菖蒲桶行政委员会（1918年）、贡山设治局（1933年）（参见贡山独龙族怒族自治县志编纂委员会编《贡山独龙族怒族自治县志》，民族出版社2006年版，第9页）。

③ 参见李根源辑《永昌府文征》（校注本）卷二十八、二十九，杨文虎、陆卫先主编，云南美术出版社2001年版。

恩来主持划定了搁置多年的中缅边界，明确了独龙江地区的地理政治界线：以独龙江西岸担当力卡山为界，国境线长97.3公里，介于北纬27°31′～28°24′和东经98°08′～98°30′之间。上至独龙江上游支流克劳洛河和麻必洛河，以传统的滇藏界线为界，下游包括木克甘、空贤以下划为缅甸。独龙江地区东西横距34公里，南北纵距91.7公里，整个区域面积为1 994平方公里。1969年，贡山县第四区改为独龙江公社，进入人民公社时期；1984年改为独龙江区，结束人民公社化，全区分为四个乡。这种划分给当地人留下了深刻的记忆，虽然在1988年后独龙江区改称独龙江乡，但之后各地村民之间仍然用第几乡作为对地方的称呼。2011年统计数据显示，今天整个独龙江乡辖有马库、巴坡、孔当、献久当、龙元、迪政当6个村委会，共有41个村民小组，1 049户、4 374人。① 随着中国政府民族识别工作的结束，生活在中国境内的独龙江两岸的俅人成为一个民族共同体——独龙族，而在缅甸境内独龙江下游恩梅开江两岸的俅人被划为"日旺族"。

综上所述，独龙江地区属于典型的高山峡谷地貌，形成了同一个区域各个地段迥异的地形、气候、物种等错综复杂的自然生存空间。由于高山峡谷阻隔，独龙江流域直到明朝丽江纳西族土司崛起之后，才逐渐进入中央王朝的视野。虽然隶属于土司管理，但土司没有在其地设立权力机构，只是每年派人征收钱粮，对于该地区的居民生活与国防情况漠不关心，所以该地区的少数族群自成部落。这也是造成各种政治势力都可以进入独龙江流域收税的原因之一。清末贡山改土归流后，设治局、维西土司、西藏喇嘛寺各自收税，形成共同管理的局面，谁也没有完全控制整个独龙江地区。多重权力格局对当地独龙族人来说既是灾难，同时也提供了生存的机遇——依附某种势力来抵抗其他权势。换言之，独龙族人的生存空间是在自然空间的基础上通过与周边设治局、土司、喇嘛寺互动而形成的。英人的殖民入侵引发的边疆危机，中央政府所设流官如夏瑚的行动，及其导致的滇西北土司的衰退等各种因素的互动交织，诠释了独龙江流域地理政治空间的特殊性。

二、独龙族：族名身份及其生存文化

如上所述，与独龙族相关的早期记录始于唐代樊绰的《蛮书》，但樊绰对独龙族先民的记录非常简短，给人以无限的想象空间，既不能确定其生活的地理区域，同今天独龙族的联系也非常模糊和不确定。直到明代后期，澜沧江畔的维西土司西拓怒江，才接触到生活在俅江流域被称之为"俅夷"的群体，

---

① 数据来源于贡山县统计局2012年7月提供的资料。

也就是今天独龙族的先民。清末民国时期，边境不断出现危机，这才引起了中央至地方对边疆问题的关注，中央政府多次派人到边界勘查，生活在边界线上的"俅子"自然成为考察和记录的对象。随着文献记录的积累，独龙族作为一个生存于同一区域的具有共同历史遭遇的民族轮廓逐渐清晰地呈现出来。笔者依据历代的相关记载，从族称流变、生存模式及文面习俗三个方面来认识独龙族的身份、政治和文化。

（一）族称流变

唐代樊绰在《云南志》①中记载了南诏有"金齿、漆齿、绣脚、绣面、雕题、僧耆"等10余个部落，由镇西节度管辖。方国瑜考证镇西位于今天缅甸境内恩梅开江流域，一些学者根据唐以降的文献记载将独龙族妇女文面习俗与绣面蛮联系起来。夏瑚在《怒俅边隘详情》中记载俅子遭遇周边强权的政治奴役——"察瓦龙以牛易人"、"常为人掠卖为奴"，推断出"绣面部落"、"僧耆部落"为独龙族先民，于是把独龙族的族源追溯到了唐南诏时期。② 滇藏交界地带藏族人称河流为"曲"，"曲子"或"曲洛"指居住在河流两岸的人群。又据《元一统志》"丽江路风俗"条记载："丽江路，蛮有八种，曰磨些、曰白、曰罗落、曰冬闷、曰峨昌、曰撬、曰吐蕃、曰卢，参错而居。"方国瑜认为"撬"之族名很少见，根据吐蕃（藏族人）、麽些（纳西族人）对"撬"和"求"读音相近法则，认为"撬"蛮为独龙族先民，而且在地理分布上"吐蕃"和"撬"联系比较紧密。③ 但"撬"蛮不一定等同于今天的独龙族，有可能是操藏缅语的怒族、傈僳族等族群的综合体。明代澜沧江流域的藏缅语族从不同路线迁徙到怒江西岸，由于这一地带山高水深的自然环境，彼此之间交流和互动比较困难，因而分化成了"卢"蛮和"撬"蛮。④ 换言之，元代居住于怒江西岸的怒族、独龙族还难以清晰分类。

直至清代雍正改土归流，官方文献里才能找到相应的称谓来指称独龙族人。雍正《云南通志》卷二十四载有"俅人，丽江界内有之，披树叶为衣，茹毛饮血，无屋宇，居山岩中"⑤，首次出现"俅人"，不过描写的形象无异于野人。从前文提到的滇西北纳西族土司在清初归顺朝廷、管辖怒江西北地区的

---

① 《云南志》、《云南记》、《蛮书》、《南蛮志》等都为樊绰一书异名［参见（唐）樊绰《云南志补注》，向达原校、木芹补注，云南人民出版社1995年版，第1页］。
② 参见刘达成《寻根溯源"释"独龙》，载《大理学院学报》2009年第9期，第33～37页。
③ 参见方国瑜著《中国西南历史地理考释》（下），中华书局1987年版，第846页。
④ 参见高志英《唐至清代傈僳族、怒族流变历史研究》，载《学术探索》2004年第8期，第98～102页。
⑤ 鄂尔泰修，清乾隆元年（1736）刻本，卷二十四。

维西土司禾娘也主动改土归流，可以设想"俅人"通过纳西族土司而被官方认识和记录。余庆远在乾隆三十四年（1769 年）随兄长到维西任官时，采访遗老，结合《云南通志》的记载写了《维西见闻纪》一文。该文中说道："怒子，男女披发，面刺青文，……性怯而懦，而常苦傈僳之侵凌而不能御也。雍正八年，闻我圣朝已建设维西，相率到康普界，……求纳为民，永为岁例。"根据前文可以推断，这里的"怒子"包括了怒江上游独龙族先民的一部分。① 另外，我们也注意到其他因素，比如当时维西土司禾娘的势力还没有进入独龙江流域，雍正七年（1729 年）维西改土归流，地方仍然由禾娘女千总执政，只是中央政府多封了几个土司分管辖地，禾娘的统治权被削弱了，辖地也比以前少了。在这样的背景下，她才去开拓怒江上游地区，接受"怒子"的归附，② 并设怒管、俅管，每年代她去怒俅地征收钱粮税，用他们的山货兽皮交换茶盐。自禾娘接管俅夷地之后，官方的文献才出现"俅夷"、"俅子"或"曲子"的记载。维西恒乍绷起义（1802—1803 年）失败后，傈僳人又一次大规模西迁③，随着人口的增加，怒江一些蓄奴主常与流窜在此的匪徒合流侵扰俅江，掠人为奴。傈僳蓄奴主在俅江下游地区寻求与维西土司共享征税权，他们称独龙族人为"俅扒"（俅帕），"扒"是人的意思，即生活在俅江边的人，但"俅扒"的称呼至今仍然在使用。④

乾隆年间修撰的《丽江府志略》"种人"条提到，"俅人，与怒人相近，言语不通，耳穿七孔坠以木环"⑤，此后，"怒"和"俅"作为区分不同文化群体的称谓开始在清中后期的文献中固定下来。清末阿墩子弹压委员兼怒俅两江委员夏瑚曾到俅江流域巡视，当时提到的"俅夷地"泛指独龙江、狄子江、狄不勒江、脱洛江等各江流域，俅人或曲民是指生活在各江流域的居民的统称，他们的生活区域大体位于今天中国、缅甸、印度三国交界处。清末民国时期，英军入侵边界，中国政府能控制的俅夷地越来越小，最后只剩下 200 余公

---

① 参见方国瑜著《中国西南历史地理考释》（下），中华书局 1987 年版，第 847 页。另外，方国瑜认为余庆远文中提到的"怒子"为独龙族先民；高志英同意方氏的看法，同时认为当时贡山北部的怒族和独龙江的独龙族尚未完全分化为两个族群，只是因为居住地不同把居住于怒江的称为"怒人"而把居住于独龙江的称为"俅人"而已。因此，雍正年间求纳为民的"怒人"既有俅人也有怒人（参见高志英著《独龙族社会文化与观念嬗变研究》，云南人民出版社 2009 年版，第 50 页）。

② 参见李道生《维西康普、叶枝等土司管理怒江始末》，见李道生主编《怒江文史资料选辑》（第十一辑），政协怒江傈僳族自治州委员会文史资料研究委员会 1989 年刊印，第 50 页。

③ 参见高志英著《藏彝走廊西部边缘民族关系与民族文化变迁研究》，民族出版社 2010 年版，第 150 页。

④ 笔者 2011—2012 年在独龙江进行田野调查的时候，听到傈僳族人在独龙族不在场时喊他们"俅扒"。

⑤ （清）管学宣修：《丽江府志略》（上卷），万咸燕纂，见《中国地方志集成·云南府县志辑》，据清乾隆八年（1743 年）刻本之抄本影印，第 180 页。

里的独龙江上段。民国时期人类学者陶云逵在1934年前往独龙江人类学田野考察时，提到了他所考察对象的自称："'毒龙'是俅语的译音，意思是石岩。俅子自称，当为石岩人的意思。"① 但当时官方的表述上仍然使用"俅子"或"俅民"的他称，而且陶云逵所到之处也只是未被英人侵占的独龙江上段，自称"毒龙"的人仅是居于这一片河谷的俅子。

由此可知，独龙族在元代到民国一段历史中，其名称经历了从"撬"蛮到"俅夷"或"俅子"的流变过程，也是独龙族与其他操藏缅语族的藏、怒、傈僳分流的历史过程，这与官方文字记载是同步的；另外，藏族人称独龙族人为"曲"或"曲洛"，傈僳族人则称他们为"俅扒"，这两种族称与官方文献中的"俅子"称法同时使用，没有先后替代关系。这表明独龙族人并没有一个统一的族称，也就是说，周围有多少强权就有多少族称。族称的混乱表现为语言的不统一，但实质上反映了独龙族与周边族群的族际政治关系——"撬"、"俅子"、"曲洛"、"俅扒"是藏族人、纳西族人、汉族人和傈僳族人对独龙族人的他称，表明独龙族人是他们的子民，依附于他们而生存，或是他们奴役的对象。但是，这样的族群分类对于独龙族人而言是一种被动的选择，同时这种归类亦忽视了统治对象内部的差异性和他们自身的潜在表述。

在理解生活在独龙江流域的各群体内部自我分类时，应该明白20世纪50年代之前，这些群体社会是由以血缘和地缘基础上组织起来的父系家庭公社构成的，不同氏族的迁徙传说刻画了群体内部的差异性。根据20世纪五六十年代的民族社会历史调查的资料，独龙江流域有15个氏族，其中有6个氏族自称其祖先来自于怒江上游——包括今察瓦龙乡龙普松塔村、贡山的丙中洛等地②。1982年云南省民族研究所蔡家麒、杨毓骧、和志祥、赵嘉文前往独龙江调查时，13个氏族中有4个自称他们的祖先来自丽江、怒江上游丙中洛等地。独龙江流域内部的氏族也在不断地迁徙和流动——从上游到江尾或到其他流域，今天缅甸北部克钦邦境内的独龙族人多数是从独龙江迁徙过去的。寻找火山地和渔猎场所、逃避外族压迫、逃避自然灾害和疾病以及通婚是各氏族迁徙和流动的原动力。内外的流动既是造成独龙族人内部差异性的原因，同时也是其走向统一共同体的必要途径。

流传于独龙江流域的创世神话，可以看作本民族自身起源的文化表达。神话中提到，大洪灾后人类获得重生，兄妹组成的第一对人类父母生了9对儿女。儿女长大后，通过射箭比赛的办法，选出老大为官员，其他兄妹要听他的

---

① 陶云逵：《俅江纪程》，见《西南边疆》第12期，成都西南边疆研究社1941年印行，第65页。
② 参见云南省编辑组编《独龙族社会历史调查》（二），云南民族出版社1985年版，第15～18页；蔡家麒著《藏彝走廊中的独龙族社会历史考察》，民族出版社2008年版，第16～24页。

话，并向他纳贡，这样建立了有序的社会。最后父母安置老大到澜沧江畔，成为汉人的祖先；老二来到了怒江，成为怒族的祖先；老三留在独龙江，是独龙族的祖先；其余的分批送到独龙江西部的各江生活。各地的神话在细节上有差别，比如老大的族称，有些人说是汉族人，有些人说是藏族人。这种差异可能源自各地与周边相邻族群的关系，比如上游的人与察瓦龙藏族人地缘政治联系比较紧密，因而他们的"老大"是藏族人。不过，这样的神话材料很少，至今只在陶云逵搜集的材料中出现。陶云逵是于1934—1936年进入独龙江进行田野考察的，他在今天的孔当一带搜集的创世神话中讲到9对儿女的族群分类时，第一对为藏族人的祖先，而且因为在射箭比赛中获胜而成为独龙族人的统治者。① 当笔者再去独龙江寻找老人访谈时②，相同的主题里"9对儿女"中没有发现"藏族人为老大"的内容。实际上，在20世纪五六十年代搜集的相关材料中，9对儿女的族属是很模糊的，清晰的只有老大、老二和老三，他们分别是汉族、独龙族和怒族人。清末李根源进入恩梅开江流域查勘边务，他听到土人说："坎底人与我们的祖宗与天朝人的老祖系兄弟，故对天朝人甚亲近。"③ 这里的"天朝人"所指的是清朝汉人，可见当地人思想中认为汉人是他们的同宗兄弟，按照神话所揭示的，由汉人统治他们是合天理的，这与创世神话中表达的思想是一致的。当然，结合边界被英人侵占、边疆出现危机的情境，我们才能更好地理解李根源表明"土人心所向着东方"的意义。

　　神话和传说表达了独龙族人对我族和他族的一种分类认知，以及独龙族如何认识族群间政治关系中自我所处的位置。这种认知和态度在20世纪50年代新中国民族识别和界定族称时起到了决定性的作用。1952年，一群少数民族头人（或称上层人士）在昆明的云南民族学院学习。有一天，上级领导通知他们去北京参观天安门，并安排他们与中华人民共和国领袖毛泽东主席和周恩来总理见面，独龙江的代表——俅人孔当家族的头人孔志清就是其中之一。当轮到孔志清与总理握手时，他说，"总理，我是从云南最边远的独龙江来的"；停顿了之后，他接着说，"旧社会，别人都把我们当作野人对待。汉族人称我们是俅子、曲夷，或叫俅人，傈僳族人喊我们为俅扒"。总理问他："那你们民族怎么自称？"孔志清非常坚决地回答："我们历来都自称独龙族人！"总理听了之后，当时就表态以后该民族就叫"独龙族"。就这样，其族称在民族代

---

① 参见陶云逵《几个藏缅语系土族的创世故事》，见《边疆研究论丛》，金陵大学中国文化研究所1942—1945年印行。

② 笔者在独龙江进行田野调查的时间在2011年9—11月、2012年6—8月，下文对此田野调查过程将有详细说明。

③ 李根源：《滇西兵要界务图注》，见方国瑜主编《云南史料丛刊》（第十卷），徐文德、木芹、郑志惠纂录校订，云南大学出版社2000年版，第805页。

表孔志清和周总理的谈话中确定下来了。

当然，正式获得独龙族族称是在少数民族识别程序下完成的，于1964年第二次全国人口普查时以官方形式确定下来。这时候中缅边界也已经划定，中国境内的俅人统一称为独龙族，成为中国的少数民族之一。

（二）生存模式

正如对族称的关注一样，关于独龙族人生活状况的文献记录也是在清朝时才开始的。（清）《职贡图》称："俅人，居澜沧江大雪山外，系鹤庆、丽江西域外野夷。其居处结草为庐，或以树皮覆之。……种黍稷，刨黄连，性柔懦，不通内地语言，无贡赋。"[①] 这说明在清代独龙族人除了种山地旱谷"黍稷"为粮，还挖黄连用于与外族商人交换，或是作为赋税缴纳给土司、地方政府。清王朝认为，俅人作为化外之民没有多少钱粮，生计尚难以维系，因而免其贡赋。维西设厅改土归流后，怒、俅等主动求纳为民，以山货兽皮为赋税。当时维西土千总禾娘及媳妇禾志明等土司家族仍然按旧俗，派人"携带盐布等货"到俅江放债，不能偿还者，即折算人口，抵作税款。

维西土司家族不仅向独龙江收山租，还延续奴隶主的做法放盐布债务，进行奴隶贸易。俅江虽然地处偏远，峡谷山地资源丰富，但是布料、茶、盐等生存资源必须依靠外商，这样就不得不依附于土司和商人；此外，察瓦龙喇嘛寺征收香火钱粮和以盐牛放贷，傈僳蓄奴主也会来抢掠，俅人的生活处境十分艰难。和许多山区一样，独龙江地区属于季风气候，雨水充沛，树林茂密，河谷地带可耕地少，因而"刀耕火种"成为独龙族人主要的生存策略。详细描写独龙族人耕作方式的材料首见于夏瑚的《怒俅边隘详情》中。夏瑚在该文中描绘了独龙江各河段因不同地质条件种植不同作物：上游海拔高，气候寒冷，主要作物有莜麦、高粱、小米、苞谷、稗芋之类；江尾地势平坦，有可耕之地，可种作物比较广，但独龙族人喜欢在山地里开辟火山地点种玉米。

这一时期，砍刀之类的铁器输入独龙江，因而人们砍倒树木晒干焚烧；但没有犁锄，他们也没有使用耕牛的习惯，牛用于祭祀，或用于嫁娶的彩礼。夏瑚说曲江之地有"杀牛享众为荣"的习俗，然而独龙江流域牛属于稀缺之物。因而，察瓦龙、丽江等地外族土司和商人，利用独龙族人吃牛肉的风俗到独龙江贩卖牛；若没有足够山货兽皮来交换，则用人抵债，以充奴婢，这是发生"各江第一惨状"的原因。

独龙江两岸刀耕火种，虽然是适应环境的产物，但毕竟产量低，不足以维持全年的口粮，因而交换与互惠制度显得尤为重要。独龙江各地盛产如黄连、

---

① 转引自《云南通志》（卷一百八十五），清道光十五年（1835年）刻本。

贝母等珍贵药材，独龙族人很早就懂得挖药材来交换粮盐和牛肉。有文献记载，贝母"出产于恩梅开江及迈立开江各源头担当力卡山、康藏雪山中，每年产量约五千斤。去年在俅夷地，每斤售价现洋六元（印洋四元），六七月间，华人前去挖采收买者，络绎不绝"①。杨斌铨、王继先的报告中也说："喇卡塔（现在的独龙江上游迪政当村）西北面担当力卡山，产贝母黄连，每至夏秋雪融路通时，土民前往挖采，华商亦来购买。"② 民国时期，因为贡山茨开镇连通俅夷地和察瓦龙，这两地所产的药材皆集中在茨开贸易，其中黄连和贝母为大宗，这种药材贸易状况一直延续到现在。

也就是说，在1950年以前，独龙江流域发展了一套适应当地自然条件的刀耕火种、渔猎等生计体系，同时将兽皮和山货用于纳税和贸易，从而和外界发生互动和交换；但是在周边存在各种不平等政治权利的条件下，经济上的交换受到制约，处于弱势的独龙族人往往成为受害者。然而，独龙族人又不得不依赖于这样的政治经济条件获得生存资源，这就导致了另外一种结果——独龙族社会内部的分层，尽管仍然是以年龄、性别和在亲属关系中的位置决定个人的地位和权利，但还是出现了少数比较富有的人物，他们往往是家族长或是外族土司和贡山设治局任命的头人。

（三）文面习俗

文面，独龙语称为"巴克图"，是与当今独龙族联系最多的一种行为符号。早期，它是作为一种习俗文化而被视作部落分类的符号，相关的记载在唐代比较多。例如，樊绰《蛮书》中有"绣面蛮"；《太平御览》卷七百八十载，"绣面蛮，生一月，则以针刺面，清黛涂之，如绣状"；《新唐书·南诏传（下）》提到，"在云南徼外千五里，有文面濮。俗镂面，以青涅之"。均如此，可以说文面是当时滇西南众多族群共有的文化习俗之一，人们也往往以此来命名这些部落。③ 清代余庆远《维西见闻纪》中记载，"怒子，男女披发，面刺青文"；（乾隆）《丽江府志略》亦称，"怒人，居怒江边，与澜沧相近，男女十岁后皆面刺龙凤花纹，见之令人骇异"④。前面也谈到清前期滇西北怒俅不分，独龙族人还没有作为正式的族群出现在史书中；从余庆远的记载中可知，

---

① 尹明德、杨斌铨、王继先等：《滇缅北段界务调查报告》，见李根源辑《永昌府文征》（校注本），杨文虎、陆卫先主编，云南美术出版社2001年版，第3886页。
② 转引自尹明德《云南北界勘查记》，成文出版社有限公司1974年版，第148页。
③ 参见高志英《独龙女文面的文化阐释》，载《西南民族大学学报》（人文社会科学版）2010年第2期，第21~27页。
④ （清）管学宣修：《丽江府志略》（上卷），万咸燕纂，见《中国地方志集成·云南府县志辑》，据清乾隆八年（1743年）刻本之抄本影印，第180页。

当时文面不分男女，而且也是作为怒子（怒俅）特有的习俗来标记的。到了清末，"俅子"成为区别于其他族群的一个独立族群，文面也与他们族群的习俗联系起来。清代夏瑚亲自到独龙江巡视后，详细描述了当地的这种习俗："上江女子头面鼻梁两颧上下唇，均刺花纹，取青草汁和锅烟，揉擦入皮内，成黑蓝色，洗之不去；下江一带妇女，则惟刺上下唇；江尾曲、傈杂处，妇女概不刺面。"① 文中提到了文面的部位、方法和用料，以及这种习俗的分布情况，并说明文面仅限于妇女。民国边界勘察员杨斌铨、王继先考察途中遇到一个身披麻布的文面女，感到很惊讶。其翻译跟他们介绍该女子来自独龙江地区，并解释了独龙族女子文面的原因：一种认为怒江还没有开化之前，傈僳人经常到独龙江劫掠独龙妇女用作女婢，独龙族人为了躲避抢劫，在女孩子长到四五岁的时候，"以青色图面如飞蝶形，用针刺之，使黑，傈僳即不抢劫"。另一种观点认为文面是一种美的行为。② 其报告中称："俅民，有女子年至四五岁时，以青色图面如飞蝶形，用针刺之，使黑。"当他们到了独龙江之后，见到妇女"面多刺飞蝶形，以为美观"，文面的原因没有了"防止外族抢掳"之说。两人到了新蕊党（现在的献久当村），发送针线等物品给前来观望的村民，并劝告他们禁止妇女刺面。从雍正到光绪年间，独龙族人文面习俗出现了从男女文面到仅为妇女文面的变化过程。随后进入独龙江的是学者陶云逵，他此行的主要目的在于测试独龙族人的体质及考察他们的文面习俗。他在日记中这样写道："自拉卡塔至不考王河为文面俅子之分布中心。自此茨那王而下至茂顶以南各地，女子仅文额。……共测量三百人，二百人为文面部落，一百人为文额部落。"③ 文面的分布和类型与夏瑚的描述几乎一致，说明了当时女子文面行为很普遍。这一区域亦是察瓦龙喇嘛寺控制的地方，而在位于藏族势力边缘的下游的女子仅文额，再往下就没有发现文面女子。这至少表明文面行为与察瓦龙藏族人有关。陶云逵的观察是："除汉商、汉官削盘外，尚有所谓察瓦龙土司之苛勒，傈僳之尸骨钱粮，俅子于是乎变成受尽压迫的弱小民族。俅女至十二三岁即文面，据说是怕被察蛮拖去用以偿牛价；怕被傈僳拖去当尸骨钱粮。"④ 他也看到了独龙族人在族群政治关系中的地位并与其文面行为联系起来，可惜陶云逵英年早逝，不能持续深入探究。

民国后期，文面女人的数量趋于减少，最根本的原因在于当政者禁止文面。清末，夏瑚进入独龙江巡视，曾下令禁止文面，若有违者当重罚：文面者

---

① （清）夏瑚：《怒俅边隘详情》，见方国瑜主编《云南史料丛刊》（第十二卷），徐文德、木芹、郑志惠纂录校订，云南大学出版社1999年版，第146页。
② 参见尹明德编《云南北界勘查记》，成文出版社有限公司1974年版，第145页。
③ 陶云逵：《俅江纪程》，见《西南边疆》第14期，成都西南边疆研究社1942年印行。
④ 同上。

剥其皮,与人文面者砍其手。国民党时期,亦禁止文面,声言若再文面,则罚款;孔志清任独龙江乡长时也禁止过文面。与之相反的是,察瓦龙地方统治者一直倡导文面,作为他的统治区与外地的区别点。① 新中国成立之后,20 世纪60 年初,曾有人恢复文面;接着"文化大革命"开始,作为封建残余的文面习俗与牛鬼神蛇一起被扫进历史的垃圾之中。根据刘军的调查,2006 年独龙江乡还有 55 个文面老人,其中文面老人最多的迪政当村有 21 人。② 当 2012 年笔者再去独龙江调查时,全乡只剩下 25 个文面女,其中迪政当 13 个,而且这些老人都在 80 岁以上,健康状况令人担忧。现在,作为独龙族特有的文面文化已经被纳入国家非物质文化遗产保护名录。独龙族学者李金明说:"保护文面文化,就是对文面女的保护。"③ 当地政府修建养老院,为这些老人提供良好的生活环境和医疗保健,可惜随着最后一批文面者的老逝,估计将来不会再出现这种类型的文面现象了。现在很多游客进入独龙江就是为了一睹文面女,留住最后的印象。

综观历史,早期文面是作为区分滇西部落群体的文化符号而被记录,随着被称为"俅子"的族群从怒子中分离出来,被挤压到滇藏边缘中缅边界地带的俅夷地,文面成为俅人与其他族群相区别的文化特征及身份象征。文面本身也在经历着流变,从早期男女都有文面到后期只要求女子文面。文面习俗起源的不确定性,造成了对独龙族人文面习俗的多重解释。直到边疆危机时国家势力介入,与地方政府争夺独龙江流域的控制权,文面习俗的解释变得非常重要,它直接关系到文面者的生存,即独龙族的生存。在这种形势下,文面习俗的解释实际上反映了统治者的态度和价值取向,而最终的解释取决于独龙族人与统治者之间互动的结果,无论文面与否,对独龙族人来说都是一种生存政治。简而言之,文面本身是一种文化现象,它包含独龙族人的技艺和宗教观念,因主体立场和价值观的不同而出现多重文化解释,但是只有当它们与独龙族历史联系起来,才能获得真正人类学意义上的洞见。

以上笔者通过"族称流变"、"生存模式"和"文面习俗"三个方面来呈现独龙族的历史过程,当然我们也不可能穷尽所有方面来描绘独龙族人的历

---

① 刘军在 2007 年第 6 期《中央民族大学学报》(哲学社会科学版)上发表了《独龙族文面初探》一文。文中提到他所调查的独龙江乡孔当村姓毕的老人,老人说旧社会察瓦龙土司编了"劝文歌"提倡文面,说文面好看。当笔者再去采访这位老人、最后请求与她合影时,老人双手遮住了自己的脸说不好看。

② 参见刘军《独龙族文面初探》,载《中央民族大学学报》(哲学社会科学版)2007 年第 6 期,第 76~81 页。

③ 李金明:《独龙族文化保护面临的问题及对策研究》,载《独龙族研究学会通讯》2010 年第 1 期,第 49~55 页。

史、社会和文化。随着20世纪50年代独龙族族称的获得和确定,独龙族人迎来新的历史阶段。

1952年,中国政府无偿发放耕牛、生产工具、衣物等生产生活用品,并组织人力在整个独龙江地区开挖水田,住在山里的村民被安排到河谷坡地上建寨;1964年,修通了贡山县城到独龙江政府所在地巴坡的人马驿道,组织了来自察瓦龙、迪庆等地的马帮大队,将物资运送到独龙江,缓解了生活物资稀缺的困境;20世纪80年代推广地膜玉米种植技术,产量的提高缓解了缺粮的压力。1998年,时任中共云南省委书记令狐安带着工作人员徒步到独龙江实地考察,这是继清末阿墩子弹压委员夏瑚之后第二个进入独龙江考察的地方官员。随后云南省政府提出了"独龙江的发展,不是一个乡的问题,而是一个民族的问题"的发展思路,独龙族与生存自然空间独龙江流域更加紧密地联系在一起;1999年修通了贡山到独龙江孔当的公路;2002年,开始实施"天保工程"(天然林的保护工程)和"退耕还林",独龙族人几个世纪以来一直依赖的"刀耕火种"生产方式到此结束,每年政府发放大米,每人370斤,以换取生态保护。2009年10月,时任中共云南省委副书记李纪恒带领省政府各部门官员到独龙江乡进行社会经济调研;2010年云南省政府提出了独龙江乡跨越式发展模式——"独龙江整乡推进,独龙族整族帮扶"的发展计划,从此独龙江进入了全面建设的时期。这一系列国家的重视和大力投资建设是基于独龙江独特的地理位置、独龙族的生存状况,同时,亦是地方精英与国家、地方政府接触和互动的结果;这是一个国家权力渗透的过程,也是国家改造地方人群生活的过程。是否有独龙族身份和独龙江户口以及是否遵从政府制定的规范,成了能否获得援助的条件。随着发展计划的实施,独龙族人的生活生产方式发生了巨大变化:民房改建、集中居住模式改变了人与人之间的相处方式;随着交通、旅游服务等基础设施的修建与完善,独龙族人与外界的互动越来越频繁,独龙江与国家的联系也更加紧密了。但是,生存与适应依然是独龙族人面对的重要课题。

第二节 生存的动力学:一个可操作的研究模式

正如前面所言,独龙江峡谷这个独龙族人赖以生存的自然空间蕴含着历史、地理、政治意义,在此基础上经历族称身份历史衍变,涉及国家及地方权力中心与边缘群体的政治经济动态关系以及独龙族人应对来自内外部压力的措施,因而本书要讨论的是在长时段的历史过程中不断推动独龙族人生存和发展的各种力量。具体而言,本书致力于解决两个问题:一是像独龙族这样人口较少的民族在复杂多变的社会环境中如何生存下来;二是透过独龙族与更大规模的社会环境互动的历史过程,揭示独龙族人如何解决物资稀缺以获取和创造生存所需要的各种条件。简而言之,我们将从自然—社会环境的视角,探讨独龙族在这两种环境中不断存续的原动力以及各种要素之间的相互作用。

一、生存与策略:适应/适应策略作为社会文化的过程

在早期研究美洲印第安人的过程中,斯图尔德提出"文化核"(cultural core)的概念,作为探索人类社会和文化演化的路径。所谓的文化核,是指与生产及经济活动最有关联的各项特质之集合,他把与经济活动有密切关联的社会、政治与宗教模式包括在文化核心之内。[①] 文化核是人类与自然环境互动的适应性产物。对一个群体来说,文化核表达了特定的生存模式,而技术是文化整合的原动力。文化核与特定的文化—历史相关联,由于环境不同,各个人群的文化整合层次也不一样,因而证明人类社会存在多种不同的演化路径。在对美洲大盆地肖肖尼人社会变迁的研究中,斯图尔德提出了家庭层次的文化整合。由于肖肖尼人主要依赖采集狩猎为生,日常生活中的劳作基本上是单个家庭独自完成的,这就造成分裂式的社会形态。但是,他们通过联姻建立起来的亲属网络、家庭之间合作围猎活动、年节仪式上的博戏和走访作为社会整合要素。[②] 这种文化生态学的研究强调了自然环境对社会制度的作用,认为社会或文化的演化是对地理环境持续适应的过程。斯图尔德的研究方法对我们研究独龙族早期的生计模式和社会组织有一定的解释力度,但是他的假设无法解释来自群体外面的政治、经济的影响以及群体本身的应对。正如有学者指出,斯图尔德的文化概念强调的是技术,忽视习俗和意识形态也同样要与环境发生相互作用;在选择环境方面,缺少对社会环境的考虑。[③] 沃尔夫则直接指出斯图尔德的研究模型无法解释资本主义的渗透、世界范围的专门化及劳动分工的增长,以及某些人群支配另一些人群的发展。[④] 他以欧洲的发展和向全球扩张为例证提出,随着欧洲的崛起,欧洲的工业资本扩张到全球各个角落,欧洲大陆以外的其他不同来源的社会组织和族群逐渐卷入到这个全球性的体系中。沃尔

[①] 参见(美)斯图尔德著《文化变迁的理论》,张恭启译,远流出版事业公司1990年版,第45页。
[②] 同上书,第119~143页。
[③] 参见 Hardesty Donald. *Ecological Anthropology*. John Wiley & Sons, 1977: 10.
[④] 参见(美)埃里克·沃尔夫著《欧洲与没有历史的人民》,赵丙祥、刘传珠、杨玉静译,上海人民出版社2006年版,第22页。

夫的研究意义在于，他揭示了许多表面上处于孤立状态的社会与某些社会体系之间似乎仅有着极弱的从属关系，而这些社会实际上可能已受到那些更大社会体系的根本性影响。

由于自身所处的环境和周边的政治经济联系程度的不同，部落民和边缘群体的生存方式亦存在差异性。但与工业社会的居民相比，他们需要依赖自然环境并与之交换材料获得生存的食物，如动物的驯养与植物的栽培。食物生产是人类生存的基础，人类依据不同的历史地理条件，发展多样的食物生产方式。人类学家科恩（Yehudi A. Cohen）通过考察不同的食物生产类型，提出了"适应策略"的概念，用于描述和分析一个群体的经济生产体系。科恩认为，人类社会发展至今，出现了"搜食、粗耕、农耕、畜牧和工业化"五种适应策略。① 每一种适应策略对应一套社会类型，其中"搜食"和"粗耕"是人类学者早期和现在仍然关注的生计方式，与之相对应的是简单社会和居住在边缘地区的族群。搜食指的是以采集、狩猎和捕捞为谋生方式，与之相关的是游群组织形态的社会。搜食者（foragers），也被称为狩猎采集者，与其他食物生产者不同，他们主要依赖自然环境谋求生计。从考古学角度，这是旧石器时代人类的一种经济生产策略。粗耕者并不会密集使用任何一种生产工具（如土地、劳力、资本与机械），而且使用简单的工具如圆锹和掘棒种植作物，他们的田地亦不会被永远耕种，会有一段长短不一的休耕期。这种耕作方式最典型的是刀耕火种农业种植技术，在干季砍倒树木和杂草，晒干后放火焚烧，使之留下灰烬肥化土壤，到了雨季种植作物、照料和收获。通常，这块地只耕作一年。因而，它要求一定的物理环境条件，如季风气候、快速生长的丛林和相应的人口密度。科恩把文化界定为包括技艺、策略、制度、观念和人类获取生存能量过程中相应的特殊习俗的总和。因此，他视文化为人类适应环境所仰赖的重要手段。在文化演进过程中出现多种演进的模式，这是由个人和群体适应能力的程度不同而导致的，人类社会进程中五种适应策略体现了文化适应的程度。按照科恩的观点，搜食者和粗耕者的文化适应程度层次比较低。这种通过食物生产的差异进行不同群体和社会的适应策略的分类对我们的研究很有启发，可以揭示生产技术、生存模式、社会和文化的其他方面之间的相互关系，但我们的兴趣不在于各种程度的适应策略的演进，而是要考察在历史过程中不同适应策略的联系和互动关系。

埃蒙德·R. 利奇虽然没有提出明确的适应或适应策略的定义，但他在研究缅甸克钦人的贡劳/贡萨政治体系时，考察了物质环境和社会（政治经济）

---

① 参见 Y. A. Cohen. "Culture as Adaptation". In Cohen Y. A. *Man in Adaptation*: *The Cultural Present*. 2nd. (ed.) Aldine, 1974b: 45 – 68.

环境的动力学作用。克钦人是生活在缅甸北部高地和中国云南西北部的山地族群，主要依赖烧垦季风雨林刀耕火种农业种植为生计。从它的历史过程来看，克钦社会总是在贡劳和贡萨两种政治组织类型之间来回摆动，即它摇摆于等级主义的头人—扈从关系模式"贡萨"和一种平权主义的组织模式"贡劳"之间。利奇认为，之所以发生摆动，是由于克钦社会应对内外压力的反应，并且具体提出了"物质环境"、"政治环境"、"人文因素"三种动力因素①，但是起决定作用的是克钦政治体系本身内部深层结构中存在的矛盾——是否遵守"姆尤－达玛"的婚姻原则和亲属义务。乔纳森·弗里德曼运用结构马克思主义观点，分析了利奇的田野民族志资料，特别注意了导致克钦社会结构发生摆动和转型的生态因素、经济条件。他提出了四层次的模式：生态系统限制生产力、生产力限制生产关系、生产关系反过来支配生态系统和上层建筑。② 由于刀耕火种式种植业所得报酬很低，那些必须向赠妻者支付彩礼的世系群就不可避免地为债务所困，他们只能通过分裂来解决这种困境。相反，如果克钦人的某些分支世系头人能够为全村举办盛宴，他会因此被认为对神灵世界拥有更大影响，他就能得到更多的妻子和追随者，从而获得更大的声望和势力。于是，通过环境、经济、亲属和宗教等因素连续的结合，贡劳式的平权制演变为贡萨制。埃里克·沃尔夫从全球化的整体视野中指出，克钦社会政治体系的摆动是受到东南亚鸦片贸易的影响而做出的适应性变异，后者则是受到资本主义全球体系刺激兴盛起来，因此，鸦片贸易带来的影响才是"摆动"的原动力。③ 在地方与全球视野中，我们很难认为存在着一种单一、自足的整体社会，适应可以看作地方对全球体系入侵的应对过程，这是利奇的研究带给我们的启示。

巴特在斯瓦特地区的田野民族志研究，从行动者的微观视角对该地区的政治体系进行了经典研究；同时，他还关注到了地方生态因素对不同群体生存模式的影响。他引入"生态位"（niche）概念，借以说明在整体环境中，不同群体（族群）之间存在资源竞争和共生的多重关系。④ 在斯瓦特河谷，生活着三个不同食物生产方式的部落，分别是定居的农耕民巴坦人、农牧兼营的科西斯坦人以及典型的游牧民古加斯人。对他们的研究发现，生活在不同生态位

---

① 参见（英）埃蒙德·R. 利奇著《缅甸高地诸政治体系——对克钦社会结构的一项研究》，杨春宇、周歆红译，商务印书馆2010年版，第217～249页。

② 参见 Jonathan Friedman. "Marxism, Structuralism and Vulgar Materialism". *Man*（n. s.），1974（9）：444－469.

③ 参见（美）埃里克·沃尔夫著《欧洲与没有历史的人民》，赵丙祥、刘传珠、杨玉静译，上海人民出版社2006年版，第405～406页。

④ 参见 Fredrick Barth. "Ecologic Relationships of Ethnic Group in Swat, North Pakistan". *American Anthropologist*, 1956（58）：1079－1089.

（小生境）的三个部落通过各自的适应策略都可以在当地生存下来。巴特认为，文化的生态适应对族群的分布是具有影响力的因素之一，可是在从事分析时也需要考虑区域外的因素，还需要评估族群分布的相邻程度和孤立程度。

一直以来，人类学者对适应策略的研究，在理解环境的概念上偏向于自然环境，将环境和人类的关系视为文化即环境适应机制，或将适应策略视为文化去加以研究。20世纪70年代以来，一些学者将环境的概念扩展到社会人文环境。约翰·本内特的《生态的转变》一书可以说是这方面的代表。他在书中强调了人类文化、自然环境、技术和社会政策之间的互动关系，提出"社会自然体系"分析框架的主张，以期从整体上把握与克服人类环境和自然环境之间的对立。本内特认为，适应是一种社会过程和行为策略，理性或有意图地操控社会和自然环境。因而，适应的行为要从多维度分析：某个人的适应对于他人或群体可能引起不良适应；有时适应成功的行为，为特定个人提供了短期的利益，但可能会造成环境破坏，并威胁到群体的长期生存。①

民族志资料表明，今天仍有一些狩猎—采集民在某些环境中存续下来，他们分散在澳大利亚、南部非洲、中部非洲的森林、东南亚、亚马逊盆地和极地附近地区的小块地方。这些搜食者社会至少会有一部分的生计是依赖自己从事的食物生产，或依赖由食物生产者所提供的食物。同时，一个显著的迹象表明，所有的搜食者已经与外面的经济和政治机构紧密地联系在一起，与周围族群的联系越来越频繁，成为一个体系。② 在每个地方，他们逐渐地被整合到国家中去，与此同时，他们的传统方式受到威胁，随着领地的丧失，他们传统的生存模式变得越来越难以为继。粗耕者同样也遭遇相类似的生存困境。面对这种现象，人类学者亦转而研究这些群体的现代性问题——在现代社会转型中存在的适应问题，以及关注他们作为行动者如何与政府机构和资本抗争，争取维系传统生活方式的政治过程。

二、中国的山地民族研究经验

20世纪50年代后，生活在中国的部落民和边缘群体，基本上被纳入了国家的政治体系中，通过民族识别被整合到相近的更大的群体或者被识别为单一民族而成为中国的少数民族。由于他们生活于国家的边疆或边境地带，生存方式独特，因此受到了国家、学界的关注，特别是这时期国家力量已经介入这些民族生活的地方，直接涉及他们的生存与发展。20世纪50年代，民族学家林

---

① 参见 J. W. Bennett. *The Ecological Transition*. Pergamon Press, 1976：3.
② 参见 B. Richard. "Twenty-first Century Indigenism". *Anthropological Theory*, 2006 (6): 455 - 479.

耀华与俄罗斯学者切博克萨罗夫合写了《中国的经济文化类型》① 一文,提出了"经济文化类型"的概念,在这一理论框架下,将中国的民族经济文化状况划分成三大类型,即采集渔猎、畜牧和农耕,其中农耕型又细分成山林刀耕火种、山地耕牧、山地耕猎、丘陵稻作、绿洲耕牧和平原集约农耕。② 当时基于社会进化论思想的解读,将采集渔猎型和刀耕火种作为社会发展的低层次的生产方式进行改造,将内地的发展模式引入这些民族地区。30 年后,林耀华等学者重新界定了经济文化类型的概念,将原来的"自然地理条件"改为"生态环境",用"生计方式"替代了"社会经济发展水平"。这样,新的概念被描述为:"经济文化类型是指居住在相似的生态环境之下,并操持相同的生计方式的各民族,在历史上形成的具有共同经济和文化特点的综合体。"③ 经济文化类型概念的重新修正,契合了国内外政治经济环境,强调了人类活动与环境的关系,以及环境观念和文化多样性的意识,不再注重各种经济文化类型之间的比较研究。这种研究的思路一直影响着当代学界,在这个基础上,发展了民族生态学、生计方式和文化适应等研究方向。比如,尹绍亭等学者对西南山地民族的刀耕火种农耕方式的研究,从当地环境条件、人口、生产习俗和宗教观念的角度重新认识了这些民族与环境之间的关系,强调了这种农耕方式包含着当地人对自然的认识和态度,以及他们的世界观和宇宙观的地方性知识,从而改变了人们对刀耕火种方式破坏森林环境的简单看法。④ 吉首大学的杨庭硕提出从可食植物的演变替代中去理解中国历史,他试图从历史视野中获得传统生态人类学研究的突破;他的同事罗康隆结合中国民族志个案,提出"文化制衡"的概念来突破生态人类学视野中的文化适应研究。

在西部大开发的背景下,2000 年由费孝通提出并担任顾问的一项针对"人口较少民族"⑤ 的社会经济发展调查在全国展开,在稍后进行的中国第六届社会学人类学高级研讨班上,费孝通作了"民族生存与发展"的主题演讲,引出了"小民族"的课题,即一些人口较少、文化根底不深的民族在当代社会转型中面临的文化保护与群体生存的两难困境。⑥ 作为这一项目的成果和费孝通"小民族"课题的实践,何群博士的《环境与小民族生存——鄂伦春文

---

① 转引自林耀华著《民族学研究》,中国社会科学出版社 1985 年版,第 104 ~ 142 页。
② 参见林耀华著《民族学通论》,中央民族学院出版社 1990 年版,第 90 ~ 97 页。
③ 同上书,第 87 页。
④ 参见尹绍亭著《人与森林——生态人类学视野中的刀耕火种》,云南大学出版社 1999 年版;庄孔韶《可以找到第三种生活方式吗?》,载《社会科学》2000 年第 7 期。
⑤ 人口数量在 10 万以下的民族被界定为人口较少民族。
⑥ 参见费孝通《民族生存与发展:第六届社会学人类学高级研讨班上的演讲》,载《西北民族研究》2002 年第 1 期,第 15 ~ 17 页。

化的变迁》具有代表性。她以鄂伦春人为例，对其历史和现实生活状况进行了研究。她认为，包括鄂伦春族在内的生活在世界各地的小民族，其传统文化是适应历史上其周围的自然环境和社会文化环境的产物。面对现代化进程的推进，环境急剧变化，传统文化简单性的特点束缚了小民族适应新环境的能力。① 她依据民族志资料，重点对鄂伦春族所处环境的变迁与其生存和发展之间的关系进行探索，并通过个案对小民族的生存、发展和环境之间的关系进行理论总结。何群博士这篇论文的重要意义在于她重新确定了"小民族"概念，从而与中国民族发展现实问题联系起来，极具学术和现实影响力。另一位学者包路芳选择了鄂温克族作为研究对象，探讨鄂温克族社会变迁的动力。作者认为，它是在外部强力推动下，结合本民族内部社会文化的机制积极调适而形成的。② 鄂伦春、鄂温克族与独龙族的生存地理区位相似，都面临着现代化进程的压力，有很多共同的问题。笔者的研究虽然侧重于独龙族如何应对问题的角度，但是，她们的研究成果对于笔者的研究仍具有借鉴意义。

很多国内外学者按照经济文化类型，把不同生计方式的民族分成农耕民族、游牧民族、狩猎民族。依据独龙族的生产生活方式应将其归为狩猎民族，虽然大多独龙族人现在已经转型为农耕民或者旅游业者，但是他们对所处的自然环境依赖性仍然是很强的；对于这类民族的研究，笔者比较关注的是他们在现代化趋势下的社会文化适应和变迁的问题。麻国庆一直关注着北方游牧民族和狩猎民族在经济开发大背景下的社会性问题。他认为，在当前国家发展政策的影响下，狩猎民目前具体的生活和技术的变迁，已和我们的想象相去甚远。他通过梳理日本学者在这方面的研究，指出对狩猎文化的研究转型，即从对狩猎文化的本质主义的人类学研究转向了作为"社会问题"的人类学的研究。他认为，这种问题的人类学研究，对于理解和认识现代社会的狩猎民族所遇到的问题有着直接的借鉴意义。③ 由此可见，当前比较多的学者关注了土著民或者小民族的生存问题，对解决传统文化持续性与经济发展的困境提出了多种解读和解决思路，而且将目光转向了生产群体与社会环境的动态关系。比较明显的是，学者们都用"他者"的眼光来看这些少数民族遇到的问题，但很少从研究对象作为社会行动者来考察他们遇到的各种现代性的问题，以及采取怎样的行动策略以获得生存空间和资源。不论他们的研究视角如何不同，但从整体上说对笔者即将开展的研究有着启发和拓宽视野的作用。

---

① 参见何群著《环境与小民族生存——鄂伦春文化的变迁》，社会科学文献出版社 2006 年版。
② 参见包路芳著《社会变迁与文化调适——游牧鄂温克社会调查研究》，中央民族大学出版社 2006 年版。
③ 参见麻国庆《开发、国家政策与狩猎采集民社会的生态与生计——以中国东北大小兴安岭地区的鄂伦春族为例》，载《学海》2007 年第 1 期。

三、与本书相关的独龙族研究状况

从地理、自然环境、生计方式、人口和社会发展脉络看，20世纪50年代国家承认和识别的独龙族属于人口较少的山地民族。尽管主体独龙族人聚居地位于中央权力中心边缘地带，但这并不意味着他们直到现今才受到学者的关注。较早进入独龙江进行田野考察的是民国学者陶云逵，他在发生边疆政治危机、边界勘查日趋频繁的背景下关注独龙江和独龙族人。他主要的贡献在于提出了独龙族人体质、文面现象的研究价值，同时搜集了有关独龙族人的第一手神话材料。20世纪五六十年代，由国家民委（全称为"中华人民共和国国家民族事务委员会"）组织调查组先后进入独龙江流域，重点调查了独龙族的社会形态，在调查资料的基础上，于20世纪80年代编辑出版了《独龙族社会历史调查》（一、二册）、《独龙族社会历史》、《独龙族简史》等一批文献。1979年，中山大学历史系民族考古专业（人类学系的前身）师生在梁钊韬、杨鹤书、陈启新等人到贡山调查研究的基础上编印了《滇西民族原始社会史调查资料》，其中第六部分有"贡山独龙族"，包括独龙族的生产和土地占有形式、家族公社、风俗习惯以及贡山的民族关系等内容。1982年，云南民族研究所蔡家麒、杨毓骧等深入独龙江流域进行民族综合考察；翌年，云南民族研究所将调查资料编印成《独龙族社会历史综合考察报告》。这次调查的资料补充了前几次的调查，同时对原有的资料在某些提法上进行了修正，并增加了物质文化、思想文化、语言、心理素质等方面的内容，特别是在宗教信仰、独龙族与察瓦龙藏族的历史关系等方面有了新的材料。为了获得察瓦龙地区的历史材料，年近60岁的杨毓骧在向导和翻译陪同下从独龙江上游徒步到察瓦龙乡、察隅县城等地考察，其调查资料和行程记录整理后于2000年年底由云南大学出版社出版。① 由于史书上有关独龙族资料的记载有限，上述自1950年以来的多次调查和后续整理的资料，基本上构成了独龙族社会历史文化的总体民族知识资料，后来的学者在此基础上挖掘新的资料并加以解读。

2000年以来，随着独龙江地区县城到乡政府公路的修通，移动通信、电视传媒也进入了普通村民的日常生活，独龙族与外界的接触和互动更加频繁和紧密，他们生活方式变化的步伐越来越快了。在这样的背景下，学者进入独龙江田野调查比以往更加便利，而他们关心的研究主题正与地方社会文化的变迁有关。郭建斌是首先进入独龙江，并在北部村落进行田野调查而获得博士学位的学者。他的研究关注点在于电视作为独龙江与外界联系的桥梁如何影响着村

---

① 参见杨毓骧著《伯舒拉岭雪线下的民族》，云南大学出版社2000年版。

民的日常生活，如何将国家权力和现代化的生活信息带进边远的山区，并与当地社会转型、文化整合相联系。郭建斌博士毕业后到云南大学新闻系任教，并延续了独龙江的调查研究，写成《边缘的游弋》，于 2010 年由云南人民出版社出版。在该书中，他以国家—社会的研究视角，关注了一个独龙族村庄自 20 世纪 50 年代以来的社会变迁现象，呈现了独龙江村庄在国家与社会、中心与边缘之间不断摇摆游弋的过程。与郭建斌不同的是，高志英从整体的视角来描述独龙族文化观念的演变过程。在 20 世纪 50 年代和 80 年代两次大的政治经济转型中，独龙族的社会文化产生了巨大变化，也使其观念逐渐发生演变。高志英指出，在这个过程中，一方面，独龙族观念从传统到现代的过渡、跨越并不完全与彻底，新观念在萌芽中还有旧观念烙印的特点，各自的精华和糟粕因素同时存在；另一方面，独龙族内部不同层次的人群之间的观念演变程度存在差异性，呈现对主流文化的逐渐趋同和多元化发展的趋势，多种观念之间也如同其背后的社会文化因素之间相互联系并在演变过程中相互影响，同时，观念的演变反过来又影响着独龙族社会文化的变迁。简而言之，独龙族观念的演变以外源性发展动力作用为主，独龙族观念发展是外源性动力与内源性动力相互作用的结果。①

从上述独龙族研究的轨迹中，我们会发现不同时代的主流意识对问题的解读所产生的影响。20 世纪 80 年代以前的研究，非常明显地看到了马克思主义的演化论思想的痕迹，如对社会经济形态的研究，调查和研究的重心都在于挖掘和发现 20 世纪 50 年代以前独龙江社会发展到何种程度以及在社会演化中处于哪个阶段。2000 年以后，学者转而更关心现代社会的经济开发对传统文化的影响，即传统文化的保存、社会变迁与文化适应的问题。作为学术史的一部分，早期的研究隐含的政治性和意识形态方面的意味比较多，但我们不能因看到时代局限性而弃之不理。对文面现象的探索，不能停留在文化残存的解读层面，如果将其放在历史的脉络和政治经济的情境下理解，那它不仅是一种孤立的文化现象，还是有关独龙族生存、政治权利、文化象征的表达。与早期的研究相比较，当代的研究关注了内外互动，弥补了单一社会研究的缺陷，但是国家与社会或者中心与边缘的二元对立视角的解释框架存在的不足还没有得到足够重视。即在强大的外界力量的支配下，地方总是处于被动适应之中，地方社会文化内部的深层结构存在的矛盾被忽略，对行动者如何解决这种结构性矛盾也没有进行分析和强调。笔者认为，不论是资源（土地）占有制、文化表征还是社会转型下地方与国家的互动等，都是独龙族群体继续生存需要的动力。笔者的研究试图整合各种生存的要素，突破以往研究中存在的片面性。这也正

---

① 参见高志英著《独龙族社会文化与观念嬗变研究》，云南人民出版社 2009 年版。

是本书所力图展现的研究价值和意义。

清末以降，英国、法国、美国等国家的不少传教士、探险家、军事政客潜入独龙江流域进行各种探查活动，留下了一些记录。但真正以学术为目的进行考察和研究的，是20世纪90年代进入独龙江田野调查的法国学者施蒂恩（Stéphane Gros）。目前，我们找到他发表的5篇文章，虽然还不能对其进行总体评论，但从中还是可以看出一些人类学研究的轨迹。他利用早期传教士留下的日记和记录，结合田野调查材料和中国档案资料，描绘了早期独龙江流域的历史与文化，对独龙族的"仪式活动"、"族群认同"等主题进行了人类学研究[①]，给我们带来了新颖而独特的视角。施蒂恩从利奇的"仪式语言"的象征表达中找到灵感，认为滇西北的藏缅语族群透过一种"分享的仪式"表达各族群共享的文化。独龙族与这些藏缅语族分布在高山峡谷之中，地理空间的划分不仅具有族群生态学的意义，还对族群的分类和界定起到重要作用，并认为族群关系是在区域历史脉络和政治经济情境中构建出来的。施蒂恩的研究引发了我们对滇西北边疆社会复杂性的关注；与此同时，我们也要警惕他研究中存在的"无国家"历史视野带来的误读。

四、理论假设：提出动力学模型

不论是个人还是群体生存问题的分析，都应该从整体的视野考察独龙族人生存的各种要素。食物是维持生存的物质基础，一方面，在独龙江河谷的高山峡谷限制了可耕地面积，而以刀耕火种为主的农业种植产量低下，生产的食物不能满足当地人的口粮需求，他们需要上山采集挖掘以及捕猎来救荒；另一方面，通过独龙江内部的互惠义务和交换社会体系来解决粮食稀缺的问题。我们从前面介绍的历史中了解到，自18世纪以来，独龙江与周边地区之间的货皮与盐粮贸易就进入了官方视野。可以想象，随着内部人口的增加以及国家力量的介入，内外之间的互动和接触更加频繁。因此，我们将食物的生产和供给作为切入点，观察人与物理环境和社会环境之间的互动，透过长时期的历史考察，分析由此而产生的生存困境以及解决生存的手段和条件。生存的手段和条件即是维持个人和群体继续生存的力量。由于生态、人口和政治环境等变量的存在，各种推动独龙族人继续生存的力量充满了变数，与生存有关的生态、经济、社会结构和意识形态领域参与到了生存过程的动态整体中，各种要素通过互动产生影响，从而推动或延缓独龙族社会的发展。这就是本书所讲的生存的动力学的基本内涵。

---

① 参见（法）施蒂恩《缺少的分享：喜马拉雅东部（中国云南西北部）作为"整体社会事实"的分享的仪式语言》，周云水译，载《青海民族研究》2009年第3期，第23～33页。

动力学的提法来源于19世纪法国学者孔德的思想。受启蒙思潮"理性"、"进步"等思想的影响，孔德认为社会学学者可以像牛顿揭示力学法则的方法一样去揭示统治社会的法则，因而创立了社会学——一个建立在当时物理学模型基础上的社会学理论方案。他将社会学分为社会静力学和社会动力学，前者研究社会结构和秩序，后者研究社会进步和变迁。孔德提出的社会动力学是要找出"进化的法则"，或者社会系统随着时间推移的变迁模式。用今天熟悉的术语来讲，就是探讨社会变迁的动力。我们从孔德思想中获取动态和发展模式的理论灵感，讨论独龙族的生存与发展，目的不在于揭示各种生存方式发展的阶段，而是分析和揭示独龙族人在改造自然、人与社会、独龙江与更大范围的社会互动中产生的各种力量，以及这些力量之间存在的联系。这种分析和理论框架直接受惠于利奇对缅甸高地克钦人的政治体系的研究，以及埃里克·沃尔夫在《欧洲与没有历史的人民》一书中对全球资本主义体系的分析。

利奇描述了克钦社会在贡劳与贡萨两种政治组织模式之间摆荡的现象，他提出有三种外在的力量推动着钟摆式的政治体系，它们分别是生态环境、人物以及政治环境。这种分析解释模式打破了结构功能主义静态的、单一的整体社会解释框架。沃尔夫则把视野放大到更广阔的全球范围中，认为以往人类学研究的土著社会是欧洲扩张的产物。沃尔夫的分析隐含着政治经济学的理论框架，他的分析带给我们长时段的历史深度和中心与边缘的视角，但是，我们也要警惕中心（资本）支配力的扩大化，以免忽视了地方社会内部之间的互动关系以及社会结构中潜在的深层次矛盾。正如吉尔·斯坦因对世界体系的批评。他认为，世界体系模型的定义太宽泛了，往往未加批判就被用来解释前资本主义的区域内部互动。① 他指出这种模型潜在的预设，如中心区的支配地位、不平等交换以及贸易充当发展的原动力，无不掩盖了前资本主义区域内部网络发生的真实情况。

与此同时，我们要引入"生产方式"（mode of production）的概念，以便和食物生产与社会体系联系起来。生产的概念最初源自马克思的政治经济学理论。与经济学不同，马克思所讲的生产不与分配、交换等项目并列，而是一种社会结构（社会体制），马克思称之为"生产方式"。按照《资本论》的观点，生产方式指的是一种综合结构，它包含"劳动过程"和"生产过程"。劳动过程是人与自然的材料交换（生产力的结构）；生产过程则意味着特定历史时代特有的生产关系（具体来说，是资本与雇用劳动、领主与农奴那样的阶级性的社会关系）。这样，生产方式概念的引进，使得人类与自然、社会之间

---

① 参见 J. Stein Gil. *Rethinking World-systems: Diasporas, Colonies and Interaction in Uruk Mesopotamia.* University of Arizona Press, 1999: 47.

的互动有机结合起来,这点在结构马克思主义学者中引申为"联结"(articulation)这一术语——指众多要素诸环节的有机结合,而不是组合。① 马克思提出生产方式概念,用于分析西方资本主义社会,人类学者从中汲取思想,重新界定了概念以弥合马克思对非西方社会分析的缺陷。在这方面的努力,沃尔夫提出的定义比较有代表性,也契合了本书的研究旨趣。他认为,生产方式指的是一组特殊的、历史地发生的社会关系,人们借此以工具、技巧、组织及知识为手段实施劳动以从自然界获取能量。② 依据这一定义,沃尔夫区分了三种不同的生产方式类型,即资本主义生产方式、朝贡式生产方式及亲属关系生产方式,用于分析1400年以来欧洲对世界其他地方的影响。通过生产方式的概念,可以揭示政治经济关系,尤其是非工业社会中的亲属关系在经济生产过程中的作用得到了重视;同时,还可以分析不同生产方式主宰的社会互动、联结产生的结构性权利,将权利不平等解释为获取劳动力与生产资源不平等方式的结果。

依据上述分析的概念和理论框架,我们可以解析1949年以前的独龙江社会形构的过程,包括独龙族人的生存空间、适应策略、与周边邻族的贸易互动关系,揭示独龙族人生存状况——与纳西族土司、藏族势力、贡山设治局、中央政府之间的互动和不平等的格局。但是,这种宏观的分析框架无法解释民族国家政治架构下即1949年以来独龙族社会精英为民族生存与发展进行的种种活动,同时,地方社会与中央政府和国家之间的关系显得只见树不见林。地方是如何与更大区域、国家发生联系和互动呢?为了解决这个问题,我们从行动者的视角寻求突破,行动者既指有目的、有意图的行动中的群体和团体,也指个体,这样将宏观结构与微观个体行动有效联系起来,把独龙族精英——政治、文化或宗教精英整合到行动者范畴,更好地将日常生活中的互惠与交换行为结构化,同时也能避免中心与边缘视角引起的简单的二元对立分析的陷阱。

综上所述,我们可以做出这样一种预设——18世纪以来,在生存的历史过程中,独龙族人在依赖生存的自然空间中采取农耕(刀耕火种)兼采集和捕猎的适应策略。他们的适应过程无不受到更大的政治经济力量的影响,这种内外之间的联系和互动,既产生了生存的困境和压力,也提供了解决生存问题的契机和条件。按照独龙江社会历史发展脉络,我们提出以下几个动力要素,当然这里不可能穷尽所有方面的因素,只是为了分析的便利,选择能够呈现独

---

① 参见(日)今村仁司著《阿尔都塞:认识论的断裂》,朱建科译,河北教育出版社2001年版,第213页。

② 参见(美)埃里克·沃尔夫著《欧洲与没有历史的人民》,赵丙祥、刘传珠、杨玉静译,上海人民出版社2006年版,第91页。

龙族人在不同历史时期和政治经济环境下的生存与其冲突和调适的过程。其具体要素以及各个要素之间的联系和互动如图0-1、图0-2所示。

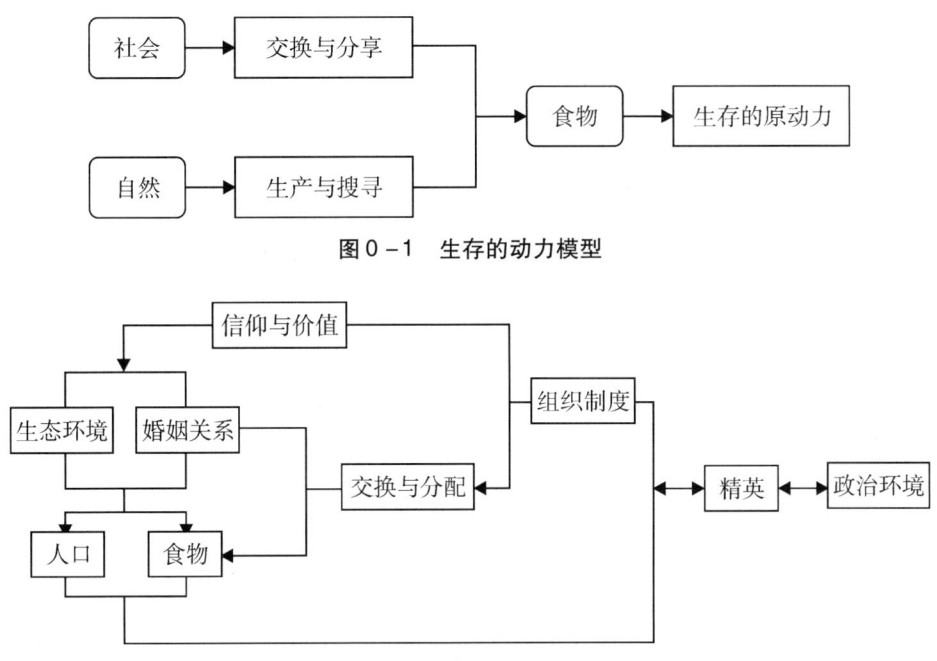

图0-1 生存的动力模型

图0-2 独龙族生存的动力系统模型

需要特别指出的是，图0-2中的组织制度主要包括政治和宗教组织体系，以及家庭组织和婚姻原则，它们在食物分配和社会秩序维持上发挥着作用；所列的各个生存要素不是静止的，而是动态和发展的，但是政治经济环境是最复杂也是最易变动的，它在不同时期的表现形式不一样。在王朝时代，影响独龙族族人生活和生存的主要外部因素是滇西北和西藏地方势力。具体来说，西藏察瓦龙喇嘛寺势力、贡山设治局、滇西纳西族土司与独龙族人的多重政治关系格局，它们之间的互动是构成区域政治经济环境的主要因素，独龙族人的政治组织体系、经济生活和文化表征无不与之相关。王朝末年，中央政府的势力直接渗入独龙江流域。1949年以后，国家的影响力直接关系到独龙族的生存与发展。近年来市场的开放、交通设施的改善和国家扶持少数民族政策的实施等内容都在这个范畴中。

我们提出独龙族生存的动力学模型，是基于以下四个方面的预设。第一，独龙江河谷和两岸的高山林木为独龙族人提供了生存的自然空间，多样的自然资源提供了丰富的纤维蛋白质，广袤的雨林地带和低密度人口为刀耕火种式的游耕农业提供了条件。很多独龙族先民的迁徙以及出猎寻得生活好去处的传说反映了这一事实。氏族外婚制、游耕农业在一定程度上造成了分散的居住模式，在此基础上形成了松散的父系氏族自治组织。家庭与婚姻组成的亲属体系建立了互惠和交换关系，这构成了建立在生态环境基础上的独龙江内部互动系统。第二，一方面，独龙江周边逐渐被纳入纳西族土司和西藏地方势力的范围，这两种地方政治权都建立在农奴制基础上，需要大量的农奴和税收增强他们的实力，独龙江不可避免地成为他们争夺的最后一片区域；另一方面，独龙族人也需要通过跟外界贸易，得到生活必需的盐、衣物和铁器，以及满足日渐扩大的粮食需求。这样，虽有高山峡谷阻隔，但两种不同互动系统发生了联系。在和更大区域的政治经济环境互动时，虽然独龙江能够从外界获得生活必需品，但不同生产方式之间的联结带来了不平等的政治环境，他们只能依附不同的政治势力，以寻求生存空间。所以，这一时期的独龙族人的生存能力是最弱的，生存境遇艰难。第三，在内外互动过程中，那些擅长平衡各方利益和缓和冲突的人被赋予了重要地位，这些人在独龙族社会中被称为"卡夏"，一般是头人或者家族长。随着外部压力和内部社会的分层，这类人成为有实力的社会支配者。他们作为内外沟通的中介，在王朝时代是土司、中央政府的代理人，在1949年后是地方基层管理者。在本书中，我们将他们统称为独龙族的精英。不同时代，他们受教育的程度和能力层次不同，但他们承担的角色都很相似。一方面，他们代表本地区本民族的利益与土司、政府联系，反映生活情况，表达愿望，以获取生存资源和政治支持；另一方面，他们代表土司、政府或者国家控制和管理独龙江社会。精英所代表的动力在整个群体生存过程中发挥的作用不容忽视，尤其是1949年以来，独龙族精英参与到国家各级事务中，他们积极向政府和国家反映独龙族的生存状况，获得了国家对独龙江的重视和大力扶持，同时也参与到了独龙江的开发规划和实际建设之中。第四，本土山神信仰体系和外来基督教各自承担着整合社会秩序的功能，具体表现在两个方面：其一，在特定节日举行的宴席聚餐活动中达到了食物再分配的效果；其二，参加宗教仪式活动增强群体凝聚力，规范道德行为，有利于维护社会秩序。这是来自信仰和价值方面的动力。

简而言之，本书以食物的生产和供给为切入点，考察各种生存动力之间的互动与联系。食物，狭义上指维持生命体所需营养的粮食、蔬菜、鱼肉等物质，广义上包括食品、衣物、住房、劳动工具等人们生产生活需要的物品。与其他因素不同，食物直接关系到独龙族人的生存和繁衍，并与其他因素发生紧密的联系，食物的生产和分配影响着人群的组合、居住模式和对周围世界的思考方式。同时，食物生产方式不同，导致权利不平等，产生社会分层、族群之间的冲突与合作以及地方和区域力量之间的支配与制衡。因而，食物作为独龙族生存与繁衍直接相关的动力因素，又与社会制度、文化习俗系统息息相关，使得其他各个因素之间潜在的互动联系成为可能。

第三节　田野工作与资料来源

独龙族，史书上记载有"撬"、"曲洛"、"俅子"和"俅扒"等不同族称。依据语言学分类，他们属于汉藏语系藏缅语族，但至今仍然无法确定其语支，很多证据表明，独龙江上游地区的方言与丙中洛怒族阿怒支系方言相近，两地居民可以通话。独龙族的先民主要来源于怒江西岸丙中洛和察瓦龙地区，由于维持生计、躲避战争等原因不断往西南迁徙，逐河而居，至 20 世纪中叶才逐渐形成今天的居住格局。20 世纪 60 年代划定了中缅两国边界，中国境内的独龙族人统称为"独龙族"，主要居住在云南怒江傈僳族自治州贡山独龙族怒族自治县独龙河谷；而缅甸境内的独龙族人主要分布在缅北克钦邦境内恩梅开江和迈立开江流域，在宗教领袖和头人的推动下统一称为"日旺"。① 各地的独龙族人依山水而居，无论过去和现在都保持着经济文化上的联系。除了独龙河谷，贡山县丙中洛乡小茶腊、迪庆藏族自治州维西傈僳族自治县俅扒卡村以及西藏察瓦龙乡扎恩、昌西两村都有部分独龙族人居住。根据 2011 年贡山县经济工作统计数据，全县独龙族人口有 5 832 人，占全县总人口的 16.2%。② 在国家民委近期发布的一项规划中，将人口在 30 万人以下的民族归为人口较少民族，进行重点扶持以促进其社会经济的发展③，毫无疑问，独龙族是这个规划中的人口较少民族之一。从政治地理上看，独龙族分布地区位于缅甸北部和中国云南、西藏交界地带。

2011 年 7 月 23 日，笔者背着行李搭上了从昆明到怒江六库的夜班车，开始了笔者的第一次怒江田野调查。第二天凌晨过了怒江桥，朦胧中所搭乘的卧铺车停下来，边境公安上车检查身份证，笔者才意识到已到中国边陲之地了。整个怒江州的公路沿着怒江直上西藏交界处，从州府六库到贡山县城乘车所花的时间相当于再一次回到昆明的时间，但在峡谷中坐车身心绝不会很轻松，尤其是第一次来到怒江的人。六库和贡山之间还隔着福贡县。整个怒江州以傈僳族居多，笔者走访的州县政协、史志办见到的负责人几乎都是傈僳族人，这让

---

① 参见杨将领、李金明《中、缅跨界独龙族：自称与他称释义》，载《世界民族》2010 年第 4 期，第 78～83 页。
② 数据由贡山县统计局于 2012 年 7 月提供。
③ 《扶持人口较少民族发展规划（2011—2015 年）》，参见国家民族事务委员会网（http://www.seac.gov.cn/art/2011/7/1/art_149_129390.html），2012 年 9 月 8 日查看。

笔者想起了他们先辈在历史上的强势地位。

贡山，民国时期取之于高黎贡山之意，是怒江沿线距西藏最近的县城。贡山县地处高黎贡山北段，位于怒江西岸的茨开镇是县政府驻地。1930年，调查员杨斌铨等人到贡山茨开，有记曰："内居民三十余户，汉夷杂居处。……察瓦龙俅江一带出产药材，皆集中于此。"① 今天的贡山县城已是400多户7 000多人的小镇，是贡山汉族、傈僳族、藏族、独龙族、怒族等多民族杂居的政治经济中心，是通往独龙江、西藏察瓦龙的必经之地，而来自独龙江和西藏察瓦龙这两地的高山药材也会先集中在这里销售和加工，然后再运往全国各地销售。

贡山与西藏察瓦龙两地有公路相通，但没有客运班车，也很难有车辆进出。幸运的是，笔者在贡山农贸市场一个药材铺里认识了察瓦龙藏族人扎西。他是一个经常往返云南和西藏的药材商人，笔者坦诚地告诉他要去察瓦龙做历史文化调查，并恳请他帮忙，他非常爽快地答应了，并告知笔者第二天有车回察瓦龙，要笔者到时候跟他联系。在解决了车的问题后，趁有时间，笔者搭车去了丙中洛普化寺，并对寺里的僧人进行了访谈。该寺建于1773年，由迪庆燕门乡蓝秋活佛始建，它是当时叶枝土司捐建的十三大寺之一。寺里初期喇嘛多为土司家族人。清中后期，该寺曾代理地方土司管理过独龙江俅人（独龙族先民），处理诉讼、税收等地方事务。

第二天，笔者顺利地坐上了此前联系好的车，这是一辆挂着西藏林芝地区牌子的警车。车上除了司机，还坐着察瓦龙乡年轻的党委副书记以及一个察瓦龙村民和一个昌都人。除了笔者，他们都是藏族人，原来他们是来贡山县办事情。一路上，笔者向同车人说明此去察瓦龙的目的，并强调是为了写一本书而去了解地方历史文化，恳请乡政府支持和帮助。年轻的副书记曾在西藏大学读书，非常理解笔者的调查工作，并答应给予相应的帮助与提供调查便利。就这样，笔者非常幸运地搭上了去往西藏的车。一路上，我看到不畏艰辛的工人在修路、探矿，半路上还看到竖着一块"外国人不准进入"的牌子，好像是进入了一块神秘的区域。公路沿着怒江不断往北走，越到察瓦龙腹地，怒江峡谷两岸的高山植被就越少，最后则是一片矮丛林和仙人掌；途中经过大流沙地，是30年前杨毓骧前辈遇险的地方，今天依然非常危险，山顶上沙石随时会滚下来砸到过往的人与车。经过6个多小时的颠簸和惊险，笔者终于到达了察瓦龙乡政府所在地扎那村。该村位于怒江东岸的一块台地上，从云南贡山县丙中洛出发到该村，行程共91公里。

---

① 转引自尹明德、杨斌铨、王继先等《滇缅北段界务调查报告》，见李根源辑《永昌府文征》（校注本），杨文虎、陆卫先主编，云南美术出版社2001年版，第142～143页。

察瓦龙，是西藏林芝地区察隅县东南面与云南相邻的一个乡，"察瓦龙"藏语意为炎热的河谷，"龙"或"绒"在藏语当河谷解，小镇上飞扬的黄尘和附近裸露的岩石以及稀疏的仙人掌就是一个明证。然而最直接的身体感受才是"热谷"真实的写照。清代以前，这地方被称为"野番之地"。雍正五年（1727年），清王朝为了扶持黄教，将桑昂曲宗等地（如芒康、贡觉、左贡、洛隆、硕板多、边巴）赏给达赖喇嘛为香火地，直接受拉萨噶厦政府管辖。当时，察瓦龙属于桑昂曲宗管辖，并任命了该地闷空的富户为协傲①管治地方。宣统二年（1910年），赵尔丰的边军控制了该地，并派人勘察了地形、人口、经济作物等情况，这是该地区最早的汉文字记录。当时，因为闷空的协傲和喇嘛寺控制地方政治宗教，文献上常以闷空②来指称今天的察瓦龙地区。宣统三年（1911年），辛亥革命爆发，西藏地方政府趁内地政局混乱，复又占据了桑昂曲宗等地，察瓦龙重归闷空协傲统治，一直到1950年中国人民解放军进驻，才改变了察瓦龙的地方政治结构。目前，察瓦龙乡有28个行政村，分6个片区，辖49个自然村，居住着藏族、汉族、傈僳族、白族、怒族、独龙族等多个民族。根据2010年国民经济统计数据，察瓦龙乡常住人口共有1 153户7 097人。③ 察瓦龙地处横断山脉北端南北深切的怒江峡谷中，村落分散在低地河谷台地或是在海拔较高的缓坡上。本地藏族与滇、川、藏三省（自治区）历史和现实的联系都非常紧密，他们讲康巴方言，自称康巴人。在这条峡谷中，靠近南边云南贡山的村落，有很多民族杂居；而过了中部昌西村以北，全部属于察瓦龙康巴人的村子。他们以农牧结合的生计方式，在低地河谷耕种青稞、小麦、玉米等口粮作物；而在高山海拔2 000～4 000米之间，有丰富的林下资源和高山牧场，他们相应地从事放牧和药材、食菌采集活动。察瓦龙人有经商的传统，过去交通不便，全靠马帮人力运输商货。有驿道从阿墩子途经察瓦龙门空到察隅，民国左仁极所作《昌都杂瑜调查报告》中称察瓦龙的居民为"察瓦绒巴"，并称"其人性喜经商，故云南西北部与康定、昌都等地，处处皆有察瓦绒巴之庄号与骡帮踪迹。门空一带，富商尤多，且多与滇商有感情"④。本地很多领主多为富商，他们信仰喇嘛教，财富多捐给寺庙。在西藏这样政教合一的地区，富商们通过捐赠财富和控制喇嘛寺的方式获得更多权利和社会威望。

---

① 协傲，相当于现在的乡长，由地方有实权的头人担任，3年一换。据当地人口述，地方有势力的富户贿赂西藏地方噶厦政府得以担任协傲一职。
② 闷空，又作门空或门工；工，藏族意为沿河较高的村落。
③ 数据由察瓦龙乡办公室于2011年9月提供。
④ 左仁极：《昌都杂瑜调查报告》，见王晓莉、贾仲益主编《中国边疆社会调查报告集成》（第一辑），广西师范大学出版社2010年版，第49页。

由于交通不便，乡政府驻地与各村之间行程少则 2 小时，多则七八小时。笔者先在乡府附近村落走访，一旦有政府部门的车进村笔者就跟着他们一起进村。这样，在乡政府的帮助和支持下，笔者先后走访雄当（自然村）、邓许、扎那、则那（自然村）、前中瓦、康然和扎恩，对耆老进行访谈，初步了解察瓦龙的地方历史，以及各村的生计、人口、婚姻家庭、日常宗教活动和政治活动如村委选举等情况。其中，前中瓦村和康然村属于过去的闷空片区，康然村有最大的寺庙达吉寺，过去为地方神权中心，与独龙江和怒江上游政治经济联系紧密，但一度遭摧毁。今天，重建之后的达吉寺建筑规模不足 30 平方米，但香火仍然很旺。

最后笔者选择扎恩村作为自己长时间田野工作的地方。扎恩村位于察瓦龙乡中下部怒江西岸，村寨与怒江隔着一座像驮马的岩峰，此岩峰被当地人奉为有神灵居住的神山，扎恩即"在岩峰后面的寨子"之意。从怒江东岸的察贡公路下来，绕过这座岩峰才能爬到掩藏在半山中的小寨。从地势上看，此处为易守难攻的要地。扎恩村海拔约 1 860 米，村落以下的低地是耐旱的灌丛，背后绵延的山岭即伯舒拉岭的南端，翻过两座山后下达云南独龙江上游麻必洛，这条路是旧时收税官来往的唯一路线，亦为云南到西藏茶马古道南线之一。无论商贸还是收税，扎恩都是云南进入西藏的重要站点。解放军进藏前，扎恩有四大庄园以及 9 户平民；民主改革后，大庄园的农奴解放了，分房分土地，成为扎恩村的成员。扎恩有 33 户 181 人，村民族源分别来自独龙江乡迪政当村独龙族、贡山的怒族和傈僳族、昌都和德钦藏族以及本地藏族，他们大部分都是庄园的农奴、佃农的后代。在访谈中，自称与独龙江有渊源的有 18 户，其中双亲都是来自独龙江独龙族的只有两户。通过一段时间的了解得知，他们的祖辈并非全都是富户地主买来的农奴，有的是由于自己家庭贫困自愿来打工维持生计的。经过几十年的互相通婚，各族群形成了婚姻亲属关系交错的一个村落共同体，他们讲藏族方言、信喇嘛教，共享一套文化体系。虽然这是一个多族群的村落，但他们的族群身份和历史渊源并未影响日常生活，只有在村落政治事务（如村委选举以及县乡人大、政协代表选举等）中才凸显出族源的符号意义和历史价值。

笔者的房东是独龙族后裔，但他的父母给他取了藏族名字阿沃顿珠，他长期担任本村干部。由于他做事公道，有责任心，擅长处理村内外的事务，在村里享有很高的威望，是本县独龙族人大代表。阿沃的妻子是藏族人，两个儿子共娶了一个妻子，一家人和睦相处。他们热情地接待了笔者。笔者跟他们学习语言，一起上山找菌子、挖兰草、看牦牛。每到祭山的日子，他们就带着笔者一起到山上煨桑做仪式。这里的村民每天早上 8 点左右就已上山忙农活了，到晚上 7 点后才回来。经过 1 个月，笔者发现他们基本上生活在山上，村落只是晚上回来睡觉的地方。这就是他们的生存方式，他们宁愿上山挖药材，也不愿去城里打工。经过一段时间的访谈和观察，笔者基本了解了村民的生活和生产习俗，于2011年9月底离开村子，察瓦龙田野调查暂告一段落。

笔者再次返回贡山县城，然后寻找去独龙江的客车。独龙江的交通比察瓦龙方便多了，有专门的客运公司运营，同时也有私家面包车来回招揽生意。这个时节雨水少，交通方便，是进入独龙江的最佳季节。从察瓦龙扎恩村到独龙江乡坐车需要两天时间，而从扎恩往西北徒步翻越两座海拔4 000多米高山的垭口两天之后也可以到达独龙江上游的村子。据村民介绍，目前旧道草木丛生，若没有向导带路很容易迷路。

笔者于2011年9月31日进入独龙江，所乘的车为吉普车改装的班车，有7个座位，每人票价为100元。近期人员流动比较大，座位常常爆满，司机不得不加一两个凳子给予乘客方便。贡山—孔当公路沿途亦是一片忙碌，国家投入大量人力物力修建独龙江公路。由于贡山到独龙江的公路经过海拔4 000多米的黑普垭口，每年12月到翌年6月为雪季封山期。目前，隧道正在修建，预计一年后通车，这对独龙江乡和生活在当地的独龙族来说具有划时代的意义。经过7小时，车子到达独龙江乡政府所在地孔当村，第二天笔者转乘货车，沿着独龙江北上，经过4小时到达目的地——独龙江乡最北的行政村迪政当村。

迪政当村辖有冷木当、迪政当、雄当、木当、普尔、向红6个村民小组。全村154户638人。其中，冷木当为行政村所在地，海拔1 780米，是该村的政治经济文化中心。目前，独龙江乡进行新农村建设，计划将迪政当建设成民族文化特色村（如民房改造、村落集中），两年后要把6个村民小组集中于交通地理条件比较好的冷木当和雄当两个自然村。在1个多月的调查中，笔者目睹了独龙族人拆房建房的过程，也算见证了历史变迁。雄当为独龙江麻必洛和克劳洛支流汇合地，沿着麻必洛河，经过迪政当最北的一个自然村木当，过张巴提姆，翻越勒色喇卡，进入察瓦龙藏族聚居区勒巴尔牧场，再翻一座垭口勒恰喇卡，过金独，可抵达扎恩村。从雄当往西北走，沿着克劳洛河，经过迪政当村的南代自然村可进入藏族聚居区，最后抵达察隅日东。迪政当行政村驻地原来在迪政当村民小组，1973年独龙江发洪水后才迁到冷木当，但这个村名一直沿用至今。冷木当即"宽而长的坝子"之意，从地形地貌上看，冷木当东面与高黎贡山隔江相望，翻过高黎贡山可以到达贡山县的另外一个乡——丙中洛，冷木当西靠担当力卡山，中缅两国的国界就是从担当力卡山山顶经过的。

迪政当南面与独龙江乡的另一个行政村龙元接壤，两地中间以山梁为界，龙元以上的地段，当地人称为喇卡达，迪政当一带的人则被称为"住在山背后的人"。笔者在迪政当田野访谈时问及文面女和耆老,他们都有察瓦龙藏族人收税一直到新中国成立才结束的记忆。可见,察瓦龙协傲统治独龙江上游和收取钱粮是历史事实,虽然何时开始统治的还不能确定。同时,老人们也指出,迪政当为旧时察瓦龙协傲管家驻地,每年开春他们从扎恩过来,等收完兽皮、毯子、麝香等贡物后再返回。因此,察瓦龙扎恩村和迪政当村在历史上通过纳贡收税而联结在一起。这种历史上的勾连关系是笔者选择迪政当村和察瓦龙扎恩村作为田野点的主要原因。

笔者在迪政当田野调查期间,以行政村驻地冷木当为核心,走访其他村民小组,包括独龙江两个支流沿岸最北端的村子木当和向红小组;11月中旬趁还没封山,笔者返回县城,结束了在独龙江的调查。

到第二年开春的时候,即2012年2月初,笔者再次进入察瓦龙扎恩村。由于那时正是藏历新年前夕,察瓦龙藏族人来到贡山办货,一些有车的村民还开车拉货,这样,笔者很顺利地搭上了扎恩村人开的车进入了察瓦龙。到了扎恩后,笔者同样住在阿沃顿珠家。这次村里更加热闹了,在外上学的学生与经商的人都回到村子里。和他们一起过藏历新年是笔者难以忘怀的田野经历。笔者也渐渐融入房东家的生活。有时到了转经的日子,他们没有空,房东就让笔者代他们去祭拜,这让笔者亲身体验了祭山神活动。在当地人的观念里,山神保护他们身体健康、出门安全并带来好运。老人们说,这里的独龙族妇女不文面,因为山神不保护文面的女人。这似乎在传递这样一层意思:独龙族妇女文面与否都体现了一种生存的观念。这次的调查主要集中在年节习俗、村落中人际网络关系等方面,同时搜集了一些传说,并参与了他们的年节活动和祭山转经等仪式。4月中旬全乡举行的赛马节结束后,村民开始外出,有的上山挖虫草,学生也陆续回学校上课,村落又恢复到年前的宁静。4月底,笔者也结束了第二次的调查,由于独龙江下雪封山,还没有开放,只能等到6月开山时才能进入独龙江。

2012年6月初,笔者第三次来到贡山,这次是和学弟罗波一起进行田野调查工作。我们这次沿着独龙江下游走访了巴坡、马库一带的村民。这里的独龙族在语言上与上游地区有一些差别,文化上主要信仰基督教,与缅甸独龙族人来往比较多,所以我们这次了解的内容主要集中在宗教和边境经济生活方面,同时也了解了独龙族人获取食物的传统方式,如董棕粉的制作和食用。由于这段时间正值独龙江最长的雨季,几乎每天都在下雨,村一级公路基本瘫痪且到处塌滑,尤其是巴坡到马库村的路只能靠人的两条腿走过去。长时间的雨季给当地人生活带来了很大的影响,由于公路不通,村民所需的生活物资全靠背运,所以在马库一带我们遇见很多行走在路上的背夫。他们有的是来自缅甸附近的村落。出了国界,他们的山路更难走,当地人称他们为"不怕死"的人。但是，如果没有这种不怕死的精神，就没有吃的粮食和穿的衣服，也就很难生存了。我们和这些背夫走在一起，同样负载着沉重的行李，但他们的脚步比我们轻盈，只要我们稍不留神，他们便会把我们甩开几十米远。如果走得慢，大家很难在天黑之前赶回村子里。这样的经历，让我们明白了为什么很多游客抱怨找的背夫和向导走得太快，这是他们长期生活在独龙江的习惯使然。

由于雨水造成交通困难，南部很多村落的旧房改造工程进展缓慢，很多老房子还没有拆掉，这也让我们有机会看到传统独龙族建筑的模样。与上游迪政当不同的是，这里的民居建筑多用竹篾围墙，上盖茅草，后来改成铁皮瓦，但仍然用竹篾围墙。据说，缅甸那边的房子同样也是由竹篾和茅草构成。

同年7月，我们来到了上游，再次见到了迪政当的朋友。村民刚从山上挖药材回来，他们盖新房子的进度由于雨水再一次被拖延了。漫长的雨季让人厌恶，但对于村民来说，这一切他们似乎都已经习惯了。一天之中也并非总是下雨，下雨就关在家里看电视，雨停就出门找猪草，生活安排得井井有条。而我们则利用雨停的间隙去找报道人①。这次我们主要了解家族、本土宗教生存状况，以及20世纪50年代前去察瓦龙打工的人的经历。15天后，我们离开了村子，返回乡政府孔当。虽然这次调查时间短暂，但我们第一次用双脚走完从下游国境边上的钦兰当到上游迪政当村的路途，从整体上感受到了独龙江流域独龙族内部存在的差异性。

本书中大部分材料来源于这三次田野调查。在具体搜集材料方法上，我们主要运用人类学参与观察法，面对面地与村民访谈，参与到当地村民的生活中，亲身感受和体验。同时，在家庭结构、婚姻状况方面我们也使用了问卷法，当然，也有凭借面对面交谈或者通过材料搜集的。我们也在反思传统的田野调查方法，这次的调查点比较多，但还是有两个村的田野调查时间达到了两个月以上。这种长时间的多次田野调查以及多点调查，目的在于从整体上把握独龙族的社会文化。另一方面，我们不仅关注社会结构和文化规范，同时也注重个体的生活史，这样在关注整体结构的同时也照顾到了个人生活层面，了解了结构和观念是如何在日常生活中实践的。前文我们提到独龙族的历史文献记录很零碎，但不等于没有，我们没有漠视它们的价值。所以，我们除了深入独龙江、察瓦龙现场获取第一手材料，也去了怒江州、贡山县有关政府部门了解情况，搜集地方文献，以此对独龙族的历史进行深入的研究。

虽然我们离开了村子，但这并不意味着完全结束了调查。我们通过电话、

---

① 报道人：在实地调查中，一些了解与懂得地方社会历史与宗教知识的人，或者生活经历丰富的人，充当访谈对象，笔者称之为"报道人"。另外，为了保护报道人的隐私，本书中提到的人名大多用了化名。

手机和互联网与报道人和村民保持联系。同年9月,从独龙江传来消息说,中国农网进入了独龙江,以后他们上网更方便了,独龙族人对国内外大事也有了更多的了解渠道。国家力量对独龙江和独龙族的影响要比以前大很多;这也意味着调查和搜集资料的手段更加多样化了。最重要的是,我们认识到我们的书写是在和独龙族报道人、村民交流合作中共同完成的。与他们一起交流、生活体验,让我们深切体会到独龙族人生存的不易,也让我们更加敬佩他们的生存意志和信念。

第一章 食物的生产及技能的调适

广谷大川异制，民生其间者异俗。

——《礼记·王制篇》

世界范围内任何一个民族始终都面临着生存的考验。生活在高山峡谷间的独龙族人历来就善于利用大自然无私的馈赠来维持生存。他们在向大自然索取的过程中逐渐形成了特定的文化适应方式。然而，在政府的积极干预下，在社会主义现代化转型进程中，独龙族人的生存方式发生了极大的变化，其生存的基础已悄然改变。

第一节 食物的供给与技能习得

一、植物的认知与采集工作

为了延续生命，所有的生物群体都必须满足某些基本需求，其中最为重要的就是食物，没有食物便无法生存。正如马克思、恩格斯所言："我们首先应当确定一切人类生存的第一个前提也就是一切历史的第一个前提，这个前提就是：人们为了'创造历史'，必须能够生活。但是为了生活，首先就要衣、食、住以及其他东西。因此第一个历史活动就是生产满足需要的这些资料，即生产物质生活本身。"[①] 独龙族人也不例外，在漫长的社会历史过程中，他们一直与生存作斗争，而刀耕火种农业就是他们与生存作斗争的方式之一。

历史上，独龙族先民被称为"俅"。清代以前，汉文献对俅人的生产生活状况记载甚少。直到清代的《清职贡图》、《云南通志》、《丽江府志稿》等文献对俅人的生活状况才稍有记载。不过，上述文献记载中关于独龙族人的生产

---

① 马克思、恩格斯：《马克思恩格斯文选》（第一卷），人民出版社2009年版，第531页。

生活状况记载粗略且语焉不详。夏瑚《怒俅边隘详情》中记录的"所种之地，惟以刀伐木，纵火焚烧，用竹锥地成眼"①，就是对当时俅人刀耕火种耕作方式的描述。民国期间的文献中独龙族人依然采用刀耕火种的生产方式。从20世纪50年代开展的少数民族社会历史调查的资料中可见，独龙族的生产方式仍然没有明显改变，刀耕火种历来就是他们获取粮食的方式之一。但在以这种刀耕火种为代表的原始农业阶段，独龙族人靠天吃饭，生产收成极不稳定，常因为雨水多未能烧出干地或者粮食被鸟兽偷吃等原因造成收获量很少，并且因为生产工具的限制，生产力极其低下，人们还不能完全依靠农业来维持生计，一般来说农业收入只能维持7~10个月的口粮，少者甚至不足半年。② 这种情况到20世纪50年代仍没有多大改变。以龙棍为例，缺3个月口粮的有4户，缺2个月口粮的有1户，缺1个月口粮的有1户，缺半个月口粮的有1户，缺20天口粮的有1户，共有缺粮户8户，占总户数的53.3%。如遇上天灾人祸，则缺粮者更多。③ 因此，历史上独龙族人食不果腹是常有之事。

在新的历史时期，国家对独龙族人口粮不足的情况甚为担忧，为解决独龙族人温饱问题做出了各种努力。在各级政府的大力帮助下，独龙族在短时期内实现了由刀耕火种向锄耕农业的过渡，锄耕代替了刀耕，刀耕火种地为水田和固定的旱地所代替，也实现了自产稻谷的突破。但由于降雨量多、光照不足以及传统观念的影响，固定耕地的粮食亩产比较低。为了弥补口粮的不足，当地人仍然沿袭着刀耕火种的传统农业生产方式。与此同时，独龙族人还继续利用当地丰富的植物资源作为粮食补充。事实上，寻找食物是人类的适应对策中最为稳定的一种形式。④ 而在1万多年前，全世界的人都是采集者与狩猎者。

植物是自然环境诸要素中外部特征最明显、与人类关系最密切的环境要素，也是诸环境要素中最具多样性的要素之一。正确认识植物，对它们加以命名，并对其采取相应的行动，以文化适应的方式积极面对自然，成为独龙族人生存的重要方式。幸运的是，独龙族人生活的独龙江两岸雨水充沛、土地富饶，有着丰富的森林资源和各种根茎类植物与野菜。因此，每到春荒和夏荒青黄不接时，他们差不多依靠采集的野粮作为生活的主要来源。据不完全统计，

---

① 方国瑜主编：《云南史料丛刊》（第十二卷），徐文德、木芹、郑志惠纂录校订，云南大学出版社2001年版，第149页。
② 参见云南省编辑组编《独龙族社会历史调查》（二），云南民族出版社1985年版，第12页。
③ 同上书，第61页。
④ 参见（美）卢克·拉斯特《人类学的邀请》，王媛、徐默译，北京大学出版社2008年版，第128页。

独龙族人采集食用近 200 种植物的根、块根、茎、叶、花、果、种子等。① 采集比较多的野菜有董棕、大百合、达格勒、芒、荞、密几、阿波、木苦必力、竹笋、克龙、阿龙、葛根、野山药、野韭菜、竹叶菜、阿特、土仰、吉秋、不里、野蒜等二三十种，菌类有木耳、青头菌、羊面菌、松茸、干巴菌等 20 余种。周国雁等在对独龙族农业生物资源及其传统知识的调查中发现，独龙族栽种或饲养、管理和利用的农业生物资源极为丰富，共涉及芭蕉科、禾本科、壳斗科、豆科、蔷薇科、山茶科、百合科、葫芦科、茄科、猕猴桃科、胡桃科、漆树科、蓼科、杜鹃花科、十字花科、薯蓣科、芸香科、苋科、藜科和天南星科等 20 科 47 个种或亚种的植物。这些种质资源按用途可分为粮食、蔬菜、果子、饮料、香料及木本油料 6 类。② 有些学者用表格的形式罗列了独龙族采集的常用野生食用植物及食用部位、方法（见表 1-1）③。

表 1-1　独龙族人采集的常用野生食用植物

中文名	独龙名	食用部位	食用方法及用途
观音座莲	Depuche	根状茎	煮食、烤食或蒸食，代粮
黑木耳	—	全株	煮食或炒肉，野菜
荠菜	—	全株	煮食，野菜
碎米荠	—	全株	煮食，野菜
大百合	—	鳞茎	加工后煮食或蒸食，代粮
董棕	Alei	髓芯	加工后烤食，代粮
野芋	Guiyi	块茎	烤食、煮食或蒸食，代粮
鸡嗉子果	—	果	生食或酿酒，野果
福贡龙竹	Meihao	笋	煮食或加工后做汤，野菜
参薯	—	块茎	煮食或蒸食，代粮
黄独	—	块茎	加工后煮食或蒸食，代粮
五叶薯蓣	—	块茎	煮食或蒸食，代粮

---

① 参见龙春林、李恒等《独龙族村社的自然资源管理》，见熊清华、施晓春主编《高黎贡山研究文丛（第二卷）高黎贡山民族与生物多样性保护研究》，科学出版社 2006 年版，第 31 页。
② 参见周国雁、伍少云、胡忠荣等《独龙族农业生物资源及其传统知识调查》，载《植物遗传资源学报》2011 年第 6 期，第 999 页。
③ 龙春林、李恒等：《高黎贡山地区民族植物学的研究 II：独龙族》，见熊清华、施晓春主编《高黎贡山研究文丛（第二卷）高黎贡山民族与生物多样性保护研究》，科学出版社 2006 年版，第 23 页。

续表 1-1

中文名	独龙名	食用部位	食用方法及用途
木瓜榕	—	果	生食，野果
斜倚箭竹	Meihao	笋	煮食或加工后做汤，野菜
弩刀箭竹	Meihao	笋	煮食或加工后做汤，野菜
蕺菜	—	根茎、茎叶	生食或煮食，野菜
野核桃	—	种子	生食或烤食，野果
香菌	—	全株	煮食或炒肉，野菜
川百合	—	鳞茎	煮食或蒸食，代粮
西南鹿药	—	嫩茎叶	煮食或做汤，常用野菜
管花鹿药	—	嫩茎叶	煮食，野菜
长柱鹿药	—	嫩茎叶	煮食或做汤，常用野菜
紫花鹿药	—	嫩茎叶	煮食或做汤，常用野菜
窄瓣鹿药	—	嫩茎叶	煮食，野菜
甘葛藤	—	块根	生食或提取淀粉，代粮
鼻涕果	—	果	生食，代粮

表 1-1 对 26 种独龙族常用野生食用植物的食用部位、食用方法做了详细的分类，并且就粮与菜做了区分。从中可以看出，独龙族人对分辨周围的植物资源有着丰富的传统经验。蔡家麒也认为，独龙族的饮食是粮食和野生食物约各占一半的杂食型。① 而我们在独龙江调查时，房东也会采摘不同的野生植物做菜食用。可见，独龙族人采摘野菜的方式一直延续至今。综上可知，峡谷自然条件给独龙族人的生产生活带来极大的不便，但同样赋予了独龙族人丰富的自然资源，独龙族人在这种特定条件下并没有消极面对，而是积极去适应。因此，在很长的历史过程中，家家户户上山采集，找野粮挖野菜。遇到农业歉收，人们更需要依靠采集来维持生活，度过灾荒。难怪独龙族人说："只要有力气挖野粮，在独龙江即使不种庄稼也饿不死人！"

在众多的野粮中，董棕是独龙族人采摘最多的一种。独龙族人称董棕为"Alei"，它生长于海拔 370～2 500 米的石灰山岩地区或沟谷林中，一般高 5～25 米、直径 25～30 厘米。其茎为黑褐色且有明显的环状叶痕，果实呈球

---

① 参见蔡家麒《独龙族社会历史及宗教信仰习俗概述》，见何大明、李恒主编《独龙江和独龙族综合研究》，云南科学技术出版社 1996 年版，第 36 页。

形至扁球形，木质坚硬，可作水槽与水车，其坚韧的树皮纤维还能直接作为垫盖、绳索或房屋的建筑材料，有防潮、防雨作用。董棕不仅分布在我国云南、广西，东南亚部分地区也有生长。

董棕粉为董棕的可食部分，是从董棕髓芯提取的淀粉。董棕树生长缓慢，一般需要10年甚至长达25年才能砍伐提取董棕粉。董棕粉的提取较为复杂：首先是试砍，先用砍刀从树的根部逐刀往上试砍，倘若刀刃上沾有淀粉质的白浆，则从此处下刀放倒该树，然后再沿着树干上端往下试砍，若有白浆渗出，则由此处截头，余下的树干便是产淀粉的部分；其次是捣碎，要把余下的树干砍成小块搬运回家，去皮留芯，然后将髓芯切片刹细；再次是过滤，在靠近山泉或者有活水的地方，用竹木搭稳一个约1米高的长方形台子，台面用钻有小孔的竹台铺成，四周较高中央稍低，台下用大片芭蕉叶绑在四周做成个大漏斗，其下放一个宽口细篾筐，把削好的树芯放在台面中央，人站在台面上一边赤足不断地踩压树芯一边不断地冲刷树芯，踩压出来的淀粉质随着流水透过竹篾台面经芭蕉叶漏斗流入细篾筐过滤，这样，水流走了，随水带下来的淀粉却沉淀了下来；最后把经过踩压、过滤后的沉淀物收集起来用麻布毯子紧紧包裹并放好，晾晒或在火塘边烘烤后便可以得到成块的淀粉。整个董棕粉的提取过程复杂而又耗时，特别是赤足踩压削好的树芯这个过程，很容易弄伤踩压人的脚。在访问中，不少报道人跟我们诉说踩压树芯时脚底多次弄出血泡。

董棕粉的吃法也有多种。有烫着吃的，先用冷水把董棕粉拌湿然后用开水烫，再加点糖；也可以直接烤着吃，将董棕粉焙成粑粑"阿雷不列"，或者与其他的杂粮一起煮食。由于董棕树的生长期较长，特别是生长20年以上的树，产量很高，一块2尺多的树干就能产五六十斤董棕粉，全树总产量约为700斤粉。所以，独龙族人比较喜欢在房屋的四周栽种董棕树，缺粮时砍一棵再接着种一棵。如此往复，该树就成为大自然赐予独龙族人家的"面包树"。据马库村现任村支书介绍，董棕粉有降血压、止泻、治疗糖尿病等功效，对皮肤也有益，不过粘在身上就痒。现在居住在巴坡以下的一些村民有时还制作董棕粉，但大部分居民是从境外缅甸邻居手里购买董棕粉。也正因为董棕的生长周期较长，这代人种下的董棕要下一代人才能享用，所以很多独龙族人不愿意再种植董棕。随着独龙江地区人们生活水平的提高与旅游开发的加快及社会主义新农村建设的推进，村民房屋四周的董棕树也逐渐变得少见，董棕粉也不再是独龙族人生存的重要辅粮，而是渐渐转变为独龙江地区的特色产品，受到游客以及国家机关工作人员的追捧。一些村民还把买卖董棕粉作为一条重要的生财之道，他们到处收购董棕粉拿去贡山县城卖，主要是供应给酒店做早点或者直接卖给县城居民。

在调查时，有报道人告诉我们另一种名为"Diu"的野生植物。它也是独龙族人在缺粮时期的一种常用替代食物，常见于独龙族人居所周围的山上。其制作方法如下：先是将其砍倒，切成一截 5 厘米长，然后一截一截地削皮切碎，接着把切碎的"Diu"装好放在靠近河边或者山坡的地方，用叶子盖起来，2～3 个月后就会自然成熟，然后把叶子取走，拿回家用筛子搓，再搓成粉并揉成一块一块的放在锅里烤，烤熟之后就可以直接食用。如果不经过野外 2～3 个月的日晒雨淋，"Diu"食用起来就有苦味，难以入口。此外，还有一种叫"Meineng"的植物也可食用，不过制作过程更为复杂。先要煮一次去除苦味，然后放在水里泡上 1 个星期左右，接着又拿回来再煮，最后放在袋子里用东西压，去除水分，最终的成品就不苦了。由于"Meineng"的制作方法复杂，耗时较多，所以很多人不愿意制作。

菌类也是一种重要的采集对象。独龙江河谷雨量充沛、土地肥沃，盛产各种菌类。每年的 6—7 月，山林里遍地长满了各种各样的野菌。独龙族人在长期的采集劳动中，积累了丰富的菌类知识，对于哪种有毒哪种可以食用分得很清楚。这些菌类为独龙族人的生活提供了丰富的营养。对于独龙族人来说，无论是过去还是现在，黑木耳都是主要采集的菌类之一。它色泽黑褐，质地柔软，味道鲜美，营养丰富，并且价格可观。据笔者了解，干黑木耳在当地的价格达每公斤 160 元，贡山县城价格更高，所以出售黑木耳也是独龙族人创收的一条途径。

除采集董棕、菌类外，捕捉野蜂、采集蜂蛹与蜂蜜也是独龙族人重要的生产活动之一。独龙江两岸的蜂种有岩蜂、土甲蜂、牛角蜂、七星蜂、火黄蜂、葫芦蜂、马蜂等。它们筑巢于树上或土洞内或山崖上。岩蜂也叫野蜂，与自养的家蜂相区别。它们的躯体比普通蜜蜂大 1 倍，巢一般建在高高的山崖上，呈椭圆状，不容易采集。采集蜂蜜时采集者要从山崖顶搭软梯上去或者用竹绳捆身从悬崖顶将自己放下去。采集时，先用火烟熏跑蜂群，才可割蜜。家蜂其实原本也是来自于野外。在独龙江，公路边、岩石上、粮仓旁、屋檐底下都可以见到蜂房。制作蜂房时，可以用一段被掏空心的树干，两端用木片堵住，并留出小孔作为蜜蜂的出入口。引蜂入蜂房的一般办法是在蜂房内涂上一层蜂蜜或撒一些盐，吸引工蜂搬入；或者在春暖花开的季节，抓来蜂王剪掉翅膀再放入新的蜂房，这样蜂群就会自动跟入蜂房；到春夏之交或是深秋有蜜之时，先用火熏蜂房，使群蜂飞散，再打开木片取出蜂蜜。不过，人们在采集蜂蜜的时候并不是全部取完，而是会留一部分，既防止蜂群在搬迁或者严冬时饿死，又方便来年再取。马蜂蛹也是独龙族人经常采集的对象。马蜂一般是春季开始筑巢繁殖，到秋末时小巢可以长成箩筐大小。在发现马蜂的小巢时，独龙族人就会在树底下插一节削皮的树枝，做好记号，表示别人不能来此取。根据马蜂的活动规律，人们会选择夜间行动。方法是用长长的竹棍捆好火把把蜂烧死，否则被马蜂蜇轻则疼痛重则过敏。寻找蜂窝是独龙族人擅长的技艺。他们会抛出诱饵如土蚕、蚯蚓、蚱蜢或者蟋蟀等小动物的尸体，或者直接用鱼、肉来引诱蜜蜂，从而观察其飞行方向，并且往蜜蜂飞行的方向移动诱饵，再根据蜜蜂往返的次数计算出蜂窝的距离，然后找到蜂窝。蜂蜜可以直接冲水喝，也可以伴着董棕粉制成的粑粑吃。蜂蛹含有丰富的蛋白质，口感极好。在我们调查期间，房东也曾去野外取蜂蛹，用油炸好给我们改善伙食。

除食物外，各种药材也是独龙族人采集的对象。独龙江附近的高山盛产黄连、贝母、虫草等药材。在与外界交往过程中，独龙族人渐渐获知黄连等药物的经济价值，因此每当采集之季，他们就要上山挖各种药材，用来交换牛、盐、铁器、针线等生产与生活用品。

独龙族人的采集活动，主要以火塘[1]为单元。男女成员都参加采集，老年人凭自己的采集经验负责指导，儿童虽然不是采集的主要承担者，但也要协助成年人进行背运。[2] 对于一些生长在地下的植物或者是生长在地面上的巨大茎干，采集时需要付出较多的劳动，所以成年男性也就成为采集工作的主要承担者，女性多负责采集茎叶。不过，在进行食品加工过程中，女性要付出大量的劳动。采集品也是由各个火塘自己储存与保管，但在原始共产制的家庭中实行集体消费，按共食原则平均分给每个火塘。当然，存储粮食的火塘也要将自己的粮食食品平均分配给每个成员，而采集者也与其他成员一样吃一份采集品。[3]

独龙族对采集食品有着严格的地域范围限制。在独龙族社会中，土地、森林、鱼口和岩蜂等生产资料归"克恩"公有，即家庭公社集体所有。[4] 因此，每个家庭集团生产活动所及的山峰、河谷等就受到"克恩"的限制，采集活动也不能超出它的范围。不过，一些没有被"克恩"占有的地区则属于公有范围，所有家庭成员都有权利在该范围内进行采集。

通过对独龙族食物采集的种类、采集方法、分配方式、采集范围的介绍，我们不难发现，独龙族的食物采集与当地传统的农业生产方式有关。刀耕火种的传统农业生产使得人们每年获取农作物的多少与土地的好坏有极大的关系。并且刀耕火种民族的农业资源的核心并不是土地，而是森林；他们赖以生存的

---

[1] 火塘：生火的地方，一个火塘即代表一个家庭。
[2] 参见《民族问题五种丛书》云南省编辑委员会、《中国少数民族社会历史调查资料丛刊》修订编辑委员会编《独龙族社会历史调查》（一），民族出版社2009年版，第96页。
[3] 同上。
[4] 参见国家民委《民族问题五种丛书》编辑委员会、《中国民族问题资料·档案集成》编辑委员会编《中国民族问题资料·档案集成〈民族问题五种丛书〉及其档案汇编（第5辑）》，中央民族大学出版社2005年版，第465页。

食物和生活资料并非仅仅依靠农地的产出，农地产出只是一部分，相当多的部分则是向森林索取。① 由于水田与旱地数量的限制、交通的阻碍、生产工具的落后、交换的不发达、人口的增长等因素，在无法通过生产得到稳定的食物来源时，独龙族人就把大自然作为获取食物的主要来源。独龙族人在长期的采集过程中积累了丰富的自然知识，对多种可食植物的认识超乎想象。不少民族志也表明，作为对自然环境的文化适应，采集成为许多以采集狩猎为生计的民族的重要生存基础。马歇尔·萨林斯曾批判经济发展理论把石器时代的采集狩猎者当成"糊口经济"的反面教材，认为这是根深蒂固的成见，需要辩证地审视，而认为"当你重新发现石器时代的生活时，就会发现那实际上是个原初丰裕社会"。② 客观上讲，不管是"糊口经济"还是"原初丰裕社会"，采集植物对独龙族生命的延续、生活的维持发挥了不可替代的作用。

二、狩猎

肉类食品含有丰富的蛋白质与脂肪。蛋白质可以提供人体所需的全部种类的氨基酸；食肉还可以使人身体变得更强壮，也能使人更耐饥。从历史上看，狩猎与采集是人类最古老的觅食方式，也是旧石器时代唯一的食物生产方式。③ 对独龙族人来说，狩猎也是其生产生活的重要内容之一。在独龙江两岸的深山密林中，生活着成群的水獭、野牛、熊、岩羊、猴、马鹿、兔、刺猬、竹鼠、松鼠、野鸡、鹿、熊、獐、狼等动物。对畜牧业并不发达的独龙族人来说，大量的野生动物极为重要。据茂斗老人说，他在70多年前与其父茂爪棒一年能打到野牛、岩羊、麂子、山驴等70只以上，足够当时他家13口人吃5个月。④

狩猎的季节主要在农闲而多雪的冬春两季，夏天一般不出猎，只是为了保护庄稼而猎取猴子、熊等。⑤ 冬春季节天气寒冷，山上的毒蛇转移至江边冬眠，这减少了打猎的风险，各种野生动物也会在海拔稍低的区域活动。每年的

---

① 参见尹绍亭著《远去的山火——人类学视野中的刀耕火种》，云南人民出版社 2008 年版，第 279 页。

② 参见（美）马歇尔·萨林斯著《石器时代经济学》，张经纬、郑少雄、张帆译，生活·读书·新知三联书店 2009 年版，第 1 页。

③ 参见（美）马维·哈里斯著《人·文化·生境》，许苏明编译，山西人民出版社 1989 年版，第 52 页。

④ 参见《民族问题五种丛书》云南省编辑委员会、《中国少数民族社会历史调查资料丛刊》修订编辑委员会编《独龙族社会历史调查》（一），民族出版社 2009 年版，第 78 页。

⑤ 参见国家民委《民族问题五种丛书》编辑委员会、《中国民族问题资料·档案集成》编辑委员会编《中国民族问题资料·档案集成〈民族问题五种丛书〉及其档案汇编（第 5 辑）》，中央民族大学出版社 2005 年版，第 551 页。

六七月，野牛会成群地来到有盐矿物和水草的地方，这段时间比较适合捕杀野牛。

独龙族的狩猎工具主要有猎狗、弩弓、竹签、砍刀及扣索。猎狗是广泛使用的狩猎工具，如果单独狩猎，猎狗就是最好的搭档。到了山林，猎人就会放出猎狗。训练有素的猎狗就会主动搜索猎物，一旦闻到猎物的气味，猎狗就会狂吠追踪。弩弓使用很普遍，制作也非常精细。它主要由弓柄、弓背、弓弦、箭、箭包五部分组成。弓背、弓柄需要用质地坚硬的木材做成，弓弦由麻反搓成绳。箭由本地竹削制而成，一般分两种：一种有毒，村民把有毒植物的汁涂在箭镞上，射杀野牛、野猪、熊等大型野兽；另外一种无毒，用来射杀鸟雀。竹签是由竹子削尖而成，一般插在熊、野牛经过的地方，并要做好伪装，一旦动物踩到，顷刻毙命。扣索由坚韧的细麻绳做成，一端是系在树桩上的绳子，另一端是一个圆圈状的死结圈套。

独龙族的狩猎组织形式分成集体与个人两种。猎取大型野兽时必须依靠集体进行，有经验的猎者会在狩猎活动中担任组织者或指挥者。如果猎者单独去狩猎，只要有时间，就会去离村寨不远的山林打猎。不过，无论是集体还是个人狩猎，每个成员都要将自己所用的竹镞削出特殊的形状作为标志，如方尖或圆尖，以便识别猎物由谁射中。[①] 在独龙族人眼中，射中野兽是一种荣誉，在分配战利品的时候将会给予击中者奖赏。剩余的按照平均分配的原则，将猎物的各个部分按照参加人数分成相等的份数。参加狩猎的人也要拿出一部分猎获品进行再分配，分给未参加狩猎的家庭或火塘。所以，狩猎者往往将自己猎杀的野兽的头骨挂在门前，夸耀自己的狩猎技能与成绩。现在，不少独龙江人家的正门上方还挂着野牛、鹿等野生动物的头骨。

独龙族狩猎也有公共猎场与私有场口之分。每个"克恩"都有共同的猎场，共同的猎场禁止别的"克恩"成员入内狩猎，唯有遇到追逐野兽时因为野兽通过别的"克恩"猎场的情况，才能通过别的"克恩"的猎场。[②] 一般来说，公共猎场的范围是村寨四周之内。20世纪50年代，独龙江茂顶的猎场东西宽75公里、南北长约2.5公里。私人"号"猎口，是指在公有猎场的原始森林内选择野兽经常经过的地方制作标志，或是在一旁大树上砍上锯齿形状符号，或是在路口将两截木桩交叉放置。

从迪政当村村民的口中，我们得知了用扣索捕猎的过程。首先，要做好捕

---

① 参见国家民委《民族问题五种丛书》编辑委员会、《中国民族问题资料·档案集成》编辑委员会编《中国民族问题资料·档案集成〈民族问题五种丛书〉及其档案汇编（第5辑）》，中央民族大学出版社2005年版，第469页。

② 同上。

猎的扣索，用独龙语来说即做好"Jiu"，放扣索即下"Jiu"。扣索是由坚韧的细麻绳做成的，一端可以系在结实的树桩上，一端是圆圈状的死结圈套。然后把扣索的圈套平放在地上用于给猎物踩踏的一个支撑物上，并用茅草盖在圈套上面做好掩盖，支撑物是深凹于地面的。接着把扣索的另一端系在周围的坚硬且有弹性的竹竿或者木杆端上，再用另外一根绳子系在杆的末端并与野兽要踩踏的支撑物扣连成机关，整个结构成弧状，随后把四周的道路围住，留出野兽必须经过"Jiu"的通道。一旦野兽路过踩中圈套，支撑物也随即牵动，就会发动扣连机关，弯杆弹起，野兽也就高高地吊在杆上而无法咬断圈套的绳索，捕猎也就成功了。

不过，上述过程也只是捕猎过程中最关键的部分，据村民介绍，祭祀猎神"仁木达"也非常重要。在独龙族人看来，如果没有举行祭祀仪式，就不能捕获猎物。在出发捕猎前，首先要准备好酒水、香纸、鸡肉、粑粑等，还要用纸制作各种野兽模型，基本上是想捕获什么猎物就制作什么猎物的模型；此外，还要准备好足够的干粮，因为打猎的地方一般会离寨子较远，需要在山上过夜。猎人出家门后，在途中要念一些祈祷语，祈望顺利捕获猎物；到了山林，选择一个有水、较平并且离打猎者住宿不远的地方摆好酒水和祭品，然后猎人不断地念祈祷语，念完后，便把制作好的动物模型丢到不远的地方，这些动物模型的头要对着猎人以示吉祥，然后吃掉祭品并把动物模型烧掉。通过祭拜猎神后，猎人们才充满信心去捕猎。

随着农业经济的发展和森林的砍烧，野兽数量也在减少，狩猎活动也随之减少。20世纪80年代，国家在独龙江地区建立自然保护区，明令禁止捕杀野生动物。因此，独龙族的狩猎活动受到了国家政策的限制，狩猎活动大为减少。而随着独龙族鸡、猪、牛、羊等家畜的养殖，以及从江外流入的肉类食品为独龙族提供肉食来源，他们逐渐放弃靠狩猎来补充蛋白质。这样，狩猎在独龙族生活中的重要性也日趋式微。

三、土地类型及耕作技术

土地是进行农业生产不可或缺的物质条件，也是不可替代的重要物质生产资料，更是创造财富的重要基础。我国各种地形错综复杂，自然条件千差万别，是世界上土地资源最丰富的国家之一。独龙江流域北自西藏察隅边境的源头，南抵巴坡村钦兰当小组与缅甸接壤的地界，面积为4 260多平方米，两岸山高谷深坡陡，有着丰富的土地资源。据历史调查资料，巴坡至迪政当之间，海拔2 200米以下的土地面积约290万亩（1亩≈0.06667公顷），即使除去

70%现有的森林地和不能开垦的陡坡地,仍有百万余亩。①

依照独龙人的理解,土地分为四大类型。第一大类叫"香木朗"(或"香木玛")。"香木朗"的意思是刀砍的火烧地。按照种植的种类区分,"香木朗"又分为木林火山、竹林火山、竹木混合林火山三类。根据种植次数的多寡,木林火山地又可分为"目林木"、"样伯"(或"样沙")、"样奇"。仅种过一次的称"目林木",连种过两次的称为"样伯",连种过数次的称为"样奇"。在三类木林"香木朗"中,"目林木"土地肥沃、作物产量最高,休耕时间较短,但是难以开发;"样伯"产量高出"样奇",休耕时间一次比一次长。竹林火山地按照竹子的种类也分为三种。第一种叫作"日久垮","日久垮"是一种大竹,高10余米,粗壮如碗;第二种叫作"久爪","久爪"形似金竹但中空小,节短壁厚,没有竹膜;第三种是"格绿","格绿"竹竿细小修长,成片密布。这三种竹林火山地中,第一种、第二种土地肥沃,庄稼长势较好,第三种稍差,不受独龙族重视。这种砍烧天然生长的树木与竹林的生产方式是独龙族传统生产方式的第一阶段,也是他们长期从事刀耕火种农业经验积累的结果。

第二大类为"斯蒙木朗",意为水冬瓜树地。这是生产技术上通过改良土壤、恢复地力的一种生产办法。② 独龙族通过种植水冬瓜树苗与玉米、稗子等农作物来恢复地力。每年秋天,水冬瓜树开始落子,如果在落子前把水冬瓜树林砍烧,第二年就非常有利于树子发芽和生长。于是,独龙族人每年12月前后便到山中采集树苗,塌方的土坡上树苗最密集。人们将高约1米的树苗背回家浸泡在水中,等来年清明节时便移栽到地里。这种土地一般位于村寨附近较好的地方,耕作两三年后便进入休耕期。土地休闲五六年之后,水冬瓜树便可长成高10余米的大树,届时又可以进行新一轮砍种。在整个独龙江流域,"斯蒙木朗"是仅次于"香木朗"的重要土地类型,相对于独龙江南部来说,"香木朗"在独龙江中北部村寨中所占的比重更大。

第三大类是"格鲁"或"结白",即园地。园地是房屋四周小块的耕地,独龙族人喜欢在自家房屋四周建小块园地,四周筑起石头或用竹笆围护并种小米、稗子、芋头、南瓜等早熟作物,并且往往采取混杂间种的方法。这种土地每家都有,不过大多数家庭的面积不超过1亩。土地的耕种不用进行轮休,适合精耕细作。

第四大类是"阿白木朗",意为熟地。"阿白木朗"与园地相似,不过园

---

① 参见杨毓骧、杨奇威著《雪域下的民族》,云南教育出版社2008年版,第3页。
② 参见《民族问题五种丛书》云南省编辑委员会、《中国少数民族社会历史调查资料丛刊》修订编辑委员会《独龙族社会历史调查》(一),民族出版社2009年版,第63页。

地不休耕，而"阿白木朗"一般连耕三四年轮歇一两年，再连种三四年，然后又轮休一两年，如此周而复始循环。独龙族土地分类见表1-2。

表1-2 独龙族土地分类

第一类	"香木朗"（刀砍的火烧地）	林木"香木朗"	"目林木"
			"样伯"或"样沙"
			"样奇"
		竹林"香木朗"	"日久垮"
			"久爪"
			"格绿"
		竹木混合竹林"香木朗"	
第二类	"斯蒙木朗"（水冬瓜树地）	—	
第三类	"格鲁"或"结白"（园地）		
第四类	"阿白木朗"（熟地）	—	

独龙族土地类型虽多，但据独龙族社会历史调查资料，独龙族人拥有可耕地面积却不多。就龙棍的情况而言，"解放前共有可耕土地435块，其中火山地339块，可撒种子12.64石，占全部土地的77.93%（芋头地可算作火山地）；还有与火山地同类型的水冬瓜树地71块，可撒种子1.285石；园地25块，可撒种子0.335石。由此看来，固定的土地数量是十分微小的"①。

除拥有的土地数量较少之外，土地的占有方式对独龙族人的生活也产生了较大的影响。历史上独龙族土地的使用有以下四种形态，即"公有共耕"、"伙有共耕"、"私有伙耕"及"私有自耕"。

"公有共耕"即整个村寨或家族成员集体开垦。独龙族把集体耕种的地称为"夺木枯"。按照独龙族的习惯，由头人或者家族长召集全体成员共同耕作。各家凑齐种子带好工具来到开垦地点进行耕种，收获时也按户平均分配。"伙有共耕"为整个村寨或家族成员占有，几户合伙耕种。由各户平均出劳动力、种子，收获时也平均分配。"伙耕"的组织规模通常为2～4户，最多不超过6户。"私有伙耕"为几户家庭公社成员共同占有一片耕地，共出劳力、种子，收获物按照户数与种子量平均分配。这片土地的占有者除有使用权外，也有丢弃、转让乃至出售权。"私有自耕"为每个家庭私有共耕以及私有私耕。家庭私有自耕地一般是水冬瓜树地、小面积的火山地和园地，其土地肥

---

① 云南省编辑组编：《独龙族社会历史调查》（二），云南民族出版社1985年版，第59页。

沃，产量高。这种土地占有形式是1949年以前独龙族社会土地的主要占有形式。四种不同的土地类型在独龙族中所占有的比例也有所不同。比如1957年，"根据对第四村二十六家的调查，共耕作四十七块土地，其中实行个体耕作的占土地总块数的53%，集体耕作的仍占46.8%"①。

独龙族人在长期的农业生产实践中逐步积累和掌握了地势、土壤、季节、气候、作物性质等方面的知识，每个家庭据此在上述土地类型的若干土地上种植不同的农作物，增加农业的产量。这既是独龙族人生产多种作物的需要，也是防灾的重要手段。土地的分类不仅反映了峡谷地区海拔高低悬殊、垂直气候差异显著的自然条件，还体现了独龙族土地利用的特色，更是独龙族人智慧的结晶。

土地的利用率和产量与生产工具有着直接关系。20世纪50年代，独龙族社会生产尚未超越铁器、竹器、木器并用的时代。在独龙族民间长期以来一直保存着细致磨制的石斧和石棒。他们把石斧看作天斧（独龙语叫"嫩木恰兰具"），认为石斧是保证谷物丰收的神圣工具。这说明石斧在生产上曾经起过重要作用。

木竹制工具在采挖块根植物、播种、除草等方面发挥了重要作用。那时的木竹制工具主要是"郭拉"和"宋姆"（点种棒）、"恰卡"、"俄尔种"。"郭拉"意为小木锄，是由一树杈砍去一端的一节削尖为鹤嘴状而成，长约66厘米，鹤嘴状部分为12～15厘米，制作简易。其主要用于在园地上和第二年轮种的火山地、水冬瓜树地上播种时松土及除草；不过，由于材质主要为木质，容易折损，所以人们平时就会准备好一批，外出工作时就带上几件以备用。点种棒也是由木或竹棒削尖而成。下种时，一个人在前用点种棒将土撬开一个洞，另一个人在后面将玉米种子投入洞内。这种播种方式效率很低，两人3天才能播完1亩玉米。"恰卡"意为小锄，是半木半铁的生产工具，即在"郭拉"尖端包上约10厘米长的铁片而成的，主要用来锄挖小米地的。使用小木锄挖地，每天只能挖16.28平方米，效率较低。"俄尔种"，本地人又称为怒锄，是独龙族人从怒江的傈僳族和怒族那里学会使用的。怒锄比小木锄高明不了多少，只不过是在一小块长约15厘米、宽约6厘米的小铁锄上接上一根木柄罢了。但是，怒锄的挖土效率比"恰卡"要高1倍。

铁制工具主要有砍刀和铁斧。砍刀是最早传入独龙江的铁器，是独龙族社会主要的生产工具，也是最有效的工具之一，使用最为普遍。据1949年的调查，第一行政村龙棍共有15个个体家庭，全劳动力、半劳动力62个，共有各

---

① 《民族问题五种丛书》云南省编辑委员会、《中国少数民族社会历史调查资料丛刊》修订编辑委员会编：《独龙族社会历史调查》（一），民族出版社2009年版，第52页。

式砍刀33把。第二行政村62户个体家庭，1949年共有劳动力、半劳动力176个，共有砍刀111把。第三行政村35户个体家庭，1949年有103个劳动力和半劳动力，共有砍刀103把。第四行政村巴坡自然村，1949年共有劳动力、半劳动力50个，共有砍刀40把。平均每3个劳动力（包括半劳动力）有两把砍刀。① 有了砍刀，砍伐树木更加轻松并且能开出火山地，还可以剖出板子木料以建造房屋；另外，在制作弩弓、砍柴等方面，也都离不开它。砍刀一般是前端稍宽，尾部稍窄。独龙族的砍刀还有大小之分："男子所用的刀长约45厘米，刀身前端宽约6厘米，尾宽约3厘米；女子用的刀长约30厘米，刀身前端宽约4厘米，尾宽约2厘米；少年儿童用的刀长约20厘米，刀身前端宽约2厘米，尾宽约1厘米。"② 并且，砍刀的使用寿命较长，一般可以用3～4年。

铁斧用独龙语表示为"俄儿"、"兰具"。与砍刀相比，铁斧效率往往高出一半到1倍，用于砍伐大的树木效率更高，能有效扩大独龙族人的耕地面积。除此之外，铁斧还供家庭劈柴等日常生活之用，还在冶铁时可代替锻锤。尽管铁斧在某些方面比砍刀要优越，然而不及砍刀使用普遍、广泛。因为它没有砍刀轻便、灵巧，并且价格亦较砍刀贵，非独龙族家家户户能买得起。有时一些买不起的农户在借铁斧时还需要给一点粮食作为使用后耗损的补偿，如果损坏了，则需要偿还一把新的铁斧。

表1-3③表明，在独龙江第二村中，平均每个劳动力拥有的工具为1.3把，即使是"恰卡"，平均每个劳动力也不到1把，一定程度上限制了农业生产的发展。但总体来说，砍刀等铁器工具的传入和使用，使得独龙族人有了更强的能力开垦林地，有利于独龙族扩大种植面积，进而推动独龙族社会刀耕火种农业的进一步发展。与60年前相比，砍刀在当今独龙族人生活中的重要性一点也没有下降，独龙族人外出砍柴、除草、挖药材等时常佩戴砍刀。

表1-3 第二村6个村寨1949年生产工具统计

村名	户口	人口	劳力	恰卡	砍刀	斧头
迪郎	15	67	35	29	29	5
丁更	16	78	51	23	19	9

---

① 参见国家民委《民族问题五种丛书》编辑委员会、《中国民族问题资料·档案集成》编辑委员会编《中国民族问题资料·档案集成〈民族问题五种丛书〉及其档案汇编（第5辑）》，中央民族大学出版社2005年版，第482页。

② 同上书，第416页。

③ 云南省编辑组编：《独龙族社会历史调查》（二），云南民族出版社1985年版，第69页。

续表1-3

村名	户口	人口	劳力	恰卡	砍刀	斧头
龙总	11	56	32	18	18	1
先久当	5	34	18	12	15	3
迪郎梅	8	60	23	10	14	0
齐当	7	45	17	10	16	0
合计	62	340	176	102	111	18

独龙族人在1950年前种植的农作物主要有苞谷、小米、粟、荞子、稗子、鸡脚稗、土豆、芋头、独龙芋、旱谷、黄豆、小麦、四季豆、南瓜、黄瓜、麻等几十种。独龙江北部还种植高山耐寒的燕麦、青稞等粮食作物，也栽培蔓菁、葱、蒜、韭菜、辣椒等十几种蔬菜作物；在园地里还种植各样零星作物，随熟随吃。独龙族栽种的作物受周边民族影响较大。独龙族称玉米为"达嘣"，曾是独龙族的主食。玉米的栽培，是受藏族、怒族的影响，经怒江流域传到独龙江地区的。传入后，玉米代替粟与荞麦成为主粮。黄豆是由傈僳族传来的，独龙语中保留了"阿奴"的称法。据说旱谷也是很晚才从木刻传入的。而水稻是到1952年才学会栽种的，并且因为独龙江南北气候的差异，独龙江北部不适宜种水稻。

独龙族的耕作技术极为粗放，广种薄收，砍树烧山是农业耕作的基本方法。玉米主要种植于火山地与熟地之间。一般是在3月砍火山地，等树干后放火焚烧，接着会将烧不完的枝干集在一起烧，然后将烧不着的移走，之后就可以进行点种。栽种的顺序是先高山、后江边，10月就有收获。玉米地间套种粟、高粱、马铃薯、豆类和瓜类等，一块地间种、套种作物可达十余种。小米、水稻、豆类作物传入后，出现了点种的播种方式，即用木、竹棍在土地上挖洞点种，接着撒播小米、荞子等。旱谷的耕作技术分为两种，一种是将种子播撒在火山地上或第二年复种的水冬瓜树地或火山地上，另一种就是将种子播撒在熟地上。芋头与马铃薯也于一二月间栽种。

农作物的管理还需要防范鼠、雀、熊、猴等动物灾害。玉米下种后至苗长至16厘米时，就要下扣子防鼠、雀把芽或种子吃掉，在鼠、雀灾害严重的地里，10亩玉米地用于下扣子的工时达15个之多。苞谷成熟时，在地边野兽经常出没的地方或必经之路，下扣索、陷阱、竹签、地弩等用于防熊、猴等灾害；若在玉米地四周都是原始森林、离村远且兽灾严重的情况下，除采取上述措施外，还要在地里搭盖草棚，由人日夜驻地看守。

锄草也是独龙族田地管理的一项重要工作内容。由于农作物大部分种植在火烧地上，每到春夏之际，气温上升、雨水较多，火烧地中野草丛生，加上没有现代农药化肥的运用；因此，为了提高农作物的产量，每当天气放晴的时候，独龙族人每家都要去苞谷地里除草，以增加苞谷的收成。苞谷地除草1～2次，第一次用手拔，第二次用刀子砍。仔细算下来，独龙族人每年在农作物种植至收获期间要花费大量时间与精力用于田地管理。

  在长期与大自然的斗争中，独龙族人也积累了一定的生产经验。通过生产实践逐步掌握了很多自然科学知识，知道找向阳的地方来开垦火山地，而且懂得选择在坡度小且容易耕种的山坡上或者在山脚江边的平地上；根据不同的地势和土壤种植不同的作物，利用鸟鸣花开和一些自然现象来安排种植时间，特别是通过人工种植树木增加土壤肥质。① 休耕也是独龙族人利用土地的一种方式。土地经过第一次砍烧后，需休耕六七年才可砍地，以后砍烧的次数越多，休耕所需的时间越长。因为树根所受的伤害越大也就越需要时间来恢复，土地经过砍伐燃烧的次数越多也就越贫瘠，谷物产量也越来越低。所以，独龙族人通过人工造林的方式，改进了刀耕火种土地的经营。轮种也是另外一种利用方式，在一块土地上轮流种植玉米、小米和荞麦或者轮种豆类和芋头等。

  由于自然条件的限制，加上简陋的生产工具、简单的耕作技术和较少的田间管理，独龙族粮食收获量极低。"一个五口之家有全劳动力三人，其中男一人、女二人，共种有火山地两块4.5架（1架约等于3亩），其中2架是合种，稗子地一块（1架）、鸡脚稗地一块（0.5架）、黄豆地一块（0.5架）、园地一块（0.5架），平均每个劳动力负担1.5架；共获得粮食2.25石，另收瓜类180斤、芋头80斤、四季豆30斤，折合粮食100斤左右，总共收粮食775斤，平均每个劳动力得粮食258.3斤。如果一年一个劳动力要消耗400斤粮食的话，则每人还缺141.7斤。再以龙棍15户人来看，1949年实际耕种面积125架，每个劳动力耕2.17架，依单位面积平均产量计算（1斗30斤计），所收得的粮食如下：火山地70.9架，40.39石；水冬瓜树地12.5架，12.9石；园地10架，15.55石。以上共计20 640斤，以62个劳动力平均分配，每个劳动力可得330斤。"② 由以上数据可知，一个劳动者的粮食产量是远远不够生活支出的，不足的部分，就只能靠采集来补充了。

---

  ① 参见国家民委《民族问题五种丛书》编辑委员会、《中国民族问题资料·档案集成》编辑委员会编《中国民族问题资料·档案集成（第5辑）〈民族问题五种丛书〉及其档案汇编》，中央民族大学出版社2005年版，第539页。
  ② 云南省编辑组编：《独龙族社会历史调查》（二），云南民族出版社1985年版，第61页。

四、生产周期与劳动力分工

在年复一年的生产周期中,从生产准备开始到收获产品的整个过程需要一段很长的时间,因而也需要做出精细的安排来确保生产顺利进行。独龙族人在长期的生产活动中积累了丰富的生产经验,其中一条就是关于生产周期的安排,且独龙族人的劳动力分工也能从生产的安排中体现出来。

(一) 生产周期的安排

独龙江两岸是陡峭的山坡,不适合人群密集居住。因此,独龙族各个氏族不断分裂、不断迁移,交错分布于独龙江的峡谷两岸。每个小家族在一定的地域范围内建立村寨,这就是独龙族的家族公社。家族公社首先是一种社会组织。家族公社的头人是家族长,独龙语称其为"嘎桑",意思为能说会道的人。他们有的由选举产生,有的是自然形成的。如果家族长死掉或因故失去威信,则另找新人,新人则会成长为家族长。家族长全由男人担任。家族公社还是一种经济单位,公社成员听从家族长的号召,定期集体耕种。独龙族人会依据生产的进程及自然季节的变化,把一年分成 12 个时间长度不等的节令,用以支配生产活动。12 个节令以"龙"为单位,"龙"即为"个"的意思。不过,也有用"斯拉"代替"龙"的用法,"斯拉"意为月亮,不过大多数老人仍习惯采用"龙"。这 12 个节令为:①得则卡龙(意为人无农活可做)——山上有雪,男子打猎女子织布;②阿蒙龙(意为草开始生芽)——山上有雪,开始栽小麦、小米、青稞;③阿暴龙(意为地上有草)——砍火山地,种土豆;④奢久龙(意为有些鸟开始叫)——砍火山地,种南瓜等;⑤昌木蒋龙(意为什么鸟都叫)——栽秧,种苞谷、鸡脚稗等;⑥阿累龙(意为出竹笋)——栽秧、薅草、挖贝母、捕鱼等;⑦布安龙(意为麦子可吃,竹笋光了)——挖贝母结束,薅草、捕鱼结束;⑧阿松龙(意为山上松叶开始黄了)——种荞子,吃青草包、瓜类,收小米;⑨阿长母龙(意为山上下霜、树叶黄了)——收苞谷,砍草;⑩曹罗龙(意为稗子、苞谷收了)——山上有雪,收苞谷、搭苞谷架;⑪总木加龙(意为各种粮食收完)——山上有雪,收鸡脚稗等;⑫力哥龙(意为江水清且小)——江边有雪,找柴,狩猎。①

独龙族也有年和月的概念,一年称为"极友",一月称为"数郎"。从月亮最圆的那天算起至第二次月亮最圆的时候为一月,从今年大雪封山到次年大

---

① 参见云南省编辑组编《独龙族社会历史调查》(二),云南民族出版社 1985 年版,第 30 页。

雪封山时算一年，独龙族人每月的生产活动见表1-4①。

表1-4 独龙族每月的生产活动

月份 类别	独龙称谓	意义	生产活动
1月	阿猛	过雪月	大家休息，个别户种早洋芋
2月	阿薄	出草月	山草开始生长，大量种洋芋
3月	奢久	播种月	开始播种小米、芋头、棉子等作物
4月	昌木蒋	花开月	桃花开，鹤集中鸣叫，播种完毕
5月	阿石	烧火山月	大量烧火山，停止下种
6月	布昂	饥饿月	存粮吃光，荒月，大量采集野粮
7月	阿茸	山草花开月	薅草，采野粮
8月	阿长木	霜降月	山草被冻死，开始收庄稼
9月	单罗	收获月	收获小米、苞谷、稗子、荞子
10月	总木甲	降雪月	收获完毕，储粮，山顶降雪
11月	勒梗	水落月	河水降落，找冬柴，砍苦荞，准备过冬
12月	得则砍	过年月	又叫"罗奢什腊"，妇女砍荨麻，织麻布，跳牛舞

独龙族人的12个月份，主要是以阴历为准，大体上相当于汉族地区的生产季节，不过每个季节没有固定的天数。例如，大雪的日子，"过雪月"便要延得很长，有时要超过2个公历月份；粮食歉收时，5月份就要开始过"饥饿月"了。从12个月的生产活动安排来看，独龙族人已经有了比较固定的节气观念，生产季节已由狩猎、采集逐渐转向农业季节。

像花开鸟鸣、霜雪等自然特征也成为独龙族人认识时间的重要线索。每年春季到来，"告克拉"鸟鸣叫了便要开始春耕播种，而当"夏公马巩"鸟叫时就必须全面播种；当鸟王"崩得鲁都"鸣叫时，播种一定要完毕，不然会减产；蝉叫时便种植小米；桃花开放时种植苞谷、土豆；藤篾竹生长的时候就种荞子。对天阴、雨、晴也根据经验判断。比如5~7月是雨季，这时独龙江水猛涨，山石崩塌，不时会传来"哗"的声响，田间青蛙也会不断鸣叫；8月"舍马"树、"像马助"树花开天将放晴；在雪融桃花开放的时候，便在河里

---

① 《民族问题五种丛书》云南省编辑委员会、《中国少数民族社会历史调查资料丛刊》修订编辑委员会编：《独龙族社会历史调查》（一），民族出版社2009年版，第24页。

捕鱼，3～5月是鱼汛期；冬天到了，森林里树叶零落，男性开始外出打猎。因此，每当鸟鸣花开之际，就是独龙族人最繁忙的日子。所以，作为组织者和领袖，家族长须懂得计划时间，才能顺利按时播种。

年节也是独龙族人生活中的一项重要安排。年节即为过年的意思，是独龙族人为庆祝一年的丰收而举行的。该节日没有固定的日期，大概于每年的11—12月之间举行，持续2～3日，一般各个村寨都会事先选好日期。年节期间，各村寨中较富裕的人家就要杀猪或牛，将肉分送各家各户并请亲友一起喝酒、跳舞，欢度节日。

不过，随着独龙族慢慢进入国家行政体系和更大范围的市场经济体系，这种原始的生产安排开始发生变化，一些家庭已慢慢学会用公历来计算时间。而据笔者的调查，现在独龙族的农业生产主要安排如下：

10月至次年1月种洋芋，3—6月种苞谷、白菜、青菜，10—11月水稻收割，3—4月挖重娄、黄连（药材）。[1]

2月除草，3月挖地，4月种豆子、玉米、芋头，5月种玉米、草果，6—7月育苗、插秧，8—9月分批收苞谷，10月拔草，11月草果地拔草，12月下雪背柴火。下雨时间较长，5—10月下雨，11月封山。[2]

3—4月开始挖地，准备种大豆、苞谷，先种土豆，等它长高时再种苞谷，3月开始挖重娄；7—8月收土豆（一年种一季），也打鱼，挖黄金果；9月以后就要准备柴火、收苞谷；12月至次年2月下雪，大家烤火、喝酒。[3]

这种安排与表1-4中的内容相比已经发生了很大的变化。巴坡及水田较多的地方就要种植水稻；经济作物的采集、种植与管理逐渐占据独龙族很大部分生产时间；为了准备日常做饭、烧水、烤火等柴火之需，独龙族人要安排大量时间来找柴火。据村民木利军介绍，每年的6—8月都要找柴火，因为这是雨季，独龙江江水较大，江水会冲一些木材下来，基本上是雨下得越大、持续时间越长，雨水带下来的木材就越多。村民就在江边弯处打桩拦截木材，把打捞上来的木材晒上3～4个月，木材晒干后就可带回家使用。[4]

（二）男猎女织

分工是人类社会的一种内在倾向。每一个社会都会根据各种指标比如性别

---

[1] 2012年6月17日访谈九当鲁江利的材料。
[2] 2012年6月21日访谈巴坡木利军的材料。
[3] 2012年7月4日访谈迪政当李金强的材料。
[4] 2012年6月21日访谈巴坡木利军的材料。

或者年龄进行分工，社会分工使人类从事的各项劳动更加专业化、独立化和精细化。男人和女人做什么工作，每个群体都有自己的习俗和传统。独龙族社会生产生活中也存在着明显的社会性别分工体系，分工体系的存在使得独龙族的社会生产生活有序组织起来。对此，他们也有自己的认识：

> 下雨的时候，一般一家人坐下来烤火聊天，也会编织一些竹器，如背篮、渔篓，家务事情也是必不可少的，晚上也看看电视，男人很多时候也会打牌，女人也会旁观。喝酒是常有的事，忙碌后的家庭主妇们也会集中在一起喝喝酒、唱唱歌。不下大雨时有些人就下河去抓鱼、放鱼篓，女人还会织毛衣、织布，独龙毯就是有空的时候拿出来织织。①

在国家自然保护区建立以前，狩猎一直是独龙族地区的一项重要活动。独龙族男性则是狩猎活动的主角。至于为什么女性不能参与狩猎活动，独龙族人也没有明确的说法，但是我们可以从独龙族地区流行的某些禁忌看出一些端倪。例如，狩猎前，猎手不得与女人同床；妻子怀孕的丈夫不能参加狩猎；独龙族妇女生育时的房间不能放有弓、箭等物品，因为这些物品具有较强的攻击性，墙上挂这些物品不利于小孩的顺利诞生；等等。这些禁忌表明，在独龙族人看来，女性的特殊性会导致男性不能有较好的收获，所以独龙族狩猎活动中一直没有女性的身影。但这并不意味着整个狩猎从准备到完成没有女性的参与，女性还是会做一些辅助性工作，如猎手出发前为他准备食物、祭祀品等。独龙族地区的个人狩猎也时有存在，但集体狩猎大型动物时更能体现男性之间的分工与合作。有经验的猎手会担当狩猎互动的组织者与指挥者，由他指挥各猎手各就各位。一部分猎手带着猎犬在林中追赶，另一部分猎手则要把守猎物可能出现的各个山垭口。围猎时并不是谁先看见猎物就由谁射击，需要全体猎手的团结配合，否则狩猎不仅不能成功，狩猎者还会受到猛兽的攻击。在长期的狩猎活动中积累的经验与形成的默契能够提升狩猎的成功率。狩猎不仅有成年男性参与，未成年人也是狩猎场的重要成员。他们跟随着父辈穿梭于山林之中，学习如何制作弓与弩、采制毒药、布置陷阱、射击、相互配合以及识别猎物等相关知识。在父辈们的实地指导下，独龙族未成年人学会狩猎知识并逐渐成为有经验的猎手。

按照国家规定，独龙江流域海拔2 000米以上的区域为国家自然保护区，在保护区内不允许打猎。国家自然保护区的建立使得作为独龙族传统生计方式之一的狩猎逐渐退出历史舞台。在问及还能不能狩猎时，不少独龙族群众跟笔

---

① 2012年6月25日访谈马库江英芳的材料。

者说，狩猎是国家禁止的活动，独龙族人很听党和国家的话，说不允许狩猎就不狩猎。狩猎工具也成了重要的装饰品。虽然如此，偶尔还是会有猎手上山猎取野牛、猴等动物。狩猎活动减少的一个后果是野生动物的活动范围不断扩大，熊、猴子等动物渐渐向山腰以下活动，破坏农作物的情况时有发生，山羊、独龙牛等动物也难免遭伤害。

捕鱼也是独龙族男性重要的生产活动之一。独龙族人把一年内鱼群活动的规律归纳为"七上、八下、九归巢"。即7月鱼往上游或小河游去，8月鱼从各支流游下独龙江，9月鱼归江中的深潭处过冬。也就是说，每年从四五月河水暴涨到秋末为止是捕鱼的好季节。每当下大雨河水暴涨时，独龙族人就会穿着雨衣拿着竿网去江边网鱼。竿网夹鱼是独龙族的一种传统而有效的捕鱼方法。两根长约5米的笔直空心竹竿、渔网为其主要部件。竿的根部用宽6厘米、长2米余的柔软皮条或者直接用粗线相连，尖端缠上宽约2米、长约3米的网，网顶系在竹竿上、末端系在离竿尖1米处，两侧用绳把渔网扎紧绷平。夹鱼时，人站在江边危石之上，下颚向前伸，压住竿上绳带，双手撑开渔竿送渔网入水，然后两手交叉、两竿相并，稍扭转后便把网托出水面。这样，鱼就被网紧紧缠住而无法逃脱。

钓鱼、撒网也是独龙族人常用的捕鱼方式。撒网的主要方法如下：先找几个小石头，用绳子系牢，绳子最后要伸出一截；随后把渔网撒开，用渔网上绿色的浮标系住石头上伸出的绳子，然后借助渔竿把渔网送进江里面。渔网留有长长的拉绳，并把它绑在江边的石头或者枯枝上，经过一个晚上再起竿，起竿只要拉系在石头上或者枯枝上的拉绳即可。据报道人介绍，以前的渔网都是独龙族男性亲自编织而成，用麻线纺织成长方形的网，网眼有大有小；现在，各种渔网都能在市场上买得到，很少人自己费时编织渔网了。打捞上来的鱼主要有白鱼、扁头鱼两类。由于江鱼味道鲜美，供不应求，白鱼市价也由以前的1公斤30元涨至现在的1公斤60元。因而，捕鱼也就成了独龙江男性创收的一条途径。可惜的是，随着捕鱼人数的增多，江里的鱼也越来越少了。

除狩猎与捕鱼外，编织竹器也是独龙族男性的拿手好戏。独龙江两岸盛产竹藤，他们能用竹子编织篓、背箩、盘、竹筐等生产生活用具。笔者在去巴坡的路上，就见到一位独龙族男性在编织渔篓，用独龙话来说就是在编织"仁萨"。据其介绍，编织好的"仁萨"会拿到三乡（独龙江乡政府所在地）去卖，售价1个25元，销路还不错。

男性的狩猎与捕鱼，为粮食不足的独龙族人提供了重要的食物补充，也渐渐凸显了男性在独龙族社会中的地位。但我们不能用地位低下来形容独龙族女性，在织布、耕作、家务、人际关系处理等方面，独龙族女性的作用不可替代。

在独龙族地区流行主妇管仓库的习俗。在包括双亲和几个儿子、媳妇共居的大家庭里，若母亲还有料理家务的能力，仓库全由母亲掌握，粮食出自她的手；若母亲去世，则由大儿媳继承。在吃饭时，由主妇平均分给每人一份。如果儿子们尚未分家，那么粮食由主妇掌握，全家在一个锅内煮食；如果儿子们已经结婚分家并且立了火塘，但住在同一个大房屋内，则由数个儿媳轮流煮饭，每人煮一顿，煮成后由主妇分。①

至于独龙族的衣着，清代夏瑚对其有着详细的记载，"男子下身着短裤，惟遮臀股前后，上身以布一方斜披背后，由左肩右掖，抄向胸前拴结"，"女性以长布两方，自肩斜披至膝"。② 这说明在清代，独龙族人使用自己编织的长布，并不着汉人常穿的衣服。长布也就是现在广为人知的独龙毯。独龙毯是用野生大麻纺织成细线，染上红、橙、黄、绿、蓝、紫等颜色后用手工织成长度不限的布幅。整个编织过程从劈麻直到织成麻布，都用手工完成。织布过程耗时费力，需要灵巧的手工，因此女性是当仁不让的主角。独龙族姑娘10多岁便开始学习织布技术。织好的毯子披在身上，左缠右绕，成为一身合体的衣服。独龙毯的披法也有讲究，在不同的场合采用不同的披法。例如，在家休闲时就采用斜披法，这样简单方便；上山打猎时采用缠绕披法，这样便于行走和追寻猎物；若在特定场合，如剽牛仪式或祭猎仪式上，剽牛手或祭司披毯就要采用横式正披法，再持上梭镖和法器，塑造出威武、飘逸和神圣的形象。除了作为衣服，独龙毯还有其他的用途。有的用来背小孩，有的用来当口袋，有的用来当屏障，有的用作被子盖；如果朋友来访，它是最好的纪念品；一些青年男女还把精心编织的独龙毯作为定情物互相馈赠。每当收割粮食的季节，独龙族人于田间地头里铺几张独龙毯，在毯子上给粮食作物脱粒，这样既简便又有效地避免了粮粒散失。然后，将脱了粒的粮食在铺开的毯子上晾干，再将粮食装入毯子并背回家。

而如今，身披精美的独龙毯已成为独龙族人特有的传统服饰，告别了传统上"衣不蔽体"的时代。随着到独龙江地区旅游的游客不断增多，独龙江女性趁机把独龙毯推向市场。每当空闲时，独龙族妇女就会坐下来织独龙毯，一些女性专门以此为职业谋取生计。据介绍，一个独龙族妇女一天织1米左右，速度快的话一个星期就能织好一条独龙毯；该毯售价1条300元左右，好点的能卖到400～500元，到过独龙江地区的游客都不忘带几条独龙毯送给亲朋好

---

① 参见云南省编辑组编《独龙族社会历史调查》（二），云南民族出版社1985年版，第43～44页。

② 参见方国瑜主编《云南史料丛刊》（第十二卷），徐文德、木芹、郑志惠纂录校订，云南大学出版社2001年版，第149页。

友。不过，现在的独龙毯并不都是用麻线制成的，独龙族人用在市场上购买的毛线代替麻线，这样独龙毯制作起来就更省时省力了。

虽说独龙族在狩猎、捕鱼、家务等方面存在着性别分工，但许多工作还是需要男女一起完成。以耕种为例，挖地、播种、除草等工作并没有严格的性别区分，而是夫妻双方一起劳作。野粮的采集也不分性别，男女老少都要参与。同样，采集虫草、重娄、贝母、黄金果等药材也没有性别之分，男女都可以参加。

第二节 以政府为主导的技能培训

一、水田开垦与水稻作物引进过程

粮食是生存的基础。水稻的栽培、种植及改进为从事农业生产的人们解决了粮食的来源，也孕育了稻作文明。而对于独龙族人来说，他们在20世纪50年代以前的很长一段时期里不知水稻为何物，更不用说如何种植。50年代后，政府在独龙江地区推广水稻种植，水田的开垦也是从那个时候开始的。

1949年8月25日，贡山和平解放；1950年4月8日，贡山县人民政府成立。为扩大人民政府的影响力以及确保政令畅通，人民政府立即对县域进行重新划分。全县共划为4个区，独龙江地区为第四区，下辖4个行政村，并任命孔志清为区长、黎明义为区干事。之后，第四区分别召开群众大会，宣传党的农村政策并进行了4个行政村的村委选举。至此，党和政府的架构建立完毕，国家权力渗入独龙江的每一个村落，也为在独龙江地区开垦水田发展生产打下了坚实的组织基础。

1952年10月，刚参加完云南省委举办的整党学习的贡山县委书记杨世荣路过碧江时接到怒江区工委的指令，要求其做好开垦水田的调查准备，并要求2个月后进行汇报。接到指令的杨世荣立即着手开展工作，并于11月初奔赴独龙江地区开展调查工作。经过近1个月的摸底调查，杨世荣决定利用冬春农闲季节，集中劳动力在独龙江中游的学哇当村进行开田种稻的试点工作。也因为当时大雪封山，杨世荣并没能返回怒江，而是选择继续在独龙江工作。在召开群众大会那天，每户都派了1人参加，此次会议的主要内容是动员群众开垦水田。会上，大家经过讨论，一致同意集体开垦水田。会后，下发给每家衣服四五件，农具也无偿地发给群众使用。这样，一场浩浩荡荡的水田开垦运动就在独龙江地区开展起来了。据杨世荣回忆："我和黎明义、蒋炳堂、杰图、阿当等同志，从区政府所在地的巴坡赶到有一天路程的学哇当村，组织和发动老百姓修工棚，做开田的准备工作。因为是第一次组织开水田，为了取得当地群众的支持，经区政府研究后给各家各户发放救济布共380余件。在商业部门的支援下，特带去15把犁头、400多把锄头（板、条锄各占一半），赶去7头耕牛。工棚修好后，经过反复动员，从全区各村寨发动了300多人投入了开田挖水沟的工作。"① 期间，水田开垦受到天气情况的影响。1953年2月一场罕见的大雪压垮了工地上的工棚，积雪33厘米多，整个工程耽搁10多天。虽受种种因素的影响，开垦水田工作还是取得了较好的成绩，"从1952年12月到1953年2月，短短的3个月里，我们在独龙江共开水田53亩，还从村前的箐沟里开挖水渠，引来了一股股泉水，解决了新开水田的灌溉问题"②。

每年的3月份是独龙族人砍火山地为春播做准备的季节。当时大部分人返回砍烧火山地，只留下20余人继续学习撒秧、耙地、犁田、斗犁架等技术。时至水田插秧的季节，"县里从原先就有种水稻栽秧经验的永拉嘎、茨开等地组织了10多个青年男女，前来学哇当村传授栽秧技术，支援栽秧工作；同时，动员村里的年轻劳动力和各行政村留下来的民工，都投入了紧张的栽秧工作"③。

然而，推广水稻的过程也并不是一帆风顺的，也曾出现一些问题。一是用地问题。土地作为最重要的生存资源，独龙江地区本来就地少人稀，江边较好的地已经被占据，地多的户主不愿意拿出地供开垦，那么用谁的地开垦水田比较合适呢？在多次召开头人协商会议之后，决定开垦家族共有地和未被占有的处女地，并鼓励个体家庭开垦私有水田。二是劳动工具的问题。开垦水田所需的犁、耕牛、锄头等工具在独龙江地区根本找不到，为此，政府下大血本，包干供应，分配每人1把锄头，每村1头耕牛、1套犁，还陆续发放其他工具。"从1954年到1958年，国家赠送的犁头、锄、砍刀、镰刀、斧头、玉米脱粒机、打谷机等近4 000件，平均每户9件。"④ 此外，农药、化肥等农业生产物资也由人民政府免费提供。三是工具使用的问题。牛对独龙族人来说是重要的肉食来源，传统生活中没有用牛来耕地的想法，更不知犁为何物。他们感觉板锄使用起来又笨重又不方便，而且还容易伤人，使用的时候不是打着前面的人就是打着后面的人。当时政府采取的办法是手把手一个一个地教。往往是一个

---

① 杨世荣：《独龙族牛耕的开始》，见政协怒江州委员会文史资料委员会编《独龙族》，德宏民族出版社1999年版，第170页。

② 同上书，第171页。

③ 同①，第172页。

④ 中共云南省委党史研究室编：《云南民族"直过区"经济社会发展研究资料汇编》，云南民族出版社2006年版，第113页。

动作要反复教好几次才能教会。因此，从上面请下来的老农技术员身后都会跟着四五个学徒，学习各种开垦动作。此外，政府还组织一部分开垦积极分子到内地参观学习，让他们感受内地百姓的农耕技术。四是水田管理与劳动成果分配的问题。因为水田属于集体开垦，不能分到户，所以水稻种植后接下来的田间管理与收获分配如何进行是事关群众生活的大事。工分的引入为群众的劳力提供了一个计算方法，记分初始一律采用木刻，凡一个工即刻一刀，每人一个自己保存。同时，使用最简单的评工办法。开始时无论大人小孩，全劳力、半劳力，干1天活即算1个工；一年之后，经过评议，改为全劳力1天算1个工、半劳力1天算半个工，犁地的1天算2个工。① 秋收后把稻谷放在一个粮仓里，实行按劳分配，多劳多得。当年新开的田里，谷子长得特别好。每亩田平均收谷子150多公斤，总产53担，合7500多公斤。谷子收回来后，按出工天数分红。凡参加开田修水利劳动的每个工（即劳动日）分1.5公斤谷子。②

在独龙江河谷下游开垦水田还受到了当地祭师们的反对。他们认为修田不吉利，认为低地多"鬼"，并对开垦加以干扰。但是，这种干扰并未阻止开垦的步伐。经过几年的开垦，第四区水田的数量迅速增长。截至1957年，第四区共开有水田约40公顷，孔当、丙当、学哇当三个公社内部几年来开发水田4.56公顷，其中公有共耕水田2.22公顷，占水田总数的49%，私开发水田2.33公顷，占水田总数的51%。③ 总数虽多，但地区分布不均，独龙江北部开垦的水田数量要比南部的少。由于是第一次耕种水田，加上不能熟练使用各种耕种工具以及不能及时施肥薅草，水稻的产量较低，1956年亩产平均仅有324斤。④

从人民政府体系架构设置完毕到开始实施开垦水田，历时2年多。一个很有意思的问题就是，为什么人民政府急于要在独龙江地区开垦水田？首先，在此之前，独龙族人以玉米为主食，食物的不足部分靠上山采集各种野粮来补充，并且采取刀耕火种、土地轮歇的耕作方式，有时还过着游居的生活。这一切在当时的人民政府看来是多么的落后，需要被拯救。因此，人民政府认为有责任帮助独龙族人过上安居、温饱、平等、幸福的生活。其次，在当政者看

---

① 参见《民族问题五种丛书》云南省编写组《独龙族社会历史调查》（二），民族出版社2009年版，第99～100页。

② 参见杨世荣《独龙族牛耕的开始》，见政协怒江州委员会文史资料委员会编《独龙族》，德宏民族出版社1999年版，第173页。

③ 参见国家民委《民族问题五种丛书》编辑委员会、《中国民族问题资料·档案集成》编辑委员会编《中国民族问题资料·档案集成〈民族问题五种丛书〉及其档案汇编（第5辑）》，中央民族大学出版社2005年版，第393页。

④ 同上。

来，通过开垦水田与稻作技术的推广就能够解决独龙族人的口粮问题，从而有利于边疆地区的稳定，进而有利于国家政权的巩固。当时的头人协商会议上就强调"开成水田，改变原始落后的耕作方法，对大家有好处，对自己也有好处，对子孙也有好处"①，人民政府相信只要开垦足够的水田，教会独龙族人水稻耕种技术，独龙族人就不会挨饿、吃野菜，不会食不果腹。最后，在20世纪50年代，粮食问题是关系农业发展的基础问题。毛泽东曾多次强调，粮食是农业发展的关键，"全党一定要重视农业。农业关系国计民生极大。要注意，不抓粮食很危险。不抓粮食，总有一天天下大乱"②。因此，在"以粮为纲"的时代背景下，在生存的迫切要求下，狠抓粮食生产是当时各级政府的重要工作任务；加上独龙族历史上很长一段时间过着缺衣少粮的生活以及独龙江地区地处边疆的独特地理位置，粮食政策的具体落实也就更加严格。

　　第一次在独龙江地区成功种植水稻的消息的确令人兴奋。1953年11月，贡山县召开了较大规模的生产会议，会议决定在1953年冬至1954年春继续在独龙江地区开垦水田。经过不断学习，群众开田的技术和经验得到了很大的提高与丰富，工作效率也大大提高，到1962年重新测量开挖水田时水田数量达到251.3公顷。

　　水稻引进后，政府并没有放弃对水稻品种的积极改良，希望能试验出一种既能增产又能适应当地独特气候环境的品种。据独龙族第一代农艺师马宗仁回忆："为了提高水稻的单位面积产量，我和县农水科的王七斤同志曾被派到泸水县赖茂种子站，学习人工授粉繁殖水稻新品种，经过几个月的努力，终于培育出三系水稻种子。可是在贡山县试种，由于海拔、气候条件差异大，试验没有取得理想的结果。"③然而，此次试验的失败并没有使当局放弃改进品种的努力，随后，马宗仁调往独龙江乡农科站，并在独龙江乡试验和推广地膜育秧，这是一种采取改良耕作方法的方式。"在乡农科站的积极配合下，我们在乡政府驻地附近的茂顶村种了几亩薄膜育秧示范田。示范成功后，又到独龙江中游的孔当、丙当等村社进行大面积推广。"④工夫不负有心人，用薄膜育出的秧苗，明显要高于用以前的老办法育出的秧苗，并且受到当地老百姓的欢迎，试验取得成功。马宗仁在与独龙江乡一山之隔的丙中洛乡也曾开展过多次水稻品种的试验，通过引进新的常规种代替之前的河系品种，产量大大提高，

---

　　① 《民族问题五种丛书》云南省编写组、《中国少数民族社会历史调查资料丛刊》修订编辑委员会编：《独龙族社会历史调查》（二），民族出版社2009年版，第99页。
　　② 《毛泽东文集》（第七卷），人民出版社1999年版，第199页。
　　③ 马宗仁：《独龙族第一代农艺师的回忆》，见政协怒江州委员会文史资料委员会编《独龙族》，德宏民族出版社1999年版，第180页。
　　④ 同上书，第181页。

试验产量每亩达到 500 公斤以上，推广产量平均每亩达 400 公斤。尽管如此，"1985 年全乡粮食总产量为 50.5 万公斤，农民人均有粮 81.5 公斤"①，粮食产量还是不能满足独龙江群众的生活需要，缺粮依然是独龙族生产生活需要面对的难题。

诚然，水田的开垦与水稻的引进，对独龙族产生了深远影响。首先，水稻种植，增加了粮食产量，在一定程度上缓解了缺粮危机，为独龙族的粮食提供了一个可靠来源，同时也极大地改变了独龙族的生产方式。据社会历史调查资料，一亩水田约需 42 个人工、6 个牛工，从犁秧田到收割完毕要经过 22 道工序，这需要独龙族人重新接受一套新的生产方式，改变他们对土地与生产的认识，农耕文化也渐渐在独龙族人心里留下烙印。其次，独龙族的生活方式也发生了极大改变。产出的稻谷渐渐成为独龙族的主粮，饮食结构发生改变。饮食不仅只要主食，还需要一些现在所说的"下饭菜"。独龙族对"菜"的理解并没有现在这么丰富，据独龙族地区年长的老人介绍："以前不会吃菜，后来用水来煮，用核桃来做油，核桃也是野生核桃。二三十年前（有了商店之后）才学会炒菜。"② 因而，独龙族人的饮食渐渐发生了改变，菜也越来越注重色、香、味。笔者调查期间在房东家吃饭时，房东会说这里没什么菜，煮得也不好吃，让我们不要见怪。

随着独龙江"整乡帮扶"工程的大力推进，独龙族可用耕地越来越少。很多人认为，新的发展规划把较好的田地用于建设独龙族的新居，加上政府禁止砍烧火山地，已经没剩下多少土地用于耕种，能用于种菜的地就更少了；此外，国家从 2002 年开始实施"退耕还林"工程，对实施退耕的农户给予粮食补助，每个 2002 年以前出生的人每年有 185 公斤大米补助，初定实行 8 年，目前这一粮食政策仍在继续实行。所以，独龙族人种植水稻的积极性渐渐降低。现在独龙江只有巴坡以下才有少量田地用于种植水稻；而独龙江上游熊当与献九当地区已放弃种植水稻，都改成种植旱地作物。

二、地膜玉米种植技术

除引进了水稻外，独龙族还有许多一直续种的农作物，玉米就是其中一种。玉米用独龙话讲为"达嘣"，最先也是从周边的藏族、怒族等民族那里学来的，传入的时间也不是很早，不过在引入独龙江地区后便迅速成为独龙族的主食。新中国成立后，独龙族仍把玉米当作一种重要的粮食来源。

---

① 丁永明：《独龙族第一次种上了地膜玉米》，见政协怒江州委员会文史资料委员会编《独龙族》，德宏民族出版社 1999 年版，第 176 页。

② 2012 年 7 月 5 日访谈普尔咕噜老人的资料。

与其他农作物一样,历史上独龙族种植玉米的技术也相当粗放,主要采用点种的方法。下种时,需要一个人在前用点种棒将土撬开一个洞,另一个人在后将玉米种子投入洞内。两个人需3个工才能完成1亩地的种植。再加上雨水、土地肥力等客观因素的影响,玉米的产量大打折扣。"例如从前砍一块3亩大的火山地,至少需要40个以上的劳动力,撒种5个工,薅草30个工,收获及打苞谷各要20个工,合计要100个工左右。如果收成好时,3亩大的火山地,可收600市斤苞谷;如果遇到歉收时,只能收200多斤苞谷。"① 这说明,在20世纪50年代,独龙江玉米的产量是相当低的。

影响玉米产量最主要的因素为独龙江地区独特的气候条件。独龙江地处暖湿雨林气候带,降雨量大,是云南省降雨量最多的地区。野草在这种气候条件下生长迅速,与苗争肥,不利于庄稼的生长。针对这一情况,政府也是绞尽脑汁,想出各种办法提高独龙江地区玉米的产量。1986年临近春种的时候,时任独龙江乡党委书记的周建国从县城带回一卷塑料地膜并找到该乡农技站站长丁永明,问他能否试验地膜栽培玉米。毕业于怒江州农业中专学校的丁永明接受了这一任务,凭着自己在学校所学的地膜苞谷栽培知识,在乡政府附近的一块半亩地上进行了试验。乡党委与政府相当重视这次试验。试验时,乡、村干部以及附近农业社的社员共30多人前来实地参观学习。丁永明一面操作、一面讲解,按照操作流程进行松土、挖塘、施肥、点种、覆盖地膜以及讲解后期管理和防治病虫害的方法。到了收获时节,乡政府和农技站又在地膜苞谷试验地上召开了现场会,为此次试验造势,乡、村干部以及附近农业社的社员也前来参加,结果半亩试验地实收苞谷达250公斤,为当地苞谷地常年产量的3倍(当地苞谷平均亩产为150公斤左右),试验获得了很大成功。② 政府认为,采用地膜栽培苞谷的方法,可以有效地遏制苞谷地的杂草生长,有利于升高土壤温度,也有利于保肥保土,适合独龙江地区的气候地理条件。试验的成功让政府明白这次努力没有白费,并从中看到技术推广的可能;不过,试验的成功并不意味着能为群众增加玉米产量。丁永明同时指出:"地膜苞谷的科学栽培方法只有在固定耕地上才能有效实施,因此必须加强基本农田建设,改坡地为梯地,固定耕地面积,还要使用良种、化肥、农药,加强田间管理,防治病虫害,才能达到增产的目的。"③ 在充分考虑这些因素之后,乡政府向县政府上报了在独龙江大面积推广地膜技术的计划。随后,贡山县政府批准了1987年

---

① 《民族问题五种丛书》云南省编辑委员会、《中国少数民族社会历史调查资料丛刊》修订编辑委员会编:《独龙族社会历史调查》(一),民族出版社2009年版,第21页。
② 参见丁永明《独龙族第一次种上了地膜玉米》,见政协怒江州委员会文史资料委员会编《独龙族》,德宏民族出版社1999年版,第177页。
③ 同上书,第177页。

在全乡扩大推广地膜玉米种植面积的计划,并对这一计划提供多方面的支持,无偿供应群众地膜、良种、化肥、农药。

虽然有了上级政府的许可及支持,但推广计划在独龙江乡并没有立即如火如荼地开展。考虑到独龙族人对新技术还有一个理解、接受、熟练使用的过程,乡党委、乡政府将全乡按海拔高度分为河谷、半山、高山三个点,分别派乡干部深入工作点,指导独龙族人开展地膜玉米的推广工作,而农技站具体负责各个点的技术培训。在接下来的时间里,乡农技站的所有人员在全乡的村村寨寨进行技术指导,与独龙族群众打成一片,哪里有需要就奔赴哪里。经过一年的努力,独龙江全乡推广地膜玉米面积6.7公顷,平均每亩产量约450公斤。1991年怒江农牧局首次扶持示范6.9公顷玉米地膜覆盖,配以良种后,平均单产每公顷4590公斤,比当地露地栽培单产(每公顷1178公斤)增产近3倍,云南省农业厅决定连续3年予以无偿扶持。① 与1949年前玉米的产量相比,这两次的推广获得巨大成功。与此同时,政府推广地膜玉米种植的信心也大受鼓舞,到1992年全乡推广地膜苞谷种植面积扩大到30.3公顷,这一年地膜苞谷大面积单产仍保持了450公斤的高产纪录,全乡粮食实现了空前大丰收,总产量达到69.8万公斤,比推广地膜苞谷前1985年的粮食总产量增长38%。②

地膜玉米种植技术的成功推广,也备受上级领导的关注与重视。时任云南省农牧渔业厅厅长的黄炳生在独龙江视察指导工作时,听到使用地膜栽种苞谷在独龙江获得大增产的消息时十分高兴,对农技站工作人员给予了表扬,并当场拍板由省厅每年直接拨给5万元专款,用于继续推广地膜玉米的种植。省厅领导的表扬与奖励,对在基层开展技术推广工作的人员来说是莫大的鼓舞,工作的积极性大大增强。

据现迪政当村李自才回忆:

> 刚推广地膜的时候,乡政府选我到巴坡参加培训。当时我也很高兴,觉得国家提供的地膜用上之后可能苞谷产量会提高。于是培训完,我把地膜背回来。那时候没有修通公路,路非常难走。这不记得是哪一年了,那时候还没有分地,可能是70年代末,冷木当小组试验,后来效果还不错。③

---

① 参见高应新《独龙族聚居区农牧业开发》,载《山地研究》1995年第4期,第237页。
② 参见丁永明《独龙族第一次种上了地膜玉米》,见政协怒江州委员会文史资料委员会编《独龙族》,德宏民族出版社1999年版,第178页。
③ 2012年7月8日访谈李自才的资料。

从李自才的回忆来看，地膜技术的推广还是受到当时独龙族人欢迎的。经过多次实践，现在独龙族群众已经能熟练地使用地膜技术种植玉米。每到播种季节，村民就会自发去市场购买地膜，为种植做准备。

三、牛的放养与饲养

独龙江地区雨水充沛、植物茂盛，许多动物都选择在该地区安家。牛也是其中的一种，不过独龙族对牛有所分类。

第一类是野牛。其学科名为印度野牛，是现牛种中体型较大的一种。其主要特征是头、耳明显较大，雌雄均有外圆内曲的较长锐角，额部常有灰白区域；肩部显著隆起，背脊明显高凸，故站立时显得肩高臀低；体毛短稀，呈油亮棕褐色；唇、鼻灰白，自前额至尾基形成一暗褐肖纹；喉部具黑色长毛，颈下有肉垂；尾细长而被毛稀短；四肢健壮，其上内侧为金棕色，肘、膝以下则呈白色，故又有"白袜子"之称。① 野牛不仅在我国云南南部和西南部可见，印度、缅甸以及东南亚诸国也有分布。有资料记载："高黎贡山西麓有野牛，经常数十或数百只结群遨游在大森林里，独龙族人常用毒弩射杀捕食，每只野牛重达500市斤。"② 可以说野牛是体重肉多，成为独龙族过去围猎捕杀的心仪对象之一。

第二类是黄牛。1949年以前，独龙族地区没有种植过水稻，所以，独龙族的黄牛并不用来耕地，而且独龙族人也不知道如何使用畜力进行翻挖田地。黄牛的数量非常少，且都是用黄连、野兽皮、贝母等土产向怒江和西藏察瓦龙的纳西族与藏族交换得来的。独龙族换牛不是为了耕作，而是为了在年终庆丰收与同族亲友联欢时杀来吃。实际上，只有少数的富裕人家才能换牛。③ 因此，20世纪50年代初期，一些干部见到独龙族人在耕地里用力翻挖泥土而不用正在嚼草的牛时常感到诧异。有的学者提出，1949年前独龙族人只把牛用于以下四个方面：

（一）得病时，作杀牲祭鬼的祭祀品。原因是，在生产力低下和无力战胜自然灾害的情况下，独龙族人民崇拜自然界的一切鬼神，认为人死了是"被鬼吃掉了灵魂"，所以把一切天灾、人祸、疾病等都看作鬼神的安排。为了"祈福免灾"，人们不惜每年花费大量的牲畜、粮食用以祭鬼。

---

① 参见马世来、马晓峰、石文英编著《中国兽类踪迹指南》，中国林业出版社2001年版，第222页。
② 《民族问题五种丛书》云南省编辑委员会、《中国少数民族社会历史调查资料丛刊》修订编辑委员会编：《独龙族社会历史调查》（一），民族出版社2009年版，第12页。
③ 参见云南省编辑组编《独龙族社会历史调查》（二），云南民族出版社1985年版，第60页。

（二）在一年一度的"卡雀哇"（年节）会上，耕牛必须作为"拿木萨"（祭师）剽牛祭天的牺牲品。"卡雀哇"是独龙族人一年中唯一的节日，年节期内各家族互相邀请，友好往来，年节里最隆重的仪式是"剽牛祭天"。剽牛开始时，由主持年节的家族长把牛拴在广场中央的木柱上，再按传统习惯由年轻妇女在牛角上挂珠链，在牛背上披盖麻布，由"拿木萨"向上天作祈祷之后，即用一锋利的竹矛，猛插牛腋，此时参加年节的人们结成圆圈，敲起铓锣，挥刀舞弓，围牛跳起"锅庄舞"。凡参加聚会的人，都可以平均地分得一份牛肉，并当场煮食或烤吃，人们共饮水酒，畅叙旧情，往往连续两三天到四五天。

（三）按婚姻的传统习惯，耕牛是男方娶妻必送的彩礼，独龙族称娶妻为"濮玛旺"（意即买女人），讨妻的聘礼叫"特布加雷"（价钱和东西）。意思是说：女人是物品，彩礼是价钱。这样，妇女就被当作一件物品，通过一定的价钱被男方购买过来，所以耕牛也往往成了这种极不合理的买卖婚姻的交换品。

（四）耕牛可抵作外族外寨土司抢掳奴隶时的交换物。自明清以来，独龙族人除了每年要向土司上足规定的"贡物"外，还要缴纳所谓"香火钱粮"或"超度费"；如缴纳不起或"贡物"不足，土司便强掳人口，永做奴隶。独龙族人为了使自己的亲人免遭客死异乡的苦难，不得不用耕牛抵换……①

不过，这种说法值得商榷。首先是"耕牛"的名称使用方式上，1949年前，"曲子（独龙族）皆赤贫，而又不知改良生产之方。故其生产方式，常停滞于无进化的状态中，至于今日，并畜牧亦且不知为何事，其他鸡与豕因甚少，牛马羊更无论矣"②。可见，牛的数量非常少，加之黄牛不用于耕作，谈何"耕牛"，独龙族人学会用牛耕作是1952年之后的事了。其次，对独龙族来说，牛是一种财富，拥有牛的家庭非常少。所以传统上，牛也并不是男方娶妻必送的彩礼，许多贫困家庭根本无力支付像牛这么贵重的物品。正因为牛很稀缺，1949年前的独龙族之间经常会有黄牛的借贷，还时还需要支付一定的利息。借牛无力偿还时，借者要将自己的妹妹或女儿送给债主做妻子或人质。③

---

① 刘达成著：《独龙族》，民族出版社1998年版，第45～46页。
② 中国科学院民族研究所云南民族调查组、云南省民族研究所民族研究室编：《云南省独龙族历史资料汇编》，1964年刊印，第3页。
③ 参见《民族问题五种丛书》云南省编辑委员会、《中国少数民族社会历史调查资料丛刊》修订编辑委员会编《独龙族社会历史调查》（一），民族出版社2009年版，第53页。

第三类是独龙牛。独龙牛与野牛特征类似，额部显得特别大，故又称为大额牛。独龙牛全身结构匀称，骨骼坚实，肌肉丰满，前躯粗壮，步伐有力，全身背毛灰褐色，毛短细密；四肢膝下及唇部为白色，角圆粗大，角长30~40厘米，角间距80~100厘米，角呈平面伸展，角尖稍向后弯，额宽，头形上宽下窄①；体重400~600公斤，最重的可达800公斤。此外，独龙牛力气大、灵活、抗病毒性强，善走险坡险道，能过急流，能在江河中任意游渡。独龙牛与野牛的区别在于，独龙牛的腿比野牛的稍短，背脊也不似野牛那样突起。独龙牛的染色体数目介于野牛和家牛之间，数百年前，独龙牛仍处于野生状态，后经猎人捕获逐步饲养驯化而成。所以，独龙牛并不是圈养的动物，习惯于生存在野外，且性子烈、好斗，生人很难接近，连山林里的豺狼等动物也不敢靠近。

独龙族地处亚热带，位于西南季风的迎风坡，年降雨量可达3 000毫米以上，有充足的水资源，适合草木的生长，这也为独龙牛的放养提供了良好的食物来源。因此，独龙牛常常三五成群地穿梭于高山密林之间，自由生活。主人只要每月定期喂独龙牛一次盐巴，并不需要其他饲料。独龙族还流传着一个关于独龙族与牛的故事："相传很久以前，独龙江下游一带有个猎人去深山打猎，发现在卤水泉边有一头野牛整日不走，也不怕人。猎人很奇怪，觉得这是神赐予自己的，不忍心伤它，就慢慢靠近用盐喂它，它竟然十分亲近人，猎人就把它领回家了。"② 为什么独龙牛需要喂盐巴呢？村民跟笔者解释，独龙牛不吃盐容易生病，吃了盐之后，就会长得更壮。所以，每当到需要喂盐的时候，独龙族人就去草场给牛喂盐。很有意思的是，独龙牛认识主人，见到主人就会迎上来并到主人手里来吃盐。草场上很多牛，但哪些牛归属谁从不会搞混，因为独龙牛能闻到主人独特的味道。这样，盐巴成了独龙族人与牛之间重要的沟通中介。有材料表明，喂盐确实有改善饲料味道、增强适口性、促进食欲的作用，然而更重要的是补充钠和氯两种元素。钠广泛分布于体内，维持体内水、电解质及酸碱平衡，并维持细胞内外液的渗透压，使牛既不干瘪也不水肿；钠还调节着心脏的正常生理活动。氯除了维持水、电解质及酸碱平衡外，还能形成胃酸。胃酸能促进食欲，增强消化，提高蛋白质、糖类、脂肪的利用率。但是，植物性饲料里，钠和氯的含量很少，需要通过喂盐来补充。若牛的口粮里补盐不足，牛食欲降低，生长缓慢，产乳量和乳脂率都会下降。③

独龙牛是我国稀有的品种，也是国家重点保护的品种。因此，如何保护稀

---

① 参见赵伯乐主编《新编怒江风物志》，云南人民出版社2000年版，第345页。
② 杨将领、李金明、曾学光著：《独龙族》，中国水利水电出版社2004年版，第146页。
③ 参见赵世铎、韩俊彦编著《养牛问答》，辽宁科学技术出版社1985年版，第61页。

有的物种资源一直是国家有关单位面临的重要任务。1986年，贡山县畜牧兽医站与云南省改良站签订保种协议。经过技术人员与饲养户的共同努力，独龙牛保护工作得到了发展，并于1987年获得云南省畜牧局科技推广成功奖。此外，独龙牛的内地饲养也取得成功。现在，不仅独龙江地区有独龙牛，同州的六库、福贡等县也在人工饲养独龙牛。

独龙牛的数量在20世纪50年代并不多，但随着国家保护力度的增大，独龙牛的数量也大幅增长。1979年集体和私人饲养23头，1985年增加到67头，1990年便发展到237头[1]，2003年更是增长至1 880头[2]。独龙牛数量的迅速增长与当地各级政府对独龙族产业发展的定位有着直接的关系。1998年11月，中共云南省委书记令狐安深入独龙江乡调研时曾指出："独龙江乡仅有4 050人，但草山草场面积占了全县的60%以上，有着发展畜牧业生产得天独厚的条件。乡党委、乡政府要把畜牧业生产当作第一支柱产业来发展，特别强调不要忽视独龙牛的发展，饲养独龙牛是独龙族群众致富的好门路，独龙牛就是独龙族群众的'摇钱树'；要'远抓林果，近抓畜牧'，要采取'以羊生羊，以羊还羊'的滚动发展方法，要走'以草养畜，以畜换粮、以畜换钱'的路子。"[3] 令狐安的话如实地反映了当地的情况，为独龙族的产业发展指明了方向。国家自然保护区的建立又为独龙牛的生态放养提供了绝好的环境。另外一个适合发展独龙牛的原因就是独龙牛长肉迅速，具有良好的肉类开发前景。因而，当地对独龙族进行扶贫的一种方式是各扶贫单位购买独龙牛交给独龙族放养。笔者在巴坡调查期间就曾见到贡山县畜牧局从邻县福贡购买了两辆车的独龙牛交给茂顶小组的群众放养，独都小组就有11头。据独龙江乡农科站工作人员介绍，现在有些人家就放有几百头独龙牛，一些政府单位也在独龙江放有独龙牛，全乡加起来估计有七八万头。为了提高独龙牛的成活率，乡农科站定期给独龙族群众讲授一些独龙牛集中饲养以及如何防治口蹄疫病等的知识与技术。

随着社会生活品质的提高，人们对无污染、无毒害的绿色食品的消费需求也越来越高。有的商人打着"生态开发"的口号走进了独龙江。他们看中了这片未被工业污染的土地，利用独龙江丰富的草场、雨水资源，发展生态养殖、绿色养殖。独龙牛就是其中一个重要的养殖品种。还有公司到独龙江调研后就有意在这边发展独龙牛牛肉加工，想要打响独龙江这个品牌，把独龙牛推向更广的市场。现在，在政府的大力推广与扶持下，在市场商业主体的参与下，独

---

[1] 参见杨毓骧、杨奇威著《雪域下的民族》，云南教育出版社2008年版，第19页。
[2] 参见《云南日报》记者部编著《三江并流流向世界》，云南民族出版社2006年版，第299页。
[3] 转引自尹善龙著《风流高黎情报告文学集》，云南大学出版社2002年版，第28页。

龙牛养殖已成为当地最热门的话题之一。市场上的成年独龙牛价格为6 000～8 000元不等,因此,对普通的独龙族人来说,把独龙牛推向市场无疑是件大好事。一些群众为了增加独龙牛的数量,还自发地从售价稍低的缅甸购买独龙牛放养,以期在市场上获得更高的利润。不过,在独龙江大规模地放养独龙牛也存在不利条件。不少独龙族人对此有着清醒的认识。独都小组迪长老的大女婿就认为:

> 独龙江除了树多、风景好,其他条件都不好。每个村小组有独立的牧场。但是,你们也看到了,这个地方的地势多为高山峡谷,几乎没有平地,草木不多,蚂蟥、血吸虫多,这些自然条件实际上增加了养独龙牛的难度。特别是独龙牛有野性,只能放养、不能圈养,这点与黄牛不同。放养独龙牛的牧场离村子比较远,增加了管理难度,同时母牛生仔不能很好护养,有的病死、跌死,一个月去看一两次,发现有的牛不见了。而且,独龙牛养殖时间长,母牛养4～5年、公牛养5～6年才可以卖,价钱不是很好,一般人家舍不得杀来吃,结婚、过年有条件者才杀牛。养独龙鸡成本也很高,养几年也只能长1～2斤肉,每只价钱亦只是100元。所以我觉得养牛养鸡成本高,难以发展。①

独龙族乡中学的高老师对在独龙江地区大规模推广独龙牛的养殖也有着自己的看法。他认为:

> 独龙江养牛(尤其是)养独龙牛很难发展,原因是实行"天保工程"、退耕还林后,大部分火山地没有了。没有草或者草长得很少,牛的天然饲料就少了。牛只能到岩石上吃草,容易掉崖受伤或者当场摔死。②

在独龙江,独龙牛意外死亡是常有的事情。笔者到达钦兰当的两天内就有独龙牛因为吃草而跌下山崖,笔者因此尝到了美味的独龙牛肉。所以,在看到广阔的市场前景的同时,独龙牛的养殖推广更应该考虑当地的实际条件。如果因为疾病、跌下山崖等原因导致独龙牛的成活率下降,这将对独龙族人放养独龙牛的积极性造成很大的打击。独龙族能不能禁得住市场风险的考验也是在推广独龙牛养殖时必须考虑的一个问题。在独龙牛收购价格没有保障的前提下,独龙族人也不敢轻易地增加独龙牛的数量,否则,一旦市场销路受挫,独龙牛收购价格下降,期待在市场上获得更高利润的独龙族人将陷入更加贫困的

---

① 2012年6月25日访谈材料。
② 2012年7月8日访谈高老师的材料。

境地。这对本不富裕的独龙族人来说是无法接受的。

四、其他种类的技能培训

当地政府为增强独龙族人生存的能力,提高独龙族人的收入水平,除推广独龙牛养殖外,还举办其他各类技能培训。例如,草果、附子、重娄等中药的种植,花椒、大棚蔬菜、西瓜、漆树的种植,中蜂的养殖,沼气池的建设,百名驾驶员培训计划,厨艺、旅游接待等生活技能的培训,等等。总之,当地政府为了使独龙族人摆脱贫困、过上现代文明的生活,可谓是煞费苦心。

随着退耕还林工程的开展,独龙族逐渐放弃水稻种植,独龙江地区的农业产业结构面临着较大的调整。其中一个重要的发展思路为:"依托独龙江独特的民族风俗、神秘的自然景观、良好的生态环境、多样性的生物资源,逐步建立独龙江国家生物物种基因库,充分发挥'三江并流'核心地区的区位优势,开发独龙江原始生态旅游区,大力发展科考、探险、人文、生态的观光旅游,带动第三产业的发展。"[①] 对此,县乡两级政府有着明确的发展方向。为提高独龙族的旅游接待能力,让旅客享受良好的旅游服务,县旅游局从独龙江乡各村遴选了一些村民到县城参加旅游接待的培训。对此,独龙江乡农科站工作人员说道:

> 看一下整个独龙江乡哪些人想搞这个"农家乐",把这些人集中起来,告诉他们怎么做菜,怎么搞好环境卫生。操办"农家乐",要怎么搞好环境卫生、怎样吸引游客、怎么洗碗等都要培训。洗碗的话,按照外面的特别是酒店的标准,用洗洁精洗的话必须冲洗三遍,才能把残留降到最低。不能把洗洁精往水里面放,然后将碗捞出来就装东西给客人吃。但本地人并不知道这些东西,也不介意,外地人来旅游了,一吃就能发现有洗洁精残留。还有,菜洗得是否干净、杀鸡卫生、杀猪卫生、做菜环节卫生、环境卫生都要培训。还有就寝的地方,要给搭蚊帐,不搭蚊帐的话,万一蚊子叮咬,有些人会过敏,有些还相当严重,蚊子叮一下就会叮出很大一个包。还有其他饮食方面,如我们推广中蜂养殖,都知道蜂蜜是好东西,但不能谁都给,要问游客对蜂蜜是否过敏。山上的蜂蛹也很多,"农家乐"可以提供,不过弄给人家吃前,要提醒游客如果对高蛋白过敏的话就不能吃。还有用漆树油弄点漆油鸡啊,或者弄点"夏辣"给游客喝的话,首先要问清楚游客对漆树是否过敏,如果说不清楚的话,到时候出

[①] 《独龙族粮食问题调研报告》,见 http://www.ynethnic.gov.cn/Item/2105.aspx,2012 年 11 月 24 日。

问题就不好办了。我们在推广漆树种植的时候,也要跟群众说清楚。不然,万一出什么问题,群众就会找我们这些搞技术推广的人。①

当今,乡村旅游业兴起速度非常快,其重要原因就是它适应了现代都市人的需求,即能够远离都市的嘈杂、感受乡村的宁静。因此,最大限度地迎合游客的各种生理需求、安全需求、精神需求成为摆在独龙族旅游开发面前的一个重要问题。从上面的介绍可以看出,县、乡为迎接大规模游客的到来,在卫生、饮食、休息等细节方面做了精心的准备。不过,就目前独龙族人对现代旅游的理解与接受程度而言,今后还需要更多类似的培训。

中草药的推广,在独龙江地区也逐渐展开。作为"国家生物物种基因库",独龙江流域的高山森林里盛产野生虫草、黄连、贝母、重娄、野三七等珍贵植物药材。每年3月份开始,独龙族人以及来自福贡的挖药材的人就陆陆续续地上山挖取药材。在独龙江调查期间,我们就见过多批人来独龙江流域或挖药材或收药材。当然,挖药材也不仅限于独龙江流域,他们也经常越境到缅甸的一些原始森林里挖。献九当支书的弟弟前不久去缅甸挖了33天的药材。我们路过龙元时,龙元的村支书带着几个儿子也刚刚从缅甸挖药材回来。药材的价格每年都不同。重娄2010年的价格为每公斤260元,2011年的价格为每公斤360元,2012年为每公斤260元。虫草的价格则比较高,每公斤要卖到4000元。所以,卖药材已成独龙族人收入的最重要的来源。不过,随着挖药材的人越来越多,药材也越来越少。不少独龙族人冒着生命危险花很长时间在森林里挖药材,收获却颇少。特别是国家建立自然保护区后,国家明令禁止群众上山挖药材。但是,国家的禁令并没有阻挡群众进山挖药材的步伐,即便国家在出入独龙江的路边设立检查站,对各种药材运出独龙江进行检查,群众还是不断地上山挖药材。因此,当地政府在增加群众收入与保护森林资源之间进行着两难的选择。20世纪70年代,商业部门派出技术干部帮助独龙族人发展种植,并先后在茂顶、孔目、献久当等地的半坡山林中种植黄连、贝母等几万亩,每亩产药材3.5公斤。1978年时黄连每公斤售价提高到26元,贝母每公斤售价提高至35元,还规定凡交售1公斤黄连或贝母者,除付给现金外还奖粮食5公斤,以鼓励农民种植药材。② 现在政府在独龙江地区推广比较普遍的草药是草果,在平整的土地比较多的独龙江北部则是推广附子。正因为县、乡两级人民政府的大力推广,漫山遍野都是草果。由于推广的批次不一样,一部分已经开始有产量了,有些则刚刚发芽,有些刚刚长成。附子的推广还处于试

---

① 2012年7月10日访谈独龙江农科站的材料。
② 参见杨毓骧、杨奇威著《雪域下的民族》,云南教育出版社2008年版,第19页。

点阶段，而推广的面积要看试点能否成功。

第三节　技术改良与发展干预

一、技术的推广与效果

综上可知，国家为了使独龙族人摆脱贫困走向富裕，在不同时期开展了不同的技术培训与推广，但推广的效果并不都是成功的。像大棚蔬菜、附子等项目还正处于试点阶段，而独龙牛养殖、草果的种植等项目的效果正在显现，也曾有试点失败的项目。尽管一些项目的推广出于良好的初衷，但经过推广后并没有收到预期的效果，有的甚至还遭到部分人的反对。因此，如何确保取得良好的推广效果取决于政府部门、推广工作人员以及独龙江村民之间的互动。

新技术或者新品种在独龙江地区有着一套独特的推广模式。独龙江乡农科站工作人员王某向我们介绍道：

> 不是一有新品种就推广，我们要先示范种植，找个1亩左右的地进行示范，看下产量以及怎么种才合适。我们会到农村租一块土地，因为各地点海拔高度相差大的原因，我们会上边试一点、下边试一点、中间试一点，试成功了才推广。推广前没有进行试验，种了之后产量很低，或者是种了病虫害多了，导致推广失败的话，不仅仅是农机站站长有责任，农业局局长也有责任，包括乡里面主管农业的副乡长也有责任，所以这个东西不能乱搞。①

这位工作人员的介绍与在20世纪80年代推广玉米地膜技术试验的情况类似，都要采取试点。至于为什么要采取试点，上面的介绍也谈到了原因。其一，因为采用的是新产品或者新技术，对于能不能成功刚开始都没有把握，只有通过小范围的试点才能看出收获如何。其二，对新推广的技术或者品种在试验阶段出现的各种问题能进行及时补救。正如上述所说，如果新品种未经过试验，村民种植之后，虫害很多，收成受影响，不仅会影响村民种植的积极性，还会影响政府的形象。其三，进行试点也是一次良好的教育和示范的机会。由于村民对新事物的接受能力相对较弱，因此，在试验的整个过程中，村民的参与非常重要。政府相关部门也明白这个道理。所以，每次试验时，都会从各村

---

① 2012年7月10日访谈材料。

抽取一些积极性较高、接受能力较好的村民参与到试验过程中。技术人员通过手把手地教这部分积极分子，让他们熟悉整个操作过程，再由他们回去教会普通村民怎么操作。其四，独龙江独特的气候与地理条件使得新产品或者新技术如果不经过试点就根本无法在独龙江流域推广。独龙江南北部海拔相差较大，气温也不同，正因为如此，有时会出现同一个品种在独龙江北部能试验成功而在独龙江南部就不适应的情况。这就需要在不同海拔地区进行多点试验，这也符合科学规律的要求。一般来说，试验田的产量与农民自己种的产量还是有较大的差距。以旱地的玉米为例，1亩试验田，经过精心管理，获得的子粒有500公斤以上；而村民自己管理的话，亩产只有350多公斤。

试验成功就能为该项目在独龙江地区的推广打下深厚的基础。但是，由于乡农科站人员人数有限，加上国家对独龙江地区扶持力度加大，各种项目陆续开展试验。所以，如果所有的试验都由他们亲自动手的话，根本就忙不过来。因此，政府也想方设法地提高推广的效果。现在乡农科站在各村培养了一个农业技术指导员，增加科技人员的力量，大部分项目的试验与推广就需要他们或者村里精英的帮助：

> 那些农业技术指导员是本村的，是我们自行发展的。像去年推广的那种西瓜嘛，也是推广的试验新品种，我们首先就要找我们培养的那一户，或者看谁接受能力强就推广给谁，然后他成功了、赚到钱了，他就会去告诉别人。其实，我们开一万个会，也没有那个人说一句话好使，我们到村里面开一万个会每天告诉他这样弄赚钱、高产，没有用。关键是我们找一户典型的，或者在村里面有权威的、有文化的人家做一个试验，他赚到钱了，别人看到了就会来做，那你就推广，困难就比较小。①

从上面这段话可以看出，乡农科站的工作若没有村干部和精英的配合，很难完成推广的任务，并且政府的这一套工作模式很难适应村寨的实际。普通村民对于政府以开会形式宣传新项目的这一套模式并不感兴趣。对于普通独龙族人来说，他们更注重实惠。如果试点户在种植新品种或者采纳新技术时取得成功，经济收入得到提高，加上政府的大力宣传，很多村民就会跟着采纳，从而达到推广的效果。

一些项目还直接承包给外来的人。以丙当小组正在建设的大棚蔬菜为例，县农牧局让承包者负责建设大棚并进行管理，而大棚就建在丙当小组的寨子边上；并且在整个建设管理的过程中采取包教的方式，让承包者告诉当地人怎么

---

① 2012年7月10日访谈王某的材料。

建大棚、怎么种蔬菜、怎么管理，目的是通过大棚的建设与管理，使当地村民参与整个过程；当大棚蔬菜产出获利时，村民也学会了如何种植，类似于农业技术推广模式。

当然，在推广的时候也碰到不少问题，其中最重要的是科技与传统观念兼容的问题。在独龙江北部平整的土地里随处可见土豆、玉米、南瓜、四季豆、向日葵等作物的混种，而对于这种混种，王某有着不同的见解：

> 上次我去迪政当推广单株密植，我告诉村民这个瓜别种了。单株密植本身就很挤了，你再种这些南瓜进去，很挤，容易得病；再一个瓜往上爬，把芽压倒了。没办法，他们还是要种。这从科学上讲是不科学的嘛，玉米和土豆种在一起是套种，这个是我们推广的，在县城他们也是；像这个瓜就不适合，黄瓜啊冬瓜啊都不适合，太密集了。①

在他看来，从科学的角度来说，单株密植的话产量是相当高的，而且能够保证成活率。而上述的大混种是不利于玉米和土豆产量的提高，可是村民并没有接受该技术员所讲的科学道理。对为什么种植南瓜，独龙族人也有自己的考虑。因为南瓜可以保存，成熟以后能够保存得很久，就能解决一部分喂猪户的饲料来源，也就不需要经常去外面找饲料。这种混种在独龙族聚居区已成为一种惯例。尽管经过科学种植的宣传与培训，独龙族人还是选择自己的耕作惯例。再以管理大棚蔬菜为例，农科站工作人员经常劝说独龙族人早上趁早去管理大棚蔬菜，保证一天中早上关门、中午开门、晚上关门。尽管多次动员，但是一些村民还是无法按照科学管理大棚的方法进行管理。

与其他推广的项目相比，地膜技术的推广还是比较成功的。1977年，我国从日本引进了地膜覆盖栽培技术；1978年在农业部的主持下，在全国14个省、市的科研单位的400公顷地面上进行了试验和示范；1980年扩大到23个省、市、自治区，采用边实验、边示范、边推广的办法；到1982年全国地膜覆盖栽培已发展到11.8万公顷，1983年为62.5万多公顷，1984年为133.3万多公顷，1985年突破了200多公顷，覆盖栽培的作物已达70多种。② 如前所述，独龙江地区最先开始试验地膜玉米是在1986年，一年后试验取得成功。到1992年，全乡推广地膜苞谷种植面积扩大到30.3公顷。因此从总体上看，采用地膜技术种植的土地面积逐渐扩大。现在这种技术仍在使用中，在独龙族的土地上，随处可见从地膜覆盖的土地中长出来的玉米苗。草果的推广也比较成功。据孔当村鲁江利支书介绍，草果的果苗由国家免费提供，种植面积一般

---

① 2012年7月10日访谈王某的材料。
② 参见朱永祥编著《实用地膜覆盖栽培技术》，四川科学技术出版1987年版，第4页。

一家都有 0.67 公顷左右，不过草果的价格随市场行情波动，有时卖到每公斤 4 元多，而有时每公斤能卖到 14～16 元，算下来的话，一家一般有 6 000～10 000 元不等的收入。有的人家还直接从县里买一些老苗回来种下去，只要成活第二年就能发芽，第三年就能结果了，这种模式远比种幼苗来得快。①

不可否认，在独龙江地区推广的项目也并不都是成功的，所以一些项目也不敢贸然推广。据王某透露，他们单位原本想推广合作社养猪项目，但是试点没有成功，也就没有推广了，在村里村民就把这个项目否定了。失败的原因，可总结为两点：其一是市场原因，如果卖方市场过大的话，村民养的猪过多，一旦市场销路受影响，村民卖不出去、赚不到钱，自然会影响村民的积极性；其二怕影响团结，如果合作社一方积极地去工作，而另一方工作不积极，就很容易产生矛盾。因此，已经成型的比较好的合作模式移植到独龙江地区并不适合，最后这个项目也不了了之。而且，对于药材的推广，王某还有着深层的担忧。他说：

> 药材市场也不稳定，药材大部分需要积货、压货，也许你种的时候行情很好，你收的时候行情却不好了，卖了你就亏了，你就只能积压。但是老百姓就没那个积压能力，也就不敢贸然地推广，有些东西是能赚钱但是不敢推广，现在风险大，因为整个独龙族经济比较脆弱。这几年经济比较脆弱的话，搞错了一台事情，那我们以后其他的事情就很难办了。

总之，在国家强有力的扶持下，各类项目接连而上，但对不同的品种和技术，独龙族有着不同的接受程度。笔者认为，在对独龙族进行技术推广时，必须考虑到独龙族自身的文化适应能力。国家在扶持开发时务必发挥独龙族的文化适应的主观能动性，务必倾听当地人自身的意愿与想法，多从地方文化中汲取智慧，这样推广的效果会更好。

二、国家权力的渗透与发展干预

消除贫困，是全人类的重大课题，对拥有 13 亿多人口的中国来说意义更为显著。独龙族作为我国多民族大家庭中的重要一员，历史上长期处于食不果腹的生存状况中；加之地处中缅边界，历代中央政权都对独龙江地区疏于管理，使之成为名副其实的"化外之地"。独龙族人并没有从历代政权中获得相应的政策福利，独龙族人的生存状况也没有得到较好的改善。随着社会主义的确立，国家政权深入到独龙江地区的每一个村落。从此，在社会主义建设和改

---

① 2012 年访谈鲁江利的材料。

革的历史进程中,在国家强有力的发展干预下,独龙族人的生活进入新的历史阶段。

从国家的角度出发,刚成立不久的社会主义政权在全国范围内的巩固必须得到各地人民群众的支持,而获得边疆民族地区人民群众的支持尤为重要。独龙族人的生存状况事关国家边疆的安定、民族的团结、国家政权的稳定以及社会主义政权的形象。因此,为改善独龙族人的生存状况,实现真正的民族平等、团结以及共同富裕,国家在不同时期加大对独龙族地区的发展干预是历史的必然趋势。

现在,我们先回顾一下国家在独龙江地区的一些政策与做法。与其他许多民族不同的是,国家根据独龙族社会、经济发展形态,按照"慎重稳进"以及"团结、生产、进步"的工作方针,没有在独龙族聚居区进行土地改革,而是采取依靠广大贫困民众,团结、改造爱国民族上层人士,大力帮助发展生产的方式使独龙族人逐步、稳妥地过渡到社会主义,因而独龙族地区又被称为"直过区"。同时,在生产生活方面,国家为独龙族运去粮食、布匹、食盐、衣被、砍刀、茶叶、铁器等生产生活用品,帮助独龙族人改善生活、组织生产以及发展经济。大规模的水田开垦对独龙族产生了长远的影响,当局希望独龙族通过引进水稻来解决独龙族的粮食来源,并逐渐使独龙族从过去刀耕火种的农业逐渐过渡到现代农业。而开垦水田所需的工具、种子等全部由国家包办,独龙族人则出工出力并跟技术人员学习耕作技术。水田开垦的成功,种植水稻的产出,减少了国家支援独龙族救济粮食的数量,但是水稻的产出仍不能满足独龙族人生存的需要。

在推广水稻种植的同时,政府没有忘记独龙族一直种植的玉米、土豆等作物,希望从多方面切入,解决独龙族所需的粮食问题。继而,政府从技术与新品种入手,希望能提高水稻与土豆、玉米的产量。1989年,独龙江地区成立了乡级农业科学技术推广站,进行农业实用技术的试验示范,农民逐渐地相信科学、利用科学,继续改造传统农业。这才有了地膜技术的试验和推广,才有了水稻、土豆等新品种的应用。

2002年9月4日,中共云南省委办公厅、云南省人民政府办公厅发出《关于采取特殊措施加快我省7个人口较少特有民族脱贫发展步伐的通知》,决定在包括独龙江在内的这些民族地区逐步实施温饱和农业产业化扶贫工程、基础设施建设扶贫工程、科教扶贫工程、民族文化扶贫工程和人才培养扶贫工程。[①] 同时,自2002年起,独龙江地区实施退耕还林还草和天然林保护等生

---

① 参见中共云南省委党史研究室编《云南民族"直过区"经济社会发展研究资料汇编》,云南民族出版社2006年版,第115页。

态工程，大部分耕地退耕还林还草，农民只保留家宅周围的耕地（菜地）。截至2003年末，全乡按照省农业部门规划的要求，退耕还林还草完成了266.7公顷，人均0.07公顷。这样，独龙族几十年来一直从事的刀耕火种的山地农业生产方式已逐步放弃，独龙族从"砍树烧山人"变成了"种树人"、"造林者"、"护林者"。① 随后，2010年1月，云南省正式启动对独龙族进行"整村推进、整族帮扶"工程，计划用3～5年筹集10余亿元，实施"六大工程"，帮助独龙族实现跨越式和可持续发展。

　　与之相关的是，党和政府各级领导也时刻关注独龙族人民的生活状况。"独龙江乡再边远偏僻，也是祖国壮丽河山不可分割的一部分；独龙族人民再远离内地，也是祖国56个民族大家庭里不可缺少的成员……本世纪末，全省要基本解决群众的温饱问题，在实现这个伟大目标的过程中，我们决不让任何一个兄弟民族掉队。"这是1998年初冬中共云南省委书记令狐安率省民委主任格桑顿珠、省扶贫办主任和铁梁与州委书记张耀武等领导徒步深入独龙江调研时的誓言。而在1999年，江泽民同志亲笔为独龙族人民写了"建设好独龙江公路，促进怒江经济社会发展"的题词，则再一次充分反映了党和国家对独龙族地区发展的重视；同年，"云南省委独龙江工作队"进驻独龙江乡。后来，温家宝总理也曾做出重要批示，"一定要下决心解决独龙族人民的出行难问题"，这些都反映了党和政府对独龙江乡的关怀。

　　尽管国家付出了大量的努力，但仍很难立即改变独龙族地区贫困的状况。就种植业生产状况分析，1990年，全乡实有耕地528.7公顷，垦殖系数仅为0.27%。粮食亩产仅为87.6公斤，大大低于全省195公斤的水平。全乡种植业收入31万元，占全乡农村经济总收入的50%。其中粮食生产收入28万元，占种植业收入的90.3%，然而同年全乡粮食总产量69.5万公斤，人均179.5公斤，形成了自行生产粮食又不能自足的局面。国家每年要组织调拨10万余公斤粮食，人背马驮翻山越岭运进独龙江乡，以满足乡民过冬生活之必需。② 到21世纪初，独龙江地区的贫困情况仍没有得到根本性改变，2003年独龙江乡人均纯收入637元以下的绝对贫困人口占78%，呈现出整体性贫困。③

　　综上可知，在国家持续的扶贫行动中，我们也应看到国家政策一直在不断地变动与调整。政策的不断调整对当地产生了极大的影响。以种植需要使用的薄膜、良种、化肥和农药为例，由于上述物品在推广时国家承诺是免费提供

---

①　参见格桑顿珠、纳麒主编《云南民族地区发展报告（2003—2004）》，云南大学出版社2004年版，第372页。
②　参见田雪原主编《中国民族人口》（三），中国人口出版社2005年版，第1309页。
③　参见中共云南省委党史研究室编《云南民族"直过区"经济社会发展研究资料汇编》，云南民族出版社2006年版，第124页。

的，当 2004 年政府停止免费供应，相当部分农户就不愿使用良种、化肥和农药了，从而影响种植作物的产量。此外，国家推广的良种土豆产量上来了，但口感大不如本地品种。同样，21 世纪初退耕还林还草工程的实施，也极大地改变了独龙族的生产生活方式。对大部分独龙族人来说，反正国家有粮食补贴，水稻就不需要种植了。就解决温饱问题而言，国家发的退耕粮是够吃的；如果不够吃就需要自己从市场上购买。但是带来了另外一个问题，国家的退耕粮要发到什么时候为止呢？在国家还没有为独龙族找到更好的粮食来源的办法时，现行的政策该执行到什么时候？据了解，国家在刚开始推行退耕补粮时，承诺实行补粮政策 8 年，但是 8 年过去了，仍然没有好的政策出台，所以继续实行补粮。而随着"整村推进、整族帮扶"工程的推进，大部分独龙族的土地用于建设新房，独龙族已经不可能再走继续开垦水田种植水稻的老路子。那么，在独龙族自身不能产主粮的情况下，其生存靠什么来保障呢？现在已经有不少村民反映，新农村的建设占用了太多的土地，他们用来种菜的地都很少，吃菜都成为一个令人头痛的问题。虽然村民曾多次向政府反映此问题，但由于政府出于某些原因的考量，该问题仍没有得到很好的解决。并且从目前正在实施的大棚蔬菜工程来看，收效并不明显。限制大棚蔬菜种植的一个原因，就是独龙江属于独龙族聚居区，人口比较少，且居住分散，如果大家都种大棚蔬菜且不能外销的话，独龙族自身并不能内销这么多的蔬菜，种出来的这些菜卖不掉，老百姓就会直接弃种，反而导致只能从外地拉菜进来卖。

可以看出，在对独龙族地区进行的扶贫中，国家占据主导地位，独龙族自身的主观能动性没有能够得到很好的发挥。所以，需要警惕的是，现实的矛盾远比设想的更多也更复杂，国家必须花更多的时间与精力来应对可能出现的新情况。

第二章 流动中的秩序：亲属与村落组合的原则

> 任何一个群体要能生存，必须具有一套能使它延续的规定——人们出生以后，必须根据某些原则结合到群体中去；人们死后，他们所有的东西，必须按规定传给后人。
>
> ——（英）雷蒙德·弗斯《人文类型》

大部分独龙族人居住在独龙江峡谷两岸，沿着河流逐步扩大居住地域，直到1949年左右，他们的不同分支散居于恩梅开江、迈立开江上游各支流两岸丛林中和缓坡地上。传统上，独龙族人习惯住在上靠山顶、下临河流、对岸又不易通行的缓坡地段，而不是临近河流的低地。过去，河谷地带耕地有限，人们不得不到海拔更高的山林中开垦火山地和寻找猎物，这种食物生产模式使得每一个氏族并没有聚居在某个固定的区域；加之通婚的原因，氏族内部不断裂变，分散在独龙江流域不同地带。易变而灵活的社会组织中，存在一定的稳定性，那就是亲属纽带。根据20世纪50年代的调查资料，独龙江两岸的人群根据不同的传说和血亲关系划分为15个父系氏族。今天，多数老人仍然清楚地记得自己属于哪个氏族，祖先来自哪个地方。由此可见，土地与家族的联系非常紧密，两者的结合是村落社会秩序得以稳固的重要基础。

第一节 亲属分类法则

作为一种非常重要的食物生产方式，刀耕火种适应独龙江雨季长、林木生长周期短的自然地理特点，它在一定程度上也影响了人群关系的组合。20世纪五六十年代的社会经济调查已经表明，1949年前独龙族社会还没有明显的阶级划分。年龄、性别身份决定了一个人处于什么样的社会位置和承担的义务及权利，一切社会活动都要围绕着亲属关系而展开，后者依据血亲和姻亲系统得以确立和维系。

一、"尼柔"的界定：人群组合的逻辑

人与人之间的亲属关系是通过一些特定的称谓来表达的。在独龙江两岸，通常自称有共同祖先的一群人，他们的关系泛称为"尼柔"，意为有亲戚关系的群体。老一辈的学者（如杨毓骧）将"尼柔"译成氏族①，按照这种概念，在20世纪50年代的独龙江河谷还能找到15个不同的氏族迁徙的线索。每个氏族的起源传说表达着各氏族名称具有的含义。比如，"木江"氏族的起源，过去流传着"木江"的人被问及来自何地时，总是抬头望向天上，因此人们认为他们是来自太阳升起的东方，或者象征着"太阳的后代"；而有的氏族名称如"克劳洛"和"麻必洛"，与所居住区域的河流、地名有联系，表明他们祖先源自那一带。笔者在独龙江下游马库村听到了关于"当舍"氏族的传说。在一次酒后的闲聊中，自称"当舍"氏族的后人唐荣向笔者讲述了一则简短的传说：

> 中国有很多姓唐的人，但是我们跟他们不一样，有自己的传说。我们的祖先发源于"卜郎学里本"。独龙语"卜郎"是魔鬼的意思，这句话的意思就是我们的祖先是从魔鬼的血里孵化出来的。这是我们家族代代流传下来的说法。②

这表明氏族名称大多与居住地区域的自然特征相联系，有的则包含了超自然的意义。前面多次提到独龙江的峡谷地形，河谷冲积而成的平坝地很少，一个地域能承载的人口不多；另一方面，因可耕作的土地少，只有通过不断开垦新火山地种植玉米等满足生存需求的粮食，这种轮歇式的农业体系在初期并没有限定在一个区域，因此，氏族内部的分裂是不可避免的。这就不难理解今天我们在不同村落会碰到同一个氏族的人，上游的人顺江而下，下游的人则溯江而上，找到自己的家园。因而，各个氏族分散到独龙江流域各个村落，但并没有形成超越村落的氏族组织，氏族内部的联系也不多，有关氏族的名称也仅成为一种象征。

这么说来，独龙语"尼柔"不可能仅仅指称氏族，它的含义应该更加广泛。法国学者施蒂恩认为独龙江流域各个地段的人群与周边的群体缺少共同的名称，换言之，作为整体的独龙族内部并非同质、铁板一块的，而往往通过语

---

① 参见杨毓骧、杨奇威著《雪域下的民族》，云南教育出版社2008年版，第30页。
② 2012年6月25日独龙江乡马库村田野调查笔记。

言的分类来表达内在的差异性。他发现"尼柔"这个术语可以用来表达独龙江河谷中地域与人群不同层次的差异性，它表达"不同层次的身份，包括族群、氏族、世系群，也包括了地方居住群体"①。而地域和血缘关系则能够支持不同群体身份认同的宣称。

笔者在考察中发现，独龙江南部巴坡拉王夺等村的人不知道"尼柔"，不确定它和祖先有着联系；在更南部的马库村，则有一些老人知道它的含义，而有些人也根本不知道这个词。这就是说"尼柔"这个词已经不再是常用词语。在上游北部的村落，如迪政当的情况有些不一样。笔者说出这一术语时，村民能够理解并能表达其含义。根据迪政当村一个很有学识的祭司称，"尼柔"指的是包括血亲和姻亲在内的亲属群体。具体而言，在群体内部，则通过亲属称谓即相互关系和叫法来界定彼此之间的关系，表达人与人之间的关系和责任。一个父亲所生的同血缘兄弟关系称为"阿能"，大哥为"阿能崩"，他们的男系后代构成的亲属群体即亚氏族称家族，用"登尼柔"或者"尼柔赞"来指称。直到1949年前夕，独龙江峡谷聚居在一起的同一个家族，成为社会经济的基本单位。独龙族是一个父系社会，嫁出的女人不算在家族的范畴里，但是见面时，按照长幼排序名称来称呼，比如用"楠、尼、尼黛……"来称呼大姐、二姐、三姐等等。与非亲戚/血缘的人群之间的关系叫"荣旺"，其中朋友称为"拉姆"。通过这些术语，将"自己人"和其他人划分出来。独龙江各地的方言不同，但是其划分人群的方式是一样的。

每个人都被划分在不同的人群之中，彼此之间的联系交错构成社会结构，反过来又约束着个人的行动。换句话说，划分人群的目的在于明确自身在亲属（社会）结构中的位置，以及需要承担的责任和义务。过去，生存环境恶劣，群体之间的合作和冲突时有发生。属于同一个家族的人，共同开垦山地种植庄稼，饥荒时互相帮助，当外敌入侵时联合起来共同抵御。现在，独龙族人的生活条件已经得到了极大的改善，但是传统的家族之间的联系仍然存在，在建立各种互惠关系时，人们首先寻找自己家族的兄弟合作，他们认为来自家族之间的关系是最稳定的。

2011年10月，当笔者进入独龙江上游迪政当村时，那里时值民族文化特色村建设，笔者刚好目睹了村民拆房建房的过程。村里原来的房子大多数是用木板或者木楞叠合而成，屋顶用松树和水冬瓜树的薄木板来盖，也有的用铁皮盖。一个家庭的房子包括厨房、卧室、猪圈和谷仓。要在一个地方住下来，首

---

① Stéphane Gros. "A Sense of Place: The Spatial Referent in the Definition of Identities and Territories in the Dulong Valley (northwest Yunnan, China)". In C. Culas and F. Robinne. *Inter-Ethnic Dynamics in Asia: Considering the Other Through Ethnonyms, Territories and Rituals*. Routledge, 2010.

先要解决吃和睡的地方,所以拆迁的时候,厨房和卧室要先拆走。房子虽然简陋,但是拆建房子仍然需要一群人合作来完成。在一个晴朗的日子里,房东李付家来了很多人,原来他家的老房子要拆走,这些人是过来帮忙的。笔者吃过早饭后,一些女人将屋里的锅、碗、盆等生活用品先搬走,然后男人们才爬上屋顶拆木板(见图2-1)。拆木板的关键是把钉子拔出来,或者打掉,这活儿男人比较熟练,女人则负责把这些木板搬运到附近的空地上。孩子们在不远的地方打闹嬉戏,他们还没到上学的年纪,正在干活的父母也没时间照顾他们,偶尔看一眼知道有没有跑远就行了。因为人多,一个上午就把两间房子的木板拆下来了。中午,房东家提供午餐,还拿出烟酒和饮料招待帮忙的人。不论男女,他们都喜欢喝啤酒,尤其天气热的时候他们把啤酒当成水来喝。因为盖好新房子后还要搬回来住,临时的住房选在离村庄较近的地方。重建新住房时,只要按照原来的模式将木板组装起来,很快就可以恢复成原来的模样。

图2-1 拆房子

晚上,房东家里杀了一只鸡,买来白酒做了一锅"夏辣"①。这是为了庆祝新居的建成和感谢所有参与盖房的人。参与拆房、建房的人与房东的关系是

---

① 夏辣,意为肉酒,用漆油将鸡肉或者山里猎肉炒熟,然后倒入白酒一起煮到沸腾即成。这是一种在贡山县怒族、独龙族和傈僳族家庭生活中流行喝的酒,通常,人们干完活回来就喝夏辣,以消除疲劳和迅速恢复体力。由于含有鸡肉和酒,过去坐月子的女人也喝夏辣,具有滋补身体和保暖功能;也用于接待远方来客,用意为"团聚"。

亲戚或朋友，包括大哥、二哥、姐夫、两个叔叔、两个表哥和表弟及他们的妻子，另外，李付的好友陈记夫妇也过来帮忙。几乎是整个家族的人都来帮忙了，李付的姐姐因为嫁在不远的邻村，知道要拆房子所以就过来了。而李付的岳母家在另外一个行政村龙元村，步行需要4小时，因为距离远，他们那边的人就没有过来帮忙。这种帮忙是建立在互惠基础上的，不需要付酬金，当其他人盖房子时，李付夫妇也要去帮忙。晚上喝夏辣酒是一种习俗，具有团圆、共享的意义。

在建设新的民族文化特色村过程中，政府提倡村民参与建设家园，即投工投劳，具体表现在运沙石与提供木料上。后者的工作，需要村民上山砍伐大树，劈出圆木。政府工作组设想以村小组为合作单位，提供柴油机和柴油。当小组长宣布这一计划时，大多数村民表示反对，他们更喜欢找自己人组队，所谓"自己人"就是同一个家族的人。当然，政府和村委也表示理解，同意村民根据情况自行组织找木料。李付和其他村民一样，找了自己的两个哥哥和一个表弟组成砍伐队，并从村委办公室领来砍伐的工具柴油机和柴油，然后到属于传统家族领地的树林中砍树。他们在山里一起合作，砍倒百棵大树。每天每人背着酒和食物，当午餐时间到时，将食物摊放在地上一起享用。这种几个男人间的密切合作和分享一直持续到砍伐任务结束。

在过年节期间，传统的方式是在祭师"南木萨"和"乌"的主持下共同祭祀天神和猎神，然后整个村的人一起跳舞聚餐。现在没有此类祭祀活动，而是由村委会组织一些竞技娱乐比赛代替。但有一项活动还延续着传统习俗，那就是在家族长带领下，人们轮流到各家拜年；拜访范围有多大，就表明家族的范围有多大。互相拜访结束后，所有家族成员聚到一起吃火锅、跳舞及游戏。提到过年，报道人带着激动的口吻讲述了他的经历：

> 过年时，除夕和初一在自己家中吃饭，初二、初三邀请家族聚餐。初二晚上轮流到各家（亲戚）去跳舞、祝福，有一人抬着挂独龙毯的旗子走在前面，后面一人拿着长刀翻来翻去，表示把不好的东西赶走，其他人跟在其后。主人提供酒和其他东西如糖果、零食、饮料等，然后跟着队伍去另一家祝福，一直到拜访完所有亲戚。到了初四，邀上家族或至交朋友，到离家不远的一个山上活动，每家带上酒肉和菜一起聚餐。近年来流行搞火锅吃，大家围聚在一起吃喝。饭后老少一起参加娱乐活动，比如射弩弓、丢石头。男的摔跤、掰手、射击，女的跳皮筋，小孩捉迷藏、玩爆竹……有人带着小音响，大家跟着旋律跳舞。①

---

① 2011年11月2日采访迪政当村李付的资料。

上述例子表明，家族的观念发挥着作用，并已经融入独龙族人的日常生活中。家族内部的互助联系，既是互惠的体现，同时也包含着义务。这种逻辑的推广，便是独龙族人"有福共享，有难同当"、"有来有往"观念在独龙族社会根深蒂固的体现，甚至渗透到婚姻缔结过程和日常家庭生活的各个角落。

因此，在村落社会中，即使家族组织已不复存在，家族内部经济、生活方面的联系仍然非常频繁。从狭义上讲，这里的家族实际上代表着"尼柔"群体。它一方面重新划分了亲属群体，为建立互惠和义务的关系网络提供了道德依据；另一方面，它还起到了规范婚姻和性行为的作用。

二、亲属称谓及婚姻原则

称谓表达了人群分类观念的具体实践，亲属称谓反映亲属制度，即划分亲属与非亲属以及亲属之间亲疏关系的一种原则。按照一般的分类，亲属分为血亲和姻亲。血亲即同一血缘的亲属，又分单系和双系、直系和旁系。单系和双系是计算血亲的两种方式，直系和旁系是区分同血缘亲属的两种方式。姻亲是通过婚姻关系而结成的亲属，由婚姻关系产生姻亲，但并不意味着只有姻亲才与婚姻有关，血亲则无关；不论父系或母系血亲，同样受社会的婚姻规范所制约。① 考察独龙族亲属称谓，我们发现了一些规律，叔伯、姨父统称为"阿旺"，叔伯母、姨母统称为"阿秋"，岳父、公公、姑父、舅父统称为"阿克"，岳母、婆婆、姑母、舅母统称为"阿尼"。一般亲属称谓反映了一个群体的婚姻制度，也就是说，独龙族的亲属称谓属于类别式，将亲属划分为若干，而没有说明亲疏关系；另外，他们传统的婚姻习俗中盛行姑表舅婚。

图 2-2 为独龙族地区的亲属称谓②。

拉德克里夫·布朗在澳洲土著生活中获得宗谱和有关婚姻规则的叙述，指出要理解任何一套亲属制度，都必须进行社会结构和社会功能的分析，认为每种亲属称谓都跟一个具体的婚姻规则有关。③ 但是，布朗的兴趣在于类型学研究上，而不是日常生活中的具体操作。④ 在本章中，我们所要揭示的是传统婚姻规则在现实中是如何产生影响和发挥作用的。按照独龙族人传统婚姻习俗，己身（我）可以和异性"阿拉"婚配，但不能和异性"阿楠姆"通婚，即排除了己身同父亲的兄弟的子女和母亲的姐妹之子女相互婚配，同属一个"尼

---

① 参见黄淑娉《略论亲属制度研究》，载《中央民族学院学报》1981 年第 4 期，第 93 页。
② 根据迪政当村和马库村村民提供的信息制作。需要指出的是，独龙江南北方言在个别的称谓上有细微的差别，如在北方的独龙族人称"祖母"为"阿泽"，但基本婚姻规则是一致的。
③ 参见 A. R. Radcliffe-Brown. "Introduction". In A. R. Radcliffe-Brown and D. Forde. (eds.). *African Systems of Kinship and Marriage*. 1950：82.
④ 参见 A. Kuper. *Anthropology and Anthropologists*：*the Modern British School*. Routledge，1983：44-45.

柔"（家族）的人禁止通婚。在通婚的对象规范上，独龙族实行一种固定单向循环的外婚制，在两个以上的群体之间轮转交换妇女。比如，A 家族的男子固定娶 B 家族的女子，B 家族的男子固定娶 C 家族的女子，C 家族的男子又固定娶 A 家族的女子。在这种系统内部，一个妇女只能用另一个妇女来"偿还"。这种独龙语称为"阿门"的婚姻制度，使得三个或更多的群体通过联姻联系起来。

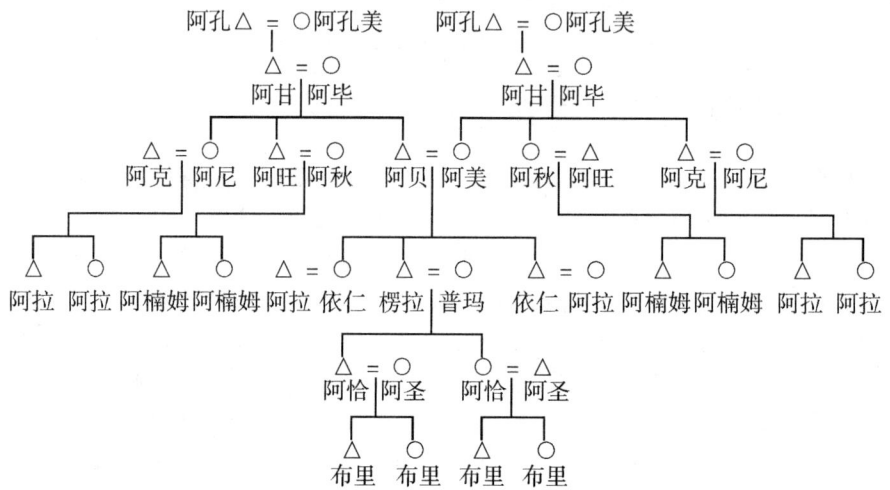

注："△"表示男性，"○"表示女性，"="表示婚姻关系，"｜"表示代际关系。

图 2-2 独龙江地区的亲属称谓

在独龙语中，"普玛"统称所有的女人，即是所有"楞拉"男性潜在的妻子、情人。"阿门"婚姻的特点是严禁家族内部通婚，这样排除了"阿楠姆"之间的婚配而实行外婚制。一个家族的所有女子嫁给另一个家族的男子，通婚的对象只能在固定的人群中选择。两个通婚群体建立的姻亲关系，独龙语称为"阿恩"。在建立了"阿恩"关系的群体之间，只能把女儿嫁过去，或者帮儿子娶进媳妇（见图 2-3），但是两者绝对不能同时发生。上面提到的 A、B、C 三个家族之间联姻，如果其中两个群体之间通过交换女人解决婚姻问题，这叫"南久格来"，意为"对换门面"。① 按照独龙族的观念，这样的婚姻会使得两个人寿命不长，也会给家族带来毁灭性的灾难，所以通常情况下严禁类似交换婚姻的发生。按照这样的婚姻理想类型，传统独龙族社会实现婚姻关系的建立至少需要三个群体之间的互动。

---

① 参见李金明《独龙族原始习俗与文化》，见《民族文学研究集刊》（13），云南社会科学院 1999 年印行，第 73 页。

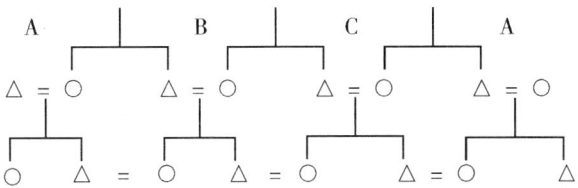

注:"△"表示男性,"○"表示女性,"="表示婚姻关系,"|"表示代际关系。

图2-3 独龙族"阿门"单向循环婚

正如图2-3所示,按照独龙族单向循环外婚的原则,理想的状况是,一个男青年及其兄弟只能娶舅父的女儿而不能娶姑父的女儿为妻,而他的姐妹只能嫁给姑父的儿子而不能嫁给舅父的儿子为妻。这种严格的婚姻习俗不仅保证了社会通婚关系的实践,而且促进了通婚集团的经济联系、互相合作和友好交往,成为维系社会稳定的重要因素。对于外婚制的理解,独龙江南部马库村唐华告诉我们,传统的原则不可违。

> 在马库,唐姓(当舍氏族)和江姓(木江氏族)是亲家,我们唐姓的男子娶江家的女儿为妻子,但是反过来就不行,现在还保持着这种习俗。阿肯(舅舅)的女儿可以嫁给我的儿子,我们是他们的姑爷,辈分比他们低。但是,我们祖辈占的地盘大,土地多,这也是他们的女儿愿意嫁给我们的主要原因。姓唐的女人则除了姓江的男人以外都可以嫁。这像法律一样的,谁也不能违反。①

从唐华的话中不难理解遵守传统的习俗在通婚中的重要性,但是,习俗制度并不是影响婚姻关系确立的唯一动力。前面我们多次提到独龙江两岸可以用来种植作物的土地不多,尤其是南部马库一带,村落建在海拔1 300米以上的缓坡地带。有限的土地提供了住房的基地和种植玉米、洋芋等生存作物的场地,所以我们应把土地作为一项非常重要的生产生活条件来考察它如何影响了婚姻伴侣的选择。与外来迁徙传说不同,从前面"当舍"氏族起源神话里推断,唐姓的家族应该是马库这片地区最早居住的群体,根据"先到权"的原则,先来的或者最早居住的人群最有可能比其他群体占的土地多,这种推测和唐华的表述是一致的。今天马库村有马(马库)、唐(当舍)、江(江荣/木江)、布(普鲁比亚)、迪(独都)、秦(钦兰当)、杨7个姓氏。在1949年以前,马库(马)家族和当舍(唐)家族的势力最大,大部分土地由这两个家族所占据,并且他们的地域界线非常清楚。另外,唐姓家族内部还流传着收养

---

① 2011年6月25日独龙江乡马库村田野调查笔记。

孤儿的传说，这个孤儿就是独都家族的祖先。唐家人说："当舍人收养孤儿独都，提供吃住，长大后又给他彩礼娶媳妇，所以独都世代都不敢背叛当舍，一旦发现背叛，可以马上将独都子孙驱逐出当舍的地盘。"① 这句话表达了独都家族先祖依靠当舍家族而生存，尽管我们缺少足够材料进一步证实家族之间的合作和冲突，但是马库的例子可以说明土地在婚姻关系中的重要性。

生活在北部迪政当村的李自才是独龙江为数不多的仪式专家，今年71岁。1971年从丽江师范学院肄业，回到村里担任会计；1980年后担任冷木当村小组长，期间当选过两届乡人大代表；2002年后不再担任组长一职。他属于科全家族成员，过去，他的族人中出现了不少传统宗教的祭司"南木萨"。由于经历1949年以后的各种习俗改革，很少人熟悉祭祀的知识，他给村民主持红白喜事亦是前十几年的事。目前，独龙江由于受外界文化的冲击，人们对传统文化缺少兴趣和理解，这使他感到忧虑和担心。谈到婚姻时，李自才认为最重要的是看两个人所属的家族是否配对。配对指的是两个家族属于传统通婚对象，不配对则指习俗不允许的两个家族的男女互相结为夫妻。不配对的男女即使结婚了，将来也不会有好结果，他以生活中遇到的例子证明了遵守规则的必要性。传统上，科全家族的男子必须娶迪政当村佳美乐家族的女性为妻。他用"吃奶水"来形容两个家族的关系——迪政当村的佳美乐家族哪怕没有收到科全家族的彩礼，也要"送奶水"给科全家，意为送女人嫁给科全的男子，因为这是祖宗定下的规矩。②

但是，现实生活中的婚姻现象是复杂多变的，由于性别比例和土地财产等因素的影响，传统婚姻习俗的实践存在着许多变数。同样在冷木当村，我们发现另外一种婚姻关系的例子。按照通婚原则，斯尤家族的男子娶科全家族的女子为妻，但同时，也有科全家族的男子娶斯尤家族的女子为妻。笔者的报道人都里（即李林高）和房东李付都是斯尤家族的成员，他们家族原来居住在麻必洛河谷，1973年发大洪水冲毁了村落，他们才迁移到冷木当。都里的爷爷娶了科全家族的金尼为妻；李付的舅舅李国又娶了李付的姑姑李秀为妻，李国病逝后，按传统习俗李秀改嫁给了前夫的族人金荣；李付的叔叔金国则娶了金荣的妹妹念黛为妻。但是到了都里和李付这一代人就不再遵循这种交换婚姻的原则了。

传统的婚姻常常为家族群体所安排，而不是由个人的意愿所决定。家族长通常以家族共同的利益为考量因素，无论人们是否有权选择配偶，婚姻通常并非是两个人之间的关系，而是两个群体之间的一种关系。所以，很多娶了文面

---

① 2011年6月25日独龙江乡马库村田野调查笔记。
② 2012年7月8日迪政当村访谈资料。

女的老人说，在他们结婚之前，根本不知道对方的脸上有文面。家族的长辈并不会把未来媳妇的美貌放在首位来考虑，他们在传统婚姻的原则下，优先选择能够给家族带来利益的女子/男子为结婚对象。中部肯迪村的老肯是一名退休干部，曾经担任过独龙江乡乡长。谈到过去的婚姻经历，他说：

> 那时候我因为读书参加培训，所以到了20岁才结婚，在当时算是晚婚了，普通年轻人都在十三四岁就结婚。结婚的一切都是父母包办，结婚前，有的人没有见过自己的对象，不知道他/她长得怎么样。那时候没有自由恋爱，不像现在，可以选择跟自己喜欢的人在一起。父母找的对象，不会住得太远，而且两家人平时有来往，彼此熟悉。①

笔者在三个自然村考察了20世纪80年代以前的通婚范围。在北部的冷木当小组，18对婚姻关系中有12对属于本村内通婚，另外与同属一个行政村的迪政当通婚的有4对，与中游献久当村通婚的只有1例，还有一个是本村的老师娶了贡山的傈僳族姑娘为妻。而在邻村迪政当小组里，25对婚姻关系中，有13对属于同村通婚，与相距30分钟路程的邻村熊当有5对婚姻关系，与同属一个行政村的最北的木当小组有1对通婚，而与南边更近的冷木当小组通婚的有2对，与邻近行政村龙元村通婚的有3对，与献久当村通婚的有1对。在下游巴坡村的木兰当小组，也发现同样的现象，12对婚姻关系中，有7对属于同村通婚。

可见，传统的择偶对象通常只会在熟悉的人群中寻找，距离的远近亦是参考的一个因素，尤其是早些时候，因为如果能够在就近的村庄找到合适的对象，在危急时刻或者农忙时便能得到及时的帮助。这就要求一个家族与其他家族之间保持联系，以确立通婚对象。也有可能在家族内部发生通婚，人们通过重新计算血缘关系来应对传统的压力，提出三代以内同一个家族不能结婚，三代以外则属于允许的范畴。20世纪五六十年代调查的数据可以支持这个推断。在龙元村17对江友氏族的婚姻关系中有6对属于家族内婚，冷木当"凯尔却"氏族（家族）10对婚姻关系中有4对是家族内婚。笔者的房东李付上一代的婚姻属于这种类型，他的叔伯母是他叔父六姨的女儿。不管怎样，一旦与某一个家族结成联姻关系，亲属网络势必会扩大，意味着婚姻双边通过劳力交换、彩礼流动等方面建立了互助互惠关系。这样一来，随着亲属网络的扩大，应对危机能力的增强，生存的几率就增大。

---

① 2012年6月17日孔当村田野调查笔记。

三、婚姻关系中的权利与义务

20 世纪 50 年代后，随着国家基层行政组织的建立和完善，传统社会组织的重要性逐渐下降，家族组织在社会生活中不再起主导性作用。与此同时，兴起的习俗文化改革运动，对婚姻的缔结方式和本身性质产生了巨大影响。尤其是 20 世纪 80 年代以来，婚姻关系的建立由个体主导，父母不再包办儿女的婚姻，两个人之间的结合可以是自由恋爱的结果，其重要性不必提升到有关家族命运存亡的高度。

通婚范围往往与人口流动和不同群体之间的互动有关，随着独龙江河谷交通条件的改善，各个村落之间的联系和互动更加频繁。乡政府成立后，教育、经济活动聚集在行政中心，为年轻男女提供了相互认识和了解的机会。很多村民告诉我们，他们在学校上学的时候认识了女朋友，但也有村民说学校里谈的朋友一般不会有结果。普遍认为，现在的年轻人是通过自由恋爱而结成夫妻关系的。上学、购买物品、上山挖药材、过年聚会等场合被看作结交异性朋友的最好时机。学校汇聚了各村的男孩女孩，由于年纪比较小，加之学校的管理和老师的教育，学生恋爱的现象不多，倒是为他们日后的恋爱和婚姻提供了条件。独龙江各村距离乡政府的路程远近不一，有的走一两个小时可以到，有的则要走一天的时间才到，在还没有普及交通工具的前提下，大多数人都是通过走路背运生活物品，很多人都谈到在这枯燥的行走途中，有机会结交到异性朋友。上山挖药材一般需要 10 多天或者更长时间，期间晚上休息的时候燃起篝火，大家聚到一块，一方面可以防止野兽袭击，另一方面大家聚在一起聊天度过寒冷而无聊的夜晚，这种场合亦可以是男女青年谈情说爱的地方。当然，年节是更加盛大的聚会，不论过去还是现在，各地的男女青年都在年节趁机认识和邀约异性朋友。

也就是说，在选择配偶方面，个人有自主权，父母鼓励儿女找经济条件比较好的对象，但不会干涉儿女的决定。与过去相比，独龙族人的生存环境有所改变。随着 20 世纪 80 年代以来禁止山林砍伐，刀耕火种的作业方式也消失了，人们不再依靠自己生产粮食来满足需要，在此前提下，劳动力需求也不会太多。与之相适应的"阿门"单向循环婚姻原则不再严格执行，但是家族的观念还有，严禁家族内部通婚仍然是古今不变的规定。

两个人恋爱一段时间后即向父母表明，然后男方父母找能说会道、有威望的族人向女方家提亲，过去家族长"卡夏"经常担当媒人的角色。到女方家提亲要带礼物，如当地人自己酿的水酒、粑粑、肉类等。若女方家同意这门亲事，则将礼物收下；若不同意，则把礼品全部退回，同时还附带送上一把刀或其他东西作回礼。提亲中女方家长同意后，当即商量彩礼的问题；媒人回去后，将详细情况告知男方家长和族人，然后再送礼到女方家。彩礼包括三脚架、锅碗、砍刀等生产生活工具，还有水酒、煮肉、粑粑等食物，富有的人家还送一头牛；女方家接受彩礼后，也返送独龙毯、酒等礼品，但送的礼不会比男方家多，这个过程即是订婚。通过这样3～4次的来往互赠礼物之后，两个年轻男女就可以生活在一起了，在此期间女方怀孕，社会上不会有非议。订婚后，结婚仪式在男方家举办，女方整个家族的人都会参加；而男方家族每一个人都把婚事当成自己的事，共同承担道义上和物质上的义务，热情接待女方家的亲戚。婚后女方跟着男方一起生活，两个家族即有了"阿恩"（亲家）关系，彼此来往更加密切。

巴坡木兰当小组的木里是本村小组副组长。1989年初中毕业后，他回到家乡邮局担任送信人。那时候贡山到独龙江只有人马驿道，通常要走3天，他有时为了赶时间，只用1天半时间就把信送到县里寄出去。他在邮局工作期间认识了来自马库的女孩。不久，木里在好友的陪伴下，带了白糖、酒和茶饼去马库女方家提亲。到了女方家里，他们受到了热情招待，大家一起喝酒唱歌跳舞，4天后木里带着心爱的女孩回到自己的村里。木里父母早亡，家里经济条件不是很好，幸好有族人帮助。木里回到家里后，稍微准备一下，邀请了族人和亲朋好友一起吃饭喝酒。女方家属也带着礼品来参加聚餐，他们在木兰当停留了一个星期才回去。婚后不久，木里带上礼物，陪着妻子回娘家。在岳父母家里，木里和他们一起干活，砍柴背柴，一个星期后才返回。这就是婚礼的过程，虽然简单，但他们两人从订婚到举办婚礼的整个过程符合社会习俗的要求，因而得到社会的承认。不过举办婚礼后，他们还需要去乡政府领取结婚证书，这样他们的婚姻才能得到国家法律的保护。

独龙族人结婚没有特别复杂的仪式，最重要的是设宴庆祝，邀请族人和同村的人参加，这是一种公开的聚会活动，目的是让新人的结合得到亲戚和村民的认同，成为一个家族、一个村落的成员。而在订婚后男女双方互赠礼品，是姻亲关系得以确认的基础。在赠送礼品中，更准确地说是在交换礼品中，男方送的礼品比女方的多，而且其送的物品和次数的最终决定权在于女方家属。提到这些彩礼，冷木当的李付深有体会，他觉得"非常折腾"。

李付和他的妻子张秀兰是在贡山读书时认识的，之后两人都考上了昆明的学校，李付就读于云南建筑学院，张秀兰在云南中药学院学习种养中药材。李付毕业那一年到广西北海实习，两人一直保持着恋人关系。2008年李付毕业回到独龙江，李付的学历在独龙族人中算是非常高的，但当年参加公务员考试没有考上。李付与兄弟一起上山挖药材挣到了近1万块钱，他拿这钱准备结婚礼品。他的彩礼包括两个猪头、麦粉做的粑粑、啤酒、自酿的水酒、茶壶、口缸、茶砖，还有按传统必须送的三脚架、砍刀、斧子等生产生活工具，其中酒的费用就花了3 000多元，还好有家族的人帮忙，备齐了礼品。他和兄弟及家族里的叔叔一起用3匹马驮上这些彩礼送到龙元村的白来小组。当天晚上，女方家人设宴招待他们，同时也邀请了同村的族人和村民来喝酒。李付记得，那天晚上当着女方家众多亲戚，他保证以后在生活中照顾好妻子，孝敬岳父岳母。令他特别有印象的是，岳母拿了很多土鸡蛋给他吃，他平时很不爱吃鸡蛋，但是当时情境下只得吃下去了。晚上宴席中少不了喝酒，其中在场的每人都要喝一碗"夏辣"，代表着圆满和喜庆。直到第二天，他们才带着新娘回到冷木当家里。离开时，女方家也送来酒和肉，让他们一起驮回来。回到家后，父母和族人帮忙准备了宴席。晚上更加热闹，参加的人包括女方父母和亲戚以及本村的客人。在吃饭的时候，男方要让女方家属先吃，其他客人稍后再吃。吃饭前还有一项仪式，那就是女方父母代表发言，祝福夫妻日后和睦相处，好好生产和生活。随后男方父母发言，讲了同样的祝福的话，并保证照顾好媳妇不受欺负，让女方家长放心。吃饭的时候，肉和饭都是平分着吃，由一个人来分食。客人分到的饭和肉吃不完可以带走。饭后，做一锅"夏辣"，每人喝一碗以示庆祝。婚礼结束后，本村的客人当晚回家，女方父母或路远的客人留宿继续喝酒、唱歌、跳舞、祝贺新郎新娘。第二天早饭后，先送女方客人，再送男方客人。一年后，新婚夫妇带些酒、肉、粮食等回女方家一次，这次主要是来看望女方父母，在女方娘家居住数日，帮助女方父母干活。这以后，夫妇常到女方娘家帮忙劳动。尤其是收获玉米和洋芋时，李付夫妇都要到女方娘家帮忙。2011年年末，李付家拆房搬家，他岳母家虽然没有人过来帮忙，但是提供了粉丝、牛肉干等食物，而后砍伐木料时张秀兰又从娘家背回来几只鸡。[①] 这些互惠互助行动体现了婚姻策略带来人群之间的联系，以及独龙族人"有来有往"的观念。

　　李付不止一次跟笔者提到，结婚时他的叔叔、哥哥等家族人对他帮助很大，他们送礼、帮忙备酒、做菜、招呼客人等。作为家族的一员，他也有义务帮助族里其他任何一个人。如果他叔叔的儿子结婚，他也会毫不犹豫地去帮忙和送礼。同样，当家族女子出嫁时，他也有权分享亲家送来的礼物。在他姐姐出嫁时，他的姐夫送来一份牛肉和酒等其他礼物，他们在母亲的主持下，分肉分酒送到全村每一家。当然，同属一个家族的人会分得多一些，然后，还要邀请他们到家里喝酒。也就是说，男方家送来的礼品，特别是酒和肉要与同一家族、同村人一起分享。正如李自才所言，"全村人一起大吃大喝，这样才算结婚"。

　　所以，婚姻是独龙族人群体之间结盟的主要形式，姻亲之间友善的关系对

---

① 2011年10月迪政当村观察和访谈资料。

生存至关重要。我们发现，在独龙族人结婚过程中彩礼具有重要的社会学意义，彩礼在独龙语里称为"阿恩达"，"阿恩"即姻亲关系的意思，"达"有送礼、还礼之意。在独龙族语境中，彩礼充当了不同人群之间的几种道德纽带。首先，它在不同家族之间创造了一种契约关系，它作为相互信任的符号暗示着姻亲关系的建立。如果订婚后，女方不同意和男方结婚，必须退回男方所有的彩礼。其次，彩礼习俗使给付彩礼的家族群体内部加强了团结。亲戚之间互相帮忙，产生债务和义务。最后，彩礼的分享和宴席的举办使年轻夫妇获得了社会认可的身份，嫁进来的女人也被接纳为家族和村落的成员。

四、家庭生活中的性别权利

独龙族人把结婚称为"阿宗瓦"，表示组成一个家庭，新婚的夫妇要独自承担起家庭的生活和生产，这在个人生命史上具有里程碑式的意义。按照独龙族的习俗，长子婚后必须分出去独立成家。这也是为什么结婚时男女双方把三脚架、锅碗、斧头、砍刀等当作彩礼来送，因为这些东西构成了一个家庭必备的生活用品，尤其是三脚架，它是烹饪食物的工具。三脚架亦象征着火塘，在过去，火塘数量是区分家庭大小的标志，一个火塘象征着一个小家庭的存在。然而，一对新婚夫妇毕竟在财力和生活经验方面难以承受独立成家的负担，通常情况下，父母和同家族的人会提供人力和物力帮他们盖房子，同时他们还会从男方父母那里得到一块土地用以耕种作物。这种土地是属于比较固定的耕地，不是火山地，包括村落周围的园地和旱田、水田。如果两家相隔比较近，或者同属一个村落，女方也有机会从父母和兄弟那里获得一块土地；如果女方是从远村嫁过来的，她就不会从父母那里分到土地。土地的分配权在于父母，父母疼哪个孩子或者哪个孩子对父母比较孝顺，分家的时候分到的土地就会多一些。如果一个儿子对父母不孝，在他结婚建立自己的新家时，父母未必分地给他。一个家庭有多少个儿子就存在着多少次分家的可能，最后一个儿子留在老家与父母一起生活。通常，留在老家的幼弟分到的土地和财物更多，因为他要在父母变老、失去劳动能力时承担养老责任；当然，如果他赡养父母实在困难，其他兄长则有义务回来帮助他。

通过全村人"一起吃喝"定下的婚姻，日后也会在全村人的"监督"下开始家庭生活。这种监督主要体现在舆论上，如果婚后夫妻不和睦，或者言行不当，都有可能受到舆论的谴责。一个村落常由一个家族或者互为联姻的几个家族组成，通过各种亲属称谓划分成不同类别的亲戚。独龙族人生长在这个以亲属为中心的社会里，过着严格区分责任与从属关系的生活，当已婚夫妇产生分歧甚至打算离婚并引起家庭分裂时，由于受到习惯法的约束，通常使破裂的婚姻复合，一般情况下很少出现离婚的现象。如果丈夫病故或由于其他原因而过世，妻子的留或走由男方家族决定。兄弟或者家族的未婚男子理所当然地有权优先选择和这个女子结婚，结婚时不必再备彩礼送给女方家；如果原来丈夫家族没有合适的男子与她再婚，经家族同意，她可以外嫁给其他家族的男子，同时要"补偿"一定彩礼给原来丈夫的家族。由于这种婚俗的存在，1949年以前独龙族社会一夫多妻的现象，往往是在这样的背景下产生的。独龙族人将聘礼称为"奶水礼"，既支付婚姻中妇女的劳力，也包括她随身带来的家户物品。也就是说，娶进来的女人属于男方家族的"劳力"和"财富"，丈夫亡故后作为家族的财产来处理，或嫁给原来丈夫的哥哥和弟弟，或成为家族长的另一个妻子，总之不会轻易再让她嫁出去。从生存秩序的角度来看，家庭不会因为丧夫或者丧妻而无法维系下去。

一个独龙族妇女在家庭经济生活中非常重要，丈夫与妻子之间高度合作和彼此依赖，妇女在家庭范围内有极大的权威。没有妇女的劳动，家庭秩序也就无法正常维系。妇女作为不可或缺的劳力，主要和独龙族社会人口稀少有关。在开垦火山地时，成年女性一起参加劳动，男的砍烧树木，女的点种谷子。房屋周围园地上的经营，归功于妇女擅长种植各种蔬菜的技能。在过去，生产的食物不能满足一家人的温饱，至少有一半食物须通过采集与狩猎来补充。其中妇女是主要的采集者，每天上山搜食，总能保证有收获；而狩猎则不同，它往往伴随着风险，有时出猎不一定有所收获。在家庭生活中，除了参加生产劳动外，妇女还要承担煮饭、分食、管理粮仓、饲养家畜等事务；同时，独龙族妇女还要抚养孩子，怀孕后还要继续参加劳动。很多女性报道人告诉笔者，她们当中有的孕妇在劳动过程中就分娩了，甚至流产。1949年以前，独龙族家庭成员所有衣裤都是靠妇女织出来的麻布做成的。巴坡的老约翰回忆起以前的生活，就说一家人中母亲是最辛苦的："白天要参加劳动，回来做饭给大家吃，晚上其他人睡了，她还在火塘边做衣服。"① 可以想象，妇女在家庭生活和农业生产中扮演着不可或缺的角色。在以核心家庭为主的当代家庭结构中，妇女的主导性没有改变。从笔者个人生活体验来看，妇女在家和不在家时的状况是不同的。

今天，房东李付上山砍木料，他的夫人回娘家，他们3岁的儿子留给我照顾一整天，我都不敢离开小孩半米，生怕他不小心摔倒，就像前几日一样。路上工程车很多，小孩淘气，经常会追着车子跑，这是很危险的。房屋周围有河沟和树丛，充满陷阱和危险。终于熬到傍晚了，以为房东回来可以放松了。没想到，李付一身疲惫地回来了，沟里的水轮机却坏了，

---

① 2012年6月22日巴坡访谈笔记。

家里没电，天一黑，暗得什么都看不见。李付出去修水电，我赶紧到厨房烧火。刚一打开门，"抗议"了很久的鸡、小猪，还有猫和狗一下子冲进房里，还不断地叫嚷着，赶也赶不走；小猫上蹿下跳，寻找食物。天黑了，小孩没看到父母也哭闹起来，这下子我感觉到自己淹没在黑暗、无序、失控了的吵闹之中……①

将家庭生活管理得有秩序、使全家都感到满意，被认为是女性获得威望的基本条件，其中饲养猪的能力更受到重视。因而，每次宰杀一头猪，女性就留下颌骨挂在火塘上方的横梁上，挂得越多，表明该家的妇女越勤劳，这样，猪的下颌骨代表着女性的荣耀。而象征男人勇敢和荣耀的东西在于猎物，他们把所猎动物的骨头也挂在火塘边，以挂得多者为荣。现在，生活环境和以前不同了，政府实行禁猎之后，很多男人不能再明目张胆地捕猎，就算偶尔捕到一头岩羊，也只能悄悄分配给家族成员。因为受到法律的制约，捕猎活动不再被视为获得荣耀和威望的源泉。正因为如此，很多男子在新的生活方式中找不到成就感；到了冬天，传统狩猎活动不能进行，只能像女人一样在火塘边烤火，越发感觉没有了尊严。大多数不信基督教的独龙族人是非常喜欢喝酒的，不论是自家酿的水酒，还是外来的白酒、啤酒，他们一样视如珍品。如果家里没有母亲或者妻子不断的劝告，嗜酒的男人常常会引发家庭纠纷；如果他的妻子也属于嗜酒者，那么这个家庭会经常酒后吵架，谁也没有心思管理家务。在笔者访谈中，很多妇女希望她们的男人少喝点酒，这样生活才会幸福。一般来说，持家、善良、勤劳的女性影响着家庭生活的稳定和兴旺。但是，这并不意味着可以忽略男性的作用，在生存压力面前，男女共同承担和协商解决各种问题。由于年龄和生理差异，男人通常参加的是繁重的生产项目，如砍树、背柴火、狩猎、捕鱼、到深山里挖药材等。相对家务事来说，男人更乐于关注村落的公共生活，擅长处理对外事务，"能说会道"。在对外事务中，男人是家户绝对的领导者，而女人则被认为不会说话，基于此，一般的家族长都由男人担任。

过去，独龙江孔目以上的村落由西藏察瓦龙领主统治，领主任命一些有威望的家族长担任"保董"、"普色"等村落官职，其中一项最重要的职责是收齐税物，交给察瓦龙藏族人。当他们所辖境内的家庭出现纠纷矛盾，"保董"和"普色"会过来调解；若出现偷奸，则要和家族长一起召集族人对其进行惩罚和教育。实际上，处理家庭的纠纷和偷奸等越轨行为，主要由家族内部来解决，察瓦龙的官员只是起到监督作用。在察瓦龙统治时期，家族是一个社会单位。尽管长子结婚后另建房屋，组成新的家庭，但是至少在1949年以前，

---

① 2012年11月5日迪政当田野调查日记。

独龙江社会主要依靠开垦火山地生产食物，这种轮歇式的农业系统通常是由整个家族人合作完成的。这种合作是全方位的，包括日常生活、纳税、生计经济、社会秩序的维持等诸多方面。因此，比核心家庭规模更大的亲属群体家族成为传统社会中经济、政治领域的基本单位。关于这方面，我们将在后面的章节中进一步展开讨论。

随着1949年新中国的成立，共产党的基层党组织和行政管理体系取代了过去松散的家族组织。婚姻法和户口制度代替家族机制发挥作用，整个独龙江社会迎来新的转型期，家庭成为新的社会生产单位。20世纪80年代以来，土地以家庭为单位进行分配和承包。20世纪末，刀耕火种在封山育林的政策实践中被取消，大量的山地不能耕种，有限的熟地（固定耕地）不足以生产维持生存的粮食，但是每个人可以从政府那里获得足够维持一年生活的大米175公斤，国家正是通过"以粮换林"的方式保证了独龙族的口粮。另外，根据近几年中国政府实施的惠农民生政策，家庭低收入者可获得最低生活保障补助，即"低保"制度。按照经济困难程度不同，独龙族每人每月可获得80元、70元、60元不等的低保补助。所有这些政府补助的钱粮都是以户为单位进行发放的，然后再由家长来支配这些钱粮，并且只有被登记在册的户口才能享受这些福利。这些政策对婚姻择偶是有影响的，一些男子不敢娶缅甸的独龙族人，因为办理户口非常棘手，一般的村民无法处理。与此同时，嫁到外地的女人也试图重新办理独龙江的户口，以便获得经济利益。对于这些人，当地人认为她们已经是嫁出去的人，不属于独龙江人，不应享有与独龙江独龙族人相同的待遇。所以，在内外互动频繁、国家政策变动的背景下，我们看到的亲属关系、分家等情形，不仅有传统婚姻制度的影响，还可能是政治的、经济的动力因素在发挥作用。

第二节　克恩：土地与血亲组合的村落

居住在一定区域内的人群，分属于不同家系和家户，通过联姻等方式使彼此发生经济、政治联系。新生儿通过古老的命名方式与土地产生联系，土地和人群构成了生活据点，这样的地理和互为联系的人群生活据点构成了村落。家族之间因为有了婚姻、狩猎、生产等各种有关生存的合作与互助活动，构成和维持着区域性的社会空间。社会空间范围的大小则取决于村落与外界之间的互动与联系，不同时代，村落内部的个体、家族对外交往和联系程度不同，因而独龙江两岸的各村落社会空间具有多重维度的差异性。

一、婴孩取名的政治学

　　作为外人，当我们身处独龙江村寨的时候，房东总会介绍他的亲戚朋友给我们认识，而到最后，我们会惊讶地发现整个村子的人都是沾亲带故的。正如前面叙述的，孩子一出生，他就和一些人产生了联系，通过父亲和母亲双方的亲属关系成为亲属群体中的一员。按照人类学亲属继嗣的分类方法，凡是只从父方或母方即从家庭的一方获得群体的成员资格、社会地位或财产，这种原则被称为单系制；凡是同时从父母双方获得的，这种原则被称为双系制。从已有的材料来看，1949年前夕的独龙族社会属于单系制的父系社会。由于整体独龙族人社会生活贫困，还没有出现明显的社会分层，我们很难从个人财富和权利地位的角度分析父系制的原则，只能从孩子出生后命名的习俗上观察这种原则的实际情况。

　　女人怀孕后，仍要进行日常工作，如从事一些给玉米地除草、找猪食和煮饭等比较轻的活，一直到临近分娩时为止。独龙江峡谷山高水长、人烟稀少，独龙族人对妇女生育比较慎重。他们认为，孕妇的饮食和生育有关联，因此要遵守一些简单的饮食规定。有经验的老者告诉我们，从地里挖出来的洋芋、鸟、飞鼠等都在被禁止的食品之列，池塘中接回来的水不能喝，因为潭里的水不流动，是静止的，这会使得孕妇不能顺利分娩。在妻子怀孕期间，丈夫亦不能上山打猎或修理捕猎工具。这和独龙族信仰的猎神有关，孕妇产出的经血被认为是污秽不净的东西；男人与孕妇生活在一起，也会沾上这些污秽的东西，如果他上山打猎，就会触怒猎神使得每次打猎都空手而归。孕妇临产前，家人要把挂在屋里的捕猎工具如弩弓、毒箭以及谷种、酿酒的药曲和正在酿制的酒罐抬出屋子，放到谷仓里面储藏，正是担心产妇身上的血会污染这些食物和与生产有关的器物。过去，有临产妇女的家庭恰逢酿酒，就让产妇到其他亲戚家分娩，或者直接在仓房里分娩，以免产妇身上不净的血冲散了家人的福气。综合不同性别的报道人的信息，产妇分娩的过程紧张而有序。屋子里的产妇通常在火塘边分娩，这主要考虑到取暖方便。头胎由家族中年长的有接生技术的妇女帮忙引产和接生，丈夫也要在场帮忙，如扶持妻子的腋下帮助她。往后临产时多系丈夫接生。婴儿降地时要用在火上烧炙过的剪刀剪断脐带。若婴儿不哭或没有声音，接生的妇女就双手握住婴儿的脐带一上一下向其肚"打气"，直到婴儿哭出声才剪掉脐带，然后用温水洗抹婴儿周身，再用麻布或棉布毯包裹好。人们对胎盘的处理非常谨慎，通常由产妇的母亲收拾好并埋在不受雨淋的房檐下或岩洞、乱石堆里。他们认为胎盘是婴儿生命的一部分，即使剪断了，若胎盘处理不好，受雨水淋湿或者被猪狗、野兽吃掉，会影响婴儿日后的健康成长。随着医疗技术和交通条件的改善，在政府干部的提倡和鼓励下，目前独龙族孕妇临产前都会到乡医院待产。与在家中分娩不同的是，医院可以保证产妇和婴儿的健康和卫生。但是，对于村民来说，他们愿意把孕妇送到医院最大的动力在于新生的婴儿能够获得出生证。有了出生证，新生儿才能被登记在户口册上，然后才有资格办理身份证件。如果没有这些，就不可能享受到国家提供的福利待遇。

按照习俗，产妇每生一个孩子，女婿都要向岳父送上礼物，一般送一把砍刀或者一口铁锅，较宽裕者送一头黄牛，因为牛和铁器一向被看作独龙江地区贵重的物品。倘若产妇回娘家分娩，这个行为会被认为是破坏了传统，影响子女的兴旺发达，女方家人需向男方送酒和半只猪，作为一种补偿。

婴儿出生后，必须取名字才有可能成为家族/家庭的成员，或者说国家的公民。一般情况下，男孩出生第六天、女孩出生第七天才能算满日。到这天，家族成员围坐在火塘边，一起祝福婴儿获得新的名字，通常由婴儿的父母或家族中威望较高的老者命名。严格来说，一个完整的独龙族名字包括以下几个要素：一是家族或者出生地的村落名，二是父亲或母亲的名字，三是本人出生的排行或爱称。分析这几项要素，名字中的家族名或者村落名明确了一个人的亲属群体和村落的成员资格，实际是与祖先名字关联，代表着某个祖先的后代。作为同一个祖先后代的男性和女性都有继承家族名称的平等权利。与父亲或者母亲的名字相连，则表明他们的亲属群体按父亲一方或者母亲一方来追溯共同的祖先，1949年前夕以按照父亲一方获得群体认同更为普遍。以出生排行和爱称取名能够区别其他兄弟姐妹的名字，避免出现重名。在独龙族创世神话中，人类第一对兄妹夫妻生了9对儿女，也就是说按照理想类型，有1～9的出生排行的称谓，即男孩从大到小的称谓依次是崩、都里（井）、昆、咕噜（曾）、丁、比亚、宗郎、亚、崩楠，相应的女孩也有从大到小的称谓，即娜、念、江、妮、青、都娜、乾奈、旦嘎奈、恩江。而实际生活中，常有超出这9个排行的称谓，这是否说明独龙族妇女的生育能力比较强呢？若男女的排行超出了以上几种，可选一种与生活生产密切相关的物件来称呼。例如，男孩以"本南"、"朵巴"、"投约"、"松汪"相称，其中"本南"指朋友、亲家，"朵巴"、"投约"均指背箭的竹筒和兽皮包，"松汪"则含有被保护的意思。女孩以"才马尔"、"夏平"来表示，这些用语与女性的织布工具名称有关，"才马尔"是织布时用的木梭，"夏平"是藤篾编织的箩。例如，贡山县第一任独龙族县长孔志清的全名是孔当木·顶·阿克洛·松汪，相应的称呼所指为家族名·父名·爱称·出生排序。在普尔村有一位100余岁的报道人，他的名字是普尔·咕噜，"普尔"既是村名也是家族名称，"咕噜"为排行名。

独龙江上游迪政当一带的独龙族以种子来命名第一个出生的男孩，如"崩久"，其中"崩"指大儿子、"久"是种子的意思。而下游马库村的独龙族还习惯以某种比较臭的事物来命名,如"马库·嘎尼",其中"马库"是村名,"嘎尼"指鸡粪。现实中,还有根据出生时的自然景观和发生的事情来取名的,也有通过占卜、梦境来取名的。笔者房东李付的儿子出生时脐带缠绕在头上,取名"阿柏圣",意思是脐带挂在身上的孩子。当孩子上学时或者参加工作后,多用本氏族的名作姓,另取汉语学名。这几年出生的孩子,父母给其取的名字既有爱称,也有汉名,而在户口本和身份证上通常只会写汉语名字。由此可见,独龙族传统取名方式蕴含着丰富的"地方性知识",包含着身份、世系继嗣、与居住地的联系和显示独特性的意义。户口册和身份证上的汉名则简单化了,无法体现出本身的复杂性和多样性。随着独龙江自20世纪50年代以来逐步纳入国家行政体系,新生儿取汉名的日趋增多,汉名在上学、工作、户口登记等场合作为正式名字使用。现在,我们在村委户口册上看到的是清一色的汉名,但1949年前出生、没有受过学校教育的老年人除外。这正如斯科特所言,"随着与非个人化管理结构的交往频率增加,除了在个人亲密的小圈子内,正式的名字越来越流行"①。

二、房屋与家户

在独龙族地区,房屋是父母及他们的儿女、儿媳、孙子等农闲与生活时共同居住的地方,是储藏粮食和珍贵物品的地方,亦是孕妇分娩的场所。在独龙族习俗中,人的名字和房屋联系不大,这不同于藏族聚居区的习俗,但由于独龙族人居住模式、建筑风格独特,很早就引起了其他民族的注意。地方史料上的记载,将独龙族人描述成"父辈尚为有巢氏之民"②,20世纪五六十年代的民族社会历史考察者也发现了独龙江下游一带尚有人居住在穴洞中③,并作为独龙族人社会发展初级阶段论的证据,这些记载很明显是作者把居住的物质形态当成了独龙族人的历史知识和族群标志。

关于独龙族居住形式的描述最早见于清代。乾隆时期《云南通志》(卷二十四)载:"俅人,丽江界内有之,披树叶为衣,茹毛饮血,无屋宇,居山岩中。"④(道光)《云南通志》(《清职贡图》卷一百八十五引)记载:"其居处结草为庐,或以树皮覆之。……更有居山岩中者,衣木叶,茹毛饮血,宛然太

---

① (美)詹姆斯·C. 斯科特著:《国家的视角》(修订版),王晓毅译,社会科学文献出版社2011年版,第83页。
② 严德一:《俅子——传说父辈尚为有巢氏之民》,见李绍明、程贤敏编《西南民族研究论文选》,四川大学出版社1991年版,第317~318页。
③ 1958年刘达成等人深入独龙江拍摄《独龙族》的纪录片时,在下江马库地方发现尚有一户人家居住在山洞中,遂做了实地拍摄。
④ (清)乾隆元年(1736年)刻本。

古之民。"① 这些文字叙述简短，所描写的对象惊世骇俗，可以认为是清代早期官方与独龙族人接触时的印象和作者的想象，那时还没有中央政府官员进入独龙江俅人之地考察过，只能通过地方头人和土司间接接触了解。光绪三十四年（1908年），滇西阿墩子弹压委员夏瑚以官员身份进入俅江之地巡察。他所见到的民居情况是：

> 房屋系随结竹木，盖以茅草，房中烧火一堂，家人父子围炉歇宿。人多户，有烧火二三堂者。家有粮食布饰等件，则于附近山林密处，另结茅屋数处，分别储存，日需若干，临时始往取用。②

这段文字表明，当时独龙族人所住的房屋是以竹木和茅草为原料建成的，火塘在一个房屋居于重要位置，吃饭睡觉都围着火塘进行，所以说人多的家户需要另增设新的火塘来满足需要。同时，独龙族人常常遭受外族的侵扰和掠夺，才令他们把粮食和布饰分别储藏在深山之中，方便取用和防止外人偷抢。结合当时的社会生产环境，这种居住模式与刀耕火种的农业方式有关联，因具有流动性，临时居住的茅屋便有多处。夏瑚和随从官兵巡视至独龙江以西今缅甸克钦邦境内的狄子江时，发现此地的人群讲着和俅人相似的语言，他们的居住方式也有自己的特点：

> 两岸地势多平，旱谷及一切杂粮，无不出产，惟较曲江（独龙江）尤为地广人稀。该处山多蕉竹、董棕、藤竹之类，房屋概以竹构成，楼离地三五尺不等，上覆茅草，聚族而居，中隔多间，每间即属一家，每房屋有多至十余间、二十余间者。且多结房于树以居，如有巢氏之民者。考其巢居之由，在昔野兽较多，白昼且将啮人而食，逮晓则成群入室，抵御无方，故其先人创此巢居，以避虎患，近则杀人、拉人，所在恒有，亦仍以巢居避患为乐。有就地以居者，必其族大丁繁也。③

与独龙江相似的地方在于都是就地取材建筑，茅草和竹子是主要的材料，容易拆迁和搬离。从夏瑚的字里行间不难解读出当地人的生存环境是多么的恶劣，不仅要防范野兽的袭击，还要提防土匪的抢掳，选择聚族而居或者树居是应对环境而采取的一种生存策略。

从夏瑚的记载中，也可以看出独龙族民居清代中后期的情形，一座房屋下

---

① （清）道光十五年（1835年）刻本。
② （清）夏瑚：《怒俅边隘详情》，见方国瑜主编《云南史料丛刊》（第十二卷），徐文德、木芹、郑志惠纂录校订，云南大学出版社1999年版，第149页。
③ 同上书，第151页。

营居的规模大小，一房一家或者一房几家，以火塘的数量来计算。一个家族往往居住在一个大房子中，又在不同地方修建几处茅草房，以备不时之需。除了生产、安全方面的考虑，建造房屋的过程还受生态环境、族群政治关系的影响。在 20 世纪 60 年代的调查资料中提到了独龙族居住的两种独特的房屋建筑形式——木楞房和竹篾房，但是当时用传播论的观点来解释这两种建筑样式的起源。① 他们把建筑取材上的差别看成受北部藏族和南部傈僳族的影响而导致的，却忽略了独龙族人居住区的地理和气候的限制以及独龙族人的适应智慧。

  在对独龙江的民屋建造结构特点做深入了解之前，必须清楚独龙江流域的生态因素。前面多次介绍过，独龙江两岸重峦叠嶂、山地陡峭，属于降雨量最多的区域之一，多云雾、山泉和深涧，因而草木深旺，地面潮湿，只在少数的山腰地段有一些小型的台地和少量的朝江面倾斜的小块平坝。独龙江建造的房屋，首先适应上述山地环境与气候，属于竹木结构的"干栏式"建筑，防雨水、通风和布局紧凑是其主要特点。绝大多数房屋建在陡坡上，一面搭接山地，一面临空架设，其全部基架柱脚（包括火塘基座）都埋插在地下，同上面的房屋组成了一个框架结构的整体，故能较为稳固地竖立在山坡上，保持房舍的水平方向。孔当以北的中上游地区，北接伯舒拉岭，地势渐高，气温稍寒，小块平地稍多一些，多松林，其房屋多呈正方形的木楞房，比较结实；孔当以南的下游地区，江水向西，地势渐低，气温稍热，多竹林，然两岸山地陡峻不平，其房舍多呈长方形的竹篾房，形态轻巧，却不及木楞房结实，但易于搬迁。巧合的是这两种不同房屋建筑的分化与政治、地理空间相一致。1949 年以前，孔当以上的中上游地区归西藏察瓦龙喇嘛寺统治，以下部分早期由维西的叶枝土司家族管理和收税，常遭受傈僳族蓄奴主的掳掠和土匪的侵扰，因此有的学者认为独龙族人的房屋建造风格受了邻族统治者的影响。实际上，在察瓦龙地区大部分房舍属于土石和木料为建材的两层以上的楼房，只是在南部接壤云南地界的松塔和龙普村，由于海拔较低、松林多，有部分房屋属于干栏式的木楞房（见图 2-4）。如果从族源上考察，独龙江北部一些氏族却是迁徙自上述的松塔、龙普两村。独龙江上游地区的房屋或许与它们有一些内在的关联，但目前还没有学者就这方面做过深入的研究和探讨。

---

  ① 参见云南省编辑组《独龙族社会历史调查》（二），云南民族出版社 1985 年版，第 32 页。当时的调查者虽然没有深入研究独龙江上下游在建筑材料上的区别，但是他们用非常模糊的方式解释了这种差异。后面的学者不加研究便引用，形成了"木楞房自藏族地区传入"和"竹篾房受傈僳族影响"的观点。

图 2-4 干栏式的木楞房

木楞房即房子的四壁用圆木镶嵌而围成，房顶盖以茅草或者松木板，地板用直而粗壮的木头劈成的木板铺成，柱脚用石头或者木头支起，因地形不同，每座房子地板离地面的高度在几十厘米到两米之间。屋底下空着让"山雨"流淌下去，畜圈不建在屋下，而另筑于屋舍近旁，这就增加了屋下的通风作用。屋内按照需要设火塘，需要控制好火源以免烧坏木板或者篾笆。铺地板时，各火塘处留下约有 1 米见方的方穴，方穴四周依次竖插木板于地中，其上部与地板齐，呈一竖井状；木板四周上下用藤篾索箍紧，或用有栓的横杆固定，内中装满泥土，夯实，其上部就是火塘；火塘上方有烤棚，用于烤湿柴、肉、玉米等。朝向大路的墙面，凿开一个孔，用于采光、排火烟，同时便于瞭望来人；屋顶的茅草和入土的柱脚均潮湿易腐烂，一般隔三四年更换一次；屋顶两侧人字形屋梁也空着不加遮蔽，主要用于通风、排烟和屋内采光；房屋临空的一面，常架设狭长之回廊，农闲时可供妇女在其中织布，其两端接凉台，用来晾晒衣物；房门均较矮小，出入须弯腰，窗户既少又狭小，这都是为了防雨御寒。舂粮的木臼，都是架立在屋侧近门、光线明亮的凉台边缘上，上有屋檐遮挡，下有埋插于地的三四根木柱绑撑，舂粮时房屋不会因此而受到震动。竹篾房的建筑特点与木楞房相同，具有通风、防潮湿的功能，区别在于它的四壁用藤竹编成的篾笆围起来，地板也用篾笆来铺垫。

传统的房舍以茅草和木板片为屋顶。在准备材料的时候，独龙族人自然形成了性别分工。2002 年政府没有实施退耕还林政策之前，火山地砍烧后第二年会长出大量的茅草。由于雨水多，到 10 月山上茅草长到 1 米多长时，妇女们便背着竹篓、拿着铁镰去割草，背回大量的茅草晾晒在房前；然后用从山上砍来的竹子将茅草夹住,做成长约 1 米的茅草批。在盖房时,男人爬上房梁,把茅草批互相叠压,上面再用长木条压住,防止被风刮走。木板屋顶通常在半山腰以上的村寨才有,不过随着独龙江交通的改善,经济条件比较宽裕的家庭有能力雇人从有林木的地方砍伐,加工成各种木料运送回来。这种比较贵的木板多采用松木,砍削成薄木板后,需要用石块压住将它身上的汁水榨干,这样不容易变形,也比较耐用,可以使用 10 年之久。相对于松木板,水冬瓜树木板就比较实惠和易于准备。每家附近的火山地都种有这种树木,盖房子时砍倒树木,劈成木板片。每片木板长度为 1.5～2 米,宽度 15 厘米左右,厚度不到 2 厘米。盖屋顶时,木板互相叠压铺在房顶上,用钉子固定,相邻的两块木板之间往往有缝隙,还要再压上一块木板才能保证不会漏水。

图 2-5 为独龙江南部拉王夺村的竹篾房。

图 2-5 独龙江南部拉王夺村的竹篾房

任何一家房屋的建造都能表达亲属关系的意义。一旦家族中有成员建房子,就像娶妻结婚时一样,其他家族成员都有义务来帮忙,靠集体的力量将房屋盖起来。不论是竹篾房还是木楞房,在选址、建造的过程中都伴随着宗教观念和巫术行为。在建新房前,通常在火塘上拿几粒谷种来卜选地基,通过谷粒爆炸的全面程度和口中念的咒语是否一致来定夺。有的人干脆找祭师"南木萨"划定一个圈为营造的地址,关键是确定好火塘的位置,确定好位置后,祭师念祝语祈祷盖房子的人家人畜平安,然后大家才开始动手建造。在村中建房,既要占卜也要出于实际考虑。柴薪、水源、地势、安全以及其他家庭成员的屋子位置是选屋址时考虑的因素,最终的选定通常是综合各种因素的结果。房子建成后,老人首先点燃火塘的火,主妇在架煮饮食的铁三脚架或者石三脚架的每个脚上，洒些酒或放点饭和肉。他们认为火塘是一家之中最大的主人，要向它献祭。在独龙族人的宇宙观里，火塘还是天地连接处，神圣不可侵犯。在建造过程中，人们特别注意的是房门的设置必须朝向东方或者南方，而忌讳朝向北方和西方；同样，屋脊的横梁两端延伸方向不能和独龙江交叉，也就是说房屋的整体要与独龙江成平行之式。若不遵循这样的传统，房屋的主人就会短命或者没有财运，或者家庭成员可能遭遇灾难等不幸的事。抛开宗教层面不说，以独龙江两岸的地形和气候特点来说，所建造的房屋大多数只会和独龙江平行。这正如马库村民唐华所说："这样才能避免洪水冲击、减轻暴风雨带来的损害，安全是建房的第一原则。"① 谈到安全意识，早期的独龙族人总喜欢选择在高山深林中建造房舍，而不愿住在交通方便的河谷地。因为河谷地气候湿热，是各种疾病滋生之地，河谷山脚亦是山泉、洪水、山石和倒木纷纷聚落而下的危险区。此外，居住在河谷交通来往便利之地，容易受到外族的侵扰和掳掠。因此，早期的人多选择在高山深林中居住，一是考虑生存安全与健康，二是便于农业生产和食物的采集与捕猎。根据上述事实，尽管最北部藏族群体的木石建筑比较舒适和耐用，也没有给独龙族人带来影响。虽然高黎贡山东部的怒族、傈僳族村落也因地制宜地建造木楞房或者竹篾房模型，但在门口朝向的习俗上没有独龙族人的"东方"观念，这是因为独龙族人把"东方"视为权力中心，认为能为独龙族人带来财富和权利。关于这方面的内容笔者将在后续的章节中进一步阐释。

　　一个家庭所有成员居住和日常生活的房子，独龙语称之为"库姆"，类似于家屋的概念，不同于在火山地旁边建盖的临时性住所。这种在烧垦、播种和守护玉米时的临时棚屋称为"本冉"，一年中一些家庭成员大部分时间都在这里吃住。收获玉米时，"本冉"既可以作为人住的地方，也可以存放粮食。随着家庭人口的增加，原先的房屋不能容纳时，村落附近的"本冉"有可能加工修建成"库姆"。过去，由于人口少，所有家族成员共同生活在一个屋檐下，当家族成员结婚迎来新的成员时，原先的房子容纳不了这么多人，新人夫妻就在原有住房两侧逐间加盖，父母居中，儿子儿媳居两侧。每间房设有火塘，为一对夫妻的象征，遂成长方形的草房，内中少则2间、多则5间左右。蔡家麒对这种长屋的营居特点有过详细的描述：

> 彼此并列的各个隔间的高度，保持在一个水平面上，相互衔接，共一个大屋顶；各隔间靠山之一侧，有通体相连的室内通道，通达共同进出户内外的门两个，设在长屋的两端，并接有凉台，各隔间不再设门；每一个

---

① 2012年6月25日马库村访谈资料。

隔间中皆有火塘一个，住有一对小夫妻同他们的孩子；老人同未婚的幼子共一个火塘起居。居住在这种房子里的人，多是直系亲属及其后代，平时共同生产，一起消费，由各个火塘的主妇分别保管粮食，轮流做饭。①

每一个家庭在房屋附近建有一个粮仓，独龙语称为"巴门"（见图2-6）。它的四壁由木板紧紧咬合在一起，不留空隙，屋顶盖茅草或者木板，有门锁，里面存放谷物，如小麦、荞子、小米和脱粒好的苞谷。过去的大家庭中，主妇负责管理钥匙。还有一种叫"斯巴"的储物房（见图2-6），其底板由木板铺垫，墙壁用竹板或者竹篾笆围成，顶屋盖茅草，底板离地有1～2米，结构为干栏式，主要用于存放刚从地里收获的苞谷、南瓜，有的用于存放柴火等易发霉的物品。由于这种储物房通风、干燥，在多雨水的地区，存放的粮食不易发霉。有些火山地离家比较远，收获玉米等作物时，由于路远不便运送，于是在火山地旁盖一个存储房，称为"拉任"。其功能是存放粮食，屋内设有火塘，在生产、捕猎和采集时，常作为歇宿之地。

图2-6 用于储存粮物的"巴门"（左）和"斯巴"

目前，独龙族人的居住形式以一个家庭住一间或两间房子为主。两间房子紧挨着，其中一间房为"伙房"，是日常煮食、就餐、接待来访者的地方；另一间为卧室，为夜晚休息、看电视的场所。两间房子相连，中间有一个共用的过道把它们隔开，过道一端接地、两边相对各开一门入室，过道之上有屋顶覆盖相连。这种两间房通常也是一间做伙房、一间做卧室，卧室里不再设火塘，因为现在不需要依靠火来取暖睡觉。老人喜欢住在伙房，他们已婚的幼子或入

---

① 蔡家麒著：《藏彝走廊中的独龙族社会历史考察》，民族出版社2008年版，第61～62页。

赘的女婿住另一间，已婚的长子则在老屋的周围择地建屋居住，得以彼此照应。另外，除了厨房和卧室，在它们附近还建有粮仓房、猪圈和种有瓜菜的园地，基本构成了独龙族人家庭生活的空间。这样，家与户的联系比以往更加紧密和清晰，户即是家庭的计算单位，因而是农业生产、划分土地、分配各种福利的基本单位。

随着交通条件的改善和国家政策的影响，房屋建造材料的使用变得丰富起来。首先是 1949 年以来整个独龙江的房屋趋于木板房的样式，但是这种改变是缓慢的，更恰当的说法应该是多种材料建造的房子并存。北部迪政当一带是以木板房和木楞房为主，屋顶用铁皮或者松木板钉盖；在南部传统竹篾房地区，也多用木板来围墙和铺垫，屋顶则是茅草、铁皮和木板盖并存。自实行封山育林政策禁止烧山开垦火山地以来，曾经的火山地种上了水冬瓜树或者其他树种，盖房子用的茅草难以生长，村民不得已转而使用松木板来代替茅草。即国家的林业政策影响了当地的生态环境，也间接地改变了当地房屋的建造。2011 年 10 月，当笔者第一次进入独龙江考察时，部分村庄已经完成了新的民居改造，水泥、砖墙、木板和彩瓦成为新的建造材料，而离乡政府更远的北部和南部民居还没来得及拆掉或者正处于拆迁之中，笔者有幸目睹了传统的房屋模样。按照政府的规划，2013 年整个独龙江的村民都住上统一的"标准房"。

综合前面所言，一个家族这样的亲属群体共居在一长屋里，成为一个共享的经济生产单位，它和自身所处的历史地理环境相适应，也符合粗耕农业生产的要求。家户是统治者和国家征税的基本单位。1960 年的调查资料表明，1932 年贡山设治局在独龙江设立公安局，他们统计的独龙江中国属区的人口数量为 240 户共计 2 500 人，平均每户 14 人；1955 年贡山县第四区即独龙江乡人口统计，独龙族有 273 户，人口只有 2 324 人，平均每户 8.4 人。如果再往后推算，户数和人口比例差距更大。其主要原因是，为了多收税，土司令独龙族人分居，各立小家庭；夏瑚巡视俅江，设置俅管，独龙族逐渐实行分居，每户人口相对下降。另外，贡山设治局派来的公安局局长杨绍宗在 1932 年明令将大家庭分裂为小家庭。① 换言之，独龙族人传统的大家庭居住形式，与家庭的概念、户的单位计算并不清晰，这种模糊性对于当地人来说是应对统治者征税的一种策略。在他们内部则是以火塘为单位，清晰界定长屋下住着几个小家庭。一旦生产条件和政治环境改变，长屋中的小家庭有可能分离出来，另筑一房屋单独居住。这种情况与长子成婚后分家另择地居住的情形是一致的。

---

① 参见云南省编辑组编《独龙族社会历史调查》（二），云南民族出版社 1985 年版，第 6 页；《民族问题五种丛书》云南省编辑委员会、《中国少数民族社会历史调查资料丛刊》修订编辑委员会编《独龙族社会历史调查》（一），民族出版社 2009 年版，第 13 页。

三、游与居：村落生活空间的生成

前面已提过，独龙族人家族的名字与所在的自然地理特征联系在一起。比如"冷木当"家族名字中，"冷木"一词有"跳舞"或"日晒"等含义，"当"是坝子的意思。这和笔者今天在冷木当寨子考察时看到的情形相符合。冷木当位于独龙江上游北部，与迪政当相邻，同属于独龙江西岸小块坝子，两地合起来的平地面积在整个独龙江流域来说都是数一数二的（见图2-7）。其他家族名称如"龙棍"意指石头多的地方，"孔当"是指一块宽大的坝子，"学哇当"是指追马鹿的地方，等等。地方、家族名称出现重叠现象，这不难想象。早期，一个家族生活在一个地方，当家族群体共同生产、生活固定在一个区域，随着人口增加，有了固定的通婚集团，便逐渐成为一个自然村落。这种在血缘关系基础上形成的村落，独龙语称之为"克恩"，它是家族血亲和地域空间的统合物。由于独龙族实行家族外婚制，一个规模初具的村落不止一个家族，至少有两个家族共同体居住于同一区域以满足通婚要求；或者家族分裂成几个小家族，实行家族内婚制，这样家族占有的土地就不会被分割给其他家族使用。通常，村落名称来自最早居住此地的家族长名字，这样来自不同地方的人相遇时，首先互报村落名，便可知对方属于哪个家族的人。这种习惯一直维持到现在。

自然村落聚居地的形成与出猎和生产有关，一些地方的传说很好地印证了这一点。独龙江木当村民流传着这样的故事：原来居住在上游麻必洛和克劳洛地方的孟氏族，他们的先祖来自现在西藏察瓦龙乡南部松塔和龙普两村间的日木当地方。有一天，孟氏族人为了追赶马鹿，沿江而下到了孔当的"贝尔当王"，马鹿的足印不见了，猎人们见到这里坡地上长满了野蒿，土地肥沃，就取了些土装在各自的箭包里，返回麻必洛。他们将土撒在地上种了庄稼，发现庄稼都长得很好，于是孟氏族就决定搬到孔当。因追撵马鹿（肖旺）而发现了这块地方，故取名称为"肖旺当"。孟氏族中的一支人在这里住下后，煮了四大罐酒，作为礼物送给了原居于此地的廷山氏族人，廷山氏族把自己的姑娘嫁给了孟氏族的人，双方遂成为亲戚。[①] 在冷木当，传说最初是一片长满森林的地方，后来冷木当家族人来到这里开荒种地，原来居住在东根地方的迪政当家族通过送礼物给冷木当人，得到允许住下来开垦另一块坝子。今天的冷木当

---

① 肖旺当为独龙江中部的一个自然村，笔者在第一次田野调查中从麻必洛河东岸的木当村听到了关于肖旺当的传说，而在孔当也流传着这个故事。以前的调查者也搜集到相关的传说，其中蔡家麒整理得比较完善，可参考蔡家麒著《藏彝走廊中的独龙族社会历史考察》（民族出版社2008年版，第19～20页）。

和迪政当两个自然村紧紧相邻，同在独龙江岸边的一个宽坝子上。

图 2-7　迪政当坝子：河谷与村落（2012 年摄）

以刀耕火种为主的粗耕农业体系是 1949 年前独龙江生产食物的主要方式，它的主要特征在于土地使用的流动性。为了便于生产和管理，独龙族人通常选择就地居住，造成居住地不固定，并随着生产的季节性变化而实行流动性迁居。由于地形条件的差异，独龙江以孔当为界的南北段所在的独龙族人流动居住的情形也不同。正如 20 世纪 60 年代的调查显示的：

> 1949 年以前，（独龙族人）生产季节居山腰或火山地，每到秋冬又返回河边过冬。因此一家大多有两处或三处居住之地。北部由于台地较大，固定居住渐多，有的已经形成三五户甚至十多户的小村落，而南部多数尚未定居，仅有茂当初具村落规模。①

在更早时期，清末夏瑚观察到的情形是：

> 惟上下江均系地广人稀，恒三五十里始得一村，每村居民多至七八户，少或二三户不等，每户相距，又或七八里十余里不等。②

---

① 云南省编辑组编：《独龙族社会历史调查》（二），云南民族出版社 1985 年版，第 24 页。
② （清）夏瑚：《怒俅边隘详情》，见方国瑜主编《云南史料丛刊》（第十二卷），徐文德、木芹、郑志惠纂录校订，云南大学出版社 1999 年版，第 148 页。

从两个不同时期的居民户数上看，虽然经历了 50 年左右的时间，但村落人口的规模变化不大，也就是说村落的发展极其缓慢。又如，民国时期的调查员杨斌铨和王继先（1930 年）曾说："俅江人口稀少，该地所产粮食不敷一年食用，俅民每至夏秋，大半以竹笋野菜花充食。"① 食物匮缺的情况在本书第一章已描述过，土地贫瘠、峡谷地貌等生态因素的影响制约了大规模的开垦耕种，食物生产能力有限，不足以维持全部人口的生存需求，只能通过狩猎、捕捞、采集弥补食物生产的不足，而这些因素都有可能造成分散、流动的居住模式，同时也限制了人口的发展。另外，匪患、统治者争夺带来的不确定性等因素导致人们更愿意居住在山腰上，这种现象在南部更为突出。相较于山腰上的火山地，"当"这种开阔平坦的江边土地都是用作种植的"熟地"，即土地较肥沃、轮歇周期短的固定耕地，随地而建的房屋逐渐固定下来了。"当"成为居住时间长、人口比较集中的聚居点，即一个"克恩"。

有固定的居住区域是形成聚落"克恩"的基本条件。如上所述，1949 年以前，独龙江中游地区定居者比下游的多，自然形成的村落亦是中上游地区居多。根据笔者在迪政当的报道人描述②，独龙江的人群聚居点划分为三个小区域：喇卡达、金都邦和日梅邦（见图 2-8）。这些术语来自独龙语方言。"喇卡达"意为山的背后，在今天迪政当和龙元两个行政村之间有一座叫"金都"的山岭，形成了一个天然屏障，过去居住在两地的人群以此为界线，迪政当地区的人被称为"住在山背后的人"；而从金都山以南一直到中游有个叫"斯拉洛"的地方，这地区包括了今天龙元、献久当、孔当三个行政村的地理区域，生活在这一区域的人群被称为"金都邦"，"邦"是山脚之意，即指称住在金都山脚下的人；"斯拉洛"以下的人群包括今天的巴坡、马库两村的人，被称为"住在江尾的人"或者"住在河谷底部的人"。从这里不难发现中上游地区的行政村名称多以"当"字结尾，表明这些村落所处地形特征多是台地和河谷边的坝子。换言之，地形越平坦，定居的村落越多；反之，越处于陡峭之地，人群居住越分散。

---

① 转引自尹明德编《云南北界勘查记》，成文出版社有限公司 1974 年版，第 142 页。
② 2012 年 7 月 6 日访谈资料。感谢迪政村曾国良老人提供的信息，村委书记的儿子陈记协助翻译，时任迪政当村指导新农村建设的乡党委副书记吴国庆补充信息，在此一并感谢他们的帮助。

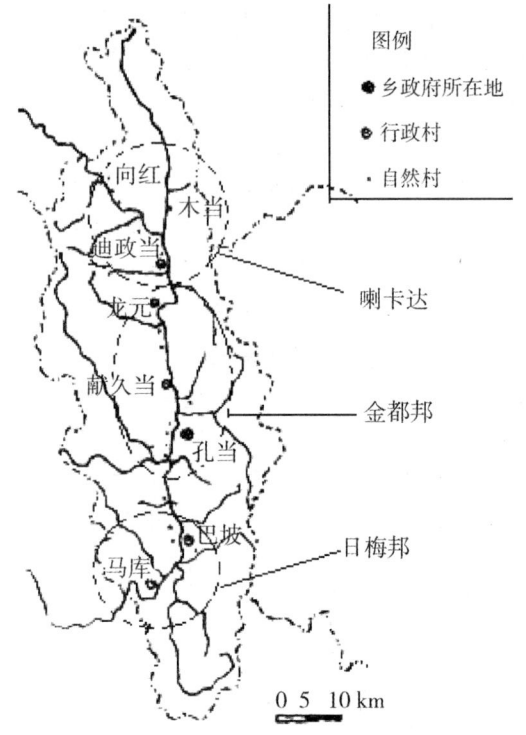

图 2-8 独龙江人群聚居区域划分

  总体而言，20 世纪初，独龙族社会以父系继嗣群体家族为生产、消费的基本单位。当人口增多、粮食不够吃，一些家族支系不得不迁出原居地，前往他处开垦新地。依照当时的情形，土地谁先开垦，谁就掌握所有权。为了增强抵御风险的能力和相互扶持协作，因继嗣而形成的父系世系群往往聚族而居，发展出新的村落"克恩"。换言之，家族这样的父系世系群具有开辟土地、扩展领域、争取较多生存资源的功能。中上游地区的父系家族群体能够更早地定居下来，笔者认为主要有以下几个方面的原因：第一，生态和地形因素。河谷平地和台地比南部多，由于这些地方的土壤比较肥沃，所以成为人们首选的生产要地；随农地而居，生产的食物丰富，可以养活更多的人。第二，居住条件。南北最主要的区别在于建造材料。一个是用竹板和篾笆，容易拆迁，不稳固，使用寿命短；另一个是圆木和木板，相对于前者更加结实、稳固，不易拆迁和搬离。第三，疾病与自然灾难的原因。南部比北部海拔低，气候更暖和，但容易滋生传染性疾病；同时，山地陡峭，雨水多，容易发生滑坡、泥石流等地质灾害。所以，南部人群分散在山腰上随火山地而流动居住，符合当时的生存环境。第四，与周边族群的接触与互动有关。定居化程度较高的中上游地区，刚好位于西藏察瓦龙藏族领主的统治区，藏族人和独龙族人在税收、贸易等方面来往比较多，从藏地传入砍刀和斧头等铁器工具，推动了砍伐、生产效益方面的提升；用斧头劈开圆木，加工成木板、木料，有助于建造美观结实的房舍，这样生活会更稳定一些。南部则相反，他们为了躲避傈僳族人、藏族人、汉族人的侵扰，生活极为不稳定，不同季节生活在不同地方：夏秋在山上开垦火山地，家族住的房屋建在独龙江西岸外人不易到达的地方；冬春高黎贡山大雪封山，外人进不了，他们又将房屋搬回到东岸来住，过着以流动、分散的家族为主导的生活。这就是说，由于存在着生态、生产、政治和与独龙江外面的互动等方面的差异，各地的独龙族人居住形式出现了多样性、复杂性的特点。

第三节　领土权与村落边界的流变

对于独龙族人而言，土地是非常珍贵的资源。家族的名称和地名的关联以及新生儿的取名与家族的联系，都揭示了这样的事实：家族的生存和发展，都需要一定范围的土地用于耕作、采集和狩猎以及居住和繁衍人口。人们通过划定不同的地域空间来区分不同的人群，地理边界的出现实际上也明确了不同人群占有资源的权利。

一、对不同土地类型的占有形式

土地类型的划分，正如本书第一章所述，依据植被和耕种方式可以划分为火山地、水冬瓜树地、熟地和园地四种类型。火山地即用斧头或砍刀砍伐树木焚烧成灰烬做肥料，以木棒插点或撒播种子，播种一年而丢荒数年的耕地。在这种土地上农作的方法属于粗耕，也叫刀耕火种。在1949年以前，火山地是独龙江流域用于栽种作物的最大宗的耕地。独龙江地广人稀，当地报道人一致强调，早期开垦火山地不受限制，谁先在大山里开辟一片土地，谁就成为该地的主人；他们的后世继续在其地上耕种，其他人群若想来占用，要得到先来者的许可。在开辟新的火山地之前，首先选好一块林地，并做标记，以防止其他人先行砍伐。标记作为权属的符号，通常用以下方法确定：其一，在森林边缘砍倒树木或草木；其二，在林地边缘竖一根木柱，或者在村上留"V"形木钩，或者将劈开的竹子交叉插在边缘地。别人见到这些标记，立即明白此林地已被人占有或使用。这里需要注意的是火山地权属与定居者的内在联系，火山地的耕种是轮歇式的，这就要求耕种者必须要有多个火山地可供轮歇之用；另外，这种生产模式和随地而居的策略又难以确定权属，几年过后，森林恢复生长，又变成了一块谁都可以来开辟的林地。因此，火山地不是固定的耕地，它的权属也具有流动性。但是，当一个亲属共同体开辟一块新地后定居下来，周围开垦的火山地也成为他们轮歇的耕地，并逐渐演变为一个有界线的属于某个群体生产生活的地域，通常以山脉、河流为天然的界线。例如，上文所提到的独龙江被划分成"喇卡达"、"金都邦"、"日梅邦"三个地域，也是不同人群的生产活动范围。地域内的山地、河段和猎场为该亲属群体共同占有。这类亲属群体一般是由同一个祖先之后、具有血缘关系的兄弟和他们的妻子及未婚的姐妹构成的共同体，通常称之为"尼柔"，前面已经介绍过，它更多的是表达一个家族之类的世系群。他们中能说会道、擅长处理共同体内外事务的长者，自然成为这一群体的头人，独龙语称为"卡夏"。当旱季到来之际，"卡夏"带领族人去山林中砍伐树林、晒干、焚烧，然后播种来年的谷物；收获的谷物按户或者参加者的人数平分。当然，在选择哪一块为火山地之前，总要做一些占卜仪式；他们相信每一片山林都有精灵主宰，在砍烧之前，须征得它们同意，来年的作物才有希望获得丰收。这类血缘集团共同占有、集体垦种的土地，独龙语称之为"奇木枯"。这种类型的土地在1949年后还存在，但为数不多，如第三行政村孔当家族还保留着这种公共占有土地、集体耕种的生产方式。

  水冬瓜树，即桤木，生长快，枝叶茂盛，一般7～10年可成材，砍烧后，灰肥力大。独龙族人将水冬瓜树种在火山地上进行轮歇管理，这样的地砍烧后可以连续种3年，这在独龙族的农业耕作史上属于一大创举。由于水冬瓜树比一般树木有更多肥力，收获后的火山地上要种水冬瓜树。种植水冬瓜树的意义不仅在于增加土壤的肥力、延长耕作时间，还有明确土地归属的作用。凡种上水冬瓜树者，其地属于种树者所有，其他人不能侵犯。如果想在水冬瓜树地耕种，必须征得种树者同意，并送上酒、砍刀等礼物。村落附近的水冬瓜树地，由于轮歇期比较短，成为较固定的耕地，耕种几年后遂成为固定耕种的熟地。1949年以前，孔当以上的各个村落都开辟了熟地，尤其是迪政当和龙元两个地方比较多，而孔当以下的村落则没有开辟。家族分裂为几个家庭后，熟地由几户合伙耕种或者个体家庭耕种。不同家庭占有的熟地之间并没有明显的界线标志，或者仅以几块石桩为界。住在同一个村落的人，都明确知道江边熟地是谁家的，每一地块四周的边界在哪；按照习惯互相尊重，互不侵犯，如有侵犯，就会引起纠纷。房屋周围开垦的土地，即园地，主要用来种蔬菜和瓜果，完全由个体家庭占有，属于固定耕地。居住地流动性大的地方，很难开垦熟地和园地。生活在固定村落的独龙族人，长子结婚后分家，土地多的人家还要分出其中一块熟地和园地给他耕种，位于山上的火山地不在分配的范畴。不管是同居一长屋，还是后来分裂成几户家庭，同家族成员都可以任意耕种火山地，而不承担任何义务。也就是说，对于整个家族来说则山上的火山地属于公共的土地，家庭所有权属比较模糊，谁都可以去烧垦和狩猎；但是，对于外族来说则存在一道明确的、固定的界线，外人不得跨越界线去捕猎和开垦。这是独龙江内部习惯通行的土地制度。

二、血缘家族向地域社会的转化

一个家族共同开辟一片火山地后就地居住，逐渐形成有地理边界的自然村落，即血缘与土地构成的比家族更大的社会组织"克恩"。克恩内部成员之间的亲密关系建立在血缘、姻亲基础上，他们生活上相互关照、共同生产、共享食物，即类似于"公社生产方式"——生存所需要的财产为群体所掌管，而对其使用却是以性别、年龄、地位以及亲属联系为基础的，每个人都可以获得。但是，这样的亲属共同体不可能生活在自我封闭的环境中，他们要在经济、婚姻生活中与其他群体互动，并交换物品和女人，以保证群体的继续生存和发展。例如，在冷木当家族的传说中，他们原属于"凯而巧"氏族的一支，从察瓦龙和贡山交界怒族聚居地迁出来，然后找到了"宽而长的坝子"，住下来开垦新地繁衍后代，即今天的冷木当和迪政当两个寨子所在地。后来下游东根村的人看到这里土地肥沃，地方宽阔，于是向冷木当家族送了酒和砍刀作为礼物，来到冷木当家族所在邻地开荒种地，即现在的迪政当寨子的前身。另外，李自才告诉笔者至今还流传着这样的故事：

> 我属于科全族人，但是我们的家族一半来自江友氏族，一半来自凯而巧氏族。我的祖辈原来住在熊当村，后来发生传染病，死了很多人，他们决定迁出来。在往下游走时，看到冷木当地势比较宽阔，就和冷木当人商量。最后，我们家族送个女孩给冷木当的纳瓦才家族抚养，长大了帮他们干活，又嫁给他们家族的男人。这样才允许我们在这里住下来。①

从 20 世纪 60 年代的调查资料来看，科全家族是从冷木当大家族中分裂出来的，冷木当家族属于凯而巧氏族。② 同一个村的斯尤家族和曾义普西家族原居于外地，20 世纪 50 年代后娶了科全家族的女子，因此才迁到冷木当村。

资料显示，在今天孔当行政村丙当小组有一个头人叫丙当·图里恰。他原先属于肖旺当家族成员，在五六十年前，迁到当时由木切图家族占有的丙当居

---

① 2012 年 7 月 8 日田野调查资料（报道人李自才，由村委副主任帮忙翻译）。
② 参见云南省编辑组编《独龙族社会历史调查》（二），云南民族出版社 1985 年版，第 47 页。

住,并立即埋石为界,进行开荒和耕种。他把原来的家族名字改成了丙当,表明与此地方的土地有了血肉联系,所以叫丙当·图里恰。本来肖旺当与木切图既不是亲戚,也不是同一"尼柔"的人,按当时先居者权大的原则,后来者入住前须给前者送上一些礼物以获得居住权。但是,图里恰没有送东西给木切图就开垦荒地居住了下来。这有点强占木切图家族公地的意思,但两个家族并没有交恶,而且后来他们还结成了"阿恩"姻亲关系。① 当时的学者将这个例子当成"家庭土地私有制出现"的明证。而我们认为,这个例子体现的是如何获得合法居住权的手段——家族的名字或者个人名字与土地的内在象征联系。结合前面的论述,家族名字代表对这块土地的合法使用权,而其他外来的人可以通过操作家族名字来取得合法居住权和开荒权。另外,新迁入者和原居住者结成姻亲关系,可以满足后者女子外嫁"阿门"婚制度的需要。

笔者的报道人唐华提到关于他们家族与独都家族的关系,实际上反映了人群与土地边界联系的能动性。现在马库村姓迪的人,他们的祖先独都原来居住在"龙东藤南"(地名,位于现在孟定与马库两村中间)。后来整个家族患上了一种疾病,很多人死亡,只剩下一个孤儿。白天,他到处找食物吃,到了晚上他就找岩洞睡觉。有一次,唐姓家族"当舍"从上游村子走访亲友回来,路过"龙东藤南"时,见此孤儿可怜,就带了回来。通过一个"苏瓦艾"的仪式,当舍正式收此孤儿为养子。孤儿长大后,当舍又出彩礼帮他娶了妻子,并划出一块叫独都的土地让他们两人居住、开荒生产,成为独都家族的先祖。为了表示对当舍家族的养育之恩,独都人发下誓言,大概意思是如果日后他们背叛了当舍家族,就被赶出独都这个地方而无处可住。②

18世纪以来,察瓦龙藏族领主从维西纳西族土司手中取得独龙江中上游的统治权,藏族人向独龙族人宣布所辖境内的土地归领主所有,耕地者必须向领主纳税。在这种背景下,每块土地的耕种与家户的联系是非常紧密的,有些生活较困难者遇上灾害、粮食歉收等情况而无法缴纳土司的税赋,只能将家庭占有的土地转让给其他家庭来耕种,让后者代缴税。这种土地政策的实施,有利于收税者增加收入。我们在迪政当调查时就碰到了这样的例子。据报道人曾国良透露,他们是"姜木雷"氏族的后代,属于"热迪结亚"家族。后来马勒家族的3个兄弟没有娶妻生子,没有后代,曾国良的父辈耕种马勒家族的土地,为其上缴土地税,也把原来的家族名称改为马勒。③ 90多岁的文面老人"乾奈"(排行六)回忆起了以前的事:

---

① 参见云南省编辑组编《独龙族社会历史调查》(二),云南民族出版社1985年版,第8~9页。
② 2012年6月25日访谈资料。
③ 2012年7月6日访谈资料。

我的祖先原来住在龙元的东根地方，后来迁到迪政当，祖父娶了熊当的江友氏族女人，即我的奶奶。这个氏族最先在熊当，后分散到各地去了。察瓦龙连布统治独龙江时，每年两次派人来这里收税。有一家人太穷了缴不起税，于是把土地转让给同村较富有的人家，而他们自己则到熊当帮别人种地来过日子。由于生活困难，他们的孩子只好寄养在帮他们缴税的那家人里。他们的女儿不久前才去世，孙子现在县公安局工作。①

同一时期，当地还出现了其他类型的土地交换。比如，一些生活较贫困的家庭因为生病、婚丧、粮食缺乏等原因，无力承担所需的财物，将自己占有的一块土地与其他人交换粮食、生活日用品、祭祀用的家畜、生产工具等。参与交换的土地包括火山地、水冬瓜树地、熟地，甚至是园地，即那些搬离该地的人家则会把园地也拿来与人交换。随着一些个体家庭财富的增加，虽然整体的独龙江社会还没有出现明显的社会分层，但是个体家庭开始取代家族成为社会经济的基本单位，家庭已是生产、纳贡的基本单位。家庭转让和交换土地的现象即是这种走向个体家庭社会的趋势的表达之一。20世纪60年代的调查资料表明，至1950年前夕，独龙族社会出现的土地交换不仅在家族内部发生，有的还突破了家族的界线，在不同家族之间进行交换。土地是一个家族赖以生存和发展的珍贵的自然资源。与家族外的人群进行土地交换，其意义在于：一是打破了土地作为家族财富不能外流的传统原则；二是促进了与外族的交往和联系，有利于改变单一血缘的聚居模式。这样可能导致的结果是，原有的血缘纽带松弛了，人们逐步走向以地缘为纽带的社会生活。

早期社会的采集狩猎生活，刀耕火种农业或者轮耕的耕作方式，形成了以家族血缘关系为单位的分散居住模式，土地、猎场的范围广阔而不固定，具有高度的流动性。由于其他官员难以进入，人口、户数难以统计和边界模糊，独龙族很难作为王朝的赋税来源之地，因而被朝廷当作化外之地和"传说父辈尚为有巢氏之民"。家族作为一种与独龙江生态、生产技术相适应的社会组织，其内部成员之间具有互助协作的亲密关系，在扩展地盘和获取生产资源方面发挥着主要的功能。当他们寻找到比较肥沃而开阔的台地时，聚族而居，发展成被称为"克恩"的单一血缘关系为主的自然村落。这样的自然村落，一方面将血统与土地联系起来，每个"克恩"有着自己的领袖和祖先迁徙传说，有着清晰的空间地理分界概念，以显示在地域内资源、居住等方面享有的权利。另一方面，生态和地形的多样性产生流动的耕作方式和搜食活动，不同家族亲属共同体和地理空间难以避免地发生交集和连接；与此同时，遵循单向循

---

① 2011年10月22日访谈资料（感谢独龙族朋友李林高的翻译）。

环的外婚制，至少要与三个家族发生联姻关系。可见，地理生态因素的存在和婚姻文化原则，为独龙江流域不同亲属群体之间的联系和互动提供了契机。

综合已有的材料，从血缘纽带为主的自然村落过渡到多家族共居的聚落，主要有以下几方面的原因：第一，家族定居的台地或河谷土壤较肥沃，粮食产量高，适合一定规模的人群居住。以前独龙族人口稀少，一个家族人口数在20～100人之间①，有约万亩的森林和坡地，人地关系不是主要的矛盾。第二，通过赠送食物和生产工具等物品，获得进入别的家族领土内居住和开荒耕种权。居住在同一个小区域的不同家族，为了更好地生存，彼此都是对方潜在的通婚联姻对象；或者在生产生活中结成互助互惠的关系网络，将家庭和个人的关系网络扩展到家族外，有利于形成地缘关系为纽带的村落共同体。第三，维西建厅府以来，独龙江与外界联系比以前增多了，在输出货皮、药材时，盐、铁制工具进入了独龙江，这对提高独龙族人生活质量和生产食物的能力有很大的帮助。铁斧、砍刀的传入，对于以刀耕火种为主的生产方式有着重大意义，铁器工具比一般的竹木工具生产效率高。随着生产力的提高，以家族作为生产、消费单位的社会过渡到以家庭为基本单位的社会。另外，来自高黎贡山外的土司统治者强制征税，加快了大家庭公社的解体。第四，大家庭解体之后，共耕不再是唯一的生产合作方式，个体家庭占有私人的土地，如水冬瓜树地、熟地和园地首先成为个体家庭占有的土地类型。土地作为重要的生存资源而被个体家庭占有，这是土地能够用来交换、抵债、转让的基本条件。独龙江的例子表明，1949年前夕，已经有家族内部和外部不同群体范畴之间的土地交换，这同样有助于打破以血缘纽带为主的单一家族构成一个村落的局面。第五，独龙族人有收养孤儿的习俗，这具有复杂的社会学意义。本家族内部成员，如果年幼的孩子父母双亡，家族中其他成员有义务收养他们，一般是家族长收养居多。此外，这些孤儿曾经作为一个重要的劳动力资源，有时被带到察瓦龙与庄园主交换牛、粮食等食物，这种孤儿被称为"束德波"，意为娃子、奴隶。笔者在马库发现独都为当舍养子的个案说明，养子长大成家后也不一定成为收养家族的成员，但一定是其宗族坚定的盟友和支持者；冷木当的例子，则说明土地、入居成为一种债务，通常以婴孩作为原居者的养子来抵债。这种土地形成的债务关系，更多的是建立在不同家族之间，从而成为地缘关系的一种表达。总而言之，由于独龙江内部和外部在婚姻、经济生活中存在不同层次的互动联系，推动了克恩血缘村落内部社会结构的变迁，以血缘纽带为主的亲属关系不再是唯一的社会关系，土地与血统的联系将成为社会关系中新的身份

---

① 数据来自1960年在北部家族的调查（见云南省编辑组编《独龙族社会历史调查》（二），云南民族出版社1985年版，第45～48页）。

象征。

三、国家政策的影响

食物生产的方式和居住模式有一定的联系，同时两者又比较容易受到外界的影响；尤其是当国家权力下移时，乡一级的基层行政机构行使国家权力，清查户数和人口，丈量土地，规划村寨的地域范围，调整原来分散、流动的居住模式，便于管理和控制人口资源。这些来自官方的行政措施，不同程度地影响了原有的以家族亲属关系为主的社会组织及其运作。

18世纪中叶察瓦龙藏族领主统治以来，独龙江上游地段被"划分为九个村和二十六个寨子"①，各村设两个伙头，为其征税和管理村民。虽然现在还没有材料说明每个村的户数和人口有多少，但比独龙族人内部的关于"喇卡达、金都邦和日梅邦"的地理人群分类更加清晰和明确。按照斯科特的提法，清晰、简单化的分类有利于统治者征收赋税。独龙江上游的人每年要承担两次纳税，还要被强征上山挖黄连、贝母等药材，背运收缴的贡物、药材到察瓦龙。完成税收的前提是辖境内的人口定居下来，然而这种单一的居住模式在独龙江很难实现，因为在独龙江可耕种的土地有限，与当地环境相适应的刀耕火种农业产量难以维持定居人口的生存需求。因此，虽然上游地段居住条件比南部下游地区好，且有了定规模的人群聚居点，但是仍然有一部分流动人群在寻找更好的耕地和居住地。察瓦龙藏族领主划界而治，通过血缘关系为纽带的家族组织明确土地权属和承担的贡赋，将一定的人群与一定的地域绑捆在一起。按照领主的规定，凡在辖境内从事耕种、捕猎等经济活动都要承担赋税，除非他们迁移到远离察瓦龙领主势力触及的地方生活。这样有可能在一个聚居点上最终形成几个家族共居的聚落形态，在土地的使用上，各个聚落区域之间有明确的界线，内部各个家族之间延续着传统的分割。

20世纪30年代，随着贡山设治局的成立，国民政府权力在独龙江流域的影响越来越大。1939年在独龙江下游茂顶（今巴坡孟定村）设立公安局，将独龙江包括察瓦龙领主统治的上游划分成4个村来管治，推行保甲制度，建立统一的行政组织；当局也曾要求独龙族人大家庭分解成小家庭来居住，但是原来以家族为基础的村社头人制度仍然存在。公安局的设置，其一可以在南部巩固边防，阻止英国人进一步入侵；其二可以和上游的察瓦龙藏族领主争夺实际统治权。可惜由于经费的问题，一年后撤掉了公安局的设置。1949年新中国成立后，国家政权下达到独龙江，新政权沿袭国民政府划分4个村的行政区

---

① 孔志清、伊里亚口述：《独龙族三次起义概述》，李道生整理，见《怒江文史资料选辑》（第3辑），德宏民族出版社1994年版，第10页。

划,后经历了多次行政区划格局的演变。当地人民公社化运动时期,各生产队境内的耕地、自然资源归国家所有,但使用权归各个公社和生产队。在生产生活中,公社成员共同劳动、平均分配劳动产品,犹如过去的家族生活方式。1984年改为独龙江区,下设4个乡(村级行政单位),迪政当和龙元划归为一乡,献久当为二乡,孔当为三乡,巴坡以下划归为四乡。根据这种行政划分的人群地理空间,各地独龙族人相见以"哪个乡"代替家族名来称呼彼此。自1988年独龙江区改乡至今,人们还保留着用"乡"来称呼不同村落地域和人的习惯。同时,独龙江纳入国家建设范畴。20世纪五六十年代,政府组织一批技术人才,提供耕牛以及犁、锄头等生产工具,动员独龙江两岸的独龙族人开挖水田,种植水稻;另一方面,居住在山腰上的家户搬移到交通更便利的江边居住,形成新的村落。这种以政府为主导,依靠新开辟的耕地形成的村落,以家庭为居住单位,将原本不同氏族、家族的人群重新划分为一个单位,因而淡化了家族的观念和联系。这在中下游地区的村落比较明显。

20世纪末,中国政府出台了退耕还林(草)的政策。2000年12月,国家林业局宣布正式实施天然林保护工程,独龙江地区由于其特殊的区位特点,1997.2平方公里的流域面积全部纳入保护范围。2003年贡山全县启动退耕还林(草)工程,独龙江乡是实施该项目的重点地区。退耕即把过去的火山地全部转为种树,以林换粮,国家给独龙族人每人每年发放185公斤大米,但是2003年以后出生的婴儿不能享受这个待遇。政策在执行期是固定的,而家庭人口的变化是动态的,婴儿出生、女儿出嫁、儿子娶媳妇,都可能使家庭中的人口出现或增或减的情况。在国家提供的大米数量没有改变的前提下,人口的变动给一家人的食物供给带来新的问题,从而影响家庭关系的走向。比如,一个家庭女儿嫁出去了,她所得的那份粮食由她的父母来分配。如果嫁到外地,这份粮食归她父母;如果嫁在本乡内如马库村,会分给她三四袋大米(相当于一半)。有的女儿可能不满意这样的分配,从而导致女儿与娘家关系紧张。有女儿嫁出去的家庭一般有余粮,可以酿酒或喂牲口,或者借给别人。大米来自滇西产粮区保山、德宏地区,但是质量难以保证,分到的大米要一年内吃完,过期了会变质。如果一个家庭的儿子娶妻子又生了孩子,家庭增加了两口人,粮食马上会变得紧张,于是只靠政府发放的大米是不够吃的,解决的办法是要么用现金去商店买,要么跟邻居、亲戚家或人少吃不完的家户去借,第二年发到新大米时再补还。按照退耕还林的规划,独龙江乡包括轮歇地和部分旱地共1.4万亩转为林地,人均退耕面积达3.7亩。① 这种生态保护政策的实施

---

① 参见李金明《生态保护、民族生计可持续发展问题研究》,载《云南社会科学》2008年第3期,第81~85页。

对于生活在雨林地区的独龙族人来说影响是巨大的,他们不能再继续耕种火山地,山地生存经济面临着转变的趋势,更重要的是彻底改变了以轮歇地而居的流动生活方式。与此同时,国家和政府通过扶贫的方式,在海拔低的江边缓坡上建造安居房,使一些生活在交通不便的深山中的居民搬迁下来。马国良告诉笔者,以前他和其他村民分散居住在江西部岸边的坡地上,他们的耕地就在房子周围,生产生活很方便。2005年县民委扶贫项目办选在江东部位于公路边叫马扒兰的地方,建了几排整齐划一的安居房,让他们17户搬过去居住。报道人称,平时村民都在位于江西边的自家地里干活,晚上回到家里吃饭喂猪,早上又过江到地里,比起以前的住房,现在的住所功能弱化了,离庄稼地更远了。①

对于一些不是行政村的自然村寨来说,居住地一直处于变动之中。2000年以后,搬迁的动力来自国家的行政力量,总的趋势是分散于各地的小聚居地越来越靠近行政村。行政村设立在村子规模比较大、交通便利的台地和缓坡地,同时行政村往往也是形成年代比较长久的村落,因而还能观察到按家族为单位居住的痕迹。据报道人李自才回忆,迪政当行政村所在地冷木当1949年前住着7户人家,分别是"科全"、"纳瓦才"、"斯日佐"、"邦尼诺"、"当布儒才"、"恰凯尔"、"工美",这7户人家实际上就是从冷木当大家族中裂变出来的7个家族。其中"邦尼诺"家族现在无后代,"工美"家族已经迁到现在的龙元村白来小组。② 根据云南大学郭建斌在2008年的调查,"斯日佐"家族目前只剩下女性。③ 按照李自才的说法,家族以父系世系来排列,嫁出去的女人的后代不再计算为同一家族的人。换言之,"斯日佐"家族的称号理论上不会再出现了。整体村落按照聚族而居的格局,家族之间相邻的房屋并不紧密,通常有园地或者苞谷地相间隔。笔者的房东李付属于斯尤家族,他家的房前屋后全是同一家族人的房舍,即他两个哥哥、叔叔的房屋;与他们家族邻近的房屋属于科全家族的人,两个家族是姻亲,日常生活中来往密切。

2009年国家专门针对独龙族地区的社会经济发展出台了一项政策,中共云南省委制定了3～4年内实现"整乡推进"、"整族帮扶"的扶贫发展规划,规划中选取全乡5个有特色的村为试点,以发展旅游业为主,带动其他产业的发展,最终实现独龙江乡独龙族跨越式的社会发展。在这样的背景下,最北端

---

① 2012年6月29日访谈资料。
② 2012年7月8日迪政当访谈资料。
③ 参见郭建斌著《边缘的游弋——一个边疆少数民族村庄近60年变迁》,云南人民出版社2010年版,第64页。

的迪政当被选定为生态农业试验基地与旅游区北部集散地。① 2011年笔者进入迪政当进行田野调查时,刚好赶上规划实施的一期工程。按照规划设计,新的迪政当村分为两个大的聚居点。一个点在原冷木当小组聚居地,安排80户家庭居住,村委行政办公楼亦建在此地;另一个点建在距离冷木当30分钟脚程的熊当村,将安排60户家庭入住。规划中的户型分为两种:一种是80平方米的旅游户型,专门接待高端旅游探险者,也就是在一个村子里单独规划设计两三家旅游接待户,村民可以先自己报名再进行培训;另一种是60平方米的安居普通户型,供村民自己居住。房屋的设计考虑了独龙族传统民居的特色而保留了部分木楞房的结构。由于迪政当村属于重点建设的民族特色村,主要以80平方米的户型为主,在冷木当80户的计划中,只有11户属于60平方米户型的。当房子修到一半时,由乡政府领导、驻村工作队、村委会领导、各组组长和副组长共同协商决定的新房分配方案很快出台,然后与各个小组成员签名的协议书一并贴在信息公开墙上。新房具体分配方案如下:

关于迪政当民族文化特色村安居分配方案的通知

村委会、各村民小组:

为了切实落实公开、公正、公平享受迪政当民族文化特色村安居房建设成果,经2012年2月5日乡政府领导、工作队、村委会领导、各个小组组长和副组长研究决定,迪政当安居房分配方案如下:

1. 在规划区内,原先因为建设需要征用房子地基而搬迁出去或因为建设需要占着农地,经核实,如农户要原房子地基或农地里面所建的安居房,给予优先考虑。

2. 分配原则。以各小组集中而不杂乱为原则,将迪政当安居房规划区分为三个片区,即以马迪公路延长线停车场(公厕)为界,分为公路南面片区(村委会范围)、公路北面片区和公路东面片区(电话塔至学校东面范围)三个片区,按顺序称为一、二、三片区。第一片区集中安排冷木当小组,第二片区集中安排异地搬迁农户,第三片区集中安排迪政当小组。

3. 片区内的安居房,按60平方米的为一组、80平方米的为一组,公平、公开、公正抽号决定。

4. 分配后的安居房,在双方平等自愿的前提下要求更换的,应及时

---

① 参见昆明艺嘉旅游规划设计有限公司、云南省旅游规划研究院、云南智鼎旅游规划设计有限公司编《贡山县独龙江乡五个旅游特色村修建详细规划》,2009年(感谢迪政当驻村工作队提供参考资料)。

告知工作组。

　　特此通知！

迪政当村委会
迪政当村帮扶工作小组
二〇一二年二月五日

　　上面的分配方案至少考虑到了大多数人的利益，保持原来的村落格局，尤其是本地村民因占地、坟墓、原地基等因素在分房中获得了优先考虑，同时村民内部还可以自己协商调换。像笔者的房东李付可以选在原来老房子的位置上，他的几个亲戚亦是如此，他们家族的新房屋位置基本没有变化。虽然在决定分配的时候，没有凸显家族的力量，但是通过协商、争取、调换等方式得以延续传统的居住格局。从新村的整体布局上看，"组"相当于过去的一个自然村，方案中强调以"组"为单位聚居，考虑到了原有的地缘关系和亲属关系，从而最大化地保持了原有的秩序。变动的因素在于迁自远地的小组，由于来源地不同，重新组建一个社区，比如原居住在独龙江两条源流克劳洛和麻必洛沿岸的向红、木当、普尔共64户243人自愿抽签到国家计划的冷木当和熊当新村居住。从安居房开始动工起，村委领导和工作队下到深山里进行思想动员工作，笔者有幸跟着村支书一起到最远的村子向红和木当走访家户。远村的人关心的是搬迁后耕地的问题，关于这一点村委向他们保证将会重新分配耕地和柴薪地，并且在新的定居点附近开挖了几十亩梯田，解决远地居民的后顾之忧。

　　当时由于雨水的原因，安居工程进展缓慢，深山里的居民还没有开始搬迁，但可以从新房的设计、布局等方面了解将来的居住模式。政府规划中的村落布局，一改传统按照巫术来定屋址造成的杂乱，形成整洁、统一、美观而又适当保留传统的风格（见图2-9）。综观整个独龙江流域，随着建设民族文化特色村工程的展开，新一轮针对独龙族村民定居化的社会动员又开始了。由于要修建大规模的旅游基础设施和居民的安居房，大型的聚居点都安排在沿江两岸公路直达的地方。原来在半山坡上的马库行政村，居民全部搬迁到海拔较低的有两块台地的钦兰当。当时村委已经搬到钦兰当，部分村民也抢先在钦兰当修建简易房、设立小卖部，与邻近的缅甸村民进行交易。只是独龙江雨水多，刚修通的公路不断塌方，泥石流阻缓了工程进度。我们无法预料在这次大定居运动之后，新村落布局、设计与新生活方式对独龙族的人群组合、身份象征、人群与土地的联系将产生什么样的影响，因为这是一个动态发展的过程，需要继续关注他们的生活和文化信息。

图 2-9　建设中的迪政当新村（2011 年 11 月拍摄）

　　早期基于血缘关系形成的家族组织是灵活和松散的，家庭成员占有土地并没有强烈地排挤外来的新居者。一个自然形成的村落，通常建立在自然环境和族群组合的基础上，随着族群和土地、国家力量的渗透，以及族群之间互动的影响而不断改变。在土地可承载的范围内，通过婚姻、游耕、收养其他氏族的孤儿等社会关系的重组方式，亦可以从血缘集团转化为混合家族共居的村落。但是，非常明显的是外来统治势力的渗透。为了增加税收而采取的瓦解家族公社制度、增加个体家庭的数目，同时允许土地租借和转换的政策，比起前面所提到的因素，更能瓦解以血缘为纽带的"克恩"集团，从而使独龙族社会快速转向以地缘关系为主的村落社会。问题在于这种逻辑忽略了独龙江交通和人口的情况，由于路途艰险、交通不便，无论是维西土司还是察瓦龙领主，都没有在当地设立权力机构，而是通过扶持和任命地方家族长为他们的代理人，维持基本的社会秩序和协助税收。后来的贡山设治局本想在独龙江设公安局，可惜只维持了一年。也就是说，在 1949 年以前，虽然统治者一方面希望打破以血缘为纽带的家族公社制度，另一方面又不得不依赖父系家族组织维持独龙江的秩序与统治。在各种政治力量的夹缝中，传统的习俗和制度一时得以保留，这是独龙族社会秩序维持的基础，以往遇到困难互相帮助和互相支援的原则依然有效。在这种情境下，定居的村落生活是由血缘和邻里关系构成的，并且通过多种内外因素综合推动产生。20 世纪 50 年代后，随着新中国基层权力机构的设立，传统的社会组织力量被吸纳和重组，从而失去了传统的权威作用。国家的定居化政策、户籍管理、扶贫救济以及各种名目的发展项目的实施，相比其他力量更能影响和左右传统村落的生活格局，一些村寨的亲属关系和邻里关系也由此被重新建构。在急剧变迁的社会中，独龙族越来越依赖国家的力量获得生存的新动力。

第三章　交换与分享：获取资源的途径

（礼物）有来有往，我们是兄弟和朋友。

——独龙族谚语

各类生活物资的交换与分享表达了人与自然、人与人之间的生存伦理和信念，尤其是独龙族这样边缘、贫困的生存群体。独龙江东西两岸是绵延千里的高黎贡山和担当力卡山，生活在峡谷中的独龙族人只有翻越了海拔4 000多米的高黎贡山，才能与内地相联系。每年12月至第二年5月雪山封道，独龙江遂成为与世隔绝的封闭区。区域内的生存群体，一方面通过劳动向自然直接获取食物和生产食物，另一方面通过不同群体之间的交换或者掠夺来满足生存必需的资源。本章强调后一种方式中的通过社会交换的形式来满足生存的需求。人类学常常把食物交换看作一种行为规范，反映"不同等级制度、容纳与排斥、界限及跨界限的交流"①。以各种方式结成的群体，内部成员之间负有合作、互助、共享的权利和义务。以往的调查资料显示，作为独龙江人生活生产中不可缺少的砍刀和铁斧，是从独龙江源头西藏察瓦龙和江尾缅甸北部传入的。由于具有天然的交通优势，沿江水南北流动的不仅是铁制工具等稀缺物资，历史上还有人、皮货、药材、宗教思想等从物品到观念的流通，独龙江俨然是一条掩藏在滇藏中缅边界未被人熟知的交换通道。

第一节　交换的类型和特点

因为生存的需要，交换发生于群体内外。独龙江内部范围的交换，主要是

---

① Douglas Mary. "Deciphering a Meal". In Clifford Geertz. *Myth*, *Symbol and Culture*. W. W. Norton, 1971.

指氏族、家族之间的交换活动，以及作为一个独立的民族内部个体之间的各种交易行为。由于南北气候的差异，导致南部湿热地带产竹多，北部海拔高、气候较冷麻草易生长，最初的交换就是在自然环境的基础上形成的，即产麻多的部落和产竹多的部落之间的物物交换。1949年前夕，独龙江内部人群虽然还能追记15个父系氏族名称，但是由于与游耕农业相适应的流动居住方式，社会的基本单元通常是家族而不是氏族。到了近代晚期，在不同形式的定居化过程中，个体家户逐渐从大家庭中分离出来。这样一来，模糊的人群组合的演进模式，为交换提供了多重维度的观察视角。

一、分享的观念

在分析交换行为之前，我们先来了解独龙族人神话中的食物分享观念。大多数独龙族人相信周围的山林、河沟、悬崖寄居着各种精灵，它们是这个世界所有事物的主人，因而在开垦火山地、捕猎活动之前必须举行仪式，以祭祀主管土地和猎物的神灵，确保生产和捕猎行动获得理想的结果。在独龙江流域流传着一则祭祀"几卜郎"的传说。"几卜郎"即是依附在悬崖上的一种邪恶精灵，它喜欢作祟于人，使人生病和遭遇不幸。具体如下：

从前，有个叫"朋格印"的人，他把地上所有的人和动物都集中到一起，搞了九天九夜的盛大节日活动。当时缺水，朋格印用九根竹竿接满了露水，用这些露水煮饭、煮酒和煮肉，供节日活动使用。

到了节日盛会结束那天，酒肉都快吃完了，还剩下一点点，按照老习惯，大家平分，最后有五个人没有分到肉，心中不痛快，彼此商议好进山去打猎。他们带着弩弓、毒箭、砍刀，领着狗，背着口粮上山了。到了一座崖子里面，五个人分了工，四个人在崖子四周堵截，一个人领着狗沿山崖去撵。过了不久，听见崖顶上狗叫了，像是撵着了一头山驴，但是半天不见山驴下来。四个人上了崖顶，又听见崖子下面有驴叫，他们又下来，还是不见猎人和狗，也不见山驴。这样，根据狗的叫声，四个人山上山下来回跑了几趟，一无所见。后来，他们等得不耐烦了，就一块儿回家去了。

但是，领着狗打猎的这个人始终未见回家。四个人很奇怪，也很不放心，约定第二天多喊几个人上山去寻找。

这天，有七八个猎人一同来到山崖上，只见天空骤然黑下来，下起了暴风雨，打着响雷。他们听见崖子里有人在说话："你们见到我了吗？"众人抬头，只见崖顶上的草在抖动，不见说话的人。这时，崖子上面又传来了声音："你们见到我了吗？"下面的人纷纷说："你到底是谁？我们看不见你!""我是崖鬼'几卜郎',是人变的。现在你们是见不到我了。以后你们当中谁要生病,就把小米和酒给送来,你们吃什么,就给我抬什么来。"

这七八个人当中,首先相信崖鬼"几卜郎"的人是"廷到义荣克演"。人看不见鬼,鬼能看见人。独龙族人每次杀猪、宰鸡、喝酒,都要先祭一祭"几卜郎",有病有灾的时候,更要祭它。"几卜郎"对人危害最大,大家都怕它。①

这则神话包含三层含义:一是盛宴的举办者是"朋格印",他的身份在文本中没有说明,但是能够举办盛宴者应为地方领袖或者富有者,只有他们才有召集众人和提供酒肉的能力;二是分肉不均导致一部分人上山捕猎补充,也就是说肉是猎人从山上捕获而来的;三是崖鬼"几卜郎"是上山的5个猎手之一变成的,由于它分不到肉内心充满怨气,所以人们有酒肉吃时,要先向它献祭,以免招致不幸。根据当地报道人的解释,会害人的精灵称为鬼,并通过讲述崖鬼的传说强调了遵守分肉习俗的重要性。这就是独龙族人分肉习俗的由来。肉富含蛋白质,过去粮食短缺,并不是每家都能养猪养鸡,即便养得起,通常也要一两年才能养大,所以日常生活中吃到的肉主要来源于山上捕获的山羊、麂子等猎物。因此,分享是非常重要的社会调节手段,缺少了分享,就会招致崖鬼作祟,从而影响人身健康和安全。在食物稀缺、生产能力低下的社会里,"几卜郎"的信仰因而成为有关狩猎、食物分配的操控机制,分享的原则也才得以实现。

在北部的村落,1949年以前,每年秋收完成后到年节期间,一些富人和村落头人从察瓦龙等地购买牛,邀请所有村民参加,在广场上举行盛大的祭祀活动,主要祭祀天神"格孟"和各种精灵,以祈求生产丰收、捕获更多的猎物。在这个活动中,除了祭祀和跳舞庆祝,最重要的是宰杀用于祭祀的牛,留下头脚和内脏,用于当场的宴席,其余的肉切成碎块,用竹签串起来,平均分给每一个人。这种仪式活动,独龙语称为"投荣哇",意为所有人集中起来剽牛祭天。这是一种分享食物的特殊表现,举办者既是组织者,亦是肉食提供者,他因此而获得社会威望。法国学者施蒂恩借用利奇的仪式语言概念,解释了仪式中牛肉分享的行为,放在滇西北地区族群政治视野中理解,指出杀牛并分享其肉是当地权利和财富的表达方式。② 人类学民族志研究表明,在氏族社会中,这样慷慨地举办盛宴活动,通常是获得社会地位和声望的一种途径,具

---

① 转引自蔡家麒著《藏彝走廊中的独龙族社会历史考察》,民族出版社2008年版,第159~161页。
② 参见(法)施蒂恩《缺少的分享:喜马拉雅东部(中国云南西北部)作为"整体社会事实"的分享的仪式语言》,周云水译,载《青海民族研究》2009年第3期,第23~33页。

有凝聚群体、修复道德缺陷的政治意义。对于独龙族人来说，上述两个事例表明了交换行为中重要的原则，即分享的观念是与各种交换实践相互交织、互为前提、难以分离的社会事项。或者说分享的观念和实践与群体生存和社会秩序稳定紧密联系，这是本章所要揭示的。

在当代社会生活中，由于政府采取了生态保护的政策，村民到山林中狩猎受到禁止，跟狩猎有关的仪式和技能也没有几个人能掌握，特别是在新中国成立初期受到压制和禁止，传统的"投荣哇"祭祀仪式已经失去了原有的文化和社会意义。但是，农村的独龙族人依然保留着分享的观念和原则，通常娶进一个媳妇时，男方要送一头牛或者整头猪给岳父母，这些肉后来分解成小块，赠送给村里的每一户，其中至亲会分得多一些。同样，女方家亲戚回赠的礼物，由男方家平分给其村里的亲戚和邻里。例如，第二章我们提过婚姻过程中彩礼的交换与分配。

沿着独龙江支流麻必洛东岸的木当村，翻过横断山脉，进入怒江峡谷西藏察瓦龙乡扎恩村，这里生活着以独龙族为主，与藏族、傈僳族共生的村落群体，村民一直保持着过藏历新年宰杀牦牛分肉共享的习俗。2012年下旬，笔者与扎恩村民度过了一个难忘的藏历新年。在独龙族，每家都要有肉吃才算过年。因此，过年的前一日，按照习俗各家各户屠宰养了两三年的猪，有的家户宰一头黄牛，以保证足够享用。当各家忙完自己的事情以后，在村主任的带领下，村里所有男子一起在河沟边宰杀一头老牦牛，这是村委出资 5 000 元从村民手中买来的，牛肉并没有当场分掉，而是存放到文化室——每个村设有的用于跳锅庄舞和聚餐的房屋。在 10 天的年节活动中，集体跳锅庄舞和聚餐是主要的活动事项。聚餐分为两种。一种是在文化室内，由村委组织人员做面食、煮牛肉，然后所有村民带着饭碗聚到文化室里，一些年轻的小伙子和姑娘当志愿者给其他人捞面盛肉，小孩和老人优先受到照顾，他们吃饱了，其他人再吃，最后先吃好的人又给志愿者盛面打肉汤。所有人都吃好后，剩下的藏拉面和肉汤各家平分带回家。面粉和用来做藏面的鸡蛋由各家提供，肉汤里煮的是牦牛肉，一直吃到年节结束。聚餐中表现了人与人之间的互动、分工与合作，场面热闹而不失秩序。另一种是在广场上，所有村民围成圈，将各家自带的面食和煮熟的肉放在树叶上彼此分享（见图 3-1）。在分享的宴席上，整个村子的人就像一家人，按照他们的说法，这是团圆的会餐。

图 3-1 藏历新年聚餐（2012 年摄）

从图 3-1 中可知，扎恩村民聚在广场会餐，但经过现场观察后发现一个家庭构成一个单元，家庭成员和亲近的亲属聚在一起，人与人之间坐的距离越近表明其关系越亲密。也就是说，分享首先建立在亲属群体之间。周期性的年节聚餐活动，因其特殊的时间和地点，无疑是再生产了传统的互惠、分享的价值观念，具有重塑村落共同体的作用。

笔者在独龙江迪政当村的房东提供了相关的信息。本书第二章也提到，过年期间，李付和他家族的成员（即叔叔、哥哥及其他家人）一起到屋外聚餐，分享各自家里带来的酒肉，所有人一起吃火锅、跳锅庄舞等。独龙江现在没有剽牛祭天的仪式活动，因而缺少了全村人一起聚餐分享食物的情景，这点与西藏扎恩村不同；但在年节期间，家族范围内有聚餐活动，这点与扎恩村是共同的。

日常生活中，独龙族没有独吞稀缺食品的习惯，肉食的分享作为一种社会惯例和观念得到人们的监督。过去，一户人家杀猪、杀牛，或者捕获到野兽，全村寨的人都有份。一般把头部、颈部、臂部和腿部、瘦肉和骨头、腿脚肉以及五脏六腑分好，切成小块，用竹签串好，样样齐全，送往各家各户，独龙语叫"夏休"（"夏休"指的是现成的新鲜的肉），有亲戚关系的要送一块大腿肉，以示尊敬。报道人都里说，"独享者会被人唾弃、鄙视"，在一个彼此依赖而生存的社会中，人们非常在意别人的看法，大多数人的舆论起到了社会控制的作用。但是，这种分享的意识和分肉的习俗是在特定的社会背景和经济条件下产生的。1949年以前，在生产和消费中，家族或者在家族血缘基础上建立起来的村落"克恩"是基本的社会单元，内部成员之间关系亲密，土地和食物都是共同占有和支配的。与现在情况不同，猪、牛宰杀是为了祭祀某个神灵，而不是为了其他经济原因，也就是说肉食的分配与仪式活动联系在一起。同时，分享食物的行为，实际上起到了群体凝聚和团结的作用，有利于维护群体成员之间亲密的合作互助关系，这样才能在残酷的环境中生存下来。当氏族社会受到外部更大社会经济体系影响时，出现了财富的私有和社会分层，一些生活贫困者往往利用传统的"分享惯例"要求富有者救济他们。这种行为在殖民时期的东南亚农民社会中很普遍，正如斯科特提出的"生存伦理"，使得富者背负着帮助穷亲戚的义务和责任，这就是"农民的道义经济学"。这些例子表明，传统的分享观念已融入独龙族人及其邻族人的日常生活中，这既表现在重大节庆活动中，也体现在日常交往行为中。

简而言之，肉食和其他食物的分享在传统独龙族社会中具有重要的意义，在生活中分享是"总体呈献"的，包括食物在内的生活物资以及劳动、精神信念、苦难的经历等多方面的分享。上述年节聚餐的例子表明，分享的观念和实践是与亲属体系、生存环境相关联的。在各种形式的交换过程中，分享的观念影响和制约着交换者的抉择。当分享成为社会成员必须遵循的惯例和制度时，分享的观念可能成为一些人操控交换行为的符号资本。

二、交换的形式

交换不仅存在于亲属共同体成员之间，还发生在同个区域各村落之间，甚至还存在于与外部大范围的族群和国家之间。清代余庆远撰写的《维西见闻纪》一书中，最早记录了怒江西岸操藏缅语的边地土著与官府（土司）进行的山药与盐粮交易之事：

> 雍正八年，闻我圣朝已建设维西，（怒子）相率到康普界，贡黄蜡八十斤、麻布十五丈、山驴皮十、麂皮二十，求纳为民，永为岁例。头人闻于别驾，别驾上闻，奏许之，犒以砂盐。官严谕头目，俱约其下，毋得侵凌。迩年其人以所产黄连入售内地，夷人亦多负盐至其地交易，人敬礼而膳之，不取值。①

本书导论中已经说明了怒江西岸操藏缅语言的怒子，包括俅子——独龙族

---

① 转引自方国瑜主编《云南史料丛刊》（第十二卷），徐文德、木芹、郑志惠纂录校订，云南大学出版社1999年版，第65页。

的先民，而这段话提出了早期俅人与土司头人以物易物的交换模式，并且在官府的约束下强调以赠送礼物的方式来交换，并不注重物品本身的价值，而是以有易无。作者有美化官府和外地商贩行为之嫌疑，不过也说明了当地物品交换遵循人情和地方礼俗。交换本身关联着人与人、人与物的联系。与经济学不同，我们关注的不仅仅是作为商品的交换对象，而且也要考察交换行为背后的逻辑——交换者（地方群体）的人际关系和文化原则。本书将交换视为独龙族人社会生活的一部分得以生存所不可或缺的动力来源之一，同时亦受到独龙族社会内外的政治、经济、文化情境的影响。依据不同的时间、空间、人群和交换对象，可以划分为商品交换、礼物交换和劳力交换。这种划分只是为了分析之便，实际情形更加复杂和多样。

早期的交换通常以物物交换的方式进行，独龙江地区生产的食物不足以维持人口增长的需求。每年春末高山上的雪融化后，独龙族人就背着山上挖来的黄连、贝母等药材以及野兽皮、麝香等物品翻过高山到达怒江西岸，找到"朋友"与之交换（而他的朋友有义务提供食宿），待换得需要的粮食、布匹、铁刀等独龙江没有的东西后又翻越高山返回独龙江。在饥荒季节，依靠"朋友"之间的走访获得苞谷、青稞和小麦等粮食。从调查资料看，与外部族群和统治者交换，包括独龙族人与藏族、纳西族土司间的纳贡和交换，以及与汉族、纳西族、怒族和傈僳族等民族之间的交换。每年6—12月是独龙族人与外界交换的时间，通常是土司管家、边地夷人小商贩驮运着独龙江稀缺的生活物资来交换。按照土司规定，管家进来收税和交换时，地方独龙族人有承担管家吃住的义务，而那些小商贩要在他们的独龙族"朋友"家食宿和交换。这个"朋友"是交换过程中非常重要的中介，或者叫交换伙伴，独龙语用专门的术语"本南"来称呼。在与外族商人和土司交换时，虽然是以实物来交换，但随着交换的频繁，逐渐产生了物品的价格，这种价格也以实物来计算，价格的高低由交换者背后的社会地位和权利来定，而不是由市场规律来决定。到了1949年前夕，独龙族进行交换的价值形态已发展到一般价值形态阶段，一般价值形态的标准为"郎"和"莫尼"，二者皆以实物计算。[①]如独龙族人编的竹盒或者背箩为称量工具，1个竹盒或1个背箩为1"郎"，5个竹盒或者5个背箩为1"莫尼"，1张麻布毯等于1郎砂盐，1袋贝母（约10公斤）等于1莫尼砂盐。这种计算单位只有在地位不平等的体系之间如察瓦龙领主换取独龙族的各种物品时才使用，独龙族内部不用这种交换单位。

来自普尔的报道人咕噜回忆，在土司统治的时代：

[①] 参见李金明《独龙族原始习俗与文化》，见《民族文学研究集刊》（13），云南社会科学院1999年印行，第252页。

那时候，我们这里由察瓦龙连布①管辖，连布的管家带人带枪每年来收税两次，就是在冬天大雪封路之前和夏天雪化之后。他们来到村子后，村民要提供吃的费用和住所，送鸡、猪肉和粑粑、米酒等好吃的东西给他们。夏天到时，我们要准备好药材、刀、鸡、猪肉、麻布作为贡物，等连布的人来时上缴给他们。那时候我们经常缺粮，没有吃的时候，很多人去察瓦龙买粮食吃。记得四乡（巴坡及南部村落）用两个成年人换了察瓦龙连布的4头黄牛，连布管家除了收税，还带着砂盐、麻布、铁刀、土锅跟我们交换。一张独龙麻布毯换10提砂盐，一袋"荣"（渔网编成的袋子）换2提砂盐，大约50根麻线换得2提砂盐。约1斤的贝母换得一把砍刀。身体强壮、运气好的人一年可以挖到10斤左右的贝母。20世纪50年代初，解放军从察瓦龙翻山过来，开始我们不知道是不是解放军，很害怕会不会抓我们，见到我们后他们自己介绍是解放军，还请我们村里人帮他们背行李，做向导去缅甸那边划国界。解放军到了以后，叫我们不用把贝母送到察瓦龙连布那里，这以后独龙江也有商店，我们才开始认识到钱，拿钱可以买得到衣服，每一个村都有一个商店。②

咕噜家住在迪政当村北部麻必洛东岸，从他的回忆中笔者发现有几条当时发生的有关交换的线索。一是缴税的同时亦进行其他物品的交换，存在一个"提"的计量单位。提是由粗木削制而成的如茶杯子状的盛物工具。笔者在察瓦龙扎恩村调查时，发现这种工具目前还在使用。其高19厘米，底部直径8厘米，主要用于盛麦粉、苞谷粒，如图3-2所示。二是还有人口（奴隶）换牛的交易，与牛交换的人被称为"苏德波"，意为没有人身自由的奴隶。三是在饥荒年时，独龙族人到察瓦龙藏族人那里买粮食吃，或者给农庄打工养活自己。来自另一条支流克劳洛西岸南代的小斯今年30岁，他记得小时候粮食不够吃时，父亲就带着他到西藏察隅日东一带买粮食。③从物资的运输距离看，迪政当一带距西藏察瓦龙更近，因而在贡山到独龙江公路还没修通之前，独龙江北部独龙族人与西藏察隅、察瓦龙的藏族人保持着密切的来往。而传统的交换以物物交换为主，这点在咕噜的回忆中提到，解放军来了之后他们才懂得用钱购买衣服。

---

① "连布"在云南地方文献里用来指称西藏察瓦龙藏族土司，原为独龙语，指土地的主人、管理独龙族人的藏族领主、庄园主等。原察瓦龙一带的富农、领主向拉萨嘎厦地方政府贿赂，取得担任僦傲的官职，管理察瓦龙一带和独龙江上游地区。下文中出现的连布，皆为此意，不再作注释。
② 2012年7月6日迪政当普尔村访谈资料（由咕噜儿媳妇丁秀珍翻译，她是二乡献久当人，初中毕业）。
③ 2011年10月20日迪政当向红村访谈资料。

图 3-2 "提"

独龙族人在对外交换中，主要以地方的名贵药材（如黄连、贝母）以及具有地方特色的藤竹编织物作为特产向土司纳贡，或者作为商品与外地商贩交换生活需要的物资，如土锅、木碗、毛毯、珠链、盐、红线、砍刀等。这些名贵药材，独龙族人本身并没有消费和使用，而是作为稀有资源交换到内地市场，经过加工成为新的商品。独龙族人自己不能产出剩余产品用来交换，与外人交换亦是为了生活需要而进行的。

因此，通过与外地商人交换得到的生产生活用品，在独龙族人社会内部通过礼物交换形式重新得到交换和分配。一些富有者从察瓦龙交换回牛，用以举办称为"投荣哇"的盛大祭天仪式，将牛肉平均分配给全村每个人。南部一些信仰基督教的村落，每到宗教节日如圣诞节、复活节、感恩节期间举行盛宴，所有信徒一起聚餐以示庆祝。家庭祭祀仪式往往也是重要的交换场合，一些与人生过渡礼仪有关的如孩子出生取名、结婚、丧葬而举行的仪式中，同村的亲戚、朋友和邻居带着礼物参加，表示庆祝、支持或者慰问。每个人都有义务参加亲属、朋友、同村群体成员举办的各种仪式活动，并赠送礼物；同样，每个人都有权接受来自不同关系群体的回赠。这种交换的目的在于家庭之间礼物的"有来有往"，而交换物品本身价值是否对等不是交换双方关心的焦点。土地成为家庭的私有财产后，可以用来交换其他实物，如前面提到的，一些贫困者为举办丧葬、结婚仪式，让出一块土地与他人交换获得粮食、祭祀用的牛肉和猪肉；或者缴不起土司税，不得不转让给他人。参与交换的有水冬瓜树地、火山地、熟地，甚至园地。危机过后，如果转让者想要回原地，只要将原来所得的物品如数交还，土地便可赎回来。

除了同村内部成员之间的生活物资和土地交换与共享外，各村落之间也要进行以物易物的交换。交换者以火塘为单位，没有固定的交换地点，也就是不存在交易市场；对于外地小商的长途贸易也是如此，通常是在"本南"——一种在以"亲戚"和"朋友"为血缘和拟血缘关系的基础上建立的交换伙伴之间进行交换。每年秋收或者缺粮季节，某村的男子经过和家人商量后，背着本家所拥有的各种东西去找另外一个村的"本南"，把自带的东西送给对方。当远方的"本南"来访时，主人常宰鸡煮酒盛情款待来客，晚上还提供住宿；临别时，主人也会把自家的东西赠送给他，以此达到交换的目的。这种"本南"之间的交换，独龙语称为"本南井"，意为朋友间互相往来。在1949年以前特别盛行这种交换方式，迪政当的人将从察瓦龙交换来的生活用品，背到南部几个村的"本南"家进行交换。笔者的报道人特别强调这种交换方式，双方并不计较交换物品的件数和是否等值，在乎的是以有易无。这样的交换一年要进行两三次。

绵延的独龙江两岸是独龙族人生活的家园，各村落之间历来有不定期走访的传统。1962年中缅北段未正式划界，对于分布在国界两边的同一家族的人来说，最大的变化在于国家层面上的国籍、族名身份被改变并逐渐固定下来，生活在中国国界另一边的人被称为缅甸人。我们在巴坡、马库村入住村民家时经常遇到这样的情景，哪怕另一边的人与自家有家族联系，在向外人介绍时也会说"我家来了缅甸人"。这和国家民族政策随身份的不同而产生差异是相关联的。生活在缅甸境内的独龙人，生活条件不如中国境内的独龙人。他们依赖来自中国的物资，经常跋山涉水来到独龙江，走访亲友、购买生活用品、推销当地特色产品，在亲友家住上几天再返回，而他们并没有特别意识到这样来回实际上跨越了两个国家的边界。

劳力的交换包括非物质性的交换。当个体家庭从大家庭中脱离出来后，缺少劳动力的问题就凸显出来。尤其在农忙季节，如播种、除草、收获期间，亲戚之间、同村各家之间建立换工关系，今天甲家帮乙家劳动，明天乙家又反过来帮助甲家，这样就解决了劳动力不足的问题，这种原始的互助形式，独龙语称为"迪里瓦"。早期处于游耕时，房屋建造简单，一个家庭就可以应付。定居后则不同了，割草、劈木板、砍木料以及背运，建房前期的工作就需要很多人力，真正建造的那天需要请人帮忙，通常情况下同村的亲戚是潜在的可以帮得上忙的人。帮忙的同村人，主人不会支付他酬劳，只要提供午餐和烟酒，有条件者晚上煮一锅夏辣，与所有参加者一起分享；等到对方盖房子时，或在其他方面需要帮忙时再去帮忙。同村的帮忙者如果不是亲戚，帮忙的次数需要计较，在盖房期间，帮忙的天数和来人的数量都要记下来，等对方需要帮忙时再如数偿还。对于外地不属于亲戚的帮忙者，主人才会考虑支付酬金，酬金多少按当时劳务价来定。

总之，独龙族传统社会中的交换形式多样而复杂，交换双方从同一个家族、一个村落内部各家庭之间互惠性的交换,到跨村落拟血亲之间的交换以及跨区域与独龙江外面的土司及其他如汉族、藏族、纳西族、傈僳族、怒族等族群之间的互动和交换。交换的物品包括生产工具、生活用品、劳力、食物、精神和服务等,这些纷繁复杂的交换背后,存在着一个交换逻辑,从而保障交换顺利进行。基于交换的这一特点,交换的目的是满足生活需要而不是创造资本价值。

三、交换的特点

以往的学者通常把交换的物品划分为商品和非商品(礼物),并将之对应于不同性质的社会,即阶级社会和氏族社会。马克思指出:"商品交换是处于相互独立的交换者之间进行的可异化的东西的交换。"① 异化指的是私有财产的转化。法国民族学家莫斯则通过研究不同地区人群的礼物交换,区分了阶级社会和氏族社会。他揭示出,在氏族社会交换中存在"物与人的不可分离性",也就是说在氏族经济中,人们对被交换的物品没有异化权,并提出了礼物交换的"总体呈献体系"。② 但是,莫斯研究的目的在于观察隐藏在物的流动背后的社会结构和契约关系。列维-斯特劳斯在莫斯研究的基础上,结合亲属制度的研究,提出妇女作为"最高等级的礼物"在不同群体之间进行交换。③ 具体来说,在氏族社会里,婚姻中妇女交换是氏族间交换劳力的形式之一。

遵循上述的理论脉络,我们来看看独龙族社会的情形。独龙族社会到1949年前还处于"父系氏族解体阶段",在很长一段时期里,松散的父系家族组织维持着流动的社会,以生产生存所需的物资为主,公共拥有的财富并没有使权力集中在某一人某一集团,因此整个社会没有出现明显的阶级分层。社会内部成员之间彼此依赖、合作互助以获取更多的生存机会,通过互赠礼物达到互通有无的目的,因此发生的交换行为多数具有互惠性质。从这个角度看,独龙族人生产不出剩余产品。交换动力之一是源自满足生活、生产的需求,而不是追求物品的商业价值。理想情况下,所有的生产、生活资料归全体家族成员共同拥有,交换中的物品具有礼物的性质,并在交换者之间不断循环,没有人能够完全占有它。对于一个新加入的村落成员来说,通过赠送礼物的方式利于

---

① 马克思:《资本论》(第一卷),中共中央马克思恩格斯列宁斯大林著作编译局译,人民出版社2004年版,第98页。
② 参见(法)马塞尔·莫斯著《礼物:古式社会中交换的形式与理由》,汲喆译,上海人民出版社2002年版,第21页。
③ 参见 Levi-Strauss, Claude. *The Elementary Structures of Kinship*. Eyre & Spottiswoode, 1969: 65.

建立人际关系，由此而纳入村落生活互助互惠的关系体系中；对于同村人而言，通过物品的交换可以确定哪些人是亲戚、哪些人属于朋友或者是其他类型的关系。这就可以提出交换的动力之二，即在于结成人群关系，维系和增强亲戚之间的感情。其他形式的交换亦是在上述原则下进行的。跨村落之间的交换，依据的是亲戚和朋友之间的交换模式，因此交换之前先要结成拟血缘关系的"兄弟"、"朋友"关系。原则上，跨村落的交换也是在互惠的基础上进行的，属于同村落交换动力模式的延伸。但是，正如萨林斯提出的"互惠性交换"观点，其互惠强弱与交换者所在的距离远近成正比例关系，同村至亲关系之间的交换互惠性最强，而跨村落之间的交换互惠性更弱。

独龙江各个村落分布距离相对较远，劳力的交换通常在同一村落中发生。不同于物品（礼物）交换，相互提供劳力过程中不可能同时进行交换。例如，在某家完成一次劳动之后，需要等另外时间得到劳力的回报；如果是来自异地的人参与劳动，则当天就付清酬劳。遇上饥荒年，到察瓦龙农庄打工获得吃住的回报就属于后一种情形。原则上劳力回报的时间不能拖延到第二年，否则就失效了。但是，像盖房子、结婚、丧葬等场合帮忙的人，则要等到自己有机会或者碰到类似的情形时，才能获得亲友的回赠，这种情况下，回赠的延迟性更加明显。而且，不同场合赠送的礼物不能混合回赠，要相互对应，如结婚时候收到的礼物，不能在别人举办丧葬的时候回赠。交换的物品可以不相同，但交换中的馈赠与接受的时间和情境是受到限制的。婚姻缔结过程中，不同群体之间出现物品（礼物）交换，首先是家族之间的礼物交换，结婚新人收到族人的礼物，以及帮忙接待客人、准备宴席用的食品；其次是建立姻亲关系的双方之间的彩礼交换——数次赠礼和回礼的过程。按照独龙族人的婚姻原则，至少由三个家族构成一个固定单向循环的婚姻圈，三个群体之间互相交换妇女，同时也确立了潜在的交换关系。尤其是在劳力方面，双方承担着为对方提供劳力的义务。换句话说，通婚范围越大，能够依赖的劳力越多，包括各种形式的义务性的帮助也增加。因此，对于一个家族来说，媳妇作为财产具有不可转让性；当女人的丈夫病故，除非付出同等价值的彩礼，否则女方不能另嫁或者回到她的家族群里。

独龙江社会内部成员之间的交换如同莫斯所说的礼物交换，但需要注意的是交换的人群和空间的变数，如第二章所论述的独龙族人依据血缘、姻亲和土地关系分成不同群体，所以不同村落之间的隔阂可能是家族/氏族之间的隔阂。物品的交换和流通有利于打破家族（村落）之间的孤立和隔阂，家族作为独立共同体拥有对交换物品的占有。然而，彼此的交换不同于马克思提出的"彼此独立人群"之间的"商品交换"，也不完全等同于莫斯的"彼此相依赖"人群内部的"礼物交换"。在独龙族人的文化逻辑里，交换意味着彼此拥有的东西重新分配和共享,但前提是只有在亲属、朋友等亲密关系群体内部才能实现共享,因而在跨村落的交换实践中,首先建立拟血缘的亲属体系,彼此负有亲属义务和责任,如盛情招待来访者、分享彼此拥有的东西。也正因为如此,村落之间的物品交换并不以"经济利益"为目的,而是通过"亲戚"、"朋友"的走访实现人情的维系与互惠交换。按照萨林斯的三种互惠模式划分①,表面上看起来,独龙族社会的交换类型存在随亲属关系空间距离的扩大其互惠性呈逐渐减弱的趋势,但是独龙族人通过建立拟血亲的兄弟关系而把成员间的分享和互惠原则扩展到家族和村寨外部的交换过程中,从而消除了因空间距离而产生的互惠障碍。

第二节　内部交换系统与远距离贸易

对于生活物资短缺的独龙族人来说,交换的目的是为了补充食物生产的不足,获取本地不能生产的食盐、衣物和铁器工具等生存必需品,以及牛肉、斧头这样的奢侈品。本节继续阐述独龙族人与独龙江外的互动与交换,通过"本南"交换体系,揭示区域交易中隐藏的文化逻辑,以及由此而再生产出的等级和权利关系。

一、本南:建立在拟血亲基础上的交换伙伴

前文中描述跨村落的交换形态时多次提到"本南"这个术语,该术语是笔者最初在法国学者施蒂恩的文章里发现的。在文章中,施蒂恩提出"本南"是一种"通过经常交往和互换礼物得到证明的真诚关系",来自当地的独龙语,也可以翻译为"交换伙伴"。施蒂恩认为这个词很难得到准确翻译,但是"本南"关系有助于理解滇西北、滇藏中缅边缘地带独龙河谷牛群与奴隶间的交换模式。② 在独龙江田野考察中,笔者通过跟不同村落的人访谈,了解到更丰富的相关信息。

冷木当一位名叫"格莱贝"的文面老人,用非常简洁的话语解释了"本

---

① 参见(美)马歇尔·萨林斯著《石器时代经济学》,张经纬、郑少雄、张帆译,生活·读书·新知三联书店 2009 年版,第 224~225 页。

② 参见(法)施蒂恩·格罗斯《19—20 世纪滇西北盐、牛及奴隶的交换与政治》,尼玛扎西、彭文斌、刘源译,见罗布江村编《康藏研究新思路:文化、历史与经济发展》,民族出版社 2008 年版,第 107~115 页。

南"的意思:"表示朋友关系,过去察瓦龙藏族人和独龙族人结交为'本南',互相交换东西。"① 在与她相距两公里处的独龙江东岸山脚下,向导带着笔者认识了一对90多岁的夫妇。老爷爷叫"阿崩",排行老大;他妻子是一位文面女,叫"金奈",排行老四。金奈是迪政当一带为数不多的懂得文面技术的老人,曾为法国学者施蒂恩现场示范过文面技术。他们的人生经历了许多苦难,老了喜欢居住在偏僻的地方,而不喜欢生活在大村子里。他们的儿女多次劝说其搬迁均无果,于是架了水轮发电机,至少让老人有照明工具。两位老人相依为命,不爱看电视。他们白天到地里看看,随便割点猪草回来;晚上守着火塘,困了就睡觉。老人们平日安静得像大山一样,但是对待来客却十分热情,把家里好吃的鸡蛋、洋芋、米酒都拿出来招待。在聊起过去的经历时,他们提到对"本南"的理解:

> 过去独龙族人粮食不多,不够吃的时候,要到察瓦龙去交换,交换来回找到了"本南"。在"本南"之间,没有固定的东西作为交换物品,有什么换什么,有多少换多少。察瓦龙来的连布,从北沿着独龙江顺流而下,遇到村子就和他的"本南"交换东西,到下游最后一个寨子时,他找了几个独龙族人,替他背运到察瓦龙家里。背夫得到的酬劳是粮食、盐巴和生活用具。一旦和察瓦龙藏族建立了"本南"关系后,家里缺什么,可以向他要,藏族"本南"会送给你。比如,酿酒用的土锅(见图3-3)就是他们送的,现在还有很多家庭使用这种土锅来熬酒。②

图 3-3 陶制土锅

---

① 2011 年 10 月 13 日访谈记录(李林高翻译)。
② 2011 年 10 月 22 日访谈记录(李林高翻译)。

从以上三位老人提供的信息来看,"本南"应该是一种朋友关系,察瓦龙藏族人与独龙族人利用这种关系进行贸易。前面提到的咕噜老人也认同"本南"是朋友关系的解释,他还强调了这是一种彼此熟悉的老朋友关系。

而曾国良老人对"本南"一词有着更深刻的理解,因为他的祖父辈就有过和外地的人建立"本南"关系的经历。老人现在80多岁了,熟知地方历史和习俗,曾经到过昆明、北京等地参观学习,七八年前法国学者施蒂恩到访时,他作为信息报道人,提供了很多有关地方社会历史方面的信息。

> "本南"与独龙族人渊源很深,简单而言"本南"是客人的意思。以前我们这里交通不便、生活困难,通过建立"本南"关系互相帮助,饥荒时,互相救济渡过难关。"本南"关系,可以说是彼此互相尊重的交换伙伴。跟现在的买卖不一样,现在的人买卖交易,一分钱一分货,不多不少,按价格来算。"本南"之间的交换则不同,一方送来物品,另一方也要回送物品,不论送的东西是否等价,多数时候是不等价的,因为双方彼此是好朋友,不会计较。在过去那种生活条件下,"本南"的意义很大,可以解决很多现实问题,比如吃的粮食和播种的种子,可以通过"本南"关系从外地引入独龙江。我们的祖父曾经和察瓦龙的人建立了"本南"关系,与他们互相交换东西。察瓦龙的人背运粮食和盐巴到我们祖父家中,我们的祖父又将盐和粮食背运到中下游各村的"本南"家,和他们交换。"本南"是独龙江地区通用的术语,但是迪政当一带的人更习惯称"恰冉"。独龙族内部也有"本南"关系,迪政当麻必洛的人背着麻线到下游各村找"本南"交换大米、小米等食物。现在很少人说"本南"这个词了,因为生活条件的改善,吃穿基本不缺,跟察瓦龙藏族的来往也不多了。①

迪政当村的人以前除了和察瓦龙藏族建立"本南"关系,还和贡山丙中洛怒族建立了"本南"关系,有些是同属于一个氏族的亲戚,来往亲密。在笔者调查期间,来自丙中洛的怒族人新农村建设驻村工作队吴队长说:

> "本南",指互相结为一种朋友关系,一旦两家结为"本南",世代相传,就形成像亲戚一样的关系。一个村只有一个"本南",我的祖父和陈记的祖父曾是"本南",在察瓦龙龙普村也有我们的"本南"。建立"本

---

① 2012年7月6日访谈记录。曾国良老人听力不好,多亏时任村支部书记的儿子陈记亲自翻译沟通,才完成了访谈。

南"关系，方便来往，见面时互相交换礼物。①

63岁的老孟住在南部的巴坡村委所属的孟定小组。他说："'本南'，是用来形容最好的朋友关系，不过现在很少用这个词语了，现在常用'拉木荣'来表达。"② 巴坡老人约翰是独龙江最早的基督教传教者之一，20世纪50年代因与嫌疑犯约翰同名而被冤枉并被抓，直到80年代才放回巴坡生活。在他的记忆中，经常有傈僳人说是"本南"（朋友）吃住在他家，有时主人不在，傈僳人也自己开门找吃的并留宿过夜；还有缅甸的亲戚，到中国买粮食、衣服等生活用品，常在他家住一天或几天再回去。③ 在更南部的马库村，报道人吉壬说：

> 全称叫"本南帕"，是来自远村的人来和我们建立一种友好和互助的关系。"本南"与客人不同，客人独龙语叫"佳勒"，指的是远方的偶尔来访者，如你们来这里调查住在我家，就可以说是"佳勒"。"本南"是经常性来访的人，我们有接待他们的义务；当我们去他们村时，也受到同样热情的招待。比如你们也看到了，我家这几天来了缅甸人，天晴的时候，他们每天都过来，到巴坡或者乡政府买东西，路过这里到我家休息、吃住，然后再回缅甸，他们都是缅甸木克甘村人，其实是我们家的亲戚，以前迁过去的。一些不是亲戚的人第一次过来，会送一块山上打的猎物肉块，或者送一个藤篾编的箩筐，我们则提供茶水、饭菜和住的地方。④

综合以上信息，"本南"一词在独龙族社会包含以下几个要点：第一，"本南"关系是一种在对外交换中，在拟血缘基础上建立的彼此互为依赖、友好、持续的交换伙伴，双方有亲戚般的义务和权利。第二，强调了"本南"之间的交换与现代货币商业交换的本质区别，"本南"交换强调互惠性，以互相赠送的方式交换物品。第三，"本南"关系的建立，除了本族群内部，在本族与外族、独龙江内部和外部之间都有"本南"这类中间人。第四，"本南"在交通不便、生活困难的年代发挥着食物再分配、物品流通等重要的疏通作用；同时，"本南"双方在将独龙江纳入更大的经济体系时成为不可或缺的中介。另外，不同的互动交换体系包含了独龙族内部的互动，北部村落与察瓦龙藏族、贡山丙中洛怒族之间的互动，南部村落与傈僳族、缅甸独龙族人之间的

---

① 2011年10月8日迪政当田野调查笔记。
② 2012年6月18日（组长迪志高担任翻译）田野调查笔记。
③ 2012年6月22日巴坡访谈记录。
④ 2012年6月24日马库独都访谈记录（信息提供者吉壬，丈夫是上门到独都的丽江汉族人）。

互动，这些不同层次的交换和互动，能让独龙族人在食物资源稀缺时有效地得到食物的补给；与此同时，"本南"在滇藏中缅边缘地带将各地人群纳入区域政治、贸易交换体系之中。

二、独龙江与周边的贸易交换体系

人群在独龙江南北迁移流动，随着各种层次的交换互动，尽管有高山阻隔，独龙江与外部的物品、人口交换以及相伴随的文化交流像流淌的江水，从未停息过。总体趋势是这样的：北部喇卡达一带的村民与西藏察瓦龙地区的藏族人、独龙族人交往，以麻布、竹藤器、麝香、熊胆和贝母交换盐巴、陶锅、青稞及苞谷等，南部日梅邦一带的村民用麻布、食盐和衣被等与缅甸境内的独龙族人交换竹藤器、背绳和牛等物。由此形成一条从北部独龙江源头到江尾的贸易网络，通过交易将牛、盐巴、铁器工具和羊毛制品输入独龙江境内，这些对于独龙族人来说属于稀缺物品，能够为独龙江境内的社会结构、文化权利提供动力之源。下面主要考察独龙江及周边族群的贸易交往情形。

独龙江的峡谷地形和多雨的气候条件，并不具备规模化养牛的条件。夏瑚所说的"曲牛"，即我们今天非常熟悉的独龙牛，虽然有生长快、适应性强的特点，但它一般生活在海拔1 500～3 800米茂密潮湿的丛林之中，难以寻踪，其实与野牛无异，只有通过定期喂盐的方式逐步驯化，即便如此，独龙牛仍难以被赶下山饲养。过去独龙族能捕获这种野牛者被认为是勇猛的猎手，可获得极高的社会声威。其主要原因在于牛肉比一般猎物提供的营养蛋白质多，它的肉皮可拿来与察瓦龙藏族人交换盐巴，它本身也是非常难以捕捉到的稀缺品。今天，由于全世界独龙牛的数量不超过4 000头，早已被列为国家一级保护动物，禁止捕杀。早期独龙江农业生产以刀耕火种为主，养牛或者购买牛并不是用于耕地，而是用来祭祀天神格孟和各种神灵，并以此和所有人一起分享。牛在独龙江文化中具有重要地位，是独龙族社会中最高级的社会符号。也就是说，牛在独龙族人传统社会中的意义在于祭祀和举办全民共享的宴席。独龙族人与普理查德笔下的努尔人以及哈里斯笔下的印度部落不同，但是在牛及牛肉为维系族群内部的稳定性提供政治文化价值方面是一致的。其原因在于，独龙江本地不饲养牛，无法满足群体生存所需的营养食品和宗教祭祀的需要。其实，不论什么类型的牛，对于独龙族人来说都是社会地位和财富的象征。一些男子娶妻时，以牛作为聘礼来显示荣耀。这就使独龙族人向独龙江外购买牛有了动力，它既满足食物营养的需要，也有社会地位、文化表征的作用。

独龙江以北源头与察瓦龙交界处有一片广阔之地，有海拔4 000多米的天然牧场，是独龙族人邻近的藏族农奴主的放牧之地。根据地方文献记载，雍正五年（1727年），怒江以西的桑昂曲宗所属的左贡、冷卡、闷空、昌易、察隅五处划归为西藏格鲁派（达赖喇嘛）的香火地①；西藏地方政府噶厦册封地方头人为协傲，管辖其境，在地方实行政教合一制度，社会分层明显。土地、农奴和牛群由喇嘛寺僧侣、领主占有，无地者、贫农和从邻近交换、抢掳来的奴隶依附他们生存。扎恩属于闷空协傲管辖，食物的生产方式以半牧半农为主，也在半山腰林地采用轮歇式的刀耕火种，这里饲养了黄牛、牦牛、犏牛等各种牛，耕地上种植青稞、小麦和玉米为主的作物，但土地和牛群皆为富有农庄主所占。闷空西北的察隅地，据清末川滇边务大臣赵尔丰属下程凤翔的调查，杂隅（即察隅）"草地风俗重交易，不重售卖。杂隅土产以黄连为大宗，闷空之处巨贾，常赴滇边购办铜铁器具，来易黄连、麝香等物"②。闷空为旧察瓦龙地区的政治中心，也作门工或者米空，皆为藏语音译。从文献上看，此地的藏族富商和滇西北商人早有贸易往来。闷空西北部的察隅所处盆地、气候温和，到民国学者左仁极前去调查时，沃地开垦成良田，察隅成为"西康唯一产米区"。

杂瑜（杂隅）为纯粹农业区域，农产品以水稻为大宗，茶叶次之，小麦、青稞、黄豆等又次之，其他豆类及各种蔬菜亦应有尽有，尤以野生药材及鹿茸、麝香之产量为多。该地所产米稻，除小部供本地食用外，其大部远销于盐井、察瓦绒、昌都、德格、玉树等地。

一般所称之杂瑜区，在经济方面观察，并不限于本区，其附近该区西、南两部之珞瑜地方，一般野人之狩猎品（茸、香、皮类）均携至杂瑜，以调取所需要之食盐、茶叶、银耳环、佩刀等物。而珞瑜之若干地方渐趋藏化，从事农业，杂瑜协傲并可支配其负担赋税，及官吏所摊派之商品。

近来国内海口为日寇封锁，一切舶来品来源稀少，价值高涨。滇西阿墩子及察瓦绒等处商人资本略厚者，则购香茸类及其他药材；资本较少者，则购买羊皮，雇请力夫背负货物口粮，均沿薄藏布江（土人名为珞曲）运至印度交界之夺拉贡售卖，并购毛织品及香烟、呢帽与（其他）各种舶来品，获利颇厚。

按桑昂曲宗及左贡属之一部，一般称之曰察瓦绒，居民则称之曰察瓦绒巴。其人性喜经商，故云南西北部与康定、昌都等地，处处皆有察瓦绒巴之庄号与骡帮踪迹。门空一带，富商尤多，且多与滇商有感情，在康定贸易之察瓦绒巴，则全部加入滇商集团，视如同乡。故凡滇商赴察瓦绒各

---

① 参见平措次仁、陈家班主编《西藏地方志资料集成》（第二集），中国藏学出版社1997年版，第8页。

② 同上书，第10页。

地经商，颇受当地人士所欢迎，不惟进出无阻，纵令发生困难，亦多得土人之协助。①

20世纪初，受边疆危机影响，民国政府成立蒙藏委员会调查室，上述这段材料来源于调查员左仁极的《昌都杂瑜调查报告》。材料粗略地勾勒了以杂瑜与闷空为核心的一个广阔的贸易网络，它不仅连通了印度以及中国西藏、青海、云南和四川之间的贸易路线，而且通过森林产品与食物、铁器工具的交换，把位于印度、缅甸和中国交界处广大的森林地带（即俅夷地、珞域、野人山）的采集与狩猎者纳入了世界经济体系。笔者在扎恩看到了村民收藏的清代铸造的银子，据说是扎恩连布（包括领主、土司）一些没来得及处理的银子被仓促埋在地里后在20世纪50年代被村民挖出来的（见图3-4）。银子约有3斤，上铸有"光绪九年十二月，随州益济公"几个字，也证明了扎恩富人与内地的贸易联系中有银币流通。沿着独龙江上游西北的克劳洛支流，可上溯到察隅境内的日东河，后者连接薄藏布江。反过来讲，薄藏布江下游流入俅夷地，流入云南境内的支流与俅江（独龙江）汇流。② 作为独龙族人的家园，独龙江与西藏经河流产生天然联系，为两地人群经济贸易联系提供了便利。

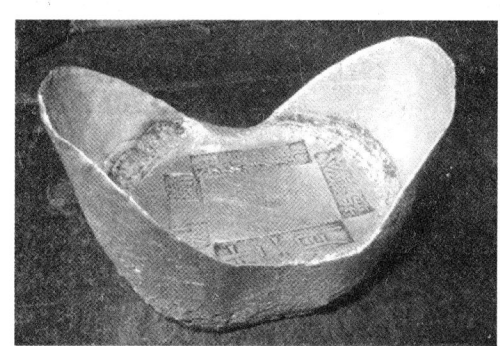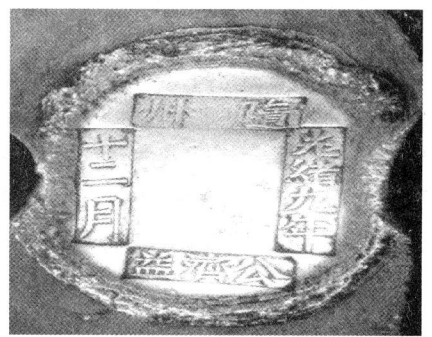

图3-4 察瓦龙扎恩连布的银子

从察瓦龙扎恩村沿怒江南下，进入云南贡山县丙中洛乡。该地原名叫菖蒲桶，怒族最先聚居在此地。18世纪以后，维西纳西族土司势力征服了该地进而进入了怒江西岸俅夷地。1773年，由叶枝土司禾娘捐建，在丙中洛建了喇嘛寺，代理土司征税和处理纠纷诉讼③；同时，在当地占地开荒，播种水稻，

---

① 左仁极：《昌都杂瑜调查报告》，见王晓莉、贾仲益主编《中国边疆社会调查报告集成》第一辑，广西师范大学出版社2010年版，第49页。
② 参见胡吉庐编《西康疆域溯古录》，台湾商务印书馆1963年版，第56页。
③ 2011年8月30日访谈笔记。丙中洛普化寺僧人噶玛龙渡江出提供信息，原来的喇嘛寺在"文革"期间被毁掉，20世纪80年代，当地政府、信徒、喇嘛化缘合资重建了普化寺。

成为近现代贡山与察瓦龙一带产粮区，此后一直是地方政权机构所在地。《征集菖蒲桶沿边志》载："菖属喇嘛教，系为红教。前清道光中叶，有西藏喇嘛，名教拱几者，率领古宗数人，来菖蒲桶转经，查悉其地肥沃，遂与古宗分地垦荒，建屋以居。后于丙中洛地方，创修一喇嘛寺。"① 又据1956年社会历史调查，喇嘛寺占全村耕地面积34.7%，约占固定耕地面积40%，占牛犁地面积40.5%，占水田面积76.4%。② 这些材料都证明丙中洛很早就有水稻种植。扎恩村有一座南北走向的岩峰，当地流传着关于白马变岩峰的传说。其内容大概如下：

> 过去，有一位来自拉萨的喇嘛骑着一匹白马到云南丙中洛去驮大米吃，路过扎恩村时，天还没有亮，白马歇下来喝扎恩村边流下的河水，突然一妇女半夜起来解手，看见白马喝水。白马被妇女发现，一下子失去神性，变成了一座岩峰，从此留在了扎恩。③

扎恩的这座岩峰藏语称为"白玛戴宗"。据说拉萨也有一座岩峰跟它一模一样，岩石上刻着经文，深入里面还有岩洞，只是岩峰险峻，难以攀爬。今天，这座岩峰成为扎恩村民祭拜的山神。白马变岩峰的传说除了表达扎恩与拉萨的联系之外，实际上也证明了云南贡山丙中洛与藏族聚居区之间的稻米贸易。笔者在扎恩村过藏历新年时，看到村民玩一种名为"买土锅"的游戏，由不同的人来分别扮演藏族老板、土锅制造者（南部龙普松塔怒族、贡山傈僳族）、土锅。游戏展现的是这样一种场景：藏族老板带着他的管家和背夫，背篓里装着各种礼物，进入怒族村寨。进入寨门后，一群狗（小男孩扮演）围上来狂叫，村民帮忙赶跑了狗，带着藏族人到了土锅制作者家里。见到房屋主人后，藏族老板示意随从奉上烟酒作为见面礼，主人接过礼物后，询问来者意图。老板表明要买土锅，但是主人并没有直接表态；老板的随从拿出比烟酒更贵的礼物，主人还是没有表态；老板心急了，不停地说好话，最后随从把所有礼物都拿出来了，主人看了很满意，才答应老板的要求。但是，游戏并没有到此结束。虽然主人答应了，但扮演土锅的一群人互相前后抱着腰一字排开，最前面的人死死抓着绳子不放。土司随从的扮演者费了很大的劲才将一个一个"土锅"拔出来，拔掉所有的"土锅"之后才算结束。根据村民的说法，这种游戏每次过藏历新年的时候都会玩，而且大人小孩（男的）一起参与，是过

---

① 《征集菖蒲桶沿边志》，见怒江州志办公室编《怒江旧志》，1998年印，第141页。
② 参见云南省编辑组编《傈僳族 怒族 勒墨人（白族支系）社会历史调查》，云南人民出版社1984年版，第47页。
③ 2011年9月察瓦龙乡扎恩村访谈资料。

年游戏中的一部分。游戏过程中，模拟交换的场景，尤其是谈价的过程引得观众捧腹大笑。而最后拔土锅时，要靠集体的力量才能完成，可以说是一种智慧与力量的对抗模拟。笔者的兴趣点在于土锅，它原来并非是察瓦龙藏族人所制造的，而是从其他民族手中购买的，现在察瓦龙龙普村还有人懂得烧制土锅的技术。龙普村是怒江峡谷最北端的怒族定居点，历史上有族人迁徙到独龙江北部，成为今天的独龙族。村民烧制的土陶器皿为褐色夹砂陶，其制陶设备简单，属于原始的制陶工艺，但其产品远销全县和邻县各地。察瓦龙藏族商人通过和独龙族人交换，使得这种土锅传到了独龙江。游戏也展现了察瓦龙藏族老板通过"交朋友"方式打开交易的大门，这种方式同样被运用于独龙族人之间的交换过程。笔者在独龙江考察时，见到了来自察瓦龙的土锅。当地独龙族人主要用它来存放谷类，并将其放在火塘上方的烤架上，防止在多雨季节发霉。当地人说这些土锅过去用于酿酒和装酒，不酿酒时当储粮罐。

民国十九年（1930 年），杨斌铨和王继先到独龙江调查边界问题，他们经过茨开（今贡山县城所在地）。那时的茨开已经成为怒江西岸滇藏贸易的一个据点：

> 内居民三十余户，汉夷杂处。此处有两条干道，一由茨开翻高黎贡山，五日到潞江之茂顶。一顺路江而上，十余日到西康省属之察瓦龙。故察瓦龙俅江一带出产药材，皆集中于此。贸易以黄连贝母为大宗。茨开有国语学校一所，夷汉学生共有十余名。问此处汉商俅江一带粮食情形。据云，俅江人口稀少，该地所产粮食不敷一年食用，俅民每至夏秋，大半以竹笋野菜花充食。由茨开到俅江贸易，华商皆须随带粮食等语。①

黄连是一种凉性药材，生长在独龙江两岸的高山丛林之中，两三年可采一次，生长时间越久，其根越大，价值更高。贝母主要分布于独龙江北部喇卡达西北面的担当力卡山，与黄连一样畏热喜寒，每年四五月雪融路通之时，周边的土人结伴到独龙江挖采，内地汉族商贩也进入独龙江求购。《菖蒲桶志》记载："有挖得几两者，有挖得二三斤者。含水甚重，须二三斤始烘晒一斤。每年六七月间，维西商人运来布、线、茶、银等，前来换买，名为赶药会。仍运往内地销售。"②

上面的记载描绘了 1931 年左右贡山的商贸情形，当时菖蒲桶治所茨开已

---

① 严明德编：《云南北界勘查记》，成文出版社有限公司 1974 年版，第 142 页。
② 菖蒲桶行政委员公署编纂：《菖蒲桶志》，见李道生主编《怒江文史资料选辑》（第十八辑），政协云南省贡山独龙族怒族自治县委员会、政协云南省怒江傈僳族自治州委员会文史资料研究委员会 1991 年刊印，第 41 页。

经形成了"药会"这种类似土特产交易的集市,其中黄连和贝母是交易的大宗。因而,时间上必须与采药时间一致,即每年七八月间贝母上市时,滇西商贩运来土布棉线等手工制品,与贝母及各种山货进行物物交换。过了9月后,这些货品陆续运送到内地,常驻茨开营业者,只有"荣华畅、茂盛源两号,每号资本不过一二千元"①,在冬春大雪封山期间,商务异常冷落。即便如此,民国中期贡山城茨开已成为滇西北、滇藏间商贸的一个据点。

盐巴是独龙族人生活中的必需品,但是这种稀缺品由统治者占有和支配。贡山一带吃的盐巴,系产自西藏盐井的砂盐,土司和藏族领主前来收缴贡物时,还兼向独龙族人放贷盐巴。比如,他们进独龙江时,马驮盐巴,由伙头负责强迫独龙族人购买。很多独龙族家庭没有物品可以拿来交换,只能先拿着盐巴,等下次对方来时再偿还,由此形成债务关系。按照杨毓骧的调查,察瓦龙领主春天放4盅(100克多)盐,秋天收6种物:1张兽皮、1斤黄连、1斤黄蜡、1个簸箕、1个竹筒、1个篾盒等。② 一些债务无法偿还者,责令由人来抵债,这些人成为统治者的农奴。在这种政治权利悬殊的背景下,人亦如物品般进入了交换体系之中。

清代夏瑚的《怒俅边隘详情》一文中记录了"俅夷"地人与牛交易的情况:

> 曲、狄各江,虽不用牛犁地,而以杀牛享众为荣。(年获粮食,悉以造饭煮酒宰牛杀猪,约集十站内外亲友到家,削丈余木枋一根,竖立门外,男女分行,鸣锣亮刀,围方歌舞,以牛猪酒肉等项,分享众人或五日,或七日,必将此项分享,酒肉食尽始散。)终岁孜孜,惟在此牛。擦瓦龙、牛厂,即以上江交界,深知各江风气,遂定以牛买人,每一人黄牛给三条,毛牛只给二条,勒令上江百姓,领牛为之买人,以充奴婢。百姓畏其霸恶,不敢不依,辗转购置,置于狄子、脱落各江。以此各江百姓,受其笼络,祇图有牛享众,不顾欠债日多,迫受逼迫,强悍者每将懦弱者一家大小捉交擦蛮,以偿牛债,或杀其强壮,捉其弱小以偿,次等事无岁无之,尤为各江第一惨状。③

连接独龙江和察瓦龙扎恩最近的一个村子木当,受藏族影响最大,中年以

---

① 菖蒲桶行政委员公署编纂:《菖蒲桶志》,见李道生主编《怒江文史资料选辑》(第十八辑),政协云南省贡山独龙族怒族自治县委员会、政协云南省怒江傈僳族自治州委员会文史资料研究委员会1991年刊印,第48页。

② 参见杨毓骧著《伯舒拉岭雪线下的民族》,云南大学出版社2000年版,第61页。

③ 转引自方国瑜主编《云南史料丛刊》(第十二卷),徐文德、木芹、郑志惠纂录校订,云南大学出版社1999年版,第150页。

上的人会讲流利的藏语，日常生活中喜欢收看讲藏语的四川康巴卫视。有一次，笔者跟随迪政当村支书到木当走访，80岁的念代老人向我们讲述了她祖父的经历。① 她祖父曾当过察瓦龙土司（即领主、地主）头人。有一年念代的祖母生了重病，需要杀牛祭祀。于是，她的祖父向扎恩的领主借了3头黄牛，过了3年还没有能力偿还。土司要求头人用他的两个儿子来抵债。后来，从龙普村（即察瓦龙乡靠近云南丙中洛的一个怒族村寨）来了一个怒族女子到土司家做家奴。土司觉得独龙族头人的儿子比较听话，劳动时肯卖力气，就把此怒族女子嫁给独龙族小伙子，他们即是念代的父母，婚后两人一起到高山牧场放牧。后来，念代父亲被送回到木当，接替祖父头人的职位，继续为土司收税。在牛的交换中，不仅有牛与人的交换，也有牛与药材、麝香等物与物的交换。根据1960年的调查，二村的迪郎·争1947年背着12斤贝母，到贡山换了一条牛作结婚用，这贝母是他花了两年才挖到的。到了第二年，他又以10斤贝母到贡山换回一条黄牛作为祭品杀掉，全村分享。② 在迪政当一带老人的回忆中，独龙族人和察瓦龙交换牛的很少，也没有报道人听说过藏族土司抢人的事。主要是一些孤儿以及下游一带的人被带到察瓦龙交换牛，这样的人独龙语称作"苏德伯"，类似奴隶的身份。通常都是用麻布、黄连、贝母、麝香与察瓦龙的"本南"交换牛。也就是说，藏族领主在统治区域内，不会抢掠自己的子民。牛与人交易的社会背景比较复杂，在独龙族社会内部，一些处于社会边缘的人物，如孤儿弱女，或者触犯了习惯法的越轨者——家内通婚、偷盗、放蛊作祟者，家族长率族人将他们送到察瓦龙换牛。③ 一些被称作"郭拉"的傈僳人，独龙族人认为他们是强盗。他们在下游一带抢人抢粮食，又到迪政当西北边担当力卡山挖贝母，因而独龙族人视他们为最大的仇人。如果独龙社会出现为了牛而"弱肉强食"的社会悲剧，那这个社会的友善和合作的传统就遇到了挑战，社会关系就会变得对立和紧张。

以上资料呈现了独龙江东部和北部之间的贸易关系，从交换的物品中可以发现，贸易交换的地方性与生态资源紧密联系在一起。独龙江一带依赖独特的自然资源，可以提供药材、兽皮等原材料，吸引一些外商不畏途险，每到高山上的雪融化之后就进入独龙江采购药材，或是成为被统治者征收的贡物。18世纪以来，维西土司势力首先进入独龙江，开始对独龙族人征税，随着维西土司实力的衰弱，察瓦龙藏族领主、菖蒲桶喇嘛寺、贡山设治局先后将独龙江纳

---

① 2011年10月20日木当访谈资料（由在读初中的木双英翻译）。
② 参见云南省编辑组编《独龙族社会历史调查》（二），云南民族出版社1985年版，第73页。
③ 参见蔡家麒编《独龙族社会历史综合考察报告》（第一集），云南省民族研究所1983年刊印，第66～67页。

入统治范围，并进行征税；同时，外来势力进入之后，在征税的同时也伴随着各种物品的交换。

总之，独龙族人在对外交换中，家庭是基本的交换单位，以牛、盐巴、药材和兽皮为主的山货为主要交换物品。这些物品的交换，不仅是为满足生活、生产的基本需要而进行的必要活动，同时具有诸如文化表征、权利与财富显示的意义。随着名贵药材卷入外界更大的经济体系，虽然交换的形式以物物交换为主，但到了1949年前夕，一些外商带入银币作为交换物，独龙族社会开始出现货币经济的萌芽状态。纳西族土司和藏族领主政治力量的介入，带来了交换的商品化，使得交换逐渐失去原有的分享性原则，导致大部分独龙族人在缴税与交换后生存处境更加艰难，这是交换者双方的权利不平等造成的。在交换的过程中，独龙族人遵循的仍然是内部交换的法则——分享的观念和建立"本南"交换伙伴的模式；而独龙族人的统治者和外商往往利用这个规则获取高利，并产生债务关系。这是两种不同的食物生产方式——以刀耕火种和觅食的生产方式与农奴制为基础的庄园生产方式通过贸易交换连接时产生的结构性矛盾。另外，文献和访谈资料表明，将独龙江的交换视为礼物交换而没有商品交易的看法是片面和错误的，这种看法无视独龙族人与周边族群之间的贸易往来，以及由此而被纳入世界体系的事实。

三、交换关系中的等级与权利

债务的问题必须依据不同的交换形态分别加以考察，不能一概而论。独龙江内部各地各村在定居历史、人口规模等方面存在着差异性，有一定规模的村落与外界的交换联系比较多，而且有了交换的中间人"本南"，使得交换越来越固定化。南部独龙族人定居出现比较晚，交换多发生在家族之间以有易无。总体而言，独龙内部的物物交换以收送礼的形式完成，遵循共享与平等原则，不同家庭之间的交换主要是达到互通有无的目的，物品交换重在人情的维系而非经济目的。因此，有些交换不一定同时完成。比如，中国境内的独龙族人与缅甸独龙族人相互走访时，先是缅甸的独龙族人到独龙江走访朋友（"本南"），把所需要的东西带走后，独龙江的人择农闲时期到朋友家取回自己所需要的东西；尤其是在仪式场合收到的礼物，只能等到对方举办相同的仪式时偿还。这类交换在亲戚、朋友之间发生，收到物品（礼物）的人也成了对方的债务人，必须在恰当的时间内回报对方；如果延迟偿还，物品并没有发生增值，交换双方形成的礼物性债务有助于提高债权人的社会声威，这也是传统独龙族社会提高个体社会地位的一种渠道。

礼物经济中产生的债务，主要是人情关系的表达，这是族群内部特别是关系亲密的人群中存在的人情债。当独龙族人与外族商人接触时，仍然用原来的交换逻辑去和外商交换。在1949年以前，独龙江山高路险，连一条像样的人马驿道都没有，运输物资完全靠人力背夫。偶尔有外族商人不畏艰难进入独龙江，他们带去少量的铁器、陶锅、食盐和针线，与独龙族人交换兽皮、药材、麻布和藤竹器。交换是在"交朋友"基础上进行的，面对难以见到的外族商人，独龙族"本南"更在乎人情，不论外族商人换多少，他们都可以接受。由此，他们的这个习俗逐渐被外商利用，形成不等价交换，而外商由此获得经济利益。

来自森林的天然产品黄连、贝母和兽皮，以及手工纺织品麻布、藤竹编织的箩筐首先成为对外交换的物品。随着纳西族土司和察瓦龙藏族领主势力的渗透，原来亲戚之间的走访活动逐渐演变成了固定交换的场合，独龙族人不可避免地卷入了更大的交易体系中。一些物品如刀、锅、猪、粮食形成比较固定的比率（见表3－1）①，一些擅长处理对外交易的人成为交换的中间人，他们协助外商进行交换和招待商人食宿。土司、领主的代理人利用独龙族人的亲属制度和交换习俗，进行不等价交换。

表3－1　独龙族人与外族商人交换物品的一般比价（1960年调查）

独龙江的物品	外来物品
三捧黄连，一捧贝母及两大碗黄蜡	一把斧头
一二碗黄蜡，三四张麂子皮	一碗盐巴
五捧黄连	五块茶叶（一市斤）
三捧贝母	三尺铁锅一口
五捧贝母	一个三脚架（大）
三捧贝母	一个三脚架（中）
一升苞谷	一根针
二十捧贝母	一条黄牛
四斤黄连	一个土锅
一张野牛皮	二十碗盐巴
一张三尺长的水獭皮	一个"楚巴"（藏族大袍）
二捧黄连及一张麂子皮	六排（三丈）土布
一口大猪	一尺五寸铁锅一口

以盐巴的交易为例，盐巴为稀缺的食物，由统治者控制并支配，每年察瓦龙领主管家进入独龙江收税时也携带着砂盐；当税收完成后，他们"赠送"

---

① 云南省编辑组编：《独龙族社会历史调查》（二），云南民族出版社1985年版，第14～15页。

每户两筒砂盐（0.5～1公斤），美其名曰向朋友送礼，等到下次再来时，要独龙族人"回赠"高于盐价很多的财物。有时，土司撕掉"友善"的面具，强迫独龙族人购买砂盐，并且索要的价格特别高，"十斤盐换一张大野牛皮，五斤盐换一床双层新麻布毯子"①。夏瑚指出："惟察瓦龙除收钱粮外，土弁家丁，坐守喇卡塌等处，按卖砂盐、毛布等项货物，值一售十。"② 一时没有能力支付的购买者，可以先记账，日积月累，最后变成无法偿还的债务。但这不同于日常生活中与亲戚和朋友之间的礼物债。这些债过一年就要加倍归还本利，若拖欠3年还不起，土司就要强拉人口抵债，或抓人去充当奴隶，或将被抓的人卖到别处。清乾隆时期，维西叶枝土司任命的俅管，"赴俅玛地方放债取利，准折人口，送冲规额"③。类似交换导致的债务，还有牛、楚巴（如藏装、羊毛制品）等债，这些物品对于独龙族人来说是稀缺物，也是独龙族人生活的必需品，同时也是让部分独龙族人失去人身自由的载体。民国时期的陶云逵详细地记录了独龙族人与外商交换中产生的债务情况：

> 于是至秋冬之交，豆类、荞麦不敷时，便向汉人、藏人贷谷，此时，则为诸族盈利之好时机。此外俅子所需之铁、盐、饰物及牛，均仰外方输入。俅子需要外助之多，势必有土产以为交易。土产即俅江一带所产药品，如贝母、黄连、麝香及皮货、黄蜡等。……各物均野生，毫不加入人工之天产也。但皮货、麝香，乃可遇而不可求者，故俅子所赖，卒惟药材。然贝母、黄连年年采取，亦渐变为人多物少现象。势必往人烟更少的深山大菁中去找。此各药材在汉地，价钱甚昂。汉商之所以不避险阻而来俅地者，图厚利也。每以少许之针、线、盐、米，易其大量之药材。一个铁锅，易贝母一二十公斤，致使其人全家终年去挖贝母而不敷。一条牛的债则积数家全年之挖找力量，方能偿还。汉商利用弱点，尽力放"款"，即是放给俅子所需物品。约期偿还，及期不还者利上加利。所谓利上加利即是需要多量之药品。如是一年不能偿清必至数年，一时间不能偿还，则连及后代。于是一蹶不振，万劫不复。④

显然，独龙族人对外交换，尤其是与土司的不等价交换，产生债务且形成人身依附关系，其主要原因在于交换双方的政治权利不平等，土司和独龙族人

---

① 孔志清、伊里亚口述：《独龙族三次起义概述》，李道生整理，见《怒江文史资料选辑》（第3辑），德宏民族出版社1994年版，第14页。
② 转引自方国瑜主编《云南史料丛刊》（第十二卷），徐文德、木芹、郑志惠纂录校订，云南大学出版社1999年版，第150页。
③ 《清实录·高宗纯皇帝实录》（卷四百三十七）。
④ 陶云逵：《俅江纪程》，载《西南边疆》第14期，成都西南边疆研究社1942年印行。

的关系是支配和被支配的政治关系。支配者除了有征税权,还控制着生活生产稀缺物资的分配,因而独龙族人在交换中不得不受制于土司和察瓦龙领主。同样是稀缺品,黄连、贝母等名贵药材的输出并没有给独龙族人生活带来质的变化。究其原因,是因为独龙族人在周边族群政治阶序中位于最底层,无法改变交换中的不利地位。

在劳动力交换方面,也出现了雇佣关系。迪政当村的一些生活困难无法维生者,跑到察瓦龙农奴主家出卖劳动力,获得低廉的报酬。有的是因为债务无法偿还被迫抵债给土司,也有的当背夫。例如,察瓦龙领主管家来收税时,雇用当地的独龙族人为背夫,把缴收来的物品背运到察瓦龙,背夫得到一定的口粮作为酬劳。每年春天,雪山开化之后,察瓦龙富商会雇请 8~10 个独龙族人到山上挖贝母,由雇主提供饭食,挖回的贝母按照 8∶1 的比例分配,独龙族人只得其中一份。这种雇用独龙族人挖药材的情况每年都有,挖得多的人回报也多,几年下来可以换得一条牛。

独龙族社会内部,一些家庭在与外商和统治者接触互动中,比其他家庭获得了更多的生存物资。通常情况下,这样的家庭为家族长之家,他们也是外商到独龙江进行交换贸易时的结交对象;如果个别家族长愿意为统治者协助征税,还会得到额外的补偿。但我们还没有发现家族长利用职权剥削本族人的材料,他们反而为不能缴税的人向土司说好话,使那些人免遭迫害。同时,一些富有的家族长从察瓦龙购买牛,举行剽牛祭天仪式,将牛肉与众人一起分享,这也是一种适应性的生存策略。一些富有者占有的土地比较多,在农忙季节,一家人无法应付时就雇请其他人来帮忙,这种帮忙也是在"迪里瓦"换工制度基础上产生的,雇主提供饭食和酒水,而不用再偿还劳力。另外,也有用粮食来请工的。根据 1960 年的调查,冷木当的孔千杜里一家每年要请 10 个工左右,每个工支付一升粮食,提供两顿饭食。① 也有一些欠土司税收的生活贫困者,拿土地来抵债,让富有者替他缴税,他自己则再向土地多的人家借地耕种。通常情况下,借地年限为一年,借一块地要给粮食或其他东西。例如,借一块 5 斗的地,要给 1~2 斗粮食,或者一捆黄连。引起这些方面的变化,主要还是与更广阔的社会和文化互动产生的动力有关。迪政当一带的村落比其他村落社会经济条件好,才出现个别家庭的雇工、土地借贷情形。

传统独龙族人的婚姻缔结,也是不断交换礼物的过程。按照婚姻规则,一个未婚男子优先娶舅父的女儿为妻,在订婚之后,男方要向女方支付一笔彩礼,女方父母有决定彩礼数额的主动权,一般为一头猪,富有的家庭送一头牛、几口锅、一个铁三脚架、一把铁刀、一对耳环、一床独龙毯,还有珠子、水酒、

---

① 参见云南省编辑组编《独龙族社会历史调查》(二),云南民族出版社 1985 年版,第 65 页。

粮食等。如果娶的不是舅舅的女儿，而是娶其他氏族的姑娘，送的彩礼还要加倍，每样凑齐9个，有时打到的野兽或捕到的鱼也要送上。独龙语称彩礼为"德布"，汉语意为"补偿"。也就是说，对于女子出嫁的一方来说是损失一个劳力，男子娶过来就要补偿其损失的劳力。若男方家庭经济困难无力送齐聘礼，则其他家族成员有帮助的义务，也可以赊欠，等结婚后再补送。婚姻中的彩礼并非完全由求婚者向女方父母单向流动，女方接受和同意订婚后，也会回送一些礼物，虽然其价值不能等同于前者。独龙族人有自己的婚姻规则，它不同于利奇描述的克钦社会中的"姆尤－达玛"关系。在克钦社会里，妻子提供者姆尤的政治地位比娶妻的达玛高①，达玛有义务支付彩礼给姆尤，但通常无法立即支付。所以，新郎常常不得不付出多年的劳动——有时是他的余生，来奉献给他的岳父岳母。独龙族社会是一个平权的社会，姻亲双方是平等的关系，婚姻的缔结也被视为扩大合作群体的一种策略，而非是为了支配和控制对方。

不等价的交换是在独龙社会内部交换模式中衍生出来的，主要是政治权利不平等造成的。它是造成独龙族人难以偿还债务进而以人身来抵债的社会原因。牛作为独龙族社会财富的象征，同时也提供了大量的肉食，按照传统习俗，牛充当求婚时的聘礼或者宗教节日上的祭品。无论是祭品还是聘礼，最终都要被宰杀并且其肉要平均分配给所有村落共同体成员。由此，牛的拥有者才能获得真正意义上的财富——社会地位与声威。所以，对于独龙族人来说，财富主要是一种象征性的表达，实际日常生活中，富人与穷人没有明显的区别。例如，木当寨子的头人无法偿还牛债时，也不得不以自己的儿子来抵债。总体而言，独龙社会还没有出现因财富产生的社会分化，交换和分享仍然是生存的重要机制，在食物生产不足以维持生计的前提下也是实现食物获取的手段之一。

第三节 稀缺与分享：交换的社会动力学

综合前述，独龙江两岸的独龙族人内部以及对外的交换行为过程有两个意义：一是补充了粮食和本地不能生产的衣物、工具和盐茶等生活用品，缓解了物资稀缺带来的生存危机；二是维系或者隔离了人与人之间的联系和互动。人类学家马林诺夫斯基、莫斯等人的研究表明，传统社会中仪式性交换是"总体呈现"型的交换，是以礼物的形式互相馈赠，因而，交换的行为不仅是出

---

① 参见（英）埃德蒙·R. 利奇著《缅甸高地诸政治体系——对克钦社会结构的一项研究》，杨春宇、周歆红译，商务印书馆2010年版，第91页。

自经济目的，还有政治、文化的表达，如呈献出某人的慷慨、声望和财富。交换产生社会关系，在独龙江内部，各种类型的交换再生产出人与人之间平等、互助和友爱的关系；而在与外界的经济交易中，在原材料与工业制品、粮食的交换中，产生了依附型的债务关系，确定了独龙族人被统治的正当性。奇怪的是，在跨村落和跨族群的交换互动中，独龙族人坚持互惠的原则，通过"本南"这种拟血亲的关系建立真诚友好的交换伙伴关系，从而实现物品的流通和人群关系的结盟，也使处于不同社会体系的人群得以连通。

从地理生态学和食物稀缺的角度来看，"本南"关系有着重要的价值和意义。独龙江南北贯穿于高黎贡山和担当力卡山夹缝之间，形成高山峡谷整体地貌，村落分布在两岸的陡坡上，村落之间相隔较远，过去只有羊肠小道相连，即便是今天有了乡村公路，徒步也要2～4小时的路程。而要与外界沟通，需要翻越海拔4000多米的高黎贡山，在还没有挖通人马驿道之前，贡山到独龙江步行需要6～7天，北部村民到西藏察瓦龙最近的村子扎恩需要2天。交通不便、地理空间的隔离，造成了独龙族人和外界交换与联系的困难，但这并不意味着独龙江与世隔绝。独龙江与周围的交换没有固定市场，"本南"关系的结成可以说是独龙族人应对交通困难的一种适应策略。独龙族人带着物品到远村交换，不可能当天就能返回来，他的"本南"负责接待和提供食宿，一直到交换结束；同样，当远村的"本南"来到独龙江时，他有义务招待。独龙江由于地势陡峭，适宜耕地面积稀少，作物产量低，不足以为当地人提供足够的粮食，一年中有三四个月到半年以上属于缺粮时间，独龙族人依靠采集和狩猎来维持生活。① 独龙江北部村民在饥荒季节，背运山上挖来的药材和捕获的兽皮，到察瓦龙和贡山丙中洛找"本南"交换大米等粮食。粮食短缺，生存的欲望可以突破高山峡谷的阻隔，这也是独龙族与外界交换的驱动力。一些外地的游商在雪山开封季节（每年6—11月），深入独龙江采购药材，并兜售携带的衣物、针线和茶盐等生活物品。

独龙江处于峡谷地带，受印度洋季风影响，雨季长，年平均降雨量为2 900～3 000毫米，是云南省降雨量最大的地区之一。② 这种多雨水的气候条件，适合刀耕火种的农业种植。由于潮湿、地势不平的因素，牛不易生存，历史上独龙族人也比较少养牛。但是，牛肉在提供营养价值、文化表达、社会威望的获得和权利等级合法化方面具有不可替代的作用。独龙族社会内部分层不明显，类似牛肉的分享是他们文化的特点之一。在大型公共祭祀活动"投荣

---

① 参见云南省编辑组编《独龙族社会历史调查》（二），云南民族出版社1985年版，第12页。
② 参见尹绍亭著《远去的山火——人类学视野中的刀耕火种》，云南人民出版社2008年版，第154页。

哇",以及结婚中聘礼所需求的牛,仰赖与外界的交换。察瓦龙一带有高山牧场,藏族领主和富户有牛厂,他们深知独龙族人的风俗,常与独龙族人交易。但是,在交换中牛价高,独龙族人一个家庭辛苦一两年挖到的贝母、黄连等药材只能交换1头牛;另一方面,一些触犯习惯法,如"违反通婚禁忌(同一家内通婚)、偷盗、放蛊作祟或者孤儿弱女等,都可以被用来交换牛"。① 换言之,分享牛肉的祭祀活动,一方面是为了祭祀天神等各种神灵,祈求丰衣足食,并通过最后的分食活动使得整个村落社会融为一个共同体;另外又使一些社会边缘的人被排除在外,成为交换牛的对象。最重要的是,提供牛肉成为察瓦龙藏族领主控制独龙族人的手段之一。

牛肉的分食同时也是统治者获得合法性的一种手段,独龙江上游一带流传着反抗察瓦龙领主收税的故事②:独龙族人和怒人结盟攻打了察瓦龙领主,后来察瓦龙人宰杀了9头牦牛宴请独龙族人,以缓和双方的关系。很多独龙族人去了,有些人没有分到牛肉,但分到牛肉的人都很高兴。一年后,察瓦龙领主来独龙江收税,凡是吃了牛肉的人都得上税。北部的村民大部分都吃了牛肉,所以他们成为附属子民不得不缴税;而南部的人没有分到肉,所以不用缴税。维西纳西族土司在贡山一带委任了他们的代理人,替他们收税,"每年缴纳税物如黄连、黄蜡和兽皮到土司家里,土司要杀牛宰羊款待他们"③,走时还要赠送每家若干盐巴。通过牛肉和盐的赠送,土司和领主的身份与政治集权得到了巩固,提高了声威。

独龙族人的对外关系,主要表现为与不同族群、政治背景的人进行物物交换,包含纳贡、馈赠与商品交换,这种多样性的交换类型,在施蒂恩谈论交换的两篇文章④中还没有具体提到。简而言之,一类是通过结交"本南"这样的交换伙伴,按互惠原则进行物物交换,这在交通困难、食物短缺的独龙江是一种适应策略;另一类是纳贡和与土司本人或者代理人之间的交易,属于政治权利等级关系下的交换,土司通过占有的稀有物品交换,获得统治合法性和地位的巩固;还有一些游商到独龙江,也是利用"本南"制度,在交换中获得高额利润。这样,"本南"包含了人与人之间社会的、政治的和互惠的关系。在

---

① 参见蔡家麒编《独龙族社会历史综合考察报告》(第一集),云南省民族研究所1983年刊印,第66~67页。
② 参见蔡家麒著《藏彝走廊中的独龙族社会历史考察》,民族出版社2008年版,第108页。
③ 云南省编辑组编:《中央访问团第二分团云南民族情况汇集》(上册),云南民族出版社1986年版,第58页。
④ 参见(法)施蒂恩《缺少的分享:喜马拉雅东部(中国云南西北部)作为"整体社会事实"的分享的仪式语言》,周云水译,载《青海民族研究》2009年第3期;(法)施蒂恩·格罗斯《19—20世纪滇西北盐、牛及奴隶的交换与政治》,尼玛扎西、彭文斌、刘源译,见罗布江村编《康藏研究新思路:文化、历史与经济发展》,民族出版社2008年版,第107~115页。

这里，互惠性也具有多层含义，正如陈庆德和潘春梅总结的，"由于互惠交换具有严格的义务性，在不同的社会结构中找到它的生存空间"①。对于独龙族人而言，生存物资的稀缺是交换行为的原动力，而文化观念因素和外界政治力量的介入使交换的性质变得更加复杂化。

清末至民国时期的独龙族社会，处于以父系氏族为血缘纽带维系的平权社会，莫斯以来的人类学社会交换理论，可以解释作为单一社会的独龙族内部的交换现象。但是，当纳西土司的残余势力进入独龙江流域以来，纳贡和物品交换的记载表明，独龙江绝非一个被隔离在滇西北政治经济体系之外的孤岛。由于在滇西北的政治权利结构中处于最低层位置，独龙族人与周边族群的交换关系实际上是平权社会与等级社会、追求互惠性和经济利益最大化之间的交汇和碰撞。土司和藏族领主占有独龙江稀有的生存资源，通过牛、盐巴、铁器工具与独龙江药材、皮货之间不平等的交易，巩固自身地位和发展政治势力，也再生产了不平等的社会关系。从参与交换物品的价值属性看，独龙族人与外界交换的物品具有商品属性，这些物品流入独龙江内部时，通过馈赠的方式得到再次分配，属于礼物性质。从这个事实来看，正与格雷戈里等人的观点相反，即他所认为的"不存在纯粹的礼物或商品经济活动"②，他的观点成立的前提是货币还没有流入独龙江。

在峡谷地貌、雨季长的地理生态条件下，独龙族人生产的粮食不足以维持基本的生存需要，衣物、铁器工具等生产生活用品极度稀缺，但是独龙江两岸丰富的自然资源弥补了生产的不足，也为和外界交换提供了原动力。这是施蒂恩发表的文章中所忽略的一个维度。独龙族人本土宗教信仰和祭祀天神的仪式活动，目的在于祈神，表达丰衣足食的愿望。而牛既可以作为祭祀的牺牲品，也可以是显现财富的结婚聘礼，但无论是哪一种用途，最终都被作为礼物由共同体成员分享。牛肉的分享因而成为维系"克恩"内部成员的纽带。但是，牛肉来源于居住在北部和东部的统治者，牛肉的提供满足了统治的合法性和权威性需要，维系了统治者与独龙族人的等级关系，因而牛肉成为表达社会关系和人们地位的隐喻。在各种形式的交换过程中，分享的观念影响和制约着交换者的抉择。当分享成为社会成员必须遵循的惯例和制度时，分享的观念可能会成为一些人操控交换行为的文化资本。概而言之，独龙江内外之间交换类型的多样性和复杂性，是文化权利、政治等级以及经济生计等多重动力因素交织混合的产物。

---

① 陈庆德、潘春梅:《经济人类学视野中的交换》，载《民族研究》2010年第2期，第36~47页。
② Richard R. Wilk and Lisa C. Cliggett, *Economic and Culture*. Westview Press, 2007: 161.

第四章　信仰与仪式：村落社会整合的宗教因素

> 宗教信仰和仪式充当了一份加强社会成员连接的巨大功能，成为传递文化给下一代，以及整合个人的行为规范。
>
> ——埃米尔·涂尔干《宗教生活的基本形式》

正如莫斯等人的研究，宗教仪式通过祭司的一套仪轨操作，表达了人与神、人与人之间的交换关系，而在独龙族社会中表现出一种互惠型的关系，在祭拜各种神灵的同时亦期望得到回报。独龙族人生活在高山峡谷中，大部分人相信周围的树林和岩石由各种各样的精灵主宰着，人类的好运和灾难无不与之相关。人类对自然环境和自身在宇宙中地位的认识和思考，产生了最初的灵魂观念和宇宙观，它们是构成本土宗教最基本的元素。随着独龙江与外界交流和互动的增多，独龙族人从外族交换中获得生存需要的各种物资；与此同时，佛教及基督教等外来的宗教文化观念也传入独龙江，并影响了当地的信仰结构。独龙江各村所处的地理位置和与外界接触对象的不同，导致了宗教信仰的地域差异性。不论是本土的宗教还是外来的基督教，其实都是不同宗教文化交汇融合的产物。周期性举行的仪式活动，既是对神灵的崇拜，亦是分享食物、形塑集体意识的公共活动。对高度流动、分散的独龙族人来说，这是一项非常重要的社会整合机制。

第一节　神灵信仰中的互惠性、禁忌及其实践

一般而言，独龙江孔当以上的人信奉的宗教中包含本土观念元素比较多，虽然受藏传佛教的影响，但是灵魂、鬼和天的观念与信仰是与日常生活、生产关系最为密切的表达。他们深信人和动物都有灵魂，称为"卜辣"；他们的亡魂则称为"阿细"，人死后的亡魂"阿细"被送到"阿细默里"这个地方歇

居。天有九层和十层之说①，人、鬼、鬼的头目分别居住在不同空间里，但是鬼可以下到人间赐福或作祟。火塘是连接天和地的地方，也是天的最底层。不论是基督教徒还是崇奉本土神灵的非基督教徒，他们都相信存在一个主宰世间万物的至高神，独龙族人称之为"格蒙"。它既能庇佑、赐福于人世，又决定所有人的生和死。独龙族人认为，除了住在天上的"格蒙"，周围世界的许多事物都有精灵，通常会用"卜郎"这一术语来表达，它们或敌或友，全赖人们是否适时祭祀以及人们的言行是否妥当。换言之，这些精灵能给人类带来好运和生产的丰收，但一旦触犯它们则会给人带来疾病、死亡和灾难。所以，独龙族人在生产和生活中非常慎言谨行，担心触犯了精灵而招致不可预料的报复。

一、对猎神"任木达"的祭祀

由于独龙族人生产的粮食只能维持半年的生活，狩猎和采集就成为获得另一半生存食物的渠道。男子狩猎尤其是获取肉类蛋白质的重要手段，因而成为一个出色的猎手也是获得社会威望的一种途径。当然，为了能够捕获猎物，人们也要遵守狩猎相关的禁忌和规则。

（一）猎神的传说

独龙江两岸的丛林中生活着丰富的野生动物，如野牛、野猪、岩羊、虎、豹、鹿、獐、麂子、猴、兔、飞鼠及水獭等，独龙族人认为有一个叫"任木达"的神灵主宰着它们的命运。关于猎神的传说，有不同的版本。一种说法是，猎神由一个父母供养不了的孩子变成。即以前有一对夫妇生了一个孩子，这个孩子食量很大，父母没有办法填饱他的肚子，只好将他送到山上岩洞里；可是这个孩子不但没有饿死，反而变得力大无比。在一个月圆之夜，孩子被老虎吃了并变成了"阿卡提"。② 人们相信在月圆的季节出猎，得到"阿卡提"的护佑会捕获到很多猎物。另一种说法是，猎神由走失的猎人变成，这种说法流传比较广泛。综合各地的传说，大致的故事情节是这样的：

> 有两个兄弟，有一天他们一起去山里打猎，在一处崖子附近撵一只岩羊，岩羊跳上崖子不见了。弟弟见天色已经晚了，叫哥哥不要再追撵了。哥哥仍然领着狗跑上了崖子。过了一会儿，崖子上传来狗的叫声，弟弟急

---

① 参见蔡家麒著《藏彝走廊中的独龙族社会历史考察》，民族出版社2008年版，第117～119页。

② 参见杨毓骧、杨奇威著《雪域下的民族》，云南教育出版社2008年版，第74页。

忙上了崖子，却没有寻见哥哥和狗，岩羊也没有见到。这时，听见崖子下面有狗叫声，弟弟又从崖顶上下到山脚，还是没有寻见哥哥和狗，更不见岩羊。这时，天已经黑了下来，只见崖子背后走出来一个一半是黑脸一半是绿脸的怪人，他向弟弟问道："你能看见我吗？"弟弟说："我见到你了！"怪人接着说："我是你的哥哥，我叫'任木达'。我不能跟你回去了，你一个人回家吧。再过一年来这里打猎，我一定让你多多地打到野兽。"说完就不见了。

弟弟回到家里，正向家人讲述今天打猎时遇到的怪事，那个半黑半绿脸面的怪人也来到了家里，他的下身已经变成石头一般。家人拿出食物来招待他，他都不吃。最后找来了烧酒，倒进"滴希当荣"当中，怪人一饮而尽，走了。

第二年，弟弟进山打猎，每次都打到许多野兽。这件事在独龙族人中间传开了。从此，人们如上山行猎，都要首先祭一祭保佑多打野兽的"任木达"，认为它是山林禽兽的主人。①

这则故事包含了几个重要的信息，一是"任木达"由走失的猎人所变，二是人们向它提供祭品（食物），换回丰厚的猎物，表达着一种互惠交换的观念。另外，独龙江还流传着与出猎有关的传说。例如第三章提到的崖鬼"几卜郎"的传说，其内容和结构与这则故事有些类似，都是在崖子上追赶猎物，只是后者提到的出猎人数是5个，其中一个人领着狗上崖追赶野兽，结果和上面传说中的哥哥一样消失了，最后变成了让人看不见的"几卜郎"。"卜郎"和汉语"鬼"的意思相近，是一种看不见但能感觉到的会对人产生威胁并致使人生病和发生灾难的精灵。在独龙语中，"任木达"也有另一种叫法，即"且卜郎"或者"旦卜拉"，也就是说能给人带来丰厚猎物的"任木达"，也含有"卜郎"的意义，这体现了一种鬼神不分的混合观念。从事独龙族传统宗教文化研究的蔡家麒，在分析材料后指出，20世纪五六十年代独龙族社会历史调查报告以及之后的一些资料出现独龙族所谓的"天神"、"山神"、"崖神"、"猎神"等名称提法，是值得商榷的。他认为，上述崇拜对象，独龙族有其专称，常缀有"卜郎"（鬼）的称谓，而独龙语中未发现"神"这个综合词汇。"鬼"和"神"是不同内涵的宗教概念和术语，不宜混淆互用，否则容易造成误解或附会。② 问题在于，当独龙族人使用汉语"鬼"来指称一些附在树林或者岩石中的精灵时，其意义不一定等同于汉语语境中的"鬼"的概

---

① 蔡家麒著：《藏彝走廊中的独龙族社会历史考察》，民族出版社2008年版，第159页。
② 参见蔡家麒《独龙族原始宗教》，见吕大吉、何耀华主编《中国各民族原始宗教资料集成》，中国社会科学出版社2000年版，第626页。

念，而是指那些不满人类的行为而向人作祟的精灵，一旦举行祭祀仪式，重新修复道德，"鬼"也可以向善，成为人类的护佑者和提供食物的"任木达"。如果细细品味"几卜郎"和"任木达"的传说，表面上看起来与狩猎有关，实际上隐含着人们像兄弟一样共享食物、互惠与合作的集体意识。

（二）祭祀猎神的仪式与禁忌

如上所述，"任木达"是掌管各种野生动物的精灵，通常称为猎神或者山神，独龙族人认为在出猎前向它祭祀是必要的。迪政当的李自才告诉我们，猎人要走一天才到达行猎的森林中，然后选一块平坦、接近水源的地方搭棚子，作为宿营地；烧起一堆旺火后，开始祭祀"任木达"的仪式。首先要将荞面捏成各种野牛、野猪、野熊、岩羊和锦鸡等禽兽的模型，作为祭品陈列在林外一棵大树下，并在旁边插上"日达尔"（由红纸、白纸剪成条状挂在树枝上而成），由氏族长或者祭师主祭，为"任木达"献上酒和食品。主祭者向猎神念祷词："我们今天上山来打猎，用这些面兽来换你的野兽，求你放出那些野兽给我们吧……"念完祷词，祭者将禽兽的模型扔到林中。但是要注意祭品的头不能对着人，否则这些野兽会攻击人类。做完仪式后，猎手们回到棚屋中吃家里带来的面饼、鸡蛋和菜。猎手的人数不定，原则上是同一家族的人一起去，也有单独去的，不论是一起去的还是单独去的，所捕获的猎物都与大家一起平分。所获的猎物，过去是整个家族或者一个村寨的人共同分食，现在只是在几个比较亲密的族人之间分享。现在也没有专门的猎场划界，很难找到猎物，有时要走七八天才能找到猎物。谁先到一片森林地，谁就有权捕猎该区域的动物。宿营地一般比较固定，每年都会去同样的地方搭棚屋。过去有氏族、家族专有的猎场，正如专有的森林、耕地一样，别的家族不能侵犯。①

李自才提供的信息与前人调查的资料有些差异，主要是缺少了"试箭"的环节。比如，20世纪60年代社会历史调查的资料显示，猎手们向猎神祷告完之后要进行弩弓射箭演习，来占卜猎神是否愿意放出它的禽兽。方法是在数十步外的地方，选一棵大树剥开树皮，以木炭画成各种兽形，若射中图中的野牛，则认为这天可以猎获野牛，中什么就会猎获什么，射中的目标越多证明猎神的恩赐越多。另外还有一种方法是，对着祭品射箭，同样，射中野牛必得野牛，射中岩羊必得岩羊。②

传统上弩弓和箭是主要的狩猎工具，随着铁器和火药的传入，猎手们也自

---

① 2012年7月8日访谈李自才的资料。
② 参见《民族问题五种丛书》云南省编辑委员会编《独龙族社会历史调查》（一），云南民族出版社1981年版，第87～88页。

己制作猎枪或者向外界购得枪支，这比弩弓能捕获更多的猎物。但是，在20世纪末，国家实施禁猎政策和采取没收枪支的行动，以保护自然和野生动物，弩弓和箭又成为捕猎的主要工具。西藏察瓦龙扎恩村一直保持着年节射箭比赛的习俗。这是一个独龙族、藏族、傈僳族聚居的社区，也是各种文化交汇的场域。一方面，射箭比赛表达了扎恩人的威武和勇敢，这是康巴藏族人尚武的传统文化观念的体现；另一方面，在射箭之前祭祀山神的活动以及祈求捕获猎物的愿望与射箭联系在一起，以此多少可以看出独龙族人或者傈僳族人狩猎祭祀文化的影子。

过去或者现在，准备出猎的男人在临走前均应保持身体"洁净"——不能与女人同床，洗澡换上干净的衣服。另外，妻子怀孕的丈夫不得参与狩猎。人们认为孕妇身子不干净，也禁止她们接触男人的弩弓和箭。过去，独龙族人视狩猎为神圣和获得荣耀的渠道，因而非常重视相关的禁忌。比如，猎手的家人不得谈论狩猎之事，猎手出门1小时后家人才能扫地，猎人之间不得争吵，遇见其他狩猎者不得搭话，等等。在日常生活中，其他人不能在猎人面前跨过去，或者走来走去，这样会把猎物挡住，使猎人下的扣子捕不到猎物。这些禁忌表达了对"任木达"的敬畏心理，以及对猎手的尊重，同时要求猎手之间进行合作与配合。在以弩弓和毒箭为主要捕猎工具的时代，只有依靠集体的力量才能捕获更多的猎物。

二、疾病、死亡的威胁与村落秩序

独龙族人认为"卜郎"是导致人患病、死亡的罪魁祸首，这也是独龙族人对"卜郎"既恨又畏的原因。"卜郎"对普通人来说看不见、摸不着，是一种无形的存在。传说和对生活中遇到各种不幸的解释，汇成了"卜郎"文化氛围，使每一个步入独龙村寨的人感受到它的存在。在独龙族人的观念里，祭师"南木萨"和"雄麻"能看见"卜郎"，因而是沟通"卜郎"和治疗疾病以及处理亡魂的仪式专家；同时，由于祭师能够唆使"卜郎"作祟他人，与"卜郎"一样被视为村落秩序潜在的威胁者。

（一）卜郎

"卜郎"这个术语大意指鬼魂之类的超自然精灵，但很难做出精确的定义。它既包含对人类有益的精灵，如山地森林的主人"拉"，它能使人们生育、六畜兴旺，获得丰收，与"任木达"类似；也指能治病患的"南木"；同时也包括那些致使人患病和不幸的邪恶精灵。其具体内容见表4-1①。

表4-1 超自然精灵"卜郎"及对人类的祸害

精灵名称	祸 害	精灵名称	祸 害
几卜郎	患各种病，发酒疯	瓦降卜郎	发冷发热，吐血
楠莫楠卜郎	关节疼痛	莫利卜郎	眼耳疼痛、生疮
巴斗卜郎	头痛	载嘎卜郎	头疼、发烧怕冷
直让卜郎	疟疾	戈莫卜郎	呕吐
丘丁卜郎	将人推入江中淹死	莫本卜郎	各种疾病
迪格拉卜郎	滚石击中，蛇咬，急性病	日乌闹卜郎	栖身之地不能砍火山地
色澜卜郎	头疼	尼占卜郎	拉肚子
莫卜郎	精神分裂	昂格介卜郎	死亡
卜拉龙卜郎	吸食死人的脑髓	斯闹卜郎	食死尸肉
伊理卜郎	专吃人类和野兽	郎卜朱卜郎	鬼头目，日升、日落之际摄人灵魂

按照善恶的标准来分类，可以分为"卜郎"和"南木"，它们互相克敌，后者专治前者，但都由"格蒙"创造。"卜郎"又可分为山、水、路、石、树等不同类型的精灵，能够区分不同的"卜郎"是祭师必备的能力，在对病人占卜诊断后才知道是哪个"卜郎"作祟，这样可以有针对性地采取作为治疗手段的仪式。笔者从当地人讲述的《创世纪》神话中发现，世界初始时人类与"卜郎"住在一起，并相互合作照看彼此的孩子。人类离家干活时，总是把小孩交给"卜郎"来照看，"卜郎"生性贪婪，不断吸小孩的血，人类逐渐减少。"格蒙"认为，人类是它的外孙，不能绝种，于是用发洪水的办法使人与"卜郎"分开，而且人肉眼看不见"卜郎"，"卜郎"却能看见人并用专害人畜的方法索取人间的酒肉和祭品。独龙族祭师认为，被称为"木达"的天界是"卜郎"和"南木"居住的地方。"卜郎"和"南木"常下到人间作祟或治病，前者的行为经常连"格蒙"也不知道，而后者扮演的是"格蒙"派下来救治患病者和护佑受害者的角色。

"卜郎"像人一样，有生灵"卜辣"和亡灵"阿细"，也有其家族，也会繁殖和死亡，只不过其寿命要比人长。"卜郎"的生活方式与活人不同，它们主要靠吃人的灵魂"卜辣"和祸害活人使其生病，使人不得不献祭供品以免

---

① 感谢迪政当村民李自才、李金国、斯日都里等人的讲解和介绍，这里所列的"卜郎"只是日常生活中提到比较多者。

遭其害。而它的灵魂"卜辣"是天上最高层的鬼头目"孟朋格"给的。换言之，在独龙族人的观念里，"卜郎"这样的概念不是人亡故后变成的，而是与人类一样由天神安排生死和福祸。但是，一些经常被人们祭祀的"卜郎"是活着的人变的，如前面提到的崖鬼"几卜郎"和森林中众兽的主人"任木达"，都是由走失的猎人所变。在独龙族人的传说中，"卜郎"被描述成贪婪、反复无常的恶鬼，它们总是不断地想吃人间的祭品。人之所以遭遇被滚石击中或者失足掉江、坠崖等不幸，是因为人的灵魂"卜辣"受到鬼的干扰和诱惑。在所有的"卜郎"中，独龙族人认为崖鬼"几卜郎"是人类生命最大的威胁者，它善于变成各种东西，附在人体上作祟。人的灵魂"卜辣"一旦被它惊吓或者吃掉，会直接导致人体患病和死亡。就是说，人没有了"卜辣"也就不可能活下去。独龙族人对死亡的定义与"卜郎"联系在一起。

笔者在迪政当田野调查期间，报道人都里忙完白天的劳务，晚上来到笔者住处讲了很多关于"卜郎"的故事，也就是常说的鬼故事。在漆黑而安静的山村里，听着这些奇异的事，总让笔者产生各种联想。都里的祖父辈中，有几个是当地有名的"南木萨"（祭师），他也从小受鬼文化的熏陶，深信"卜郎"的存在。都里提到了一种非常凶残的"日萨卜郎"，它能化成各种东西，尤其是变成年轻漂亮的少女出现在年轻男子的梦里，引诱他们与之相爱做鬼夫妻，于是这些年轻人便逐渐消瘦衰弱、体虚多病。那些被滚下来的山石压死、上吊自杀、吃草乌自杀、跳江自杀等不寻常的死亡，被认为是"日萨卜郎"作祟致死的。以前迪政当村有一个小伙子，父亲是村领导，他常向旁人讲述梦境：有一个漂亮的女子总是出现在他的梦里。有一次他去江边钓鱼，喝了点酒，回到家后，就吃草乌自杀了。这位年轻人平时为人很诚实，大家对他的死表示非常惋惜，死前他提到做了一些噩梦，大家认为是"日萨卜郎"害死他的。另外，每年有人跳江自杀身亡，都里解释说那些人都受到"瓦江卜郎"的控制，只要靠近江边就身不由己地往江里跳。很多人喝了酒后，不敢靠近江边的路走，害怕为"卜郎"所害落入江中；也不敢走夜路，因为到了晚上，路上有很多野鬼，会致使人患病或者给人带来麻烦。为此，独龙族人生活在很多"卜郎"包围的世界，他们总是感到不安和恐惧，为此不得不花费大量的财物去祭祀这些鬼魂，禳解灾难。正如历史上的独龙族人现实生活中受到周边强权的征税和挤压以及强盗的侵扰，生活难以安定，生存处境艰难。

（二）对死亡的预测和灵魂观

大部分独龙族人相信人畜的患病和死亡与"卜郎"作祟有关，人看不见"卜郎"，人的灵魂也是肉眼无法看清的，但人们认为灵魂的相貌、品性和活人一样。他们认为，活人的灵魂"卜辣"被"卜郎"吃掉后，人这一生物体就没有生命了，变成了亡魂"阿细"。

报道人告诉笔者，有一些迹象是死亡的征兆，比如听到细微、缥缈的哭泣声音，三四天后必有人去世；还可从异常的气象中看出死亡的预兆，比如晴天下雨，雨线不直、点数不一样，且粗线不匀称，这属于不正常的自然现象，乃凶兆，必有人死。2011年10月29日，笔者碰到了一桩"油火烧同伴"事件。事件发生在离迪政当不远的山坡上，有5个独龙族男子1个多月以来在此搭棚屋，砍木料挣钱。白天他们加工木料，晚上烤火喝酒，度过寒冷的黑夜。10月28日晚上，像往常一样，吃完晚饭，几个人又一起喝酒。其中一个人发烧感冒先睡了，另外4个人喝到第二天凌晨。有一个人兴致很高，另外3个人觉得喝够了，想睡觉，于是劝他休息；他不听大家劝说，并往一人身上泼柴油，还威胁大家，如果不跟他继续喝酒，他就要点火烧人；其他伙伴也喝得糊涂了，听了都不以为然。就在这时，一阵风吹过来，那人手上的火把星吹到被泼柴油的人的身上，很快就燃起来。这时，那人喊疼，在地上打滚。其他人看到这情形，马上清醒了。他们先用被子扑在那人身上，但火势太旺无法扑灭；被烧的人疼痛打滚，后来滚到山下的公路上，由于天黑，过了好久其他人才找到躺在公路中间的他。这时，他身上的火已经灭了。两个人留下来看着他，另两个人到村子里找来了拖拉机司机，把伤者运到乡医院。迪政当离乡政府有5小时左右的车程，他们在2/3路程的地方遇到塌方，车无法往前开，只能由那4个人将伤者抬到医院，但是伤者烧伤太严重了，乡医院无法治疗。第二天早上，他们又将伤者转运到县里治疗，但伤者在途中就已经断气了。那个喝酒最凶的人，连鞋子也顾不得穿，一直忙着参与救人；到了县城，他主动向公安局自首。11月1日，笔者和村民一起去看出事现场，县公安局的人带着嫌犯来指证。笔者看这人很朴实，根本不像会伤害他人的人。他的母亲也到了现场，披着一条床被，沉默但两眼饱含着泪水。当指证完现场准备离开时，男子终于忍不住哭了。他为自己愚蠢而冲动的行为付出了代价。村民将几天前那场怪雨和这件事联系起来，并由此证明那征兆是正确的。

如前面所言，独龙族人常把梦见的内容与死亡联系起来。虽然各地的解释不同，一般认为梦着自己不幸的遭遇总是不吉利的。梦见日落，表示父亲将要去世；梦见月亮，表示母亲将要离世；梦见牙齿脱落，是父母即将离世的征兆。另外，梦见家乡的溜索断了、桥板腐朽，醒来见到的人，其命不长矣；梦见祭师、亡故的亲人、蛇等现象都属于凶兆。独龙族人非常重视梦到的事物，早上醒来必与家人分享，以此来预测今后谁会遇到什么样的不幸和灾难，以及在近期该注意的言行，避免灾祸降临到自己及家人身上。

蛇被认为是不祥的动物，不仅在梦中见到蛇是凶兆，生活中遇到蛇也是不吉利的征兆。独龙族人的口述故事《创世纪》中就有关于蛇与鬼的联系。创世之初，人与鬼同住，鬼吃人的孩子，人越来越少，于是人用计谋打死了鬼；鬼变成蛇，人们将它扔到独龙江，结果蛇身变大，堵住了江水，引发了洪灾，很多人因此而丧命。也就是说，蛇在口述文学中被描述为鬼的化身。实际上，独龙江雨季长、潮湿，冬天一过，随处可见蛇类出没；而蛇随时会攻击靠近它的人，这对人类来说是一种潜在的威胁。

独龙族人认为，在路边、江边遇见蛇，是由于祭师作祟唆使的。而人们最忌讳见到一对雌雄蛇，这属于凶兆，是死亡降临的信息。还有一种会发出类似公鸡鸣叫声音的大蛇，谁见到这样的蛇，他的命就不长了。同时，碰到了很多蛇这件事不能告诉亲人，否则他的亲人会因此而丧命，必须对着石块或者木头说出来，这样就可以把死亡的灾难转移到石块和木头上。有一次晚饭后闲聊时，报道人都里讲述了他家人遭遇不幸的经历：在他母亲怀着未出世的哥哥时，村领导的夫人也怀着孩子；一天村领导夫人在路上遇见一群蛇，她把这事告诉了都里的母亲，结果都里母亲分娩时婴儿没有活下来，村领导的夫人不久也病逝了。都里认为，这是遇见蛇群导致的不幸，但是如果村领导夫人不将遇见蛇的事说出来或者说给石头听，可能结局就不一样了。

独龙族人认为，人畜死后，其灵魂"卜辣"也不存在了，变成了亡魂"阿细"。"阿细"有自己的世界，独龙语称之为"阿细默里"。其情景与活人世界相同，有村落有头人，所有死后的亲人继续生活在一起。"阿细"们的住房都是用蒿草搭盖起来的矮小房舍。猪、鸡、牛、羊也极多，满地都是畜粪，很不干净。这些家禽的"阿细"生前属于哪家，死后也归于哪家所有。"阿细"在"阿细默里"重走生前走过的路和经历的生活，人活多长，他的"阿细"也只能活同样的时间。生前品行不好的人，死后在这里要受到"阿细"们的惩罚。年限到后，"阿细"遂变成各种蝴蝶，飞向人间，靠采食花蜜和露水生活。漂亮的花蝴蝶是妇女们的"阿细"所变。蝴蝶死了，人的灵魂也就不复存在了。独龙族人看到很多蝴蝶聚在一起吸水都会避开，更不会打跑它们。

人死之后，一般停尸一个晚上。将尸体放在门口前，头朝北，脚朝南，面朝东，这些方位绝对不能搞错，否则被认为不吉利。断气之际，如果头朝东方被认为是吉祥，头朝西方则是凶兆。停尸的晚上由本村的年轻人来守夜。而入土埋葬最好在太阳升起的时候，太阳偏西时一般不进行埋葬活动。独龙族人没有固定墓地，一般都将死者埋在房前屋后不远的田地中，不垒土堆，两三年后可种植庄稼，不留葬人的痕迹。埋葬的时候，不管怎么安放，脸都要朝向东方。独龙族人认为，夕阳西下的那方是鬼怪的世界，代表黑暗和凶险之地；旭日升起的东方是极乐世界，是死者亡魂"阿细"该去的地方。一般认为，亡魂"阿细"不会对人造成危害，只有当办丧事没有把其亡魂引到"阿细默里"

时它才会作祟人畜。那些被认为是"卜郎"致死的人,其亡魂"阿细"会滞留于人间,作祟人畜,贪食酒肉,不断地要求世人向它们献祭;家人患病或发生事故,被认为是"阿细"前来作祟讨吃讨喝。因此,人死后的7天之内必须请祭师举行招魂、送魂仪式,将亡魂"阿细"送走。

独龙族人认为,人死后刚开始的几天里,"阿细"没有意识到自己的活体已经死亡,它会到处乱跑、游来游去。埋入土后3天,家人邀请祭师"南木萨"举行招魂仪式,招的魂是死者的亡魂"阿细"。这时死者家属和参加葬礼的村人都穿着漂亮的衣服,在死者家宅外围着预先插好的竹棍,一边唱着"阿细普"跳舞,一边喊"你的东西在这里,赶快回来拿吧,再回到你该生活的地方去……"。在这种场合,男女可以互相开玩笑,做调戏的样子,以便引诱"阿细"和害人的"日萨卜郎"出来。当祭师(南木萨)看见"日萨卜郎"来了,示意大家散到一边。他用长刀(仪式专用)砍竹子,如果一刀砍断了这根竹子,就说明砍死了"日萨卜郎";如果没有砍断,则说明鬼跑掉了,日后还会来害活人。砍鬼仪式完成后,祭师把死者的亡魂"阿细"招回到死者家里供养,家人摆出冒着热气的饭菜、酒肉和烟等,口中说着"这是你的饭菜,你自己收好"之类的话。届时,村里每一家派一个人来,帮忙煮饭和酿制送魂仪式用的酒。差不多到了第七天时,酒发酵了可以喝了,家人就邀请祭师和村里的人来举行送魂仪式。而在这之前,坟地上一直烧着火,柴火由年轻人准备。晚上,年轻的男女守夜,他们唱歌、跳舞、打牌、玩游戏等,没有哭泣和悲哀,目的是让死者的亡魂安心、不乱跑;死者家属则为活动提供酒水。

招魂仪式上,死者家属宰杀一头猪,象征性地送给"阿细",然后所有参加葬礼的人一起分食。村里每家带来一竹筒水酒和一块荞面粑粑,而与死者有亲戚关系的人则每人抱上一只鸡,也是象征性地送给"阿细"。祭师举行招魂仪式是多个仪式的统称,同时伴随着各种占卜,目的在祈求"阿细"不要带走活人的财运、猎狗和粮米,不要祸害人畜,并赐予在世的人好运和丰收。最后把死者的"阿细"送到"阿细默里",仪式才算结束。在人死、埋人、送魂仪式举行的这三天,整个村寨的人忌讳下地劳动和吵架,否则会把灾难引到犯禁者身上;大家一起到死者家属那里帮忙、参加仪式,祈求好运。所以,葬礼变成了公共集体活动,用于处理人与超自然、人与人之间的关系,促进村落的社会整合与团结互助。

(三)祭师——仪式专家

在独龙族传统社会中,祭师是一个非常重要的社会角色,由于具有仪式技能和社会威望,他们常常成为村落头人候选者。在独龙江,按祭祀仪式的职能和分类,祭师有"乌"、"雄麻"和"南木萨"三种。其中,"乌"在当地语中意为"喝醉酒、乱说话的人"。据李自才介绍,"乌"有不同的级别,那些掌握了仪式技能和独龙族传统草药知识的人才能成为专职的祭师。通常,"乌"祭祀崖鬼"几卜郎"来祛病消灾,"乌"酒醉胡言乱语被认为是崖鬼附体并通过他们的嘴说话;同时,他们也是预言家,常预言某地某村将会降临什么灾难,或者将要死多少人。"乌"的另一职能是宰杀祭祀时作为祭品的牲口,在剽牛祭天仪式中,他们专任持镖刺牛的人。为病人或其他缘由祭鬼杀牲的仪式,也要由"乌"持刀宰杀,别人不可代庖,即须经"乌"的手亲自将牲畜的灵魂奉交给崖鬼享用。独龙族人认为"乌"是较早出现的祭师,"南木萨"多是由"乌"演变的。独龙语"萨"是人的意思,"南木萨"即得到"南木"帮助或有了"南木"的人。

民国时期,已有学者注意到"南木萨"在独龙族人生活中的治疗仪式。"俅夷(即独龙族)最信鬼,每外出必须占卦。……巫名囊撒,谓能摄人魂魄,人皆敬畏之。……不知医药之道,人病则请囊撒禳治之。"①

按照独龙族人的说法,祭师"南木萨"本身并不会治病,他的能力在于操纵天上来的神灵"南木"来给人治疗,即通过"南木"带来的力量,利用"天药"替人治病,抚慰受惊吓的灵魂"卜辣"。那些受恶鬼"日萨卜郎"折磨的男女青年,都要请"南木萨"举行砍鬼、驱鬼仪式。独龙族人认为,"南木"是天鬼"格蒙"派到人间制服"卜郎"的鬼,而天药藏在天界叫"木达"的地方,有专职的鬼来看守,法术厉害、和天鬼交好朋友的人才能取得天药。据说,"雄麻"是开了鬼眼的祭师,他也是利用巫术给人治病,但这类祭师比较少见。"南木萨"人数较多,其活动频繁,社会影响力较广。20世纪初期,一些"南木萨"兼任头人,社会威望高,连察瓦龙藏族领主也要敬他们三分。一些法术厉害的"南木萨"受邀到察瓦龙主持治疗仪式。李自才告诉我们,曾经有一年察瓦龙干旱,地里的玉米苗快要枯死了,他们派人请来熊当的一个祭师;祭师通过祈雨祭祀,果真下了两场大雨,缓解了旱情。察瓦龙是一个炎热干燥的峡谷地带,当地人主要信仰藏传佛教,但有时也举行苯教的祭祀和仪式活动帮助他们解决问题。笔者在扎恩村听村民讲过求雨仪式——以前遇到干旱时,村人到高山牧场天池处,煨桑祭祀,以求得降雨。可见,"南木萨"的影响力超越了独龙江,而察瓦龙人可以包容不同宗教信仰者,体现了信仰中所具有的功利主义特征;或者说两地人的信仰互为兼容,共享一些宗教知识,如对山神的祭拜。

---

① 李生庄:《云南第一殖边区域内之人种调查》,见云南省立昆华民众教育馆编《云南边地问题研究》(卷上),1933年刊印。

在 20 世纪 50 年代之前，人们生病了或者身体不舒服，首先想到的是找祭师治病，举行一场仪式，砍死作祟的恶鬼。50 年代后，当乡政府驻地开设卫生院、各村有了赤脚医生后，一般的就医原则是，先找医生看病，若吃药打针治疗不好再找祭师处理。"南木萨"自己也知道，他的"天药"并非包治百病。他们最主要的治疗程序是，先占卜是什么"卜郎"作祟，就犹如医生给病人诊断，然后再针对不同类型的"卜郎"进行治疗仪式。其治疗的方式充满了巫术技能，如"南木萨"先要摆酒（如果他的"南木"是喝酒的话），然后摇铃、点燃青松枝，用烟熏，以召唤天鬼"南木"，"南木"带着"天药"给病人治疗，只有"南木萨"能看见"南木"治疗的情形，其他人是见不到的。而通过仪式治疗无效而死亡者，则声称是其灵魂"卜辣"已经被天鬼带走，或者被"卜郎"吃掉了。"文化大革命"时期，这些仪式治疗活动被界定为"封建迷信"而遭禁止，从此人们知道按传统方法请"南木"治疗属于"搞迷信"。随着政府干部和工作人员的宣传，这种意识在民众中逐渐扎了根，一直到现在，人们将那些祭师称为"搞迷信的人"。今天，只有少部分人在举行祭祀活动和丧葬时才会请祭师。随着政府"医保"的惠及，大部分村民患病时都去医院就治。

通常，能否成为"南木萨"或者"乌"，主要是看天鬼"南木"以及崖鬼"几卜郎"找到谁"做朋友"，谁就成为祭师。生活在村落中的人，从小对巫术治疗耳熟能详，无须拜师学艺。也就是说，任何成年男女都有可能成为祭师。那些经历疾病、家庭不幸的遭遇者，更容易遇见"南木"或者奇异的景物而宣称自己为"南木萨"；有的是一次狂喝乱醉之后，就宣称自己成了"乌"。根据 20 世纪 80 年代初的调查，独龙江一位有名望的祭师木然当木廷回忆起成为"南木萨"的经历时说：

> 我成为"南木萨"的直接原因是，在此之前在山里曾经先后三次见到了"南木"。"南木"出现在我的眼前，来自天际不同的方向。它们从西边和东边到来，一共是 4 个，其中有男有女，长得同人一样，很好看，但是一会儿就不见了。"南木"善于变化，能变成各种东西，有时变成小姑娘，有时变成雀鸟，甚至还能变成一张桌子。第一、二次碰见时，它们都没有讲话。第三次遇见时，"南木"们就对我说："我们是'格蒙'派来交给你的，来找你做朋友。"我听说是天上的"格蒙"派来的"南木"，也就同意了它们的要求，同它们交朋友，为众人治病。①

---

① 转引自蔡家麒编《独龙族社会历史综合考察报告》（第一集），云南省民族研究所 1983 年刊印，第 86 页。

20世纪70年代末，国家政策对传统"迷信活动"的禁令比之前宽松了许多，一些祭师也都宣称是在这时期见到"南木"，以及找到他们做朋友的。蔡家麒等人在这时期的调查，也给我们留下了丰富的口述材料。① 在"南木萨"的讲述中，天鬼"南木"被描述成跟人一样，特别强调的是与独龙族人形象不同：来自东方或者西方，穿着漂亮的衣服，像喇嘛穿的，还带着金光闪闪的凳子，身上背着医治不同疾病的药水……这无疑是对西藏喇嘛和东方汉族的想象，这些外来人带来独龙族人缺少的医药物品。"南木"给独龙族人一副类似眼镜的神秘器物，能够见到"南木"，并与之对话。"做朋友"是前提条件，就像外来人与本地独龙族人做生意、交换物品一样，首先要建立"本南"关系。一旦和"南木"结交了朋友，就是终身的朋友，这也是独龙族人对朋友的一种态度。换言之，"南木萨"治病所具有的神秘力量，其实是外来朋友提供的。过去，一些头人"卡桑"兼任"南木萨"，他们在和外族交往、交换生活物品的过程中，比普通人更容易获得外来的稀缺品，这无疑给他们带来声威和神秘的力量。"乌"专门祭祀崖鬼"几卜郎"。崖鬼的来历传说如前述，它是失踪了的独龙族猎人变的，是人们最惧怕的"卜郎"；"乌"本身有时也被视为是酒醉乱言的人，与"南木萨"比起来，在社会影响力方面显得稍逊一筹。

祭师在独龙族社会中属于特殊的群体，在独龙语中，用特定术语来指称"南木萨"和"乌"。当一些人用汉语"祭师"介绍他们时，实际上是一种统称。随着20世纪50年代以来各种政治运动和文化习俗的改革，干部和一些读过书、去过城市的人将祭师归类为"做迷信的人"，传统的祭祀活动被概之以"迷信活动"，它的价值和意义在五六十年代被否定。80年代初，政治和社会环境氛围相对宽松，这也为传统的宗教信仰和仪式活动的复苏提供了机遇，一些人宣称见到了"南木"，而成为新的"南木萨"，其中不乏过去曾担任过村干部、读过书的人。比如，巴坡的肖拉子，他曾经担任过第四乡乡长（今巴坡、马库几个村的最高行政领导）和孟登木生产大队的党支部书记。在"文革"期间，他带人抄了祭师木然当木廷的家，没收了从事宗教活动的法具，并公开批判了木然当木廷。但是，1979年7月31日，他宣称见到了"南木"，并接受"南木"的要求，成了给人治病的"南木萨"。对此，他跟前来调研的学者表达了一种无奈和矛盾：

我是个共产党员，不是不相信共产党。但"南木"找来了，我没有

---

① 参见蔡家麒著《藏彝走廊中的独龙族社会历史考察》，民族出版社2008年版，第125～157页。

办法。我对不起公社卫生院的医生，对不起科学。我确实没有办法。①

现在，南部的几个村大多数人信仰基督教。当问及过去生病怎么治疗的问题时，他们总是说：迪政当现在还有人会搞迷信，你去问问他。迪政当成了坚守传统文化的堡垒，但即便如此，村里在20世纪末修起了教堂，一部分村民皈依基督，而公开祭师身份的只有一人，此人便是李自才。实际上，他家族上一辈也有多人从事"南木萨"活动，其中比较出众的有科全千里，现在他的家族中也有人信仰基督教。信仰基督教的人常常背后指责李自才搞迷信，他就更加低调了，幸好还有一部分人信任他，还请他举行仪式和主持丧葬的招魂、送魂仪式。自从2011年10月村里拆掉旧房、重新建盖新屋，他带家人搬到了一个偏僻的角落，四周环绕次生林，显得更加安静。报道人都里说，他这样是为了保持神秘感。笔者从都里和其他村民口中多少也了解到一些信息，李自才是当地解放以来最早读过中专的独龙族人之一，也是一位共产党员，在冷木当村（自然村）担任过村主要领导。2012年7月1日，笔者刚到迪政当村时，村委组织村党员过组织生活。在党务会上，李自才做了自我批评："我是共产党员，我还搞迷信，我对不起党，对不起大家。"② 笔者一直想找机会到他家里拜访，但直到第二次田野工作时间快结束时才找到都里带笔者去。此时，都里受雇于某个电视台做摄影助理。但是，李自才讲述时有些遮掩，因而都里建议笔者找一个"有气场的人"带着去。在一个阴雨的上午，房东李付有空，愿意带我去拜访祭师。李付现在在村委工作，母亲也属于科全家族，我们准备拜访的人恰好是他舅父家人，李付的身份符合都里说的"有气场的人"。

都里说，平时李自才不喜欢和人说话，但是他的眼睛很犀利，能看穿人的心思。巧合的是，在决定拜访李自才的前日，笔者在路上碰到了刚从地里劳动回来的他。见到笔者，他主动跟笔者打招呼。他说记得我去年来过，又说他家搬到山里住了，路比较远，这样说似乎预测到我要去找他了。吃过早饭后，李付催促笔者要早点去，否则去晚了李自才就会去地里干活，这样我们就要白走一趟了。笔者买了茶饼和奶粉作为见面礼，跟着李付去探访深山中的祭师。独龙江的早晨大雾笼罩，细雨飘零，这老天也帮笔者忙，这样的天气，独龙族人出工比较晚。我们沿着小路，寻找李自才家。路边杂草丛生，还有蚂蟥。在半山腰的一块缓坡地上，有一木板屋，这是一块养鸡猪的好地方，四周是次生林。屋子四周挂着红白布条，显得神秘，也表明房屋主人与众不同的身份。我们走进屋子，听到里面小孩的吵闹声，笔者心里忙说"庆幸"。门口趴着一条

---

① 转引自蔡家麒著《藏彝走廊中的独龙族社会历史考察》，民族出版社2008年版，第130页。
② 2012年7月1日迪政当田野调查资料。

黄狗，见我们进来，它很尽责地叫起来；待主人出来，它才让步给我们进去。李自才一家人正在看电视，有人开了门，李付用独龙话说明了来意。房屋里摆了两张床。李自才坐在门口边的凳子上，没有表情，也没有说话；他家的女人倒是忙开了，搬凳子让座。不过，屋里太狭窄且光线昏暗，笔者进去之后不知道坐哪里。还好，李付提议在门外的走廊上坐，才化解了笔者的尴尬。

　　李自才有4个儿子3个女儿，他现在和小儿子住在一起，其他孩子都各自成家了。小儿子今年刚结婚，媳妇是本村的斯荣家族人，去年初中毕业，即李付姑母的女儿。她给我们搬凳子、倒茶水，非常热情。而李自才明白了笔者的来意后，也爽快地跟我们聊起独龙族的传统生活习俗。老人嘴上吸着烟锅，穿着解放装，一如平常的装扮。问到以前独龙族的婚姻关系和生育习俗时，他还忍不住大笑，觉得有些习惯很好笑；但是，谈及宗教信仰时，气氛就有些沉闷和压抑，不过他还是非常配合我们的提问。他的堂弟原是迪政当村委书记，同时兼任独龙族年节开昌瓦节的"非遗传承人"；2009年他堂弟病逝后，一直没有新的人担任"传承人"，这是比较遗憾的一件事。我们注意到，老人卧室门上贴着新年对联。老人介绍说，这是3年前贡山来的工作队介绍他这样做的，说明老人还是能接受新事物的。同时，老人是本村第一个中专生（师范），也是第一个引进地膜玉米种植技术的人，这再一次证明他并不是思想保守、封闭的人。谈起独龙族传统文化现状时，他认为很多年轻人不知道独龙族的历史了，生活改变很大，思想也改变了不少。老人家的门框正上方还挂着野附子，是毒物，可能是用于避邪，这是传统文化的符号。这些毒物常用来制作毒箭。他的房屋上挂着弓弩和箭筒，以及抓捕猎物的扣机，他还亲自示范了扣机的设置。由此，可以判断，李自才虽然从事"南木萨"活动，但也不排斥接受新事物。3小时后访谈结束，在回来的路上，笔者回望山中淹没的屋子，不再感到神秘了。然而，李付说，李自才因为这样的双重身份（党员和从事"南木萨"活动），心理压力很大：一方面，那些信基督教的人背后议论他，认为他从事的是迷信活动；另一方面，自己曾受过教育和参加过村委工作，也是老党员。因此，他是一个复杂（活在两种信仰之间）而矛盾的人物。李付说，虽然村委不会给他施加压力，但从他说的"搞迷信的人"还是看出他持有的态度，即不太认同搞"南木萨"活动。①

　　独龙族人对祭师"南木萨"表现出矛盾的态度，既相信和需要他们，又害怕甚至反对他们。一方面，"南木萨"是独龙族本土信仰体系的一个组成部分，它和信仰"卜郎"以及有关宇宙的解释联系在一起；另一方面，人们因为相信"卜郎"的存在及其对人类和社区的威胁，需要"南木萨"来举行仪

---

① 2012年7月8日访谈资料。

式禳解、消灾，也需要"南木萨"来主持丧葬送走亡魂，以防其作祟于人畜。同时，有些"南木萨"常常预言某地某人会死，或者面临不幸，以此来达到谋利的目的。人与人之间关系为此变得紧张，甚至引发仇杀，成为安定村落社会秩序的隐患。在当代，随着政府各种物质援助的增加以及全面建设的开展，独龙族人的生活条件得到了极大改善，传统的信仰方式逐渐为新的生活方式所取代，政府控制了新的权威机制。因此，祭师也不可能获得过去那样的声望和地位，只有成为传统民族文化的代言人，才有机会重塑新的身份，建构新的价值和意义，迎接新的生存机遇。

三、分享的盛宴：剽牛祭天仪式

传统独龙族人村落社会中，剽牛祭天是周期性年节的重要组成部分，也是最热闹、最隆重的公共集体祭祀活动。举办的时间定在每年12月至次年1月间。这期间，通往山外的路被大雪封堵，无法来往交通。而在独龙江两岸，辛苦一年的耕作已收割完毕，人们开始酿制过年的酒水，男人上山捕猎、下江捕鱼，目的均是为盛大的集体宴席准备食物。仪式中祭祀用的牛牲是富裕家庭捐献的，也有由全村共同献出的。仪式以独龙族人的宇宙观和灵魂观为基础，即天界的"格蒙"和"拉"，以及地界的"任木达"和"几卜郎"所代表的超自然精灵，被认为主宰着人类的生产、生活以及家庭、个人的命运。因此，仪式上祭献这些鬼灵，祈祷来年狩猎与生产时丰收、无灾无难、家庭和谐与兴旺。仪式中有自己特色的歌舞娱乐，并提供酒肉饮食。仪式本身是一种具有综合性的公共活动，集节庆娱乐、祭祀祈求为一体，其中最重要的活动内容便是所有人参与的牛肉分食。

按照祭祀的原则，由祭师"乌"来主持仪式，这与"乌"和崖鬼"几卜郎"的联系有关。我们在田野调查工作期间很难遇到这种仪式，对其具体操作的了解只能依赖于当地人口述和前人的记录。祭前，除了准备一头牛外，酒水要提前1个月准备，因为此时正值寒冷季节，米酒的发酵时间比平常要多很多天，而且所有参加者都要参与准备。届时，酒水的消耗量大，一家人无法提供可以满足全村村民所需的酒。另外，主祭者提供牛，其他人自行准备酒水，也符合独龙族人互助协作的习俗。在杨毓骧的描述中，祭前还要准备"拉达尔"，用麻布或者白纸挂在树枝上，这是用于与猎神"拉"或者"任木达"沟通和联系的。当庆典开始时，人们先给祭祀的牛披上漂亮的独龙毯，牛角上挂着妇女身上用的珠串，参加的人也身披独龙毯。祭师"乌"牵着牛先在牛主人房舍绕3圈，助手跟在其后。"乌"喝足酒、嘴里念着词为主人祈福，然后把牛牵至众人聚集的场地并将其拴在一根粗大的木桩上。众人自动围成圈，由"乌"领头，敲起芒锣，挥刀弄矛欢快地跳起牛锅庄舞。此时，有的妇女将自己身上的珠串取下挂在牛角上，以求来年平安吉利。① 而在独龙族学者李金明的记述中，没有出现"拉达尔"，但在广场设置的祭台上铺了青松针叶。当祭品（荞面捏制的各种野兽模型）放上祭台后，主祭人点燃松明和青松叶，其烟雾飘升天空，亦如与天鬼交流。此时，主祭人面向东方叩头念祝词："我们村寨房子的地基又稳又牢，崖鬼们不要来，不要把病带到这里……"然后，"乌"拿起镖枪（竹矛）对牛说道："今天是个好日子，人们都来了，牛杀了是你们的，牛的'卜辣'你们拿去，'几卜郎'也罢、'南木卜郎'也罢，这些祭品都是给你们的，你们抬去吃吧。今年我们这样搞，明年给我们好运气，人和牲口兴旺起来。要多收粮食，多挖黄连贝母，多杀几只猪，诸事要顺利，大家平安如意！"随即，"乌"用锋利的镖枪对准牛的腋下猛刺过去，牛被剽倒致死，人们迅速剥开牛皮把肉切成若干块并当即分掉。后腿肉习惯上要送给自家的亲家，其余内脏和血用大锅煮熟了大家分吃。凡参加仪式的人均可分得一份，未参加者习惯上托人捎去一份带皮毛的牛肉，以表尊敬。然后，"乌"背着牛头，绕圈跳舞，众人跟随，这时气氛达到高潮。②

　　仪式象征赋予的合法性离不开神话的伴随，与剽牛祭天鬼的活动相关的神话有几则，如前面所述的关于祭祀"几卜郎"和猎神"任木达"。这里还有一则与仪式相关的狩猎传说：

　　　　传说200年前，茂顶氏族长率领氏族成员，前往高黎贡山茉莉凹隘口狩猎。他们溯独龙江而上，到达得务当的时候，猎犬嗅到兽迹，向前冲了出去，一会儿，又悄悄窜回，摇尾吻人，似有所告。人们知道，前方定有野兽出没，便派出得力弓弩手，控弦前往侦查。果然发现水獭一个跟着一个，嘴里叼着刚从江里捉到的大鱼，先东张西望，然后把鱼放在昔日石柱祭祖的祭坛上，转身穿过森林潜入江中。转眼间，每个水獭嘴里又叼着大鱼，仍然放在原处。三番五次都是这样。然后任凭鱼在地上活蹦乱跳，水獭却是一个个后脚站立，前脚如手高举，像婴儿蹒跚学步，围鱼而舞，但又不把鱼吃掉。人们见此，非常诧异，认为这是水獭正在举行献祭活动，应该让它们继续照常进行，因而便悄悄原路折回，到别的高山狩猎。这次狩猎，捕获很多飞禽走兽，半年都吃不完；秋天谷物丰收，超过任何年景。因此，他们便认为这是水獭用大鱼绕石柱祭天祈求到的丰年。就这样，茂顶氏族从水獭祭鱼得到启示，创立了剽牛祭天祈保丰年的仪式。③

---

① 参见杨毓骧、杨奇威著《雪域下的民族》，云南教育出版社2008年版，第117~120页。
② 参见李金明《独龙族原始习俗与文化》，见《民族文学研究集刊》（13），云南社会科学院1999年印行，第113页。
③ 转引自高志英著《独龙族社会文化与观念嬗变研究》，云南人民出版社2009年版，第123页。

这则神话传说表明狩猎对于一个群体的重要性，既提供了生存需要的肉食和营养，同时，也反映了早期独龙族人主要以狩猎为主。在狩猎中组织集体行动，以及各成员之间相互配合与合作，是获取猎物的主要保障，而最终对猎物的分配方式直接影响到独龙族人平权主义社会的维系。以血缘为纽带的社会组织最主要的特点是没有集权者、组织松散，家族长的职权是通过仪式赋予的。如何能把松散的群体维系成一个有序的社会，我们认为，独龙族人共享食物的观念和适时的公共祭祀活动是适合这种社会背景的生存策略。举行祭天仪式，让每个成员参与村寨社会活动，而提供牛肉的人既展示了慷慨、财富，也收获了村落成员的认同，从而增强了村落共同体的凝聚力。也就是说，食物分享的原则是黏合人与人之间的关系和进行彼此合作的最主要的动力。

由灵魂观、天鬼和祭师构成本土信仰体系，源于独龙族人对周围自然环境和宇宙起源的思考，通过神话仪式实践塑造了社会生活的规范制度和生存伦理，关乎群体的合作与交往；同时，也反映了物资极度稀缺的社会的人对财富和权利的幻想，那些幻想的力量来源于独龙江外，这在对"南木"的描述中体现得非常充分。鬼魂的观念使得一部分人被排挤出群体生活，同时这种观念体系又能做出自我适应的调整，使得社会结构趋于稳定，避免出现明显的社会分层；而牛肉等肉食分享的观念也在一定程度上限制了个体财富的累积。概括而言，信仰的力量通过各种仪式方式，将社会成员融合成一个彼此高度依赖的共同体；同时，仪式活动有助于修复紧张的人际关系，重新确立群体的价值观和世界观。

第二节 基督教精英的角色及教堂活动

随着鸦片战争后国门的开放，外来传教士渗透到中国各地。1913年始，英缅内地会和浸礼会传教士多次到怒江流域傈僳族地区活动；与此同时，云南内地会滇西教区的传教士亦不断向这一地区扩张，并自1929年以后深入到傈僳族和怒族地区开办教会。美国基督教传教士J. R. 莫尔斯（J. Russell Morse）经历了巴塘藏族聚居区失败之后，于1931年来到滇西，先后在维西、福贡、贡山等地建立教堂教会组织。到1950年，贡山的基督教会教徒发展到1 400余人，成为该地区最大的外来宗教势力。①

---

① 参见云南省地方志编纂委员会《云南省志（卷六十六）宗教志》，云南人民出版社1995年版，第226～237页。

一、传教的人生史：此约翰非彼约翰

莫尔斯首先将《圣经》翻译成傈僳文，逐渐在傈僳族居住地区建立了传教据点。大约在1942年，教会培养的傈僳族教徒波洛被委任为"麻扒"（傈僳语，即牧师），并被派往独龙江传教。波洛先在独龙江南部的孟定传播福音，后南至托洛江、狄子江、乃玉堆一带进行活动。从此，基督教传入怒江州。当时，碧江地区的傈僳族、怒族教民在遵守基督教的教律时还根据本民族群体的社会特点，仿照《圣经》十条戒律制定新的十条戒律，即不饮酒、不吸烟、不赌钱、不杀人、不买卖婚姻、不骗人、不偷人、不信鬼、讲究清洁卫生、实行一夫一妻制。① 这十条戒律成为基督教约束和规范信徒的准则。由于基督教仪规与独龙江本土信仰不相容，特别是禁止信徒抽烟、喝酒和祭鬼的规定，起初信教的人不多；后来，传教士利用在傈僳族地区成功传播的模式，先培养出本土传教人员，通过这些本土宗教精英，逐步扩大在独龙江的影响力。这些早期学员在教堂里学习，重新获得了名字，如伊里亚、约翰等，他们与基督教在独龙江的传播事业紧密联系在一起。

波洛将土生土长的伊里亚、约翰等人送到贡山、维西或缅甸坎底教会，将他们培养成为对独龙族传播福音的麻扒。② 根据杨毓骧的调查，除了伊里亚，还有4个约翰，分别是斯拉洛村的阿帕·约翰以及迪郎当村的格朗当木·约翰、木腊达几·约翰、热那·约翰。③ 当时在教会培训时，他们都是十几岁的少年，1947年波洛病逝后，他们成了主要的传教者。但是，这些早期的传教精英，处于新旧政权交替之际的复杂政治环境中，每个人都经历了不一样的遭遇。

伊里亚于1913年出生于独龙江马扒兰，是最早接受基督教会培训的人。1965年被选为怒江政协副主席；1985年2月2日，贡山县召开基督教代表会议，选举产生了贡山县基督教第一届"三自"爱国运动委员会（简称"三自"爱委会），伊里亚当选为主席，同年参加怒江州教牧人员培训班；1986年被立为基督教牧师，他也成为独龙族第一个基督教牧师。④ 1988年8月，伊里亚当选为怒江州基督教第一届委员会常务委员会委员、怒江州基督教"三自"爱国运动委员会第一届委员会副主席、怒江州基督教协会第一届委员会副委员长，其后还被选为云南省基督教协会第一、二届副会长等，多次参加省里的基

---

① 参见云南省编辑组《中央访问团第二分团云南民族情况汇集》（上），云南民族出版社1986年版，第21页。
② 参见贡山县政协文史资料委员会编《贡山文史资料》（第一辑），1986年刊印，第158～160页。
③ 参见杨毓骧著《伯舒拉岭雪线下的民族》，云南大学出版社2000年版，第127页。
④ 参见伊里亚《"三自革新"，爱国爱教》，见政协怒江州委员会文史资料委员会编《独龙族》，德宏民族出版社1999年版，第147页。

督教会议。①

　　阿帕·约翰是来自斯拉洛木里门家族的人，曾在缅甸独龙族人村寨生活了7年。这期间，他学习缅甸日旺文（在独龙族人一支语言基础上创立的文字）《圣经》，从事传教活动。由于他有在缅甸学习和传教的经历，新中国成立后，被政府安排到贡山县文化馆工作；后又被选送到云南民族学院学习，回到贡山后，开始从事民间文学的收集和创作。20世纪80年代，在缅甸日旺文基础上，阿帕·约翰和云南省少数民族语文指导工作委员会工作人员共同提出独龙语文字方案。该方案于1984年开始在贡山县独龙族干部、教师和家属中得到试用。

　　相比上述两位在政治、文化事业上的成功经历，同样是最早接受西方传教士洗礼的木腊达几·约翰却遭遇人生的磨难。我们在独龙江田野调查期间，有幸见到老人家。目前，他身体状况不好，和有腿疾的侄女相依为命。老人声称已有104岁。② 谈起过去经历的各种事情时，老人滔滔不绝，如数家珍。

　　约翰出生在山里，那时候独龙族人由于开种火山地，居住不定，没有吃过一顿大米饭。火山地种苞谷、小米、芋头，遇到雨水多的年份，火烧不起来，庄稼歉收。他的家里人多，粮食不够吃，经常去挖野菜、摘野果吃。大概十几岁的时候，约翰和哥哥跟着老师（波洛）到贡山丹当学习傈僳文。那里有美国人莫尔斯开办的基督教会学校，同去的还有3个独龙江的独龙族人。他记得莫尔斯住的房子有3层，除了他自己，还有他的妻子和儿子住在一起。莫尔斯有3个儿子，分别是尤苏、尤毕和尤斯，都是教会成员，平时也教人傈僳文。学习了半个月后，尤斯与尤毕跟着约翰他们来到独龙江。这两个美国人来了两次，最后一次在约翰家住了一个晚上。波洛对几个学习《圣经》的年轻人说："你们去找熟人，教他们学习傈僳文。"然后，约翰他们到处去教人学习傈僳文（传教），之后陆续也有人来找他们学习。随后，约翰和几个教友跟着波洛去缅甸传教。到缅甸后，波洛生病了，吃不了饭，也走不了路。他们几个年轻人背上吃、睡的用具，把波洛带回了独龙江。但是，波洛的病情没有好转，反而更严重了，全身发肿，两个礼拜后病逝。

　　1948年，约翰被贡山教会选派到维西学习1年。他班上有6个独龙族学员，除了他还有孟定的伊里亚，另外几个人是从缅甸教区过来的。1年后，他们回到独龙江，如约翰所说"到处教人学傈僳文"。经过他们几个本土教员的努力，信教的人数增加了很多，大概有100多人。1950年，他们几个年轻的信徒跟着莫尔斯的三儿子尤斯（负责独龙江教区）再去缅甸——美国人说的"到没有被解放的地方"，即缅甸北部勐腊迪（音）学习。一年集中学习两次，

---

① 参见高志英著《独龙族社会文化与观念嬗变研究》，云南人民出版社2009年版，第220页。
② 2012年6月22日巴坡村独务当小组访谈资料。

有时学习1个月,有时学习半个月,学完后被派到各村去教其他人。跟着美国人学习的信徒有4个人,除了约翰、伊里亚,还有鲁色、邦纳巴。他们分别负责在某一片区教傈僳文,传播基督福音。伊里亚负责现在的巴坡这一带村落,而约翰被派到缅甸德罗郭(音)、木克甘、邓杜(音)等村子传教,6年后各"麻扒"相互调换了位置。约翰在缅甸期间,娶了缅甸女教友为妻,生了两个儿子。1957年有人带话给约翰,让他回巴坡看父母。回到老家后,父母身体还好,约翰还为他们背了6捆柴火。几天后,在返回缅甸的途中,有几个穿着军装的兵拦住了他,并用枪指着他说"不要动"。还没来得及见妻儿,当天晚上他就被带出独龙江。3天后,他被带到贡山关起来,之后以"特务"的罪名被押送到丽江农场、矿场和昆明等地劳教。

就在那几年,各种名目的政治运动将矛头指向了与美帝有关联的基督教及其教徒,《圣经》被烧毁,"麻扒"被批斗,大批信徒逃往南部缅甸山区。约翰谈到被抓一事,今天已经很坦然了,只是告诉我们,他是冤枉的,在那种政治环境中,他的传教者身份让他难以逃脱厄运。

后来约翰明白了穿军装的人抓他的原因。当时中缅未定界的木克甘村也有一个跟约翰同名的人,此人在缅甸养着兵,在约翰回独龙江时,那人也过来了。听到要抓人的消息,那人就躲到亲戚家里,而约翰恰好路过那个村子,就被当作特务抓了起来。"四人帮"垮台后,约翰得到平反,并被安排到昆明清华拖拉机厂①当工人。当听说妻儿还在缅甸时,约翰向工厂领导请了假回到独龙江。原计划亲自到缅甸空贤(村名)把妻儿接回来,但是当地政府不让他出国境,他只好写信让人捎过去。苦等1个月后,约翰终于见到了阔别多年的妻子和孩子。那时当兵的人经常来看他,并告知他妻子不能再回缅甸了。当地政府分了一间房子,让他们住了下来。由于向工厂请假的期限到了,约翰和他的妻儿不得不再次分离。这之后,约翰多次请假回家探亲。那时,贡山到独龙江没有通公路,只有人马驿道,来往十分不便。约翰本想带妻子到昆明一起生活,但她的籍贯是缅甸,当地政府不允许她离开独龙江。约翰向政府表达了困难:"这里没有吃的,房子又小,不让她跟着我,又不准她回缅甸,这日子怎么过?"最终政府同意了他的请求。可是,他们到了昆明后,同样面临着吃住的问题。幸好当地政府捐助了100元生活费,并安排了一个房子给他们住下来。约翰的妻子在昆明住了3年,由于她不会讲汉语,生活上遇到很多麻烦,只好向政府申请回到独龙江生活。1983年,约翰退休后,一家人返回独龙江老家巴坡。几年后,他妻子发病,身体发肿,当地医院治疗无效,最后病逝在医院的病床上。

---

① 昆明清华拖拉机厂,后改名为"昆明农用机厂",最近又改名为"金马农用机械厂"。

约翰退休回到独龙江后，每个月还领到退休金。由于独龙江没有银行，都是通过汇到贡山县亲戚那里然后再转交给他的，因而他怀疑他人从中拿了一部分。虽然那个亲戚有时会送几件衣服过来，但是具体拿了多少钱没有告诉约翰，为此他很生气。最近一年，约翰没有收到退休金，因为昆明那边怀疑约翰已经不在人世了。2011年11月，他的孙子向人借了1 000元到昆明农机厂反映情况，1个月后约翰又重新拿到了退休金，现在每月仍然领到1 000元钱的退休金。

由于约翰不是本地农村户口，他没有分到耕地。这个问题以前还可以通过到山上开火山地来解决，但是现在国家实施保护生态的政策，不能再到山上开火山地来生产粮食。另外，由于户口的问题，他不能享受低保补助，也没有得到退耕还林粮食发放，全靠他用退休金到店铺购买大米。现在，约翰老了，身体不好，不能劳动。和他住在一起的是侄女，缅甸籍人。她的腿瘫痪了，缅甸那边的生活条件比独龙江还差，约翰就把她背过来独龙江生活。实际上，约翰很多亲人都生活在缅甸。约翰的父母在他劳教期间病逝了。大哥大嫂在他回到独龙江后也去世了。二哥三哥在缅甸，现在也都去世了，他们的后人继续生活在缅甸，但经常会回到独龙江探亲与购买生活物品。现在，约翰的儿孙在缅甸，他们都信基督教。孙子结婚了，生了8个儿子1个女儿，都还没有成家。他们生活困难，经常来找约翰要钱。老大老二去年赶马路过约翰家，说是准备娶老婆，约翰给他们每人1 000元钱。最近他得到消息，他的儿媳病了被送到坎底医院治疗，约翰送去了200元钱。目前，当地村委会也在努力为约翰老人解决生活困难问题。在我们动身采访老人之前，村委一个负责人告诉我们，村委已经为他申请养老院生活资格，今后乡政府盖好养老院后，约翰和他的侄女可以到那里生活。

约翰是个虔诚的基督徒，即便在劳教期间，也不忘做祷告。回到独龙江后，他还积极参加教堂活动，教年轻人傈僳文。约翰老了以后，身体不好，很少参加教会的活动，但他坚持每天诵读《圣经》，信仰成为他现在生活中最重要的精神力量。最后他总结说："我一直服从人民政府的安排，让我做什么我就做什么，叫我劳动，我从来没有偷懒过，天天劳动，从没有请过假。"

二、新时期教会的管理制度

木腊达几·约翰的人生经历反映了国家对基督教的谨慎态度。处于政治运动高潮初期，宗教组织和活动基本被取缔了，直到20世纪80年代，独龙江地区的基督教活动才开始恢复。信教者主要集中在独龙江下游的巴坡行政村和马库行政村的11个自然村。10年之后，基督教的传播发展迅速，从下游扩展到传统宗教信仰区域——中上游的孔当以上各行政村。这些地方都有了信徒和教堂,尽管建盖的教堂有些是临时性的,但终究有了活动的场所。独龙江基督教堂隶属于贡山县"三自"教会管理。独龙江乡教会原来有两个长老,后来改设为一个长老和一个秘书。各个教堂基本上是独立的。我们采访了巴坡和马库村教堂的负责人,从中了解到整个乡基督教的运作情况。

马库村委会独都村小组在1984年率先恢复了基督教礼拜活动。独都村的来历在第二章已做过介绍。那里原是独都家族的主要聚集点,村民的房舍分散在陡峭的半坡上,教堂则建在一块位置较高的台地上。站在教堂门口,整个村寨尽收眼底。据独都教点的传道员迪氏介绍,本村的教堂在恢复基督教信仰后两年才建成。一个教堂设有5~6个负责人,他们的职务分别是传道员、执事、礼拜长等。通常,一个教会组织设1个传道员、2个礼拜长、3个执事。传道员为教会总负责人并负责周日讲经传道,礼拜长安排信徒进行唱歌、讲经、赞美神等教堂活动,执事负责教堂的卫生并在聚餐活动时做饭做菜。传道员比较固定,原则上执事、礼拜长每3年选1次。

独都教堂传道员迪氏,同时兼任全乡传道的长老一职。长老和秘书两个职位由全乡各个教堂负责人开会投票选出来,任期两年半。每次开全乡教会的地点不固定。有时县里"三自"爱委会的负责人参加,并由他将会议的情况和结果汇报给县民族宗教事务局。长老的职责,一是监管教会的资金,二是到各个教堂传道,一年至少要求出去传道1~2次。迪氏说:"如果不出去看,就不知道其他教堂的资金管理情况以及各个教堂的教会是否稳定。"巴坡村委会下属的拉旺夺教堂传道员迪新生亦提供了类似的信息:"长老负责监督教会,一年到我们这里一两次。一方面来讲《圣经》;另一方面了解教会搞得好不好,是否按照《圣经》里讲的那样严格要求信徒,和非信徒之间有无冲突和纠纷。"① 由于长老的主要职责是讲解《圣经》内容,因此必须是一个善于讲演的人。据迪氏介绍,长老要具备以下几方面要素:

> 担任长老一职的人要具备几方面的条件。一是具备讲道的能力,二是有文化知识,三是对基督教的信仰坚定,四是入教的时间长、资格老。刚入教的人不可能担当长老职务,因为他没有传道的经验。有文化知识的人是指初中、高中毕业生,或者有中专学历的人。当然还有其他的条件,比如在年龄上要求40岁以上,但主要还是上述四条。②

目前,长老每月有100元的活动经费,这些钱来自各个教会信徒的捐献。

---

① 2012年6月20日拉旺夺村对迪新生的访谈资料。
② 独都迪氏提供的信息来自2012年6月24—25日访谈笔记(由于传道员都能讲普通话,不需要另找翻译)。

迪氏认为，讲道是完成神的功德的行为，每个信徒向神捐献也是一种功德。迪氏年初才当选为独龙江乡基督教会的长老。他之所以能担任这个职位，除了上述他所提到的几个条件外，我们认为还有一个重要的因素，那就是他的语言优势。他既懂汉语，也学习了傈僳文，近几年还参加了独龙文学习培训。因此，在讲道时，看的是傈僳文版的《圣经》，讲的时候用独龙语；在唱《赞美诗》时用的是傈僳文，忏悔和祈祷时用的是独龙语。这样信徒容易接受，也愿意来听讲道。当地使用的《圣经》有傈僳文版、汉文版以及日旺文（缅甸独龙文）版，而《赞美诗》多用傈僳文版的，所以对传道员来说语言技能要求很高，在讲道、唱诗时必须懂得灵活运用不同语种。

迪氏今年45岁，刚步入中年；夫人是巴坡拉旺夺人，性格豪爽。他们育有二女一子。大女儿于昆明旅游学院毕业，2011年与本村男子结婚，所生女儿已经一个月大了；二女儿2012年初中毕业，也回到家里；小儿子于六库中专毕业，准备到保山市读大专院校。由于家中读书人多，经济压力不小。前几年，政府挖通了巴坡到马库的公路，旱季时通车。于是，他们把家搬到路边，开小卖部，经营零食和日用品；同时，还专门开了一间简易旅客房，主要为前来购物的缅甸人提供住宿和饮食服务。家里事务由女人和女婿负责管理，迪氏则专注于教会和传道事业。他1983年初中毕业回家务农，没过多久，村里一些人开始信教，他也就在这时候接受了洗礼。信教之后，他学习傈僳文，先在本村跟着传道员学习，后参加贡山教会组织的培训。他认为，学习傈僳文并不难，通过唱《赞美诗》来学，学习效率高。他只用了两个礼拜就学会了。在独龙语方面，他先在贡山跟阿帕·约翰学习，然后再到昆明少数民族语文指导委员会跟随李爱新学习。这些学习和培训活动都是政府和"三自"爱委会组织安排的，有时他还受邀到缅甸教区参加交流活动。

独龙江南部与缅甸独龙族人之间的亲友走访和经贸互动，为两地教会的交流和互访提供了契机。迪氏说：

> 我们都信仰基督教，信仰同一个耶稣。耶稣就是我们独龙族人的"格蒙"，是地位最高的神，无可替代。他们教会的人来这里参加我们的教堂祷告活动，但是我们政府规定不能让他们的传道员来给我们讲《圣经》。我们这里路通的时候，政府的人有时候会来教堂看的。我去过缅甸并与他们的教会交流过。他们的政府管得不严，我可以在他们的教堂里讲《圣经》传道。我们都是一个民族，我在那边也有很多亲戚。我的亲戚主要分布在木克甘、瓦齐丹、龙孟（音）等地。我去那边住在亲戚家里，他们会热情招待我，每顿饭有四菜一汤。如果是教会请客，吃得更丰盛。我们去那里，他们非常欢迎。他们房子的盖顶是由茅草、竹叶子编织的，

下面由竹篾笆包围着，只有富有家庭才能住上盖铁皮顶的房屋。住在边界线上木克甘村的人生活比较苦，那里不适合种大米。他们所种的洋芋，都是从我们这里背过去的，但产量不高，收获后一个月就吃光了，因此他们严重缺粮。从这里去缅甸，没有公路和马路，只有山路。走山路非常危险，走到他们的县城要一个礼拜。他们县城的房屋建设太落后了。我去过两次，前后相隔10多年，但是现在县城的房子还和原来的一样。那里的村民认为是缅甸政府的问题。学校的房子也非常破烂。教堂的房屋盖得比学校的好，屋顶上盖的是从中国这边买来的铁皮，比茅草坚固和耐用。不过，建设教堂是由教会出资的，他们对信教很热情。2002年，我们受邀请参加他们州里举行的圣诞节活动，周边村里的信徒都过来，有上万人。那边除了缅甸政府称为日旺族的独龙族人，还有缅族、景颇族、傣族、拉祜族等很多民族分散居住。去参加他们的活动，要爬很多山，还要经过两座像高黎贡山那么高的山。现在我年纪大了，腿脚不好，这几年都没有出去。

我们在马库访谈期间，每天都见到来自缅甸的独龙族人。他们有的是出来购买粮食与生活用品，有的是走访亲友，有的是出来打工赚钱。每逢教堂活动，这些缅甸人也会跟随他们的亲戚一起到教堂做祷告、唱《赞美诗》，没有一点生疏感，一切都是那么自然和有序。巴坡、马库的一些年轻人亦在赶马送货之际参加缅甸那边的教堂活动，当地教会也组织年轻人去缅甸学习日旺文。据报道人说，今年5月份举行的活动，参加培训的人主要是木克甘附近的村民，独龙江这边只有十几个人。

拉旺夺村小组的迪新生是一个威望比较高的"麻扒"（传道员），今年70岁。他的夫人和孩子都是基督教徒。他的父母在1950年开始信教，他本人是受父母影响才信教的。1958年独龙江搞"三反"、"五反"运动，反对信教，信徒们很担心，就跑到缅甸去。那时中缅之间还没有划定界线，两地亲戚之间来往比较自由。迪新生向我们讲述了那段经历：

> 我那时六七岁的样子，当时很多人跑去缅甸。我跟着父母走，到了那边随便盖了房子住下来。3年后，有人说中国这边生活好了，叫我们回去。因为在缅甸生活过得也不是很好，我们就回来了。政府送给我们大米、茶叶、盐巴和衣服。但是，还有一些人没有回来。我的哥哥当时没有跟我们一起回来，去年过世了。他有两个儿子。他们的儿子一年过来两三次，主要到巴坡买粮食。①

---

① 2012年6月20日访谈资料。

迪新生只读过小学，但是信教时间已有23年，属于资格比较老的信徒。他多次参加贡山、福贡、六库等地教会组织的傈僳文学习培训班；目前担任拉旺夺教堂的传道员，这个职务是他在贡山学习培训时由县民族宗教局任命的。我们在教堂墙壁上看到一张"青年培训班"经费捐献名单。原来这是由迪新生等人组织的一年一次学习经文（傈僳文）活动的经费捐献名单。这种活动时间为一个礼拜，届时全乡300多名年轻人自愿来参加学习，通过这种集中学习和培训，扩大基督教在独龙江的影响力。巴坡、麻扒兰教堂有一个年轻的传道员杨氏（30岁），早年跟随迪新生学习讲经传道，后来又去贡山学习傈僳文，2005年由所在教会投票选举担任传道员。

目前，独龙江乡的基督教发展很快。据迪氏长老介绍，每2个小组有1个教堂。其中，马库有3个教堂，巴坡有4个教堂；孔当的教堂比较破旧，因为没有地基就一直没有改建；龙元、迪政当也都有教堂。全乡大概有10个教堂。现在每个村都在进行新农村建设，未来村落规划中教堂也要重新建盖。迪氏说："新农村建设好了，我们的教堂也要重建。这个规划中的教堂比原来的教堂还要大。建教堂的经费由'三自'爱委会筹集，我们自己的教会也要负担一半。"笔者调查期间发现，木兰当、迪政当、熊当教堂的传教员都非常年轻，年纪都在30岁左右；他们接受完九年义务教育，属于初中毕业生，学习经文和接受能力强。这也是基督教得以迅速发展的一个原因。

三、仪礼与禁忌

我们在南部村落进行田野调查期间，总要与信教的家庭、信徒访谈和相处。与北部不同的是，我们在和房东一起吃饭时，需要和他们一起做祷告，然后才进食。当然，并非每家的情况都一样。巴坡村是南部地带人口比较集中的村落。2000年以前，这里是独龙江乡政府驻地，也是物资集散地。政府搬迁到孔目之后，巴坡又还原为一个行政村，辖有斯拉洛、独务当、木兰当、米里王、巴坡、麻扒兰、孟定及拉旺夺8个自然村小组，共209户787人[①]，是除现位于乡政府所在地的孔当村外人口第二多的行政村。巴坡村委会所在地仍然保留着几家过去供销社的房子，但已变成私人承包的商店。它比村寨里的小卖部规模大，货物更加齐全，为本地及南部、缅甸独龙族人供应粮米、油、普通药水及生活日用品。另外，如同过去一样，这里是独龙江乡基督教信仰的核心地带，目前有4个教堂分布在各个村寨里。

我们进入巴坡之后，首先在木兰当入住访谈。笔者的房东是一对年轻的夫

---

① 数据由乡政府办公室于2012年7月10日提供。

妇，他们有一个3岁的儿子。男主人是共产党员，不信基督教；妻子是马库独都人，信仰基督教。吃饭时，男主人说不用做祷告，一连几天都如此，也没有令其妻不快。据笔者在北部迪政当村的生活经验，妻子信教，丈夫喝酒、吃饭时也不一定要做祷告，这样的家庭信仰组合在独龙江为数较多。

在孟定村，我们住在63岁的孟开家。他夫人今年也62岁了。他们有4个儿子1个女儿，老人和未成家的小儿子住在一起。孟开老人因为害怕批斗，曾在1958年跟随亲人躲到今天缅甸的古贤村。但是，那里土匪多，社会治安不好，缺盐巴、衣服等生活物资，生活困难，到了1964年他又返回中国这边的老家。两位老人都是虔诚的基督教徒，每天晨起、吃饭和入寝前都要做祷告。尤其是在吃饭前的祷告，令人印象深刻。与木兰当的房东不一样，吃饭时两位老人并不同我们一起进餐，好几天都是如此。笔者就很纳闷，后来才知道因为他们吃饭前都要做祷告，担心我们不习惯才分开吃的。

马库村的房东也信仰基督教，但他们没有避讳和我们一起进餐，而我们也跟他们一起做饭前的祷告仪式。房东告诉我们，最后喊一句"阿艾"就可以了。"阿艾"为独龙语，意思为感谢（上帝），于是我们每次跟着他们一起喊"阿艾"之后才开始吃饭。

每天晨起、晚寝和正餐前的祷告是信徒日常生活中的基本仪礼。《圣经》告诉他们食物是上帝创造的，正像传统独龙人认为食物是天鬼"格蒙"和猎神赐予的一样。另外，他们生病时，除了做祷告，找村医治疗、输液是最常见的治疗方式。拉旺夺的迪新生认为，相信上帝和医生（科学）并不冲突，而且不仅要在教堂里做祷告，吃饭睡觉时做祷告，还要时刻在内心做祷告。

独龙江基督徒日常的宗教生活包括祷告、礼拜和晚会。每逢家中大事，涉及出远门、婚丧等事情，也要闭目祷告并向上帝献上赞美和感谢。每礼拜三、礼拜六、礼拜日参加集体的宗教活动。教牧人员宣讲《圣经》，带领圣徒唱《赞美诗》。为了不影响劳动时间，礼拜三、礼拜六白天照常干活，下午六点饭后再到教堂祷告和唱《赞美诗》，持续1小时；礼拜天属于安息日，信徒不能劳动，教堂的活动内容还要加上传道员讲经和吃圣餐的仪式，时间为2～4小时。下面是笔者参加一次独都教堂礼拜天的活动记录：

> 教堂建在地势较高的缓坡上，从这里可以看见整个村落，不过现在树叶多影响了视线。教堂四周用竹编的篾板围起来，屋顶盖石棉瓦。正门口上挂着一匾，上书"独都教堂"，屋檐下竖挂一口钟，教堂有活动时以敲钟来召集信徒。室内分为两个部分：上面为讲道者的位置，其右边摆着一张桌子、一张椅子，上面铺着独龙毯；下面是信徒的座位，摆着小凳子，按男左女右的方式分成两边，中间为过道。我们去时，只见一个小伙子在

摆放台上的桌椅，旁边还摆着音响设备、一把吉他以及几袋大米。屋内正墙上挂着一块黑板，用于教授傈僳文，因为《圣经》是用傈僳文写的，只有学会了傈僳文才能看懂、唱会《赞美诗》。偏墙上挂着"请关闭手机"① 几个汉字。长老也来了，坐在最前排。见屋内只有几个人，作为传道员，他感叹道："敲了两次钟，为什么还没有人来，这么冷冷清清？"长老是属于独龙江乡基督教会的，但他本人是独都人。他来到之后，翻阅《经书》。今天他要讲《圣经》，即当地人说的讲故事。以前，他到县里学习傈僳文，又到昆明学习汉语，是独龙江为数不多的精通傈僳文、独龙文又懂汉语的人之一。他说，近年缅甸那边有人把《经书》翻译成独龙文。

据先到的小伙子介绍，本村教会的职员有8个，其中传道员2人、礼拜长2人、执事3人、长老1人。长老、传道员负责讲经。长老的讲经范围是整个独龙江，他要定期到各个教堂讲经。当地的信徒也把他们称为"老师"。这名小伙子初中毕业，通汉语，是礼拜长之一，负责教堂卫生与设备管理。

按计划，教堂活动是中午12点开始，此时才陆续有人进来。房东的女儿江英芳和色丹也来了，她们是唱诗班的成员。进入教堂后，各人先找到凳子坐下来，然后低头细语或默念祷词，做完这些才跟其他人打招呼。进来的信徒有老人也有中年人，还有小孩（被大人一起带过来的），各个年龄层的人都来了。在这样的阴雨天气，不睡觉、不打牌喝酒，来教堂唱歌听讲道，不失为一种积极的生活。整个活动程序如下：①12:30时人来了一半多，主持人礼拜长先带领信徒一起做了祷告（独龙语），然后一男子上台引导众人唱《赞美诗》（傈僳文），同时主持人安排一男子在座位上站起来进行祷告（独龙语）；接下来轮到长老讲经，他走到台上用独龙语介绍，约一小时。此时，台下一片安静，人们跟着长老的速度翻着手上的经书。小孩从奶奶的怀抱里跑出来，钻到另一边爷爷的怀里，过一会又返回奶奶身边；如此往返，乐此不疲。长老讲经结束，众人齐喊"阿艾"（感谢我主、上帝、耶稣）。这时，一男子上台引着大家唱歌（傈僳文），另一男子在自己座位上站起来祷告（独龙语），同时主持人宣布休息10分钟。就像上课的学生课间休息一样，教徒们到外面上厕所、聊天。②10分钟后，一男子上台引导众人唱歌，另一男子站起来祷告，众人低头。同时长老带着唱诗班成员（有男有女，年轻人居多，共10个人）唱《赞美诗》；然后一传道员上台先教大家傈僳文、后讲经，完毕，众人齐声"阿

---

① 后来问迪长老。他解释道："打手机会影响别人，这是神圣的时刻，开手机破坏了这个氛围，不庄重。这是神圣的一刻，是神与人交流的一刻。我们要珍惜这短短的宝贵时间。"

艾"。③礼拜长安排的人没来，就自己引领众人唱歌。④长老主持圣餐仪式，两个执事，一人托着熟土豆片、一人托着装有圣水①的小杯子，然后递到众人面前，信徒吃土豆、喝水。⑤长老主持，一男子站起来祷告；长老回到座位上站着，面向台前说讲，同时众人站起来一齐祷告。⑥14:30结束所有活动。②

从当天教堂活动的场景来看，讲经、祷告都是男的，唱诗班有一半是女性，到场的信徒男女人数相当。巴坡麻扒兰教堂的情况也是如此。

而参与另一次迪政当教堂活动时，我们发现也是男的讲经。做祷告的也是男的，是我房东李付的哥哥。他祈祷的内容是："今天我们穿得干干净净，祈求上帝保佑你的子民，平平安安……"整个村的男信徒比女的少，当天也只来了两个男的。信徒将刚刚收获的青瓜带来送给"老师"（传道员），据说每次听讲道时信徒会自愿带些礼物送给传道员。迪政当的教堂空间很小，只能容纳二十几个人。周末时，整个行政村的信徒都到熊当教堂活动。

除了每周定期的教堂活动，每年4月复活节、10月感恩节以及12月圣诞节，教堂里都会举行盛大的活动。节日活动的内容包括："麻扒"讲演《圣经》比赛，老人、儿童和妇女唱《赞美诗》比赛，教他们背诵经节并集体祷告。除此之外，所有参加活动的教徒自带米粮和肉菜，由执事安排人员负责宴席。这三次大的节庆中，只有圣诞节是全乡教徒在一起活动，通常在南部较大的教堂里组织过节，而其他节庆都是在各自所在的教堂自行组织活动。活动期间，非教徒也可以参加，但是不能在活动中抽烟和喝酒。

迪氏长老认为，定期的教堂活动是区分信徒与非信徒之间的首要标准。他说："如果我们星期天也干活，那跟不信教的人没有什么区别了。主安排我们这一天读经、祷告，如果干活了，就违反了《圣经》的规定。"

第三节　适应的困境：信仰的理由在哪

人们的生活方式，与所处的社会自然环境和持有的价值观相联系。独龙族传统社会以轮歇式的农业和狩猎为谋生手段，认为天鬼和各种鬼灵主宰着人们的健康、收获、运气等，因而生活中遭遇的种种不幸也归结为这些鬼魂作祟。

---

① 长老介绍：圣水代表耶稣的宝血，只有受过洗礼的人才能喝；喝的时候内心要忏悔，这样耶稣就活在信徒的心中，保护信徒；信徒吃了圣餐和圣水，表示以后会见到耶稣。
② 2012年6月24日独都田野调查笔记。

在这种信仰和观念的支配下，人们经常酿制酒水、拿出所有的财物，举行各种献祭仪式，向各种鬼灵乞求赐福、赎罪和偿还。这是独龙族人处理疾病、人际关系和解释自然现实的综合体系，它是与生活物资稀缺、各种政治势力挤压和极度依赖自然资源的生存处境相适应的。当外在的社会环境和生活条件发生变化时，人们遇到的困难和现象无法用传统的观念体系解释和处理时，人们就会产生慌乱。而这种时刻，就是外来宗教获得发展的时机。

前面提及，基督教传教人员波洛在南部传教之初，由于教徒有禁止抽烟、喝酒、祭天鬼的戒律，所以很少有独龙族人信教。随着本土的一批独龙族人成为传教骨干之后，独龙江信教的人逐步增多。1950年，独龙江下游地区发生连续性的地震，独龙族人无法解释这种自然现象，无比恐慌。恰在此时，身在此地的外国传教士出来解释："天翻地覆了，只有信教的人才能保住性命。"耶稣被塑造成了救世主。人心惶惶的独龙族人整家整村地加入了基督教，有时一天晚上便有数十人入教，入教人数猛增到500多人。外籍传教士欣喜过望，在孟定村与教徒合影留念，并先后在马库、孟定、拉旺夺村办了教会学校。① 地震带来的影响，表面上看起来是人们对自然现象产生的恐惧心理，实际上反映了当时的政治背景：共产党取得中国内地的政权，一批外国传教士被驱逐，独龙江正准备纳入新中国……据独务当（村）老约翰回忆，莫尔斯的三儿子尤斯此时在独龙江传教，而后带着他们去"未解放的地区缅甸"继续传播福音。换言之，大部分人在入教之初，并不是从教义理解的角度去接受一种外来的宗教，而是带有现实性，希望宗教能满足安抚慌乱的心理需求，同时外籍传教士的蛊惑计谋也起到了推波助澜的作用。

这就涉及入教的动机问题。笔者认为，早期接触基督教并加入的教徒，并不能解释为单纯的信仰问题，而是在特定自然环境、政治经济背景下的产物。张桥贵分析南部下游地区的独龙族人为何比北部的人接受基督教早，并成为独龙江基督教发展的核心这个现象时，认为有三个方面的原因：

其一，无论从境内（贡山）或境外（缅甸）往独龙江传教，都要取道下游地区；其二，中华人民共和国建国前独龙江孔当以上一带深受察瓦龙藏族土司的统治，藏族土司不允许这一带的独龙族人信奉基督教；其三，上游地区吸取了许多苯教因素的独龙族原始宗教得到比较系统化的丰富和发展，社会文化的根基较为深厚，也在一定程度上抵制了基督教在这一带的传播。②

---

① 参见张桥贵著《独龙族文化史》，云南民族出版社2000年版，第75页。
② 同上书，第77页。

张桥贵提到了基督教在独龙江南北发展的差异主要受交通位置、北部政治势力和文化根基因素的影响,显然他忽视了本土传教精英个人的因素,精英们在传播基督教过程中的作用没有受到重视。早期接受外来宗教的伊里亚、约翰等人当时只有十几岁,他们家庭生活艰难而又对新事物、新生活充满着期待和幻想。他们后来被选派到贡山、丽江等地培训,接触到比独龙江更宽广的世界,其心态和认知与其他人不同。正如独务当的约翰所言:"那时的传教士年轻力壮、热情高,传教很能吃苦。自己背上一点干粮,多高的山、多深的林里也去教傈僳文,而且很耐心地劝说人们皈依基督。"加上这些年轻的"麻扒"都是自己熟悉的人,他们的劝说会容易让人相信。

另外,这种南北发展的差异也要考虑到南北社会经济发展的差异性。1949年以前,在孔当南部斯拉洛以下的独龙族人生活在山上,以游耕和狩猎为生存方式,居住流动性很大,家庭物质生活贫困,还没有形成一定规模的村落聚居点;同时,还时常遭受土匪和奴隶主的抢掳、侵扰。这种穷困不安定的生活使他们需要一位救世主带给他们生存的希望。概而言之,早期独龙族人接受基督教的条件和背景,除了张桥贵提到的三个要素之外,还有以下四个方面原因:第一,传教者本人的素质和能力;第二,传教者和当地人的关系;第三,当地社会经济条件较差(即人们生活极度贫困);第四,地震等偶然现象在特定政治环境背景下产生的影响。

目前,独龙族人的经济生活、交通条件、政治环境与60年前相比有了巨大的变化,独龙江地区的基督教在经历一段挫折后如今又得到了强势的发展。那么,现在的独龙族人为什么要入教呢?

(1) 父母的影响。以拉旺夺村的迪新生为例。他之所以信教是受父母的影响,他的夫人也是基督徒,现在他们的儿子也加入了基督教团体,显然父母在家庭生活中的祈祷行为营造了宗教氛围。父母是孩子出世后的第一任老师,也是孩子最依赖和信任的人,因而父母对孩子是否加入基督教有着直接的作用。南部村民在60年前经历过基督教的洗礼,他们的信仰比其他人更加坚定,他们的孩子如果信教,主要是受到了家庭的影响。

(2) 基督教排斥烟酒对身体健康、家庭和睦的影响。基督教规定信徒不能抽烟、喝酒,因为抽烟和喝酒对身体不好,也影响生产以及与其他人的关系。这成为今天很多人入教的理由。笔者在木兰当走访时,几位60岁以上的"阿毕"(奶奶、阿婆,或者称呼年纪大的女人)告诉笔者,她们之所以信教,是因为信教后不喝酒、兄弟姐妹之间和睦相处。其中一个叫肖桂的老人说:"信教……一家人团结。"老人的汉语讲得不太流利,但可以理解她要表达的意思。今日独龙族人得到各种福利待遇,独龙江上下无人不称共产党好,将其看作如同救世主一样的角色,共产党的政策是他们实现美好生活愿望的最大动力。因此，在教徒中经常会听到"依靠上帝、依靠党的政策过上好日子"、"喝酒的人醉后乱说话，骗人"、"醉酒后干活没有力气，生病多，老得快"之类的话。由于酒对身体的伤害，人们完全否定了酒作为一种刺激性饮料在社会生活中的价值。上游普尔村的百岁老人咕噜谈到自己为什么信教时，认为身体不好是喝酒过多导致的，"信教后，戒烟戒酒，身体逐渐好转，也比以前更讲究卫生"。他的儿子是熊当教堂的传道员，其他家人也都信教，这些也对他选择信教产生了影响。

以上提到的是年龄在60岁以上的人对烟酒的态度，他们的人生经历使他们认识到饮酒给身体、家庭带来的危害；而对于成年的或者步入青春期的人来说，他们才刚品尝到酒的滋味，戒酒需要很大决心。笔者在迪政当的房东李付的二哥原本嗜酒如命，但他喝醉酒后容易与人冲突，常常把家庭关系搞得一团糟。他的妻子是一名基督徒，看到丈夫的"酒性"之后，就劝他入教、参加教堂活动，通过教会的戒律约束他喝酒。起初，李付的二哥不愿意入教，其妻子以离婚要挟，才使他下决心戒掉酒、加入基督教。同村的李春花，刚初中毕业，由于她母亲是虔诚的基督徒，她受母亲的影响也入了教；但是，只要母亲不在身边，她就会喝酒，周围的人说她醉后喜欢骂人。像她这样的年轻信徒，对酒的态度反复无常，这点从拉旺夺村迪新生提供的信息中得到佐证。

拉旺夺村是独龙江流域最早接受基督教的村落之一，目前整个村小组有62户230人，其中信教的有47人（男23人）。迪新生说："开始的时候，信教的人很多，整个小组有70多人。后来，有些老人去世了、年轻人入教后，违背教规，他们喝酒，是因为对上帝信心不够。要是相信上帝的话，一辈子都不能喝酒。"①

同样在独都村，我们也观察到年轻的教徒喝啤酒的场景。他们白天还到教堂参加了祷告、听讲《圣经》的活动，晚上碰上外地来的客人，后者买来几箱啤酒邀请他们一起来喝，一些年轻的教徒便加入了，那喝酒的劲头和热情与北部村落非教徒无异。后来我们了解到，那些年轻的教徒每天要喝1～2瓶啤酒。对于这种情况，作为教会主要负责人的迪氏长老也表示很无奈；但他说教会组织不会对喝酒的人实施惩戒，除非喝得太多跟人吵架。他拿出在贡山教会培训期间发送的材料给我们看，其中有10条新的戒律。这10条戒律是：①除上帝以外，不可有别的神；②不可拜偶像；③不可妄称上帝的名；④当纪念安息日，守为圣日，六日要做工；⑤当孝敬父母；⑥不可杀人；⑦不可奸淫；⑧不可偷盗；⑨不可作假见证陷害人；⑩不可贪恋别人的一切。与前面提到的早期戒律相比，这里不再把抽烟喝酒作为诫命，但是由于酒引发的危害性，教

---

① 2012年6月20日访谈资料。

会依然将禁酒作为一种戒律来执行，只是通过教育来慢慢改变人们的喝酒习惯。这正如迪氏所言：

> 信教的人像兄弟姐妹一样，团结一心，和睦相处，不能吵架。如果信徒违反了戒律，喝了点酒，我们也不能惩罚他，喝那么点就惩罚，以后他不敢再信教了。我们让他慢慢认识，慢慢改变习惯。当然，严重者会被处罚，或者逐出教会。所谓的严重者为赌钱、偷盗、杀人者。惩罚的手段依据所犯戒规的严重程度，三个月或半年不准他参加我们教会的活动，情节严重者一年之内禁止参加有关教会的活动。但是，犯有如此严重戒律的人很少。独都村原来所有人都信教，后来一些人变了心，有些人喝酒，有些人加入了共产党。我们要做出什么样的决定，都要通过教会表决。我信教的原因是神的福音传到这里，我们知道传福音的目的，是为了我们生活幸福，上帝给我们永生，有慧根的心。耶稣是唯一的救主，除他以外没有人能救我们。他教导我们不抽烟、不喝酒、不打架、不偷不抢不杀，提倡做好事，这些对我们的社会都有好处的嘛。①

迪氏的话是想表达，人是会犯错的，重要的是能认识和改正错误。饮酒的行为并不能作为区分教徒与非教徒的标准，一些虔诚的教徒（老年人）则把嗜酒作为一种给健康与和睦的人群关系带来灾难性的东西，并否定了酒的价值。正如迪氏女婿所言："酒是'毒品'，一喝酒就上瘾，不好戒。"所以，一些人是为了身体的健康戒掉酒瘾才入教的。对入教带来的好处，就是戒酒后带来的安宁和团结。信教的人不抽烟也不喝酒，省下来的钱可以改善生活，教友间可以互相帮助，这对整个社会风气都大有好处。如果再深入点谈，可以扩大到饮酒对生命的威胁和对家庭的破坏以及对社会的危害。因此，我们不难理解为何一些人对饮酒如此反对和痛恨。

独龙族人嗜酒，在明清两代都有记载。那时候还没有外来的啤酒和烧酒，他们喝的是自己酿制的米酒（见图4-1），度数不高，但饮用量很大。每年粮食入仓，家家都在酿酒。不少人家酿酒耗费大米过多，本来生产的粮食就不够吃，酿酒过后就更加缺粮。现在实行退耕还林，国家每年补助每人360斤大米，有人吃不完就用来酿酒，因为过期了的米煮饭也不好吃。

---

① 2012年6月24日独都访谈资料。

图 4-1 独龙江米酒

但是，我们不能忽视酒在独龙族社会生活中的作用。传统社会里，各种祭祀仪式、节庆中酒水是不可缺少的物品，既是祭祀鬼灵的祭品也是招待来访者必备的佳肴。有时，为了过年节或者大型的剽牛祭天活动，人们需要提前1个月酿制水酒。但是，过去的酒水依赖粮米来酿造，本身就很缺粮的独龙族人一年中也只有在年节祭祀的时候才能享用到酒。所以，在21世纪之前，酒水在独龙族社会应该属于奢侈品。另外，酒在社会交往中可以起到沟通桥梁的作用。独龙族朋友经常讲，酒是打开话匣子的钥匙。身在独龙江的外来干部、工作组成员、游客无不深有体会。笔者在迪政当时，经常跟着村支书到村民家走访，一般先要喝上几杯水酒或者啤酒，等到有几分醉意后才开始谈正事。最近几年，国家扶持力度大，有低保、有大米，人们可以将拿到的低保买外来的各种酒，或者把多余的米酿制成水酒。与过去不同，今天独龙族人生活中的酒不是奢侈品，只要手里还有现金，每天都可以过着醉态的生活。有些学者将独龙族人对酒的偏爱与普理查德笔下的努尔人之于牛相比，认为独龙族是醉倒在酒坛边的民族。① 实际上，酒本身对身体是一把双刃剑，有利有弊。由于独龙江流域多雨潮湿，适量喝酒可以为人们驱寒驱湿，尤其是做成"夏辣"（见图4-2），可以滋补坐月子的妇女；同时酒也是表达热情好客的媒介。只是现在农村市场和小卖部里销售的酒大多质量难以保证，那些价格低廉的烧酒喝了对身体的危害很大。它不像大米酿制的水酒，醉醒了人就没事了。由于酒在独龙族人宗教生活中的特殊性和复杂性，饮酒成为他们在教徒与非教徒之间摇摆的

---

① 参见吴飞著《火塘·教堂·电视——一个少数民族社区的社会传播网络研究》，光明日报出版社2008年版，第22～23页。

动因。对酒的态度，不仅是区分信徒与非信徒身份的标志，同时也表达着男人和女人、老年人和年轻人之间不同的看法。

图 4-2　制作"夏辣"

总之，独龙族人入教的动机具有现实性和功利性，一旦未达到所期望的目的，又不再信教。饮酒与健康的关系，给基督教的发展带来了机会，同时酒也使教徒变得摇摆不定，这些因素导致基督教在独龙江传播的复杂性。独龙族人信仰的实用性，也体现了他们生存的适应性和灵活性。

第四节　社会秩序的维系与整合：观念、实践与调适

美国人类学家 F. C. 华莱士（Anthony F. C. Wallace）将宗教定义为："与超自然存在、力量与作用力有关的信仰与仪式。"① 早期独龙族人关于鬼、灵魂和天的一套认知和实践体系构成了本土宗教。本章的目的并不是探析宗教的起源问题，而是探寻宗教如何使得群体彼此维系在一起同时作为一种独龙族人生存的条件而发挥作用，并在这种理念下讨论变迁的问题。

这就要提到宗教与社会的关系。简而言之，对鬼魂的信仰构成了独龙族人超自然观念的基础。在独龙族人生活的世界里，鬼魂的观念让人们的言行变得

---

① Anthony F. C. Wallace. *Religion: An Anthropological View*. Random House, 1966: 5.

非常谨慎，同时人们将生活中不幸的遭遇也归之于鬼怪的作法。与其他地方人群中持有的"鬼"的概念不同，独龙族人观念中的"鬼"并非是人死后的亡魂所变。在很多民间传说中都提到了世界起初人鬼共同生活的故事，由于鬼吃人血，人就变少了，后来鬼头目作法，才使得人鬼分离。但是，鬼总是贪婪和反复无常的，所以人们不得不多次祭祀它们，以求平安和福佑。于是，出现了为各种目的而祭祀鬼灵的仪式行为，概括起来就是祛病消灾和祈求狩猎、农业丰产。在"投荣哇"的祭祀中，人们用动物作为祭品献祭给天鬼和各种与人生活生产密切相关的鬼灵，牛是最高价值的祭祀品。牛的生命和血献给了鬼灵，而肉属于参与仪式的人。然后，这些肉在聚餐中分食。献祭仪式的目的是为了让鬼灵满意，不再作祟于人类。牛作为祭品成为人类赎罪、偿还鬼灵债务的替罪物。这些仪式是在一群人中间进行的公开活动，分食祭品的活动在客观上起到了密切和巩固以家族为核心的亲族、姻亲等社会关系的作用。参与分食的成员以共享食物为媒介，增加了彼此的相似性，而产生对整体的认同和共识。

涂尔干认为，神比人类更有力量，但和人类相似并共同生活在社会中。在独龙族人的本土信仰观念里，还没有具体清晰的"神"的概念，通常是将天鬼或者鬼的头目与至高神联系在一起，不过由于各种鬼灵与人的现实生活密切联系，宗教纽带具有将人和超人联系起来的力量，因此也是一种社会纽带。①

另外，鬼灵的观念也产生很多规范人的行为的禁忌。比如，对屋中火塘不得随意踩踏和泼水、孕妇避免接触猎人和狩猎工具等，因为火塘、狩猎工具等事物与提供维持生存的食物有关。同时，这些观念和禁忌经人们的内在化处理，形成各种口述故事，表达超自然力量和人类伦理。其中有一则故事很能说明这个道理：

> 以前有个胆大的人，有一天"南木萨"告诉他："每天晚上，有一群鬼在山上跳舞，你如果不怕，跟它们一起手拉手跳舞，跳到鸡叫天快亮时，这些鬼会离开。此时，你紧紧拉住身边那个鬼，使它无法脱身，它为了摆脱你，它会说给你一个拐杖，一个可以使人看不见的魔杖，但你不能答应，因为它最好的东西是戴在头上的银帽，这帽子戴在你头上，别人就看不到你了，而且还可以把人变小。"胆大的人找到"南木萨"所说的地方，等到天黑时，果然看见一群左手执火把、右手拿拐杖的舞者，于是他借着胆大，也跟它们一起跳舞。一直跳到鸡叫时，这群舞者准备散去了，

---

① 参见（法）埃米尔·迪尔凯姆著《迪尔凯姆论宗教》，周秋良等译，华夏出版社1999年版，第14页。

他快速将最近的一位舞者拉住不放。这个舞者请求他放手。胆大的人说："除非你要送我一样东西。"舞者要送拐杖，但那人不要，最后送了银帽子才脱身。胆大的人如愿了，他戴着帽子回到了家，家人果然没有发现他，只能听见其声不见其人，家人以为遇到了鬼。后来，这人戴着帽子变成苍蝇，从门缝轻松进入了富人家里，然后趁主人不在，偷了很多东西出来。但是经过门缝时，帽子不小心掉了，人变大，结果被夹死在富人家的门缝中。①

这个故事表面上看起来是鬼怪故事，实质上包含着现实说教功能，正如布迪厄所谓的"具有教训功能"②的民间故事。在独龙族人火塘夜话中，类似的一些故事试图让人明白是非、知晓社会伦理。这是一种相当有效的文化传承与社会规范整合的手段。

这个故事还有一层含义在文中没有揭示出来，即财富的分配和社会分层。在1949年以前的传统社会中，独龙族存在以父系大家庭为纽带的社会组织，社会分层不明显，财富的获得是通过个人的能力、勤劳和运气，人们通过挖到的药材和捕获的兽皮，交换到牛和稀缺品。牛是衡量财富的象征，但有趣的是，牛不论是作为富人娶妻的聘礼还是作为祭祀用品，最终都要被人分食，社会财富也以互惠、分享的方式得到再次分配。本书第三章中也提到过，共同体成员之间分享肉食和平等主义是维系群体的基础，也是共同体成员在遭遇困境时团结协作的基础。也只有在有来有往的礼物赠送中，才能保持均衡的财富观，才能从整体上抑制社会分层的出现。通过神话和仪式实践，分享作为一种神圣的价值观念，是小规模的群体得以生存和维系的条件。

基督教作为外来宗教，是独龙族人与外界频繁互动和交流的产物，之所以能先在南部地带站稳脚跟并得到发展，与政治统辖、生计经济以及地理位置紧密关联。独龙族人是带着现实目的加入基督教的，即为了治病、改善生活等，而基督教本身"平等"、"博爱"的理念并非是最大吸引点。传教士也看清了这一点，所以在向贫困少数民族地区传教时，选择行善的传教路线，把传教与改变当地人贫穷落后的社会面貌结合起来③，这种模式契合了独龙族人的生存需求。20世纪50年代以前，独龙族人口稀少，居住分散。孔当以下的独龙族人在经济生活上比北方的独龙族人更加艰苦和困难，这里也没有大型的祭祀活动"投荣哇"，仅仅依靠松散的家族组织维系着群体成员。基督教的传入和教

---

① 2011年10月12日田野调查笔记（讲述者为李林高）。
② （法）皮埃尔·布迪厄著：《实践感》，蒋梓骅译，译林出版社2003年版，第284页。
③ 参见钱宁《云南边疆少数民族信仰基督教的社会历史原因分析》，载《中南民族学院学报》（哲学社会科学版）1998年第3期，第35～39页。

堂活动，有利于打破家族血缘关系，使得分散的人群被组织起来，一些个人情感得以抒发和分享，这有利于社会整体发展。

1949年后的30年间，基督教传教士的活动与帝国主义联系在一起，因此受到政府的取缔，而本土宗教信仰被界定为"封建迷信"，与"牛鬼蛇神"一起被扫进历史的长河中，没有了合法性地位，宗教活动基本停止。到了20世纪80年代，国家政策不再以政治斗争为核心，在宗教信仰自由政策下，宗教活动得到了复兴。在这个背景下，基督教以"反对帝国主义干涉"和"三自"爱国运动完成了自我"救赎"，获得了合法性的地位，并在有利的社会环境下得到迅速发展。与此同时，随着"包交提留"土地农业税制度的实施，集体化时代结束，家庭成为社会经济的基本构成单位。随着对外交通的改善，外来物资比以往更加便利地流入村落的每一户人家，可乐饮料、各种品牌的白酒与啤酒成为日常生活中的普通饮用品。与社会急剧转型相伴随的是酗酒、妇女外流、自杀等社会问题的产生。这种现象在北部村落中更加突出，如在迪政当村，2002年至2009年间有10人死于自杀，其中该行政村所在地冷木当小组就占了一半。①

自杀是一种个体自我毁灭的行为，但正像涂尔干所说的，自杀与社会环境有关，正是从自杀的环境中，我们才能找到某个人自杀的根源和背景。② 郭建斌从个体适应社会转型的角度进行了探讨，除了适应的视角外，我们认为自杀的行为与传统社会权威崩溃有关。本书第二章提到，像家族这种由人际关系构建起来的社会组织，实际上是一种相互依赖、彼此合作的生存之道，在一个村落中人与人之间的关系相对亲密，维持以长老为尊、善猎为荣耀的权威体系。随着社会的改革和变迁，如今这样一种传统权威体系已经不再发挥作用，社会以家庭为单位，在社会生活过程中个人承担的压力比过去大了；每个人的生存机遇也不一样，个人教育水平差异、商业成败以及与外界联系程度不同导致新的社会分化。北部村落原本是传统民族宗教信仰区域，但是传统信仰根基——狩猎文化、鬼魂的观念、祭师的地位由于现代性的观念受到了影响，大型的祭祀仪式"投荣哇"不再举行了，传统信仰在现代化发展中的断裂已经表露无遗。人们遇到不顺的事或者心情糟糕时，总是有意无意地寻求酒精的刺激和麻木，而这样最容易导致事端。

基督教关于戒酒、禁祭天鬼及信奉其他神灵的教规，在一定程度上改变了

---

① 参见郭建斌著《边缘的游弋——一个边疆少数民族村庄近60年变迁》，云南人民出版社2010年版，第314～315页。

② 参见（法）爱米尔·杜尔凯姆著《自杀论》，钟旭辉、马磊、林庆新译，浙江人民出版社1988年版，第2页。

独龙族人的生活习惯和信仰观念,其中最重要的是在一定程度上解决了酗酒的问题。教会领袖依据个人能力与"卡里斯玛",影响着周围的人和追随者。另外,基督教定期的教堂礼拜活动和文艺表演,吸引人们集聚在一起,加强彼此的沟通和交流,对于培养亲密人际关系有着不可替代的作用。在圣诞节活动期间,来自不同村落的教徒"同吃一锅饭,同吃一盆菜,同饮一壶茶"。这正如过去大型祭祀活动一样,分食的意义在于建立一种兄弟姐妹式的共同体关系,同时也形塑了集体主义的意识和观念。在遇到困难和不解的问题时,成员能得到他人的关爱,也多了一份解决困难的渠道。虽然宗教不能解决所有问题,但在社会转型过程中,宗教信仰和活动在维系社会稳定、凝聚人心方面起到了积极的作用。鉴于独龙江各村所处的地理位置和接触外界对象的不同,产生了各地人群在宗教信仰方面的地域差异性。上游地区由于受察瓦龙藏族领主的统治,其辖境内的独龙族人在语言、信仰等文化上多受藏族的影响;而在南部村落,受到基督教的影响较大。不论是本土的宗教还是外来的基督教,它们的生存与复兴,无不与政治环境有关。各种宗教举行的周期性仪式活动,既是对神灵的崇拜,亦是分享食物、形塑集体意识观念的公共活动。对具有高度流动性、分散的独龙族人来说,宗教的观念和仪式活动,不仅是社会整合机制,作为一种意识形态,也影响到了日常生活空间的安排和个体的行为。

第五章 精英的角色：内外沟通的行动者

> 一个地位是一种权利与义务的组合……角色代表了一个地位的动态方面，当一个人正式投入权利和义务的组合时，即扮演了一个角色……地位和角色帮助人们从社会生活的理想型而落实到个人的名义下。角色是为了组织个人的态度和行为，成为一些模式，以便于人们之间行为的和谐一致。
>
> ——林顿《人的研究》

在分析缅甸克钦人的社会结构时，利奇以环境因素、政治因素和人物因素三要素作为贡献和功劳之间摆荡的动力，但他强调了克钦人自己在选择不同的社会身份时具有决定性作用。① 本章从人物的角度，探讨在解决生存问题、改善生活以及与政府方面联系时，社会行动者发挥着怎样的能动作用。我们关注和选择的人物既有群体的政治领袖，也有普通的个体行动者。前者通常在独龙江内外人群互动时扮演着关键的中介角色，同时担当着为族人谋求更多生存资源的责任。当传统权威旁落时，他们依赖个体能力和行动试图改变生存的状况。但是，不论他们的地位和角色怎样，他们的人生经历及故事，都在诠释着独龙族人自强不息的生存信念。

第一节 家族长、祭司和头人：擅长沟通的地方精英

在早期社会生活中，独龙族人分散居住在自己开辟的火山地周围，由于农

---

① 参见（英）埃德蒙·R. 利奇著《缅甸高地诸政治体系——对克钦社会结构的一项研究》，杨春宇、周歆红译，商务印书馆2010年版，第245页。

业种植和狩猎的流动性，人们常居无定所，但这并不意味着这是一个没有头领、没有秩序的社会。在这样的生态体系和生计经济背景下，独龙江两岸的人群规模比较小，少则一两户，多则十几户。在以血缘或地缘为纽带的松散的父系社会组织中，土地和财富集体占有和支配，大家过着自由而流动的生活。外来统治者进入之后，找到一些合适的人，让其成为村落头人，负责组织和动员人们缴纳赋税。下面我们将讨论哪些人才能成为村落头人，其在群体生存的社会环境中发挥着怎样的作用。

一、"自然形成"的家族长

早期社会以族聚居，女子婚后从夫居，年长的男人成为家族长。正如20世纪60年代的调查资料指出的：

> 家族长系自然形成，不是选举产生的，也不罢免。家族长多是能说会道，办事公道的老人，他对外代表本家族缴纳贡税、联系公事和调解纠纷，对内主要是调解纠纷和领导家族共耕地的生产。家族长死亡或因故失去威信时，则另找新人代之。①

也就是说，家族头领产生的首要依据是自然条件，即年龄、性别。在独龙族人这样彼此依赖和合作以维持生存的群体中，年龄与经验、技能有关。长者拥有的社会经验、生产与狩猎技能是群体获取食物、生存和延续的重要条件，因而在重要的活动中都由长者作为头领。他带领族人开辟新的火山地，组织年轻人到远方森林中围猎野兽。年节时，长者主持祭祀活动，与鬼灵沟通，祈求族人平安、好运和丰收。长者的胡子和皱纹是智慧的象征，长者是年幼者社会化过程的人生导师。独龙族孩子在8～11岁阶段被称为"切姆拉"，还没有区分性别。此阶段的孩子，在家照看更幼小的弟妹、学做饭和家务，有时跟着母亲到地里除草、割猪草，农闲时则跟着父母到山里挖葛根、百合等。他们参与这些劳动，也是学习技能、辨别可食植物和菌类的过程。11～16岁为青春期，男女性特征明显，男孩称为"古恰惹阿曾"、女孩称为"坚姆佳惹阿曾"。这一阶段，他们开始学习不同的技能。男孩跟着年长的哥哥或者父亲和叔叔上山狩猎，学习观察动物的足迹和生活习惯，也要参与祭祀猎神的活动。而女孩则向母亲或女性长辈学习缝补技能，尤其是织布技术，以后全家人的衣服全部要靠女人的缝补和编织；同时继续做母亲的帮手，管理好家务、照顾好弟妹和家畜。这是独龙族人人生中最重要的学习阶段，此阶段掌握的技能是他们日后安

---

① 云南省编辑组编：《独龙族社会历史调查》（二），云南民族出版社1985年版，第23页。

身立命的根本。对劳动技能的培训也能培养他们的价值观念：尊敬长者，学会与他人合作和分享，男人的声望来自于森林中狩猎时的勇猛和机智，而女人的荣誉则来源于对家务事的梳理能力以及勤劳和忍耐的品性。也就是说，孩子和未婚的年轻人在一定程度上依赖于长者来获取生存所需的资源，因而保证了年青一代服从于长者的政治权威。

但是，群体的长者拥有的权威是集体共同赋予的。换言之，家族长没有特殊权，也无权私自做出某项重要的决定，他要与其他人一起生产和分享劳动产品，和其他人之间并不存在明显不平等的待遇；相反，家族长承担的责任比其他人更大，他要为族人争取到有利的生活空间和生存资源。家族长的职责之一是调解纠纷，就像努尔人社会中的"豹皮酋长"，不论是家族内部还是家族之间的矛盾纠纷，一个有威望的家族长更有利于解决矛盾，因为大家都尊敬他、愿意听从他的调解。这样的威望来自于家族长具备的除年龄之外的其他优势与品德——出色的狩猎技能、能说会道、办事公道。在采集狩猎群或者游耕社会里，猎手备受尊重，因而具有很高的威望。捕猎或者饲养与群体生存联系起来，并使捕猎或饲养者产生声望与荣誉。这是因为狩猎是一项危险性的工作，同时所捕获的猎物惠及多人，为人们提供了营养蛋白质；兽皮和麝香还可以和外族人交换，换回独龙江缺少的食物和其他生活物资。我们在迪政当看到了家家户户在门口或者墙壁上挂着兽骨、兽角，以显示男人的威武和荣誉。女人的荣誉则来源于所挂猪颌骨的多少——饲养猪和家禽为妇女勤劳的象征。

共享性、平等主义是独龙族人传统文化的特征，集中反映在调解与处理纠纷上必须强调公正与公开的原则，调解者不能偏颇任何一方。平时为人公道者，更值得信任和尊重。这样的家族长处理纠纷时，更易化解彼此的矛盾。另外，能说会道的家族长往往更擅长沟通和处理人际关系；同时具备这种才能的人与外村人或者外族人接触时，更易于成为本族人的利益代表，成为两者之间的中介人与交换的伙伴。这样的人比其他人更有机会获得外界的信息和物品，他的族人也更有能力提供食物和安全保障。

从性别角度分析，男人的社会地位和威望来自于公共领域中的狩猎、公共事务的处理，以及对家庭、群体的生活所能提供的帮助；妇女的主要活动领域限于家庭内部，主要任务是养育下一代和饲养家畜，她们对社会的影响通过对孩子的培育和对丈夫的辅助表现出来。人们总认为女人不会说话，这是因为她们既没有在村落公共场合活动的机会，也没有处理过公共事务，因而不擅长发表言论。所以，家族长通常由男性担任，便于处理家庭外的事务。在家庭内部，女人也有发言权，任何一项重大的决定都是由全家人一起商议做出的，又充分体现了社会分工和角色不同。

在独龙语中，家族长、头领被称为"卡桑"，"卡"是说话、"桑"是擅长的意思。也就是说,在独龙族人的话语中,沟通能力作为一个重要的条件来衡量家族长和头领的能力——良好的沟通是与更多人建立彼此信任和合作关系的基础,在生存遇到困难的时候,合作的人越多族人越有机会获得援助;善于主持祭祀仪式、与鬼神沟通、处理人与超自然的关系,这对持有"福祸皆与鬼灵有关"观点的独龙族人来说,也是一项非常重要的能力。本书一直强调独龙族人并非是一个自我封闭的民族,也就是说独龙族人与外界的接触和互动在整个族群发展过程中产生了重要的影响,对于一个头领来说,他的职责是和外人沟通好并完成交易,为族人争取经济利益和政治利益。按照这样的理解,善于和人鬼沟通的人,被认为是"会说话"的人。从"卡桑"的词义分析来看,独龙族人对他们的头领赋予更多责任和期盼。简而言之,族长依靠的是个人在生活生产中积累起来的经验和能力,这些价值构成了领导者的魅力和威信。这正如平等的氏族社会中的"克里斯玛"魅力型领导①,他们没有正式的职权,其所承担的责任往往是暂时性的,而一旦失去了威信也就失去了族长的职位。

二、"兄弟射箭"选头领

在前面的论述中,我们指出了年龄和性别是成为家族长的首要条件。年长者由于在生产和捕猎方面具有成熟的技术和经验,成为年轻者学习和模仿的对象,前者承担着指导和培养后者的义务,形成长者庇护年幼者的关系。在依赖群体才能更好地生存的社会中,"年长为尊"成为重要的社会道德准则。与此同时,获得社会威望的渠道是多样的,人们也可以通过狩猎中表现出来的勇猛和智慧、在处理公共事务中秉持公道与能说会道等获得权威。不同题材的神话塑造了年长者的权威,并在独龙江被纳入周边强权及中央政权后成为统治者操纵的合法性根源。

笔者在独龙江常常听到各种传说故事,其中有一则兄弟比试射箭来选头领的传说广为流传:

> 大洪水之后,世间只有兄妹二人存活下来,为了繁衍人类,他们结为夫妻。婚后生了九男九女,这9对兄妹长大后,时间久了就闹不和。他们的父母出来劝,说:"你们比赛射箭吧!谁赢了,谁就当头领,输了的就服从他。"大家都同意。父亲在门前的树上挂了一张熊皮,大哥射了9

---

① 参见何国强著《政治人类学通论》,云南大学出版社2011年版,第85页。

箭，全部中标。于是，弟弟们承认大哥是头领，愿意永远服从他。①

人们将传说中的大哥比作汉族、弟弟比作独龙族或者怒族，因为小弟射箭输给了大哥，所以他们要向汉人缴税、服从汉官管理。而早期的调查者陶云逵也搜集到相关的材料：

> 远古之时，洪水滔天，人类死尽。惟在卡窝卡普神即卡瓦卡普之山上，有兄妹二人，兄名庞（Pang），妹名孃（Nang），因虑人类绝种，乃自相交配而生九男九女，各儿女复自相配偶。大的一对，无名，成亲，为藏族人之祖先。第二对，男名京（Ging），女名捻（Nien），成亲，为俅子之祖先。当时，此4人赛射弩箭，以一块钱为目标，言明射中者向射不中者征税。第一对夫妇果射中；第二对未射中，故至今俅子纳税给藏人。第三对，男名刚（Gong），女名郡（Kuen），成亲后同去狄子江边居住。其地产藤子，因善编藤筐子，以供给俅子。第四对，男名健（Tchien），女名宁（Nuen），成亲后到曼宁（Man Nuen），在今缅甸境坎底之西居住，乃为其地土人之祖。余不详。但此9对之中，有一对是汉人的祖先。②

与前一个传说相比较，这则材料中大哥变成了藏族。当时陶云逵是在孔当一带调查时搜集到这个故事材料的，联系当时的政治统辖情况，这一片地区上的村落在新中国成立前主要受察瓦龙藏族的统治。传说塑造了藏族统治者，赋予了他们统治权的合法性，是因为独龙族先民在射箭比赛中输给了藏族大哥，所以要向大哥纳贡，接受大哥的"保护"。两个材料都说明外来者统治和税收的正当性，因为他们都是独龙族人的老大哥，除了年龄方面的原因外，还有在射箭的技能上兄长胜过弟弟。换言之，担任头领的因素中，除了年龄，还有其他能力上的要求。这里蕴含的跨族群的"兄弟故事"不同于王明珂强调的族群认同的"根基历史"③和资源共享的合理性；这里独龙族人和藏族、汉族、怒族人之间的"兄弟故事"本意在于确立族群之间政治权利关系的合法性和正当性，是一种等级关系的隐喻。

另外，还有关于兄弟狩猎的故事，内容和本书第四章提到的猎神"任木

---

① 洪俊：《独龙族源初探》，见怒江州政协文史委员会编《怒江文史资料选辑》（上卷），德宏民族出版社1994年版，第36～39页。

② 陶云逵：《几个藏缅语系土族的创世故事》，见《边疆研究论丛》，金陵大学中国文化研究所1942—1945年印行。

③ 参见王明珂著《羌在汉藏之间》，中华书局2008年版，第176～208页。

达"的故事相同。在这个故事中,兄弟俩去山里打猎,在一块山崖上,哥哥带着猎狗追猎物一去不返,最后成了"任木达"——森林中各种动物的主宰者,弟弟每次去捕猎都得到"任木达"的关照,捕获到很多猎物。这个故事里的兄弟关系表明,兄长对弟弟而言是一个食物提供者和安全的庇佑者。当上升到猎神"任木达"的时候,它也成为人们出猎前祭拜的对象,人们认为只要供奉适当的祭品——各种动物塑模,在行猎过程中就能捕获到相应的猎物。联系到现实生活,作为头领的兄长有责任和义务为他的族人提供食物与安全,这也是人们对头领的期盼和要求。依据这样的逻辑我们就不难理解,历史上那些头人、富有者从外面买回牛之后,便要举行神圣的祭祀仪式,所有人一起分享牛肉,同时头人和富有者也获得了社会威望和荣耀。同理,那些外族土司和统治者也通过提供牛肉,从而提高自己的声望,并将对独龙族人的统治、税收合法化。

三、头人、祭司、本南:擅长沟通者

按照一般的用法,头人(chief)这个词指一个社会群体公认的领袖或首领。在本书中,我们用这个词来称呼在村落事务中具备威望和有影响力的独龙族人,他们作为行动者能够促进或阻碍群体获得利益。独龙江被纳入周围更大的政治体系之后,头人由外来统治者任命,通常由势力较大的家族长来担任,其主要职责是为统治者"收集门户、解运钱粮税"。不同的统治者给予头人的职责也不相同。清王朝末期,中央政府不仅任命了俅官(如袁裕才),还委任了各村寨大小伙头来处理民事政务。察瓦龙藏族领主也对上游地段进行规划,在每村设伙头两人,协助管理村民、收税纳贡。到了1932年,国民党在独龙江推行保甲制度,一个行政村为一个保,一个自然村为一个甲,大部分头人成为保长、甲长。保长、甲长的主要职责也是管理门户和收缴税务。但在已有的文献中,笔者没有看到民国之前的伙头制度具体任命情况,那些被任命为头人者,只知道是从族长中选出来的,但不知其任期有多长,之后的保甲长是3年一任制,但考虑到有些族长的势力比较大,有可能出现连任的状况。

尽管在职能上,头人夹在外来统治者和本地族人之间,但他仍然未脱离缴税的负担,同时还承担着为族人争取利益的责任和义务。他和族人之间的关系总的来说是平等的,不同之处体现在社会威望和提供食物的能力上。头人负有为族人争取生存利益的责任和义务,即生存的伦理,一旦他违背了它,威望下降,其他人就会群起而攻之,杀掉或重新立一个头人。今孔当村南部的学哇当自然村,过去曾是廷三氏族开辟的,后来上游的孟氏族人追撵马鹿发现了这块地方,因而取名为"学哇当"。孟氏族人在此地安家以后,煮了4大罐酒,作为礼物送给了附近的廷三氏族人,后者把女人嫁给了前者,双方建立起了姻亲

关系。后来，学哇当家族中有一个能说会道的头人叫"南斗廷"，其妻是南边今拉旺夺氏族人，他们勾结缅甸来的土匪，欺凌、掠杀了许多廷三氏族的人，把其中的"当阿"等家族的人都杀光了。此外，南斗廷还讨好察瓦龙藏族税官，说廷三氏族的人黄连、贝母多，察瓦龙税官就加重了对他们的税收和掠夺。最后，廷三氏族人被迫联合起来，把南斗廷杀了。① 民国年间，有保长借派税之机从中勒索。例如，丙当·目德，设治局要收一元的税，他则派两三元。因此引起一、二、三村人的不满，有50多人手持弩弓砍刀，齐集他家门口，和他清算，要他赔出贪污账，并撤去了他的职务，最后，村民赢得了抗争的胜利。②

从这些例子可知，头人虽然是外来统治者任命的，但他要接受当地村民道义的评判，若违背当地社会的生存伦理和道义原则，村民有权向上级统治者起诉，撤掉其职位，或者采取更加极端的办法即群起而杀之。

祭司是对主持各种祭祀仪式的一类人的统称，这里以"南木萨"来指代。正如头人一样，"南木萨"也是"能说会道"者，但这里的"能言会道"主要是指他和非人类超自然之间的沟通能力。过去，"南木萨"这样的祭祀专家扮演非常重要的社会角色。独龙族人认为，人类周围布满了各种鬼灵，能够与鬼灵沟通、使人避开作祟者的唯有"南木萨"。在开辟新的火山地时，"南木萨"要向该地的鬼灵祈祷和祭祀，以求来年作物丰收；狩猎前，"南木萨"要向猎神"任木达"祭祀，以期在行猎中捕获更多的猎物；到年节时，"南木萨"要举行剽牛祭天仪式，向天鬼等各种鬼灵祭祀祈求，希望来年会获得健康、好运和丰收。也就是说，"南木萨"代表人类向各种鬼灵沟通，沟通好坏关系到人类能否捕获到猎物、生产能否丰收等一切福祸。另外，"南木萨"还代替天鬼给患病者治疗，独龙族人相信"南木萨"之所以会做出预言、给人治疗各种与鬼灵有关的疾病，和一种神秘的力量天鬼"南木"有关。根据早期学者在20世纪80年代初对一些"南木萨"的访谈记录③，这些人对"南木"有着清晰的描绘。巴坡"南木萨"木然当木廷在整个独龙江乡都有很高的名望，20世纪50年代初期，他曾经作为独龙江代表到过昆明、南宁、北京和东北各地参观，受到过周总理等中共中央领导人的接见。据他回忆，"南木"出现在他的眼前，一共有4个，其中有男有女，长得同人一样，很好看，但是一会儿就不见了。他认为：

---

① 参见蔡家麒著《藏彝走廊中的独龙族社会历史考察》，民族出版社2008年版，第20页。
② 参见云南省编辑组编《独龙族社会历史调查》（二），云南民族出版社1985年版，第21页。
③ 比较集中的记载见蔡家麒著《藏彝走廊中的独龙族社会历史考察》（民族出版社2008年版，第126～152页）。

"南木"善于变化，能变成各种东西，有时变成小姑娘，有时变成雀鸟，甚至还能变成桌子。第一、二次碰见时，它们都没有讲话。第三次遇见时，南木们才对我说："我们是'格蒙'派来交给你的，来找你做朋友。"我听说是天上的"格蒙"派来的"南木"，也就同意了它们的要求，同它们交朋友，为众人治病。

与木然当木廷同村的肖拉子，在新中国成立后的集体化时期，担任过巴坡村最高领导人，但在1979年某天他宣称见到了"南木"，遂成为"南木萨"。回忆起见到"南木"的那一天，他说：

那天天刚黑，马巴洽给和他的老婆来我家玩。我坐在我睡觉的铺板上，面向火塘，他们坐在我的对面。当时，我的老婆和女儿都在家。这时，我的眼前上方突然明亮起来，出现了3个"男人"和1个"女人"。它们都是很漂亮的年轻人，穿着像是喇嘛穿的衣裳，颜色好像雀鸟身上好看的羽毛一样。它们的前额光亮，戴着漂亮的帽子。它们各人带了一把金光闪闪的金凳子坐下。它们出现以后，我家里的东西好像全都不见了。"南木"对我说"我们是来找朋友的"，并说了各自的姓名。我问道："你们是找我们大家还是找哪一个人做朋友？""南木"们说："谁戴上我们给他的眼镜能看见我们，谁就是我们要找的朋友。"我对马巴洽给说："'南木'来了。"马巴洽给说他看不见"南木"。"南木"接着说："只有你一个人看得见我们，你就是我们看中的朋友。你要替人治病，药和工具我们样样都有。你替人治病的时候就摇铃喊我们，我们会来的，病人需要的药和工具，你伸手我们拿给你。我们每趟来不要酒，你也不要喝有月经在身的女人做的酒。"说完，各自抬起金凳子就不见了。这些话，我听见了，屋里其他的人都听不见。

上游熊当村的克伦是一名女"南木萨"。在她的讲述中，"南木"是"女人"，头发像汉人姑娘的长辫子一样盘在头上，穿的是很好看的白色衣裙，一直拖至脚背，有时也穿天蓝色的裙子，但没有戴项链珠子、耳环和手镯一类的东西。她所说的"南木"穿着打扮既不同于独龙族人也不同于西藏察瓦龙地区喇嘛的"南木"，而是跟"天神"一样。被称为"雄麻"的仪式主持者，也同"南木萨"一样，拥有像"南木"一样的精灵"拉"，这种精灵主要附在各个山头，它能幻化成人形。"雄麻"德梅当木滇第一次看见"拉"是在河边上，当时他感觉一阵头晕，瞬间看见从水里跃出一条龙来，渐渐地变成了一个白生生的人，这人长得非常洁净，穿着红色的衣服，十分讲究和漂亮。它的左右两边各长出两只手，手上没有拿什么东西，身上背着药箱，跟西藏察瓦龙人装东西的工具一样。

按照独龙族人的宇宙观，天鬼"南木"住在天界，人类与天界的连通点是家屋中的火塘。每个"南木萨"都自称看到了"南木"，并从中获得了力量来治疗各种病和驱赶邪恶的鬼灵。但是，"南木萨"描述见到"南木"时的情景中，"南木"有男有女，跟人类一样，更惊奇的是这些"南木"与独龙江东部和北部的汉族、藏族人穿着类似，明显属于外来的人。我们可以这么理解，在缺医少药的独龙江，人们所设想的天药和医者来自江外的藏族和汉族地区，这和历史上这一地区处于北部察瓦龙藏族领主和东部国民党设治局的统治有关联。这些统治者既是稀缺生活物资的占有者和提供者，同时也是造成独龙族人生活贫困、卖儿卖女悲剧的制造者。这种二元对立的观点，也可以从人们对"南木萨"持有的既敬又畏的态度中找到。一方面，"南木萨"是医者、仪式专家；另一方面，人们又认为他的"南木"会作祟害人。

"本南"是对交换伙伴的称呼。过去要进行一项交换，首先要建立朋友关系，正如"南木萨"和"南木"一样结成永久的朋友关系。因而，外来的小商贩进入独龙江，一般对外宣称是走访朋友，或者来找朋友。实际上，是通过他的"本南"，将带进来的盐、茶、布匹、针线等生活物品与各村独龙族人交换，换回当地的竹篾箩、药材等。这是在交通困难时期建立的一种交换制度。一旦建立"本南"关系，彼此就要承担兄弟亲人般的食宿接待义务和提供安全的保障。

总而言之，以上提到的头人、祭司、"本南"这几类特殊的群体，涉及独龙族人政治信仰、文化和经济交换三个层面。头人、祭司、"本南"的出现，一方面是独龙族人自身需要——需要头领来维持社会秩序和组织生产活动，人们生病和鬼灵作祟需要祭司的主持仪式来禳解，不同村子的人们通过互相走访达到互通有无的目的；另一方面是独龙江与外界互动与接触的结果，这些人物在应对外来的压力和争取外部资源时发挥了关键性的作用。他们共同的特点是能说会道，表面看起来是个人的谋生之道，但实际上他们的职责是沟通和协调独龙族人与外族统治者、人与人、人与超自然之间的关系。处理好这些关系对整个族群的生存和繁衍关系重大。这样的一些人，在国家的进程中，有可能转变为新的角色，即民族领袖或地方精英。

第二节 作为国家与地方的中介：
地方精英的行动

在1949年中国共产党的政治力量进入之前，分布在独龙江流域的独龙族人，整体而言是由建立在亲属关系基础上的各个社会群体构成的。即便是这样一个平权社会，也无法避免内部分化和外部压力导致的变化，共同社会劳动的不同配置有助于产生有实力的支配者；同时，同其他集团的接触也赋予那些有能力处理不同利益和可能冲突的人以重要的地位。① 独龙江内外的沟通者——村落头人、宗教以及经济贸易中的佼佼者属于社会地位较高的人。由于独龙族人内部有一套文化制衡手段，还未出现较大的社会分化和地位的高下。但是，这些在独龙族社会有影响力的人物，在整个独龙江地区被纳入中华人民共和国之际，有的参与民族共同体塑造的过程，有的被吸收到新政权体系中，成为影响地方社会的精英。

一、孔志清与族称的获得

本书在导论中交代了独龙族族称（他称）的动态变迁过程，从元代起，有地方史书记载独龙族的族称经历了"撬蛮"、"俅扒"、"俅子"的历史过程，这些术语来自其他民族对生活在独龙江流域一群人的称谓，包含了族群关系、统治与被统治的政治关系。实际上，生活在中国境内高黎贡山以西、缅甸西北部史称俅夷地的人群，他们依据族群迁徙历史、居住地和河流以及周边族群的关系的不同，有着多种自称。也就是说，在20世纪50年代"独龙族"正式称呼出现之前存在着多种互为差异的自称。正如早期参与民族调查的学者杨毓才等人指出的：

> "独龙"作为一个名称来说，它只表示居住在中国云南省贡山县独龙江两岸的居民……居住在独龙江以西即缅甸境内有许多不同称谓的部落群体，因所居住的江河不同而名称相异，他们都和独龙族有密切的亲属关系。例如，居住在狄子江的同一部落称为"狄就"，居住在狄不勒江的称为"狄不勒"，居住在托洛江的称为"托洛龙"，居住在恩梅开江上游两

---

① 参见（美）埃里克·沃尔夫著《欧洲与没有历史的人民》，赵丙祥、刘传珠、杨玉静译，上海人民出版社2006年版，第115页。

岸的称为"阿迈"或"迈哇",居住在拉达阁的称为"打斜",居住在墨河一带的称为"墨哇"或"甲又",居住在五约、腊梗一带的称为"折哇"、"迪秀"。上述这些操着类似独龙语的集团,缅甸人称他们为"日旺"。根据我们的调查,"日旺"这个词在独龙语中具有"亲属集团"之意,所以中国的独龙族称上述狄就、狄不勒、托洛龙、打斜、甲又、迪秀等各个集团为"斐千",即亲戚的意思……这个部落集团以所居住地的江河命名,这正说明它的原始性和部落性,这正好说明它尚未形成统一的部族或民族。①

关于群体内部的差异性,国外学者也有类似的观点。例如,埃德蒙·R. 利奇依据英缅官方使用的名称,将居住在恩梅开江与迈立开江合流处以北、恩梅开江上游两岸高山地带的人群统称为"侬人",靠近中国境内独龙江西南部的达鲁人、日旺人和卡侬人被认为是"侬"的分支群体。② 而在中国文献记载中,居住在独龙江流域和怒江上游的人群称为"俅子"。所以,法国学者施蒂恩认为独龙族在没有识别之前归属于俅子和侬人两个不同人群。③"独龙"的自称仅是众多称谓之一,源自于下江即恩梅开江和迈立开江两岸独龙族居民对中国境内独龙江流域居民的称呼,原意为"居住在上游的人",后来逐渐演变成了独龙族人的自称。④ 也就是说,在民族识别过程中,有多种称谓可能成为法定族称。而"独龙族"之所以成为中国 55 个少数民族之一,除了政治因素外,还与独龙族精英有关。他就是独龙江孔当木家族头人之后孔志清。

孔志清与独龙族族称获得的经历,如今在独龙江已成为家喻户晓的故事,每每提到独龙族的来历时,他们总会想到首任老县长。孔志清的独龙名全称是孔当木·顶·阿克洛·松旺,按照传统的理解方式,名字透露出他出生的地方为孔当村,父亲叫孔当木·顶。孔当木在当地属于势力较大的一个家族,在新中国成立初期还保留着大家庭生产方式。⑤ 由于在地方影响力较大,1935 年,家族长孔当木·顶被贡山设治局任命为独龙江乡长。不久,察瓦龙藏族领主的税官前来收人头税,孔当木·顶联合其他村寨的头人进行抗税斗争,并将收税

---

① 杨毓才、肖家成:《独龙族简介》,见《民族问题五种丛书》云南省编辑委员会编《独龙族社会历史调查》(一),云南民族出版社 1981 年版,第 14 页。
② 参见(英)埃德蒙·R. 利奇《缅甸高地诸政治体系——对克钦社会结构的一项研究》,杨春宇、周歆红译,商务印书馆 2010 年版,第 67 页。
③ 参见(法)施蒂恩·格罗斯《族名政治:云南西北部独龙族的识别》,周云水译,载《世界民族》2010 年第 4 期,第 68~77 页。
④ 参见杨将领、李金明《中、缅跨界独龙族:自称与他称释义》,载《世界民族》2010 年第 4 期,第 78~83 页。
⑤ 参见云南省编辑组编《独龙族社会历史调查》(二),云南民族出版社 1982 年版,第 6 页。

官赶回察瓦龙。抗税斗争的胜利使独龙族人过上了一段平安的日子。没有想到的是，3年后，耿耿于怀的察瓦龙藏族领主派了二三十个土司兵前往独龙江，准备捉拿带头抗税的孔当木·顶。对于即将来临的横祸，孔志清这样回忆：

> 他们把我家的房子团团围住，要杀我父亲和全家人。所幸的是那天父亲带着全家到别处走亲戚，才幸免于难。但土司兵仍把留下看家、躲在地板下面的小妈①搜出来，把她的脚筋砍断，使她成为废人。然后，这群土司兵就在我家里大吃大喝，糟蹋了四五天，临走时还把我们的粮食、牲畜劫掠一空。从此，父亲气得疝气大发，不久便含恨去世。②

孔志清的父亲不幸离世后，1946年经各村的保董向县设治局举荐，孔志清被任命为新的乡长，承袭了父亲的职位。而在此之前，孔志清已经在贡山、大理等地求学多年。

过去由于交通困难，以及统治关系产生的民族隔阂和彼此戒备的心理，边远地方的少数民族子弟不会想到要去汉人开设的学堂读书识字。即便是官府采取强制措施后，地方也只会送那些被社会遗弃的孤儿或者奴隶来应对。正如《征集菖蒲桶沿边志》记载："各种夷人知识浅陋，视读书为畏途，尽选奴仆及孤贫子弟来应门户。"③ 官员以为是当地土人愚昧，殊不知当地人的教育观念，即教育基于生活经验和父辈的传授。在这种观念背景下，孔志清能够被他父亲送出独龙江至外地读书，实属伟大之举。不过，这和他家族本身的经济条件、作为头人的自强之心，以及在和外族沟通、互动中获得的经验和见识有关。为了改变下一代的命运，他做出了送子读书的决定。

1932年，16岁的孔志清跟着父亲第一次走出独龙江，随后被送到位于怒江边的永拉干小学读书，不久，又转到茨开省立小学就读。1938年的某天，国民党设治局的人找到孔志清，让他陪同北京来的生物学家俞德浚到独龙江考察。在半年的相处中，生物学家对他的翻译兼向导充满感激，又联系到独龙江两岸居民的生活状况，让他产生了同情心和责任感。于是，他在调查结束返回北京途中，联系了国立大理政治学校的校长，为孔志清办理了入学手续，并资助他的路费和学费。在俞德浚研究员的帮助下，孔志清成为独龙族第一个到内地读书的人。但是，家庭横祸和父亲的不幸去世使他不得不提前结束学业，于1945年回到独龙江照顾家庭。

---

① 过去头人娶多个妻子，当时孔当木·顶有5个妻子，这里的小妈即孔父的小妻。
② 孔志清述：《独龙族第一任县长的回忆》，李道生整理，见政协怒江州委员会文史资料委员会编《独龙族》，德宏民族出版社1999年版，第99页。
③ 转引自怒江州志办公室编《怒江旧志》，1998年刊印，第114页。

这段求学经历对于孔志清的个人命运产生了重要影响。首先他接触到了汉族文化和科学知识，认识了很多外族的朋友，走了很多地方，增长了见识。这些经历和见识，对他在政权更替之际做出选择起到了关键作用。孔志清回到独龙江不久，就被任命为独龙江乡乡长，即独龙江设乡以来的第三任乡长，他也成为独龙江最有学识和远见的头人。即使如此，身为头人和当局任命的乡长，他也曾遭受设治局官员的诬蔑和迫害。① 发生在家族和个人身上的遭遇，也让他感受到了独龙族群的势力弱小和不平等的外部政治统治关系。

1949年秋，贡山和平解放，中共代表入驻不久便遭到德钦土司武装人员的袭击，贡山地盘落入了土司手里。随即中共滇西北工作委员会和边纵七队开到滇西北，迅速收复了贡山。在这形势复杂、政权更替之际，很多独龙江的人听到一些谣言，闹得人心惶惶，一些人逃离独龙家园，跑到更远的未划定边界的山区躲避。孔志清看到形势变了，作为旧政权的地方头人，他不清楚未来自己的命运如何，也担心被新来的人破坏家庭、没收财产。他在内心纠结、惶恐不安的时候，接到贡山中共代表的来信。信中说："共产党已来到贡山。共产党不同于国民党，不歧视不压迫少数民族，你不要怕，要做好独龙族群众的思想工作，不要让他们逃跑。现在请你来贡山商量工作。"对于边远山区的孔志清来说，"共产党"是新名词，但是这些人把土匪和设治局的人赶跑了，曾遭受过前者政治压迫的孔志清对共产党人抱有好感和期待。就在他还在犹豫是否出山时，又接到从贡山来的信，看完信后，他打消了种种疑虑，决定到贡山看看。因为写这封信的人不是别人，正是他的老同学和耕，当时和耕担任贡山县人民政府的领导人。

孔志清带着5个独龙族代表从雪山走出来，时任贡山县政府最高领导人的和耕和解放军高团长两人亲自迎接他们，并给他们安排了吃住的地方。孔志清曾经说过，他在贡山期间，和耕三次和他谈心。和耕讲了"中国共产党的民族平等政策和革命的道理"，还发了一套中山装给他，要他"参加工作，负责独龙江地区的事务"。另外，高团长为他举行了座谈会，并耐心讲解了中国共产党的民族团结政策；还送他一本《中国人民政治协商会议共同纲领》，让他认真学习，并带回独龙江向独龙族人宣传。回到独龙江后，孔志清跑遍了各个村寨，宣传共产党的民族政策；大家听了他的话不再恐慌了，局势也稳定了。1950年9月，孔志清被上级任命为独龙江区区长，9月底独龙江区各族各界代表大会召开，宣布成立独龙江区公所，并投票选出各村村主任。1951年孔志

---

① 当时设治局官员诬蔑孔志清和独龙族人偷拿了坠机上的物件，并将其押送到贡山刑讯逼问（参见孔志清述《独龙族第一任县长的回忆》，李道生整理，见政协怒江州委员会文史资料委员会编《独龙族》，德宏民族出版社1999年版，第99～100页）。

清被保送到云南民族学院政治系学习,培训的内容是共产党的政治理论和政策方针,通过一年的学习和培训,孔志清的思想觉悟有了极大的提高。1952年初,孔志清随同云南其他各少数民族代表一起到北京参观天安门,参加了中央民委扩大会议,会议结束后受到了毛泽东、周恩来、刘少奇等中共和国家最高领导人的接见。而后在1952年1月4日这天,政务院总理周恩来又接见了少数民族代表,就是这次孔志清和周恩来的对话确定了"独龙族"的族称。回忆起当时的场景,孔志清说道:

> 当总理来到我身边时,我激动得心都要跳出来了。我握着总理的手说:"我叫孔志清,从云南最边远的独龙江来,我们的民族过去被人叫为'俅子',我们自己称为独龙族。"总理听了就对身边的西南局书记王维舟说:"老王,你记住,这个民族的族名,要以本民族的称谓使用,不能以别个民族的称谓为族名。"当时,我真是激动得热泪盈眶,因为从这次接见以后,我们的民族就正式定名为独龙族,这不是一般的族称确定,它体现了独龙族从此结束了被歧视的历史,真正成为我国各民族大家庭的平等的一员了。①

同年,孔志清回到独龙江后,向全区的干部和族人传达了在北京会见中央领导的情况,并宣布:

> 周总理说了,我们少数民族的族称,要用本民族的称谓命名。从现在起我们就叫独龙族。别人对我们的"俅子"、"俅扒"那些称谓,不能再使用了。大家听后都万分高兴,感谢党和国家领导人对独龙族的巨大关怀和爱护。②

1956年10月1日,贡山独龙族怒族自治县成立,孔志清当选为第一任县长,并在成立大会上发表讲话。这就是独龙族族称获得的过程。作为一个民族的合法身份,独龙族的称谓来历带有偶然性,一些学者因此怀疑上述孔志清口述材料的真实性。其一,孔志清作为边疆少数民族,在和国家领导人谈话时,不可能清晰表达自己的意愿;其二,上述材料显然是多年后回忆的,且是由他人执笔撰写的,最后由代表州县官方的文史委员会组织编辑出版,肯定带有官方的意识色彩,如法国学者施蒂恩认为,"这只是一种对官方说法的转述,这种官方说法被中国政府及独龙族人自身广泛援引来论证从'群体'上升到民

---

① 孔志清述:《独龙族第一任县长的回忆》,李道生整理,见政协怒江州委员会文史资料委员会编《独龙族》,德宏民族出版社1999年版,第104~105页。

② 同上书,第105页。

族地位是他们自身愿意的直接延伸"①。在我们看来，第一种疑点带有先入为主之见，将孔志清等同于普通的独龙族人，而忽视了他自身的求学经历和接受了共产党教育这一事实。从地下党员出身的和耕以老同学的身份与他联系，以及安排他参加工作和进入高等学校培训来看，这个过程既是孔志清向共产党和新中国靠拢的过程，也是和耕将他塑造成独龙族代言人的过程。由于孔志清是地方头人出身，又曾经遭受旧政权、地方势力的压迫，结合整个族群的历史遭遇，他自然成为民族精英的理想人选。

不管是口述文本的表达，还是事实就是如此，孔志清作为独龙族人的代表与中央和国家最高领导人见面及谈话具有仪式象征意义。口述材料充分说明了孔志清如何一步一步成为少数民族干部，并证明其与独龙族联系在一起的合理性。正如清朝官员夏瑚对独龙江村落头人的任命一样，孔志清从贡山县人民政府临时领导人那里领到了"一套中山装"和"二十匹布匹"等生活物资，就有了接受上级授权的符号。而与中央领导人的见面，说明了其权利来源于国家，同时族名的获得也具有合法性和权威性。

孔志清被任命为独龙江区区长，以及自治县成立后的首任县长，这表明共产党民族政策的落实；同时，孔志清和其他独龙族民族干部参与到国家行政管理体系之中，身份不同了，他们说的话也代表了官方的话语，但也不能因此认为他们脱离了独龙江和原来的群体。新中国成立初期，在地方局势不稳、边民恐慌和逃离之际，孔志清利用头人和国家干部的双重身份，劝住了群众，在一定程度上保持了社会秩序的稳定。正如他在自述中所说的：

> 1954年11月，我刚从昆明开会回到贡山，县委副书记向群同志就对我说："老孔，这几天老百姓不知听到什么风声，一直往境外搬迁。你去做做工作，群众听你的话。"我二话没说，也顾不得长途跋涉的劳累，第二天就向独龙江出发。我来到独龙江，终于赶上了从怒江翻山过来、准备外迁的群众。仔细一问，才知道原来是有人从境外进来传谣，说什么过去在贡山传教的外国人用飞机运许多物资到境外，吃穿不完，叫怒江的教徒赶快搬到境外去享受。为了粉碎敌人煽动边民外迁、破坏我国建设的阴谋，我果断地通知各村封锁了独龙江江面的交通工具，然后对群众进行劝导，用我在旧社会因美机失事事件遭受外国牧师迫害的事实揭穿敌人的谣言。经过耐心劝说，准备外迁的群众知道受骗上当了，这才重新翻山回到

---

① （法）施蒂恩·格罗斯：《族名政治：云南西北部独龙族的识别》，周云水译，载《世界民族》2010年第4期，第68页。

怒江家乡，一场风波终于平息下来。①

然而，从旧社会延续下来的传统权威，也让孔志清在"文革"中遭受了磨难；拨乱反正之后，孔志清重新当选为怒江州政协副主席、全国政协委员，恢复了地方政治领导人的身份。在之后各种级别的会议中，他向上级领导反映独龙江独龙族人的生活状况，争取到国家的援助。例如，上级采纳孔志清的政协提案，先后拨款改造了贡山县医院的门诊和住院部，改善了医疗条件。②

正如前面所提到的，"独龙族"只是生活在独龙江两岸的人群的自称，但是在孔志清和国家有关领导人（主要是和耕和周恩来）的"共谋"和"协商"下成为整个独龙族人的统称，而且成为我国55个少数民族之一。获得合法的身份之后，随着国家民族政策的落实，独龙族人的现实生活和经济条件得到了明显的改善；在独龙族政治精英的推动下，"独龙族"的身份逐渐得到了认同。也就是说，在族名政治的影响下，独龙族人获得了国家提供的各种帮助和支援，极大地改善了独龙族人的生存状况，同时独龙人对"独龙族"的身份认同和国家认同也得到形塑和增强。高志英也提出了类似的观点。③独龙族人获得民族身份后，与内地的密切接触发展到政治、经济和文化全方位接触。在共产党和国家民族政策保障之下，独龙族在发展过程中得到各级政府和云南省内外各族同胞的帮助和支援，比如生产技术的引进和生活物资的运输等方面。在新的政治环境下，独龙族与周边民族的关系从被统治和压迫走向平等互助，这也导致了独龙族作为一个民族，其民族观念、民族意识的最终产生和不断发展。

二、高氏兄弟：独龙江开发与建设的推动者

孔志清作为从独龙江走出来的独龙族干部，是1949年以来前30年里独龙族政治精英的代表，他经历了新旧政权更替，亲身参与了民族识别和边界划定，也见证和体验了寻求适合民族自己的发展道路所遭受的挫折。当前，独龙江开始了新一轮的开发和建设，国家和上海市政府投入大量的资金并提供技术方面的援助，独龙江每一天都在变化。在这个过程中，独龙族人参与了不同层次的建设活动。来自巴坡的高氏兄弟即是在这个开发与建设过程中对地方社会最有影响力的精英人物。其中，大哥从独龙江区（乡长）干起，担任过县长，

---

① 孔志清口述：《独龙族第一任县长的回忆》，李道生整理，见政协怒江州委员会文史资料委员会编《独龙族》，德宏民族出版社1999年版，第106～107页。

② 同上书，第108页。

③ 参见高志英著《独龙族社会文化与观念嬗变研究》，云南人民出版社2009年版，第336页。

目前是全国人大代表及州人大副主任,是目前担任行政职务最高的独龙族人。他的弟弟多年担任独龙江乡教育部门的负责人。他们同母异父的弟弟亦在乡政府任职,最小的弟弟在老家务农。笔者在西藏察瓦龙独龙族聚居的扎恩进行田野工作时,房东是村支书,关于他的情况我将在后文提到。巧合的是,该村支书与高氏老二的妻子是同一家族的人,但由于交通不便,他们联系并不多。笔者每次进入独龙江乡,都住在高氏老二开的旅社;房东一家人热情好客,我有幸多次受到邀请去他们家里品尝独龙族人的美食。在笔者最后一次准备离开独龙江的时候,高先生给我讲述了他的工作经历和对教育工作的看法。①

正如其他村民一样,高家在缅甸(克钦邦境内)有很多亲戚,他们的母亲原本属于缅甸木克甘人,结婚后随丈夫迁到巴坡孟定村。1954 年,她生下第一个儿子,两年后有了高先生。两兄弟都是先在巴坡上小学(老师给他们取了学名),然后再转到 30 公里以外的独龙江附中读初中。那时的教学条件很差,教室、宿舍房子全是师生自己动手建起来的。在简易的教室里,老师教授学生语文、数学、政治、常识、珠算、音乐和体育等课程。据高先生回忆,在他读初中期间:

> 教师队伍中,只有一个是大学学历,其他多数是中专文凭,在当时条件下,也属于高学历的人了。在教授的课程中,政治课是最重要的。"文革"期间,内地政治运动风暴也席卷到独龙江,学生批判老师,少抄一句语录就要批判,老师没心思教学生。学生一边读书一边搞生产、参加政治运动,读书时间不多。

当时,学生的生活费用来源于生产队转出的基本口粮,学校在附近粮店购买苞谷、黄豆、稻谷等毛粮自己加工,而肉、菜则靠学校后勤部门养猪、种蔬菜自己解决。在国家困难时期,学校缺少基本口粮保障,缺粮季节学生在老师带领下去挖野百合、达格勒、本苦比利等野菜充饥。即便是在这样艰苦的条件下,独龙江附中仍然培养出了许多优秀的独龙族学生。截至 1979 年归并到贡山县一中前,附中共招生 8 个班,毕业生 209 人。在历届毕业生中,有人进入省社会科学院工作,有人到州、县、乡机关工作,其中有 3 人为副处级以上干部、10 人为乡科级干部、41 人为各类专业技术人才。另外的 155 名学生回到各村寨以后,大部分成了村干部和卫生员、技术员或致富能手。② 在独龙江读

---

① 本节所用的材料为多次聊天的记录整理,比较正式的访谈时间为 2012 年 7 月 10 日。高先生一家多次热情接待,特此感谢。

② 这里的数据由独龙江乡政府主管教育的王副书记提供。他和高先生是工作上的搭档,经常在一起讨论教育工作问题。

完附中后，高先生转到贡山县师范学校读书，而他的哥哥早在几年前就到怒江州民族师范学校读书。在20世纪70年代末，在校学生仍然要经历各种政治运动，3年师范学校读书期间，真正用于读书的时间只有10个月左右。1979年，高先生师范毕业，先是分配到捧当乡（五区）担任小学教师；1981年调回独龙江，在马库完小任教1年；1982年分到一乡龙元村完小教书；1985年才调回巴坡中心小学任教。巴坡中心小学是全乡规模最大的学校。此后在这个学校里，高先生先后担任过会计、校长职务。直到1994年，上级派来了云南师范大学毕业的李建生，他的教学水平得到了包括高先生在内的全校师生的赞赏和认同，于是高先生就向县委提议让李建生来担当校长一职。贡山县委和领导听了高先生的建议后，任命李建生为巴坡中心小学校长，高先生担任副校长和会计。在独龙江工作期间，李建生还荣获了"全国优秀教师"称号。5年后，李建生调走了，1999年上级又任命高先生继续当校长，一直到2009年才退下来。在此期间，高先生经历了学校的扩展和撤并。独龙江乡原有9所学校，随着国家教育资金的投入，各地村寨都办起了教学点，到2001年全乡学校扩展到17所。2003年巴坡中心小学搬迁到孔当村。2004年上级认为贡山地广人稀、山高坡陡、居住分散、校点布局不合理、办学规模小，为了使教育资源集中有效利用，决定撤并部分教学点，实行集中办学。2006—2007年全乡教学点开始撤并，并成立了"九年一贯制"学校①，以此来保证生源和入学率，达到普及义务教育的目的。同时，本乡的学生也不用到县城这么远去读初中。卸任校长之后，高先生被上级任命为县教育专职督导（副科级），但因为年纪大了，就留在独龙江工作，乡政府另设有他的办公室。在教学领导岗位上，高先生认为工作不轻松：作为本乡最大的学校，管事的除了校长就是会计，后者还兼任办公室主任、工会主席。担任校长后工作更多、压力更大，校长要负责全乡的教育工作。以前教学点多，老师要经常下到村里联系村干部一起到学生家走访，宣传法律常识，动员家长送适龄儿童入学，寻访辍学者，帮助村民认识教育的重要性。传统独龙族居住模式多以家族聚居建寨，人口稀少，村寨之间相距甚远、交通不便；从最北端南代向红寨子到最南端的马库，如此走访全乡一次要20多天，一年能走访3~4次就算不错了。作为全乡教育工作者的领导，高先生认为他们最主要的工作除了完成上级的教学任务、保证每一个独龙族孩子上学并让他们顺利完成九年义务教育之外，还要开展扫盲教育工作。他们从2002年开始举办扫盲班，一直到2008年才结束，主要教授汉文和独龙文。扫盲对象中，1949年出生的为第一批，45岁以下的为第二批，这样逐步消灭文盲。扫盲老师由附近学校的老师担任，没有老师的自然村请初中毕业生

---

① "九年一贯制"学校是指小学1~6年级、初中1~3年级在同一个学校学习与生活。

来担任，每晚教学2小时。在偏远的地方，并非人人都能领会和接受现代教育的观念，每一项工作开展起来都非常艰难和曲折。

在教学活动中，最重要的是师生之间语言的表达和交流。少数民族地区的特殊之处在于，刚进入学校的学生听不懂老师的话，而这些老师多数是外地人，又听不懂独龙语。因此，在教与学中就出现了语言交流的困难。地方政府也认识到民族地区教学中母语思维的影响，采取了相应的措施，即组织一批人到昆明或当地县城接受独龙语学习和培训。高先生也参加过独龙语培训，他开玩笑说，人老了牙齿不好，学不到位。多数年轻人都不精通独龙语，倒是信教的人因为经常接触学得快。另外，学校也编制了双语教材（1～3年级），但因没有人精通就没有用上。

语言是一种交流的工具，只有学会说普通话，才能和外面的人沟通与合作，才能有更好的发展机会。但是，学习汉语不仅靠学校教学，生活环境中也需要营造学汉语的氛围。于是，高先生通过老朋友的关系，从县广播局争取到了电视信号接收器并发给了村民。现如今，大部分家庭都有了电视，孩子们喜欢看电视，从小就从电视上接触到普通话。当我们走在村中，常常遇到这样的情况——与小朋友容易沟通，我们说普通话他们听得懂，说云南方言他们反而听不明白。

有一次，我们在从县城坐车到独龙江途中，巧遇独龙江乡中学的老师。据他介绍，独龙族学生学习积极性不高，成绩不是很好。这可能是边疆民族地区学生普遍存在的现象，笔者亦是来自民族地区，对此体会很深刻。针对这种现象，高先生谈了自己的看法。他认为，这除了师生之间教与学沟通不理想之外，还涉及老师的教学能力和态度。有些年轻大学生分到独龙江来，看到条件不好，半年封山与外界隔离，他们就没有心思工作。按规定，工作满3年后才能调动，但有些老师不到两年就通过各种关系调走了。上级领导在安排老师的时候，总的原则是本乡独龙族师范专业毕业生优先考虑安排到其他乡任教，以免受独龙语言的影响。也就是说，在教学过程中还是以汉语教学为主。独龙江乡中心完小目前有独龙族教师4个、代课教师4个，而新来的老师没有经验也没有耐心，所以教学质量不高。相比而言，以前高先生读书的时候，老师的学历虽然不高，但是由于长时间在独龙江工作，对独龙江有感情，也更有耐心和责任感，所以教出来的学生成绩好，也培养了很多人才。现在，教学环境和条件比以前改善了许多，但逃学、辍学的学生很多；而乡里的老师很少下村做家访，老师与学生家长联系不多。高先生担任教育督导后，主要任务就是解决这个问题。他认为，龙元村对这个问题解决得好，而迪政当离乡政府最远，辍学的学生也最多，没有很好地解决这个问题。当该村年轻的干部来开会时，高先生有意地批评了他们。高先生认为，学生逃学要归咎于老师平时工作做得不到位，如没有召开家长会，另外工作方式也不妥。笔者在迪政当田野调查期间，房东经常接到高先生询问学生返学动员情况的电话。为此，村最高负责人陈记要进入深山小寨，动员辍学学生返校。

毫无疑问，现在国家和各级政府非常关心和重视独龙族的发展，也制定了"整乡推进"、"整族帮扶"的发展规划。在这个方面，高先生的大哥发挥了地方政治精英的作用。另外，在积极争取上级支持修通公路、带头种草果林木，在尝试新型生计方式、摸索新的生存之道上，他成为继孔志清之后最具有代表性的实践者和推动者。

在全乡社会经济建设的过程中，高先生认识到学校教育的重要性：教育工作关系到整个民族未来的发展，同时亦是一个长期性工作。高先生即将退休，欣慰的是他的女儿考上了中央民族大学的研究生。目前，高先生的夫人在乡医院工作，他们借了钱在街道边修建了旅社。他家里经常有前来视察工作的领导、游客或学者、缅甸亲人以及各村来访的村民。高氏兄弟在各自不同的岗位上，面对世界日新月异的变化，利用各种政治身份资源，积极主动地探索新的生存之道。当然，他们也面临着一些困难，但在国家与各级政府的支持和援助下，他们对独龙江的前景充满了希望和憧憬。

第三节　村干部的生存角色

一、阿沃顿珠[①]：从农奴的儿子到村支书

扎恩村位于西藏察瓦龙乡南部怒江西岸，是20世纪上半叶统治独龙江上游地区的大连布和半连布的农庄所在地。据村中老人阿旺洛珠介绍，1949年前夕，整个村落只有9户人家（即有土地和房屋的家庭）。其中4户是富户，有仆人和农奴，包括两户领主（帕莱西和木果西），他们每年带着管家从村后的小路赶往独龙江，在年底封山之前完成收税和放贷盐货。这些富户、农民、农奴的后裔构成了今天扎恩村村民主体，按照自己的认同和民族身份划分，村民的族属分别为独龙族、藏族、怒族、傈僳族，总人口为33户181人[②]，其

[①] 顿珠是笔者在察瓦龙扎恩村田野工作时的房东和报道人，他犹如我的亲人、长辈。特别感谢他和他的家人真诚、友好地接纳了我，让我成为他们的家庭成员。笔者经他同意在其名字前加上了"阿沃"，是爷爷的意思。

[②] 数据来源于2012年2—4月期间扎恩村入户调查所得的资料。

中与独龙族有渊源的有 18 户，他们的祖辈是 20 世纪从独龙江两岸被连布买过来的娃子（农奴）。

（一）早期生活情况

扎恩村现任村支部书记名叫顿珠，今年 56 岁，育有两个儿子和两个女儿。看其名有藏族人特点，但他声称是独龙族人，认为自己身上流淌着来自独龙江独龙族人的血。在他的口述中，我们找到了他的家族与独龙江迪政当地区的历史渊源。吉松和楠卡楚是独龙江冷木当村的一对普通夫妇，他们生了一个儿子，取名郎珠（1918—1985 年）；之后，他们又陆续生育了几个孩子。8 年后，由于生活困难，郎珠被父母忍痛卖给察瓦龙扎恩的帕莱西大连布①，换来粮米以挨过饥荒。郎珠被卖到扎恩后，作为帕莱西的娃子，和其他娃子一起为主人放牧。帕莱西的牛有 100 多头。夏天他们赶着牛群到海拔 4 000 多米的高山牧场上吃嫩草。而随着季节变换和天气变冷，牧场逐渐转移到低海拔地带，先是在海拔 3 000 多米的左都牧场，秋后再下移到门天峡谷，这里有连布的避暑房屋；到了冬季，主人们回到海拔 1 800 多米的扎恩村，而牛群要赶到怒江边台地上避寒、喂养玉米秆；春后半山腰长出嫩芽，再把牛群赶上山，逐月上移到高山上。如此年复一年，娃子们帮主人放养牛群。当时缺衣少布，娃子们刚来扎恩时没有裤子穿，被藏族人称为"不穿裤子、不喝酥油茶的人"。他们平常吃的是玉米糊，连布则吃包子和肉。1950 年解放军从云南贡山进入察瓦龙，解放了农奴（娃子），扎恩的连布接受了共产党的政策，成为地区委员；1958 年土地改革时期按照阶级划分，连布被关进察隅监狱改造。②当地解放以后，有些娃子回到了原来的地方，大部分人则留下来了，他们分到了土地和房子。过去，娃子们没有条件结婚，郎珠也是如此。直到当地解放后，已经 30 多岁的郎珠与同样命运的傈僳族人木迪（1922—1987 年）结婚。婚后，他们生了 4 个儿子，第三个儿子即是顿珠。现在，村里还有老二和老四的后人。老二名叫郑迪，懂藏族语言，曾担任扎恩村小学藏文老师，是 1982 年云南民族研究所杨毓骧的报道人③。郑迪 14 岁时娶了北部昌西村的藏族女人木瓜为妻子，生了 2 个儿子和 1 个女儿。当笔者进入扎恩村时，郑迪已病逝多年了。他

---

① 顿珠的父亲是冷木当人，8 岁被卖到扎恩村。这段口述材料说明独龙江上游也存在人口与米粮或者牛的交易，而在迪政当田野工作时，当地人反而含糊其辞，只是强调下游缅甸境内才有人口与牛的交易。

② 最后的两个连布是布楚和贡米多吉，即向独龙江收税的领主，他们在解放军进藏时，积极投奔共产党成为委员，后在土地改革时坐牢生病而死。这段历史材料由 75 岁的老支书阿旺洛珠提供，特此感谢。

③ 参见杨毓骧著《伯舒拉岭雪线下的民族》，云南大学出版社 2000 年版，第 80 页。

的2个儿子娶了另一个村的藏族女人，组建了一个家庭，共同生育3个儿子，他们目前都在察隅县城读初中。这3个儿子户口簿上的"民族"一栏填的都是"藏族"，他们的父亲现在想把他们改成"独龙族"，但非常困难。郑迪的大儿子叫迪热，曾担任村副主任，现在为县政协代表。迪热的弟弟开轻卡货车，经常在察隅和贡山之间拉货物和旅客，只有在冬天过年时才回扎恩老家。顿珠的弟弟也去世了。他弟弟有一个儿子，娶了藏族女子为妻，和母亲住在一起。

图5-1为顿珠家族谱系结构。

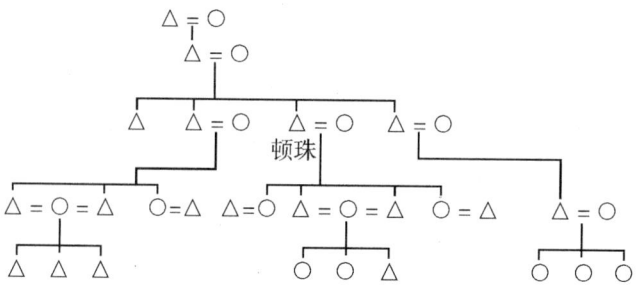

注："△"表示男性，"○"表示女性，"="表示婚姻关系，"|"表示代际关系。

图5-1 顿珠家族谱系结构

苦难的日子无法忘却，顿珠回想起自己13岁时跟随父亲一起到高山上挖药材的经历。扎恩村后山上有高山牧场和雪山，山顶上的丛林中长有各种各样的药材，其中最珍贵的是虫草和贝母。过完藏历新年，山上的积雪开始融化时，正是村民上山挖药材的时间。通常，挖药材的人会在山上盖起简易棚屋，作为晚上宿营的地方。当时生活困难，大多数人没有裤子穿，山上还残留着未融化的雪块，山风吹来，刺痛肌骨。即便如此，他们还是坚持了3个月才下山。回到家后，顿珠穿上家里唯一的一条裤子赶到扎那（区政府所在地）国营药材收购站，将挖来的药材卖掉并换回布匹。顿珠说："背了一箩黑布回家，让妈妈裁剪，给家里每个人做了一条裤子。"与察瓦龙其他村落一样，怒江河谷干燥炎热，沿岸坡地上主要耕种的作物有玉米、小麦和青稞。扎恩村有384亩耕地，现在只利用村落附近土质好、有水源和灌溉设施的土地来种庄稼，山腰上很多土地正荒着，或成为牧场，或种些核桃之类的果树。随着公路的修通，药材市场越趋活跃，村民们花更多的时间挖药材。销售药材成了今天扎恩人的主要经济来源。在人民公社化时期，集体劳作，早出晚归，但饥荒与挨饿仍在所难免。社员吃的粮食按出工多少分配，不出工者没有饭吃。不过，扎恩后山有丰富的葛根和各种野菜以及猎物，挖掘葛根和打猎成为补充食物的必备活动。当时，顿珠不明白，人们天天辛勤劳动，为什么粮食还不够吃。有一年，他偷偷在屋后种了一小块地的玉米。后来被队长发现，这块地就被铲掉了，理由是不准私人种地。统一化、规模化的生产是这一时期的主要特色，在如此干燥炎热、土质干硬的河谷两岸，也曾大力推广种植水稻。顿珠回忆，在20世纪70年代，扎恩村脚下扎恩河边也开垦了70多亩的水田，但产量很低；有一年山洪暴发，淹没、冲垮了这些稻田，之后就再没有种水稻了。在集体化时期，山上的可耕地全都种上了粮食。由于离村子很远，为了节约时间，人们几个月都住在山上。他们每天按时作息，每到下午4点哨子一响，大家就结束集体劳动，然后钻进树丛中搜寻可吃的野菜。

（二）贡山赶马经历

顿珠15岁就练就了捕猎的技能。在农闲时，他每天天亮就出发，扛着猎枪满山跑，有时还要挖药材，直到天黑才下山，总有不错的收获。20世纪70年代末，那时他18岁，当上了生产队队长。

那时，从贡山到独龙江修通了人马驿道，独龙族人所需要的粮食和物资全靠贡山调配，贡山方面还组织马帮运输队将生存物资运送到独龙江。独龙江乡吴副书记介绍了当时人马驮运的情形：

> 贡山到独龙江未修通公路之前，县交通局辖下的运政管理所公交科负责运输，该所专门养马并组成国营马帮负责物资运输。每到封山之前，运输任务比较重，他们就要临时聘请人来赶马，以保证完成运输任务。每个赶马人把他自己的身份证留下，以防他们半路偷跑。20世纪80年代后，这种运输演变成私人承包形式。各地赶马人都来挣钱，这些赶马人包括德钦、察瓦龙藏族人，而且他们人数不少，因为赶马养马原本就是他们的优势。①

当时，西藏察隅县政府也在察瓦龙各生产队动员了赶马人，支援贡山独龙族人完成运输任务。年轻的顿珠和其他藏族赶马人参与了运输队。每年6月高黎贡山顶雪化的时候，也就是通往独龙江的马道开封之时。此时，各地赶马人都聚集到贡山县城，把要运走的物资绑到马背上。临走时，每个赶马人都领到一张单据，里面记录着此次运送物品的名称和数量；到独龙江乡时，要把单据与运来的物品进行核对，看有无缺失。运输的物品包括衣服、针线、粮油等基本生活用品。顿珠非常自豪地对笔者说，他赶着6匹马，驮着独龙族人的生活物品，在他6年的赶马过程中从没有丢失过一针一线，将贡山装来的物品都完

---

① 2011年10月18日访谈资料。

好无损地送到了独龙江乡政府。在他们从贡山出发之前,有关领导还规定,赶马人到了独龙江乡,不得到村里走访亲友,否则就要罚款。但是,顿珠第一次去独龙江、回到祖辈们生活的故地时,非常幸运地与当时在供销社工作的叔叔相认了,他的叔叔还给他买了衣服和鞋子。长途赶马是非常辛苦的,尤其是贡山雨季长、降雨量大,山路险峻,有些路段泥水深至膝盖,个人劳累不说,还要照顾好马匹,稍有不慎,人和马都有可能跌下深谷。况且每次运输需要6天才能到达独龙江。每年开山后一直到年底封山之前,就像供血一样,马帮源源不断地把一年所需的物品运到独龙江。每到雨季,是对马帮运输而言最为残酷和艰难的季节,也是大量马匹生病或因苦累死亡的季节,直到大雪把驿道完全封住后马帮才得到休整。赶马人自己也要懂得保护马,在驮运之前要给马打麻针,防止其踩到石块而跌倒。因为一旦马跌倒了,就很难再爬起来。

赶马人的待遇,最初是每天运送物资可以领到三毛钱;后来有所改善了,每斤物资的运费是五毛钱,每个月补助20斤大米。顿珠家里人口多,经常缺粮吃,他赶马所得的大米,一半自己吃一半带回去给家里人吃。他赶着6匹马,在6年的时间里,差不多挣到了2 000元。之后中国进入改革开放时代,顿珠也回到了扎恩老家。这时他已经是23岁的小伙子了,娶了同村的藏族女人为妻子。后来他拿出一部分钱,从贡山驮运一些烧酒回来卖。村中有一部分人是独龙族人后裔,好酒的习俗也延续了下来。烧酒虽然很快销掉,但路途遥远、交通不便,有时还要去贡山赶马到独龙江承运物资,也赚不到多少钱。到了20世纪80年代后期,驮马运费也涨了,每斤物资的运费达到8~9毛钱。有一年,独龙江商店失火,烧掉了存储的物资,贡山县组织马帮赶在封山前抢运物资,顿珠也参加了。在他的印象中,那一次赶马的路上全是运输队的人,连找个睡觉的地方都很困难。运输结束后,独龙江乡政府杀猪款待了他们。顿珠曾经给迪政当的人驮运过货物,也曾经赶着马从扎恩后山老路走到独龙江去收购药材。在这个过程中,他走访了过去的族人,这样和独龙江的家族关系也得到了恢复。前面提到的在独龙江乡医院工作的高先生夫人便是他在独龙江的表妹。他在迪政当的亲友不多了,普尔村的咕噜老人也属于同一家族的人,而后者的儿子经常到察瓦龙打工。

顿珠结婚后有了4个孩子。20世纪八九十年代,生活困难,在缺粮季节,他要经常上山打猎,运气好时打到猎物孩子们才有肉吃;有时要赶马到贡山运货以贴补家用。如今,他的两个女儿嫁到邻村昌西村,大女儿前年病逝;2个儿子共娶了本村怒族女人为妻子,3个人组成了一个家庭,并有了3个孩子。

(三) 为民谋利的村干部

顿珠没有上过学,不识汉字也不懂藏文,日常用语是察瓦龙藏族话。在与笔者接触的那几个月，他会偶尔蹦出几句独龙话。他说自己是独龙族人，听、说独龙话没有问题。1981年，他被选为村副主任，1987年任村主任，1990年任村支书直到现在。在担任村支书期间，他组织村民修水沟、修道路，向上级政府争取经费，完成了不少有益于村民的项目。他在村里威望很高，村民邻里纠纷、家庭不和都来找他帮忙解决。扎恩村大部分村民的祖辈是1949年前来自昌都、德钦的藏族人，来自贡山的傈僳族人和怒族人，以及独龙江的独龙族人。不同的族源构成了一个村落共同体，村民之间和睦相处。这样一个多民族共生的村落在察瓦龙乡28个行政村中为数不多。该村于2011年被评为"平安村"。为此，上级领导肯定了顿珠的工作，于2011年将其评为优秀村支书。作为独龙族身份的村干部，顿珠连续20年当选为察隅县人大代表，每年两次徒步到县里参加会议。他每年和龙普村的怒族代表一起去参加会议。他们每人赶着一匹装着行李的马，路过扎那乡府、过怒江，从门空沟里爬上去，4小时后才到山顶，还得扶着同伴中年纪大的人爬山；到了山顶后再走2小时的下坡路，才到达宿营地。第二天早上起来再爬山和下坡，7小时后到达日东，然后他们入住朋友家。日东距县城还有一段路，从扎恩出发一路走来，要六七天才能到县城。在县人大会议上分组讨论时，阿沃顿珠积极发言，反映村民的困难，多次提出意见，希望政府增加困难补助。他认为，现在的年轻代表到了会上不敢发言。他还认为，现在政府对村民的政策很好，自2008年以来，有了退耕还林补助，加上其他低保等各种补贴，每年每户能从政府那里领到1万元左右的现金。但是，在会议期间，他作为代表每天得到的补助不足20元，每次开会阿沃自己要带上现金才够用，对此家人有不少"意见"。

  作为扎恩村的最高领导人，阿沃顿珠有机会和其他村的领导一起受政府邀请，到内地各省市参观学习。2011年阿沃第一次坐飞机，先到昆明，然后去广西，最后去了四川成都。在广西，他们参观了大水电站的建设，感受到开发水电的各种好处。而后在成都市区闲逛时，他们遭遇到打的被拒载的尴尬情形。当时，阿沃顿珠和朋友是藏式装扮，佩戴着藏刀，这引起了司机的误解。实际上，和其他藏族人一样，顿珠出远门佩戴藏刀，这既是习俗也是一种在陌生环境中的自我保护。村里的年轻人骑摩托到贡山购物，由于没有驾驶证，经常会被交警拦下；但是，如果佩戴着藏刀，交警就不会太凶。按照他们的说法，佩戴藏刀是一种策略。前几年，阿沃顿珠到独龙江表妹家里做了一套独龙族服饰。之后，他每年去县城开人大会议时就穿独龙族衣服，以显示自己的民族身份。

  2012年，在笔者进入扎恩田野工作期间，恰逢5年一届的村委换届选举。在正式投票选举之前，政府派来工作组到每一户家庭做动员工作，让大家列出自己心目中的候选人，由此形成村民投票人的民主意识。现年55岁的阿沃顿珠谈到即将开展的村委换届选举，表示自己年纪大了希望能退下来。不过，最后选举的结果是,他依然得到了最高票数,将继续担任村支部书记。这也是上级领导的期望,因为目前的形势需要一个有威望的人担任地方政府的代理人。近几年,国家越来越重视对西藏各地资源的开发,投入资金,制定相应的政策,以期社会经济和人民生活水平达到跨越式发展。2005年修通了贡山到察瓦龙的四级公路之后,内地更多的企业老板进入察瓦龙河谷开矿、修路修桥、收购药材等。与此同时,当地的村民与外界的沟通也越来越便利,而农民在与外界沟通的过程中也强化了市场意识。尤其是由此引发的利益诉求与政府、外地商人之间产生了政治经济方面的互动交织,既有合作共赢之处,也有各方之间因失去信任和理解而带来的误解。在这种社会情境下,地方政府承受着非常大的压力,他们既要配合上级政府完成各种建设项目,还要维持地方社会的秩序。而此时村干部面临着更加尴尬的局面,他们经常被指责与地方政府合谋获得利益,或者被指责不顾村民的利益和商人签订不可告人的协议。另一方面,村干部掌握着分配低保名额、建房补贴等各种资源权,因而在村委换届选举时,每个村民投票选使选举变成了一场政治博弈的活动。扎恩村虽然顺利结束了最新一轮的村委换届选举,但平和的气氛下隐藏着一股暗流。在选举乡人大代表的时候,人们在上一次选举中遗留下来的各种不满都暴露了出来。有的竞选失败者怀疑组织者暗箱操作,认为自己实际得到的选票数比其他人多。也有人将矛头指向了阿沃顿珠,认为他的村支书职务是向上级"要来的"。虽然过后那人悔悟了,并向阿沃顿珠道歉。但是,阿沃顿珠感到冤枉和委屈。他的儿子表示,现在一些村民对支书"不给面子"。他说:"过去当干部没有待遇没有好处的时候,谁都不愿意当选,那时候我爸爸多辛苦啊,那也没有捞到什么好处。"一些村民说:"现在选村干部,就看哪个候选人的亲戚多。"

几年一次的选举会议成了对政府和干部表达不满的场合,这是村民多样化的利益诉求的特殊反映。另一方面,民族的符号成为可利用的职权资源——在选县、乡人大代表时,独龙族身份的人有资格成为扎恩村的代表。大部分村民并不完全理解全国人民代表大会、中国人民政治协商会议上提出的"民族平等"原则,他们从经济利益的角度衡量被选上的人是否让自己有利可图,因此在偏僻的村落中选举代表时出现了各种争论和不满。有位村民把自己的身份改为独龙族——在户口本上,这是具有法律效力的;但是,却被人认为不是从独龙江出来的,因而不是真正的独龙族人。这位村民是独龙族人和当地藏族人通婚的后代,他的妻子是龙普怒族人,但是他的儿子和妻子的户口身份都是独龙族。实际上,扎恩村经过50多年的各民族通婚互融,双方父母都属于独龙族身份的只有2户家庭。他们在宗教、生活习惯上已经藏化了,所以在日常生活中,不会因为民族身份的不同而产生各种纠纷。在周期性的年节中,扎恩村作为一个整体共同举行祭拜山神仪式以及各种欢庆活动,通过村落成员之间亲似一家人的合作和互助互惠的节庆活动——分享食物、共同祭拜山神以及作为一个单位参与全乡的赛马会等，将扎恩村塑造成一个团结的村落共同体，重新修复了成员之间的关系。这是传统的力量对村落社会秩序的影响和维持。

面对越来越多的挑战和复杂的情形，作为村落行政上的最高领导人，阿沃顿珠承受着各种压力，尤其是别人对他的误解。但他坚持原则，认为在共产党的领导下，任何情况下都要考虑到是否对大多数人有利。当时，有地质探测队到村落所在的山崖上取样，不可避免地要开挖山石，这在村民看来是破坏了他们的"神山"的居所，他们欲加以阻拦。地方政府动员村干部做村民的思想工作。扎恩村要做村民的思想工作，首先召开村民大会，让每个人都能表达意见，这是笔者经历的最为民主的村落政治会议——村干部并没有搞"一言堂"，他们是主持人和组织者，村落会议有可能出现吵架的局面，但没关系，今天不能做出决定，再安排时间讨论——不过这对上级派来的驻村工作队来说是一个挑战，他们要花更多的精力和时间去做思想动员和解释工作，以获得村民的支持。阿沃顿珠和其他村干部在与政府和外来开拓者协商时，全力为村民争取到最大限度的利益。比如，上级提供资金修建一座桥，在工程队勘查时优先雇用村民驮运物资，以增加村民的收入。

二、乡村政治精英：村民与政府之间

扎恩和独龙江独龙族人在历史地理上有着密切的联系。沿着扎恩后山的一条古道，翻过高山牧场，连通独龙江峡谷的北部村落，这就是1949年以前察瓦龙领主派人收税行走的路线。收税的人到达独龙江北部最大的村落迪政当需要两天的时间，迪政当寨子成了领主在独龙江流域的一个据点。这里的独龙族人比下游的人更依赖察瓦龙人的物资——盐、牛、粮食、衣物和斧头等生活生产工具，在宗教文化上受藏传佛教的影响也更大；而察瓦龙人也吸收了地方神灵的信仰，即包含苯教的元素。扎恩村现任村支书和村主任都和这里的独龙族人有着族源关系，目前两村之间还保持着通婚关系。在两地中间地带，双方共享山地资源，包括各种药材、动物等。作为一个行政村，迪政当包括分散在独龙江支流克劳洛和麻必洛两岸的村寨——向红、木当、普尔，以及沿着河流而下的雄当、迪政当、冷木当共6个村寨，有168户620人。① 迪政当现任村支书陈记，笔者在察瓦龙扎恩村时便听闻这个人，扎恩村主任告诉笔者，陈记是他们的亲戚。陈记的父亲曾国良，出生于20世纪20年代，由于"曾"和"陈"口音相近，在身份证上儿子和父亲的姓不同，这不奇怪。在计算家族谱

---

① 数据由独龙江乡办公室于2012年7月11日提供。

系时，他们不是按现在的姓氏来追溯，这些汉姓是当地解放以后上学时老师给取的。实际上，他们属于夏姆勒氏族的热迪结木然家族。到陈记的祖父一代，本村的马勒家族无后，为了保留土地使用权，他的祖父就过继到马勒家族，耕种马勒家族的土地，并代马勒家族向察瓦龙领主纳税。① 在察瓦龙领主统治时代，陈记的祖父与扎恩、龙普等地的人结交"本南"关系，进行物物交换，在饥荒缺粮季节得到了后者的支援。

在曾国良老人的记忆中，十八九岁时，他看见了独龙江上空飞过的飞机；过了几年，察瓦龙领主的两个管家过来跟独龙人说以后不再收税了；不久，几个穿军装的人来到村子里，召开村民会议，宣布了贡山解放的消息，后来才知道这些穿军装的人是解放军。于是，独龙江成立了区政府，领导让他去林业部门工作。由于没有上过学，曾国良不识汉字，也不会说汉语。上级为了培养他，将其作为年轻有潜力的代表选送到昆明云南民族学院语文科系培训。在他那一批人中，还有一位来自献久当的独龙族代表。整个贡山除了他们两个独龙族代表，还有怒族、傈僳族的代表。那是1972年，当他们来到学校时，发现学校的房子破旧，到处都是灰尘。他们在学校的第一堂课就是打扫和清理房间。上课的时间不多，也不记得学了什么课程，印象中大部分时间都在干活，要么是种菜，要么是打扫卫生。但相比接受培训之前，每个人最大的收获是学会了识字，了解了共产党和国家对少数民族的政策。1974年，他们结束了学习。② 接着，政府安排他们到内地参观学习，去了山西大寨学农业建设，到其他城市的工厂车间参观学习，最后还去了北京参观天安门。到北京时，恰逢冬天，天飘着雪，特别冷。好在他们在昆明时买了袜子和鞋子，否则双脚一定会被冻坏。回到独龙江后，曾国良被分配到第一行政村公所工作。20世纪70年代，迪政当和龙元合在一起称为一乡（村级行政单位），整个独龙江被划分为4个乡。但今天这里的人还习惯称彼此是"一乡"的人。80年代初期，村级行政改革，龙元和迪政当分别建立了村公所，曾国良担任村里的主要领导职位，一直当到村支书后退休，整整做了15年的村干部。

曾国良参加工作后一直没有找对象结婚，当时已经是40多岁了。周围的人都以为他年龄这么大了肯定找不到老婆。后来因经常在龙元村工作，认识了白来寨子的一位女子。具体是哪一年结婚的老人已经记不清楚了，但是令他印象深刻的是，他们两个去区里登记结婚时，区政府的房子着火烧掉了，纸和印

---

① 2012年7月4日访谈资料（陈记提供）。陈记提供的信息是根据2011年10—11月、2012年7月笔者与他的多次交流整理而得的。

② 在昆明学习的具体时间，曾国良老人已经记不清楚了；但巧合的是，我们在他家里找到了他当年培训学习时的毕业证，所以知道他在昆明的学习年限。

章也被火烧掉了。民政干部看他们两个年纪这么大了，就说不用领证了。回家后，他们请了亲戚朋友吃饭喝酒，就算结婚了。

他们结婚后，一共生了5个孩子。大儿子即是陈记。老二和老三在村里搞"农家乐"，做旅游向导和背夫。大女儿嫁到山东，小女儿嫁在本村。据陈记回忆，他小时候家里生活很苦，没有饭碗，只有竹编的盆；饭菜装在一个大盆里，全家人围坐在一起，由母亲分给每个人。如有肉时，不论大小都一律均分。独龙江稻谷产量不高，可种的地也很少，米饭常常不够吃，一个解决的办法是炒苞谷做苞谷扁（见图5-2）。出门时，每个人的口袋里装上苞谷扁，饿了就抓起来吃。苞谷扁可以保存很长时间，存放时间越久嚼起来越香。

图5-2　苞谷扁

陈记出生于1978年。6岁割猪草时右腿被毒蛇咬到，还好及时发现，清除了毒素。12岁时，他和弟弟一起上山砍柴，不幸的是，弟弟不小心砍伤了陈记的右腿。这样一来，他的这只腿经过毒蛇攻击和斧头误砍，落下了小疾，右小腿比左小腿瘦小。陈记说，走路时间长的话，他的右腿会酸痛，使不上劲。1995年巴坡小学毕业后，他到贡山县城读初中。按照政策，毕业时只要达到一定的分数就可以由政府安排就业，但是他们这些来自独龙江的学生由于没有"关系"，他们的就业名额就被县城的学生顶替了。于是，他们没有分配到工作，只能回老家务农。不过在这段时间，陈记接触到了前来独龙江做社会文化调查的一些学者，替他们做翻译和向导。不久，他与雄当村的一位姑娘结婚。2008年，他妻子生下第二个孩子的时候，正值奥运会在北京举办，他就把女儿的名字取为陈北运，以纪念这个特殊的日子。2000年，陈记当选为村委副主任，负责全村的统计工作；2009年荣升村主任；2010年兼任村支书。

村一级的行政组织框架通常由村党支部和村民委员会组成，分别由支部书记和村委主任领衔负责村中内外事务。行政村由各村民小组（自然村）构成，各村由村小组长（正、副两职）负责。现在，很多地方的行政村为了方便管理，两个组织合并在一起，由书记兼任村主任。迪政当村就是这种情况，陈记身兼书记和主任两职，其他村委成员包括村党支部副书记、村委副主任以及武装干事。行政村办公室建在冷木当小组。为了办事方便，陈记把家也搬到冷木当。村副主任李付是冷木当人，另外两人来自更远的向红村和龙元村，没有紧急的事情就不到村委办公室。因此，村委日常工作由陈记和李付两人负责。其他行政村还有驻村大学生，即所谓的村官，但是像迪政当、马库这样偏远的地方则没有村官。当前，独龙江正处于"整乡推进、整族帮扶"的项目建设中，像迪政当这样有特点的村落还要重点建设为"民族文化特色村"。因此，村里除了本村的居民外，还有大量的外来施工人员，以及由此而来的驻村工作组（上级政府派来的，由2～3人组成）和工程项目负责人。

陈记作为村的行政最高领导人，三天两次接待前来视察的县乡官员。领导走后，他要协助工作组把领导的指示落实到各村小组，还要做动员村民搬迁的思想工作。这些看似简单的工作，其实具有很大的挑战。要得到村民的支持和理解可不是一件容易的事。首先自己须领会上级的意图和文件的核心思想，然后才能用独龙话解释给村民听，让村民在理解的基础上予以支持。政府的意图是按照他们的思路和规划去帮助村民、改善当地人的生活条件，但是这份好意落实起来需要村民的配合与参与，即远方的村子要搬离原来的住处、行政村所在的中心地区的村子则要把土地让出来。政府不想把项目搞成是与村民无关的事，因而特别强调村民的参与，如房屋木料的砍伐、地基的修整以及沙石的背运等。在实施这个项目的过程中，充满着村民与政府之间的互动。村民总是希望获得更多的保障和利益，而政府则认为可以"简单化"和"统一化"，缺乏考虑地方的特殊性。村民的愿望与政府的具体方针能否顺利达成一致，很大程度上与村干部动员工作的成效有关。另外，政府承诺的事情能否兑现，影响着村民与政府的合作态度，这同样会涉及项目建设后期工作能否顺利完成。

陈记的工作主要介于地方政府官员与村民中间。笔者在田野调查工作期间，多次跟随陈记到村民家走访和做动员工作。他要走遍所管辖的每一个村寨，最远的向红和木当寨子不通公路，要半天才能走到，每次去都要花两三天的时间。有一次，笔者跟着陈记和工作组的一位官员一起到木当寨子走访村民，从冷木当徒步到木当，花了4小时，然后入住在本寨的老组长家里。晚饭过后，陈记开始走访家户。每到一家，他都要和家长喝上几杯自酿酒，接着才谈搬迁事宜。坐在火塘边，在杯盏交错中，陈记"晓之以理，动之以情"。最终，村民们都表示服从政府的安排，支持陈记的工作。木当有18户60人，陈记花了一个晚上和一个上午，走访了所有家庭并说服了村民，最终村民们同意了政府的搬迁方案。到了晚上，陈记又和小组长一边谈工作，一边喝酒，一直到深夜，最后所有人都喝醉了，公事私事也都谈妥了。当我们离开时，热情的村民还要赠送土鸡给陈记，陈记则一一付了钱。陈记总结说："其实独龙族村民都很善良，只要我们愿意坐下来跟他们谈谈话、喝喝酒，什么事都可以解决。他们送的鸡我们不能白拿，要给钱的，但是这些土鸡可以用来招待上级领导。"

陈记坦言，这段时间的工作压力非常大，一方面要不断接受上级领导的指示和监督，另一方面还要做好群众的思想工作以及调解本地村民与外来施工人员之间的纠纷。外地领导和外来人员认为村民思想不开放、文化素质低，因此让村干部多做动员工作，直到村民的"脑子开化"。独龙族是好喝酒的民族，在这里不论是地方官员还是村干部抑或群众，工作一段时间后都被锻炼成"好酒量"。笔者经常看到陈记的醉态，他说这是正常状态。领导来了他要喝酒，到村民家里，村民敬酒也不得不喝。总之一句话，不喝酒，村委的工作就无法开展。那些外来的施工人员，多数是贡山、福贡一带的傈僳族人，他们也是好酒的，闲暇之时就喝酒。有时，他们酒后与当地村民有了争执，村委和工作组就要立即调解。有一次，工程队的挖土机压死了陈记家的一头小猪，若是村里的其他人遇到这种情况可能要跟工程队纠缠很久，而陈记则处理得很好，他非常大度地接受了司机100元的赔偿。他说："这头小猪养了5个月，按照市场价来算，可以卖300元了，但是这些工程人员是来建设我们独龙族地区的，不能破坏了和谐关系，只能怪小猪自己命不好。"按照上级要求，作为村主任兼书记，他每天必须在村委会坚守，而每个月的工资只有600多元。他不能像其他人一样上山挖药材，也没有更多的精力去照顾家庭。他常常没有时间和家人一起吃饭，这使得他的妻子对他有意见，有时喝醉酒时夫妻难免会争吵。有时看着别人去挣钱，他也会抱怨："领导不是天天讲让干部带头致富，现在哪有时间去挣钱啊！"不过，他的机会还是有的，去年县里负责帮扶迪政当村的司法单位给他们村提供了50多亩附子（药材）苗子，分配给他和副书记、副主任三人来试种推广。这也是政府推广某一项经济项目的方式，先让村干部带头试种，有了经济效益之后，再推广给其他村民。

不同于父辈们，陈记现在有很多机会到外地去考察和学习。他到过昆明、北京参观学习，也接受过独龙语培训，他和李付的夫人还优先得到机会去县城参加厨艺的培训。这些培训项目是为将来的旅游开发做准备的。但是，作为村一级的干部，他的主要工作是维持和稳定村落的社会秩序，使得政府的政令得到顺利的贯彻和实施；他们的权利来源于地方政府，如在分配低保、各种生活补贴等方面。但是，他们与国家之间的互动仅限于与地方乡级政府，最远到县级政府，相比较而言他们与村民之间的联系更为紧密。滇藏边缘地区的例子证明，一个有权威而成功的村干部，首先是一名村民利益的代理人，然后才是地方政府的下级。

个体行动者属于整个社会的一部分，是社会规范、文化观念的实践者。本章提到的各种角色的人物，是从社会结构的范畴来划分的。但是，透过个体生命的历程，我们看到了边疆社会变迁的历史轨迹。在1949年以前，独龙族社会的构成基本单位是家族。头人、祭师来自社会的不同领域，前者承担着组织生产、调解纠纷、维护社会秩序和联系外界的职能，后者是在沟通神灵、祈求丰收仪式活动中的组织者。他们在社会威望方面具有共同点，有时头人亦有祭师的身份；同时，他们能说会道，在内外联系中代表本群体与察瓦龙藏族人、土司和设治局的人沟通，维护本群体的利益和动员群体与当权者抗争。新中国成立后，地方头人通过学习完成身份的转变，成为国家的地方领导人。在独龙江，他们代表国家改造社会和文化；而到了国家政治场域中，他们代表独龙族向领导反映地方情况和争取政治经济利益。乡村干部则在更小的社会单位里发挥着类似的作用，他们与地方政府之间是一种互惠共生关系。政府依靠他们维持地方秩序和落实政策，村干部则需要政府的项目支持，从而推动地方建设，提高自身的社会地位和威望。因此，国家的政策和地方精英的行动成为推动独龙族社会发展的动力，独龙族人在这样的政治环境下，充分利用各种动力因素，改善当前的生存状况。

第六章 边缘政治：从多边关系到一体化进程

> 盐从东方来，我心向东方。
>
> ——独龙族谚语

历史上，位于中缅边界、滇藏交接地带的各部落群体，为了生存而卷入或者依附周围不同的政治势力。本章将由精英角色的视野扩展到政治环境，从而探讨独龙族人与周边族群的关系以及与不同政治体系的接触和相互连接。在多重权力交织的格局里，独龙族人处于权力结构的最底层，这使他们在遭受掠夺和侵占的同时，也产生了选择依附于不同势力的机遇，由此建立了多边动态的权力关系。在共和国的历史进程中，远离权力中心的独龙江逐渐被纳入国家政治组织体系，独龙族由于其独特的历史文化和边缘的地理空间，成为国家重点援助和建设的区域，独龙族人因而也获得了新的生存和发展机遇。

第一节 边疆社会的族群与政治

贡山位于怒江上游西岸，处于中缅边境、滇藏边缘交接地带。历史上，贡山长期处于地方部落头人统治范围，曾属于南诏、大理地方政权的辖境，元代属于丽江路管辖，明朝被纳西土司木氏征服。但是，在清代之前我们并不知道贡山及其西部的人群分布情况以及他们的生活状况，历史上也没有他们缴纳赋税的文献记载。清朝至民国，随着中央统治势力的深入以及边界问题的产生，该区域引起了地方和中央政府官员的关注，才有了相关文献记载。我们从这些文献记载和20世纪五六十年代民族学者的调查记录中发现，贡山地区居住着多个族群，他们关系复杂，文化、生计活动多样；该地区山地生态资源丰富，是汉族、纳西族、傈僳族和藏族等地方强势在政治、军事上相互博弈的区域。在地方志上被称为"怒"、"俅夷"的是最先居住在怒江西岸和俅江流域的族群,但他们势力较弱,在族群权力结构中处于最底层。

一、滇西北族群分布与权力角逐

清代以前,怒江上游西岸虽在文献中被认为属于南诏和大理管辖,但实际上没有在地方设立管辖机构,地处边缘,因而成为滇藏地方武装军事缓冲地带。木氏原为丽江麽些土酋,在元朝时被封为"丽江宣抚司副使";到了明朝洪武初年,木氏主动纳贡归附,自己也获得了明朝皇帝朱元璋赐木姓和封丽江土知府职。① 明朝扶持木氏有自己的政治军事目的,明朝统治者担心"北虏"(蒙古贵族)与"南番"(吐蕃贵族)可能出现的联合②,把前者视为对其统治的最大威胁。对此,明朝一方面将军队驻防在蒙古高原南部,以防止"北元"南侵;另一方面对藏族聚居区的宗教领袖和贵族采取"多封众教"的笼络政策,但还是不放心,仍采取措施加以防范,在安多北部屯兵以备不测。在这样的政治形势背景下,木氏家族的势力成为明朝可依靠的力量,成为牵制滇、川、藏交接地带地方藏族武装力量的藩篱。同时,木氏利用朝廷恩威,向西部和北部扩展地盘和势力,这个武力扩张的过程亦是与地方藏族势力争夺控制权的过程。这种复杂的政治环境成为影响滇西北各族群分布格局的重要力量。

这样,位于滇藏交接地带的金沙江、澜沧江上游两岸成为木氏土司和藏族头人争夺控制的区域。到了16世纪末,双方反复进行的拉锯战进入了白热化阶段。在朝廷的首肯和支持下,土司继承人木增先后征服了中甸及其北部的木里、巴塘、理塘、盐井各地,向西则扩展到怒江流域及其西部。木氏土司的扩张势力由此达到了高峰,木增也被人称为"木天王"。木氏土司在征服的各地区建立寨堡,迁移丽江纳西人来屯垦,并设立"木瓜"③ 进行统治,由纳西贵族高级将领来担任,并委任地方(藏族)头人为"白色"(白色是纳西语"村寨头人"之意),让他们管理百姓,解运赋税。在更远的藏族聚居区,土司派出亲信官员"绛本"来负责军政事务,"绛本"之下设若干"木瓜",主要负责管理士兵及战事,再下层管理者是各村的头人即"白色"。每个"绛本"归属木氏土司向某一地区派出的大头人,而大头人则听命于土司,由此形成自上而下的一套军事统治体系。④ 这些迁来的农夫和士兵平时种地建设庄园,战时出征

---

① 参见(明)毛奇龄撰《云南蛮司志》,见方国瑜主编《云南史料丛刊》(第五卷),徐文德、木芹、郑志惠纂录校订,云南大学出版社1998年版,第983页。
② 参见伊伟先著《明代藏族史研究》,民族出版社2000年版,第170页。
③ "木瓜"制度是木氏土司所制定的一种军事管理制度(参见杨福泉《纳西族与藏族历史关系研究》,民族出版社2005年版,第112~114页)。
④ 参见赵心愚著《纳西族与藏族关系史》,四川人民出版社2004年版,第225~226页。

打仗。在木氏土司征服的要塞中，维西地方政权和独龙族人历史命运联系最为紧密。

（一）维西土司对俅夷地的管辖

维西，曾是藏族领主与滇西豪强军事争夺的要塞，其地界临着中甸、德钦藏族聚居区。在大理国时代，维西境域有纳西族先民"麽些"人居住。元代时首次设立县治，治府在北部的统雄，与吐蕃以叶枝为界。维西元时称临西，从这个名称不难理解它处于滇西边陲，是吐蕃境地的前沿。明代沿袭元制，仍称临西县；但常受到北边藏族人的侵扰，木氏土司受命去阻抗。万历年间，木氏土司赢得了维西争夺战，木氏土司的高级将领"木瓜"，获胜后留在维西巩固实力和开拓疆土。禾娘和丈夫属于这批"木瓜"的后代，丈夫病逝之后，禾娘继承丈夫之职，继续开辟维西。清代以降，木氏土司失势，到雍正时实行改土归流制度，汉官进入，地方事务逐渐归流官之手。雍正初年①，禾娘和她的家族主动归附朝廷，维西亦实行改土归流；但朝廷保留了禾娘的官职，并从原来的头目中复设土千总2人、土把总5人、土目29人，分治维西境地，受通判管制。禾娘重新被封为土千总，住在康普村。听说朝廷要建设维西，怒江上游的怒俅夷（怒族、独龙族先民）相约来到康普土司署，纳贡求附。禾娘接受了他们，并设立了一个机构专门安抚部落之民。这些纳贡者到维西时得到了土司赏赐的砂盐。之后，他们将所挖到的黄连、贝母等药材背到维西进行交易，同时一些小商贩也背着盐和茶到怒俅地交换药材。统治者实施的一项重要的政治举措，就是在怒俅夷地设立"白色"职位。这些职位多由地方有威望的头人或者家族长来担任，负责管理门户和收缴赋税。收税及税官的设立，标志着怒江上游今贡山一带及西边的独龙江流域纳入了纳西族土司的管辖范围。历史上的维西主要包括康普、叶枝、临城、桥头、吉岔等实力较大的村寨，除了禾娘家族，这些村寨的土司头人曾到独龙江流域及下游恩梅开江流域俅夷地征税。维西俨然是滇西北的重要门户，向北通达阿墩子（德钦）进入康藏，向西过怒江通往贡山及西藏察瓦龙。

禾娘生前是维西最大的土司，她的势力曾深入到怒江上游和极偏远的俅夷地。她的丈夫和儿子皆病死。她有一个女儿，后来迁居到叶枝，改姓王，从此，后代土司皆姓王。改土归流后，禾娘及其家族的势力受到了削弱，辖地也被其他土司分割，范围进一步缩小。尤其是在嘉庆八年（1803年）发生了傈僳族农民"恒乍绷起义"事件，朝廷认为她失职，趁机剥夺其土千总职位，

---

① 余庆远的《维西见闻纪》中记为雍正七年（1729年），但在何炳臣的《维西县治稿》（1932年抄本）中提到禾娘在雍正五年（1727年）归附。

由在镇压起义中有功的康普头人喃珠代替其职位、桥头土把总王居仁为助理。直到光绪二十八年（1902年），贡山发生"白汉洛教案"，总土目喃珠被贬职，禾娘后人叶枝土司王国相因"保教保民"有功，获封菖蒲桶土弁，从而取代了喃珠土司，重新取得怒俅地管辖权。禾娘之后，对俅夷地的征税权也不能一家独享了，据李道生对维西土司后人的采访，维西各土司在俅夷地的辖区如下：

> 康普土司，主要辖区是拉打阁河以东、岔角江上游的俅人聚居区。桥头土司的辖区在独龙江上下游、恩梅开江上游地区，委派过六个"俅管"进行管理。叶枝土司的辖区位于拉打阁河和立玉池河沿岸地区。吉岔土司则分管拉打阁河南岸及立玉池河、岔角江上游沿岸地区。维西各土司通过委任傈僳、怒族头人为"俅管"，定期巡视，组织年拜等措施，对其所辖区实施间接和直接的管理。①

改土归流后的维西诸土司设俅管统治俅夷地，这是延续木氏土司在所征服地区的治理模式。由于在怒江上游也没有建立地方管理机构，俅管们成为维西土司在俅夷地的权力代理者，而土司们受封于朝廷。这种权力管理体系，凸显了怒江以西的俅夷地处于朝廷和国家政治的边陲。朝廷通过税收和控制盐等生活稀缺物品维系着地方与中央的联系，即便如此，对于身处边陲的独龙族人来说，他们通过向土司纳贡表达对中央（东方）王朝的忠诚。在朝廷的权力还没下延到边陲之时，地方与朝廷的联系是较弱的，在出现替代者时还会出现向背的摆荡。与此同时，地方势力对其领土和人口的争夺变得更加激烈。

虽然由于朝廷政权变更，木氏土司经历了由盛而衰的过程，滇藏之间的界线也越来越明晰；但是在滇西北，藏族领主与纳西族土司之间的权力博弈依旧持续着。怒江上游和独龙江流域则成为他们争夺的新领域。

（二）察瓦龙藏族领主势力南扩

在今天的贡山县北部，经过丙中洛乡，沿着怒江向上走，有一条土石路通往西藏察瓦龙乡。历史上，这条小路虽不是滇藏线的主干道，却是一条非常重要的商道。察瓦龙境内所产的黄连、贝母等药材，经过此路驮运到贡山茨开，再往东聚集到维西，然后进入内地市场。民国文献中有"药会"一说——每年七八月间，来自独龙江、察瓦龙等地的药材运到贡山的茨开，外地的药商此

---

① 李道生：《维西康普、叶枝等土司管理怒江始末》，见李道生主编《怒江文史资料选辑》（第十一辑），政协怒江傈僳族自治州委员会文史资料研究委员会1989年刊印，第53～54页。

时亦来到贡山采购、交易。① "药会"的意义在于它促进了滇西北各地人群互动、各地物资集中交易，实现不同群体文化的交流和生活物资的流通。"察瓦龙"乃"炎热峡谷"之意。整体而言，怒江两岸的低地台地和半山腰的坡地上很难种出高产量的粮食，一些富户和领主组织马帮进行远距离贸易。民国左仁极调查杂瑜（今为察隅）的报告中提到：

> 门空一带，富商尤多，且多与滇商有感情，在康定贸易之察瓦绒巴，则全部加入滇商集团，视如同乡，故凡滇商赴察瓦绒各地经商，颇受当地人士所欢迎，不惟进出无阻，纵令发生困难，亦多得土人之协助。②

这段调查资料表明，察瓦龙人善于经商。他们与滇川商人之间构建的人际网络，以及《菖蒲桶志》上有关商贸方面的记载，说明了至少在民国时期，察瓦龙已经参与到滇、川、藏贸易体系中。其中，他们的马帮从芒康盐井驮运砂盐到贡山交换粮食，以解决自身粮食产量不足的问题。即便是今天，察瓦龙整个乡大部分物资依然是从云南的贡山运来的，贡山仍然扮演着物资中转站的角色。这种商贸上的依赖与互动关系，伴随着地方权势的斗争与结盟而展开。

谈及察瓦龙与贡山在历史上的政治交锋，首先需要厘清察瓦龙与西藏地方政权之间的历史脉络。由于缺乏史料，我们无法确定察瓦龙何时才被纳入西藏地方政权体系。察瓦龙的西南方向中、印、缅交界处包括俅夷地，在清末川军刘赞廷的记载中被称为"野人山"，该地一直是西藏地方政权流放罪犯之地。③ 察瓦龙东部与北部称为野番，属于自成部落体系、多头统治的地区，直到20世纪50年代昌都解放以前，地方政权和中央政府未能完全统一。④ 在政治统属方面，察瓦龙属于比较特别的区域。从当地人关于宗教领袖的传说中，可以推测其与地方政权中心的联系。在扎恩、阿丙等村岩石上刻画着莲花生大师（格萨尔王）的坐像，以及刻印的经文。在扎恩与昌西两村的交接处，有两座岩峰，形状像两颗心；当地人传说这是魔鬼的心，后来被莲花生大师收服了。一些村子的名称，如"昌西"原意指的是格萨尔王脱盔甲休息的地方，"龙普"意指格萨尔王脱帽子放下来的地方。当地老人说，莲花生大师一生除妖

---

① 参见菖蒲桶行政委员公署编纂《菖蒲桶志》，见李道生主编《怒江文史资料选辑》（第十八辑），政协云南省贡山独龙族怒族自治县委员会、政协云南省怒江傈僳族自治州委员会文史资料研究委员会1991年刊印。
② 左仁极：《杂瑜调查报告》，见蒙藏委员会调查室编《昌都调查报告》，1932年9月印行。
③ 参见平措次仁、陈家琎主编《西藏地方志资料集成》（第二集），中国藏学出版社1997年版，第1页。
④ 参见西藏社会历史调查资料丛刊编辑组编《藏族社会历史调查》（四），西藏人民出版社1989年版，第6页。

降魔，是劳苦功高的人。在莲花生大师之前，还有一位佛教高僧也来过察瓦龙。那是吐蕃时期，佛教刚刚传入，势力比较弱，吐蕃王妃子信苯教，不希望看到佛教的发展，便派人刺杀佛教首领，其中七世觉之一——"百日扎那"受到藏王保护，被流放到察瓦龙地区。从这些传说和地名来看，察瓦龙地区在7世纪属于吐蕃边地；而在13世纪时，受到了萨迦派的影响。

依据当地的藏语，"察瓦龙"解释为"炎热的河谷"。怒江纵贯察瓦龙全境，深切割成高山峡谷地貌。从低地河谷到高山牧场，形成了炎热到寒冷的不同气候带。察瓦龙成为一个行政区域的名称始于20世纪50年代，更早期被称为"门空"（闷空、米空或者门工），包括了盐井地区西南的一部分。门空位于察瓦龙境内北部怒江西岸，是几个村子的统称，包括康然、前中瓦、左布、岗藏等4个村寨，共有206户1178人①，村民全部为藏族人。在2009年修通乡政府到县城察隅的简易公路之前，门空村是北到察隅、拉萨，南往云南贡山、德钦的驿道必经之处。而门空之所以成为一个区域的名称，在于这里的政治、宗教、交通在整个区域中的地位以及所起的作用。

20世纪80年代初，云南学者杨毓骧先生通过访谈发现，门空一带是整个藏族聚居区领主最为集中的地方，在政治经济方面影响力比较大的有瓦宗、瓦渣和瓦西三户领主。②瓦渣是门空富户长安国的后裔，根据当地的传说，大约在17世纪时，长安国获得了五世达赖喇嘛的赐封，包括印书"格苏格德"和大量的土地和黄金。瓦宗家族有一个叫达吉的人重建了喇嘛寺，取名为"达吉贡布"，"贡布"为藏语寺庙的意思。达吉寺（见图6-1）成为察瓦龙占地规模最大（50亩）、装饰最为华丽、在地方影响最大的喇嘛寺。

图6-1 门空达吉寺的正面与侧面（张劲夫拍摄）

---

① 数据由察瓦龙乡政府办公室于2011年7月提供。
② 参见杨毓骧著《伯舒拉岭雪线下的民族》，云南大学出版社2000年版，第57页。另外，对长安国家族的界定，笔者的报道人包括门空、扎那村的人告诉笔者长安国是瓦渣家族人，但在杨毓骧的《伯舒拉岭雪线下的民族》一书中提到的是瓦宗家族人。本书以田野调查材料为准。

当地70多岁的老人郑迪回忆:

> 达吉寺,它不是简单的寺庙,在西藏,除了拉萨的寺庙,就是我们这个庙最大了。它管辖着整个察瓦龙地区13个寺庙。那时香火很旺,庙里的佛像、菩萨都是黄金做的,还有很多铜盆、银碗。这些都是在外地做生意的察瓦龙人捐赠的。当时庙里有两个大喇嘛,由瓦宗家族人管着,还住着100多个小喇嘛。每到过藏年的时候,大家穿着最漂亮的衣服到寺庙里跳舞。可惜这些都在"文化大革命"的时候被毁掉了。现在我们看到的是1996年全乡各村捐资重建的,规模和装饰程度与过去无法相比。[1]

笔者田野调查时,达吉寺来了一位来自古拉乡的年轻活佛,他也是整个察瓦龙乡的宗教领袖,目前他在昌都寺院学习。在笔者走访过的扎恩、昌西、顶需、扎那、门空村的藏族人家经堂里供奉着他的相片,而且笔者的报道人多次强调这位活佛法术高明、为人慈善。显然,他受到了信徒们的尊敬和崇拜。在过藏历新年或者一些重要的祭日里,各地村民前来达吉寺烧香拜佛。一次,笔者还碰到了几个刚考上大学的年轻人,在他们前往学校报到之前,首先来到寺里举行上香点油灯、煨桑等仪式,并向寺庙捐赠酥油。

喇嘛寺与地方政府的关系,在西藏政教合一制度的背景下显得非常重要。这就不难理解,瓦宗家族与察瓦龙地区最大喇嘛寺之间的联系为何突显了前者的社会地位和政治影响力。家族权势的建立与西藏地方政府的支持分不开,长安国与五世达赖喇嘛阿旺罗桑嘉措建立的联系起到了关键作用。这和当地流传的一则故事有关:

> 传说,五世达赖喇嘛每次出来都会装扮成乞丐和浪人模样。有次他从云南大理、德钦等地朝山拜佛回西藏。路过门空时,先在一户有钱人卓玛家住了几个月,也没有人认出他是五世达赖,期间主人让他做苦力,砍柴、放羊、揉牛皮……后来,他感到这家人对他不好,又去瓦渣家打工,家族头人长安国起初也是让他去放羊。有一次,长安国无意中发现了他穿着黄色丝布做的内衣,经常在外地做生意的长安国非常机灵,按照当时的情况,料想此人绝非普通人。但长安国却不动声色,等五世达赖要离开时,送了他很多东西,大部分被五世达赖拒绝了,只要了一袋糌粑,以便在路上吃。五世达赖回到拉萨,糌粑也吃到底了,发现袋子底部还装有很多条金块,五世达赖知道是长安国送的,非常感动。有次门空的人赶马去拉萨做生意,见到五世达赖喇嘛。五世达赖喇嘛让他回去转告长安国,让

---

[1] 2011年8月19日门空格德村访谈材料(感谢村委副主任阿嘎协助翻译)。

他到拉萨见五世达赖喇嘛。长安国得到信息后，心里很恐慌，不知道是福是祸，但不敢不去见。当他来到拉萨见到五世达赖时，感觉和以前在他家打工的流浪者长得很像，但又不敢确认。五世达赖问明他的家庭住地及身份，告诉了他以前在他家做工的是自己。为了感谢他的帮忙，赠送给他一块"格西格德"印书——相当于圣旨和护身符，五世达赖喇嘛还赐封了他很多土地，并要求他把达吉寺重修以扩大规模。长安国回去后，重修了达吉寺。从此，该寺香火更加鼎盛，出家人数达200～300人，下面还管辖有13个属庙，喇嘛每年巡逻各地的庙，收到很多香火钱。寺庙的法器从格德、德钦等地送来。①

察瓦龙东南部的卡瓦格博是藏族群众及佛教徒心目中的圣地和神山，信徒转经必须经过察瓦龙境域，这也就是说五世达赖喇嘛出现在门空村并非偶然。而机灵的长安国受到了五世达赖喇嘛的赏识，使他获得了在地方政治经济方面的利益和社会声威。这具体表现在，"免缴藏政府摊派的一切贡赋、税款。外出经商或朝山拜佛时，只要出示此诏书，即有权向当地摊派粮食、柴草、民夫，并提供交通方便等"；同时"地方官员或商旅路过门空村时，均须下马步行，表示对长安国的尊敬"。② 当地流传的这则故事，表达了瓦渣家族权获得的途径和合法性。在西藏地方的政教历史中，五世达赖喇嘛阿旺罗桑嘉措是一个重要的人物。17世纪30年代末，五世达赖喇嘛引进青海蒙古固始汗的力量，打败了噶玛噶举派第巴藏巴汗势力，建立"甘丹颇章"地方政权。虽然西藏地方实际掌权的是固始汗，但蒙古人信奉佛教和推崇格鲁派，使五世达赖喇嘛获得政治经济上的支持，在西藏境内得以大力发展格鲁派寺院势力；同时，五世达赖喇嘛也获得了部分赐封土地权，最重要的是他成为首位上京受朝廷册封的达赖喇嘛：1655年五世达赖喇嘛访京途中，获得清朝顺治帝册封金印——"西天大善自在佛所领天下释教普通瓦赤喇怛喇达赖喇嘛"。自此，清政府正式确认了达赖喇嘛在蒙藏地区的宗教领袖地位。③ 而五世达赖喇嘛对扩展格鲁派的势力不遗余力，在分封各类领主领地的同时，确保地方政府官员和贵族尊信格鲁派。④ 五世达赖喇嘛的这些努力，为日后实施政教合一制度奠定了基础。也就是说，像察瓦龙这样偏远之地，地方富户代表长安国获得五世达赖喇嘛的赐封，以及扩建达吉寺，也是契合了格鲁派势力发展的需要。

---

① 2011年9月4日扎那村田野调查资料（报道人贡布多吉，中国政法大学在读硕士研究生）。这个故事也在杨毓骧所著的《伯舒拉岭雪线下的民族》一书（见第58～59页）中提到。
② 杨毓骧著：《伯舒拉岭雪线下的民族》，云南大学出版社2000年版，第59页。
③ 参见陈庆英、高淑芬主编《西藏通史》，中州古籍出版社2003年版，第329页。
④ 参见多杰才旦主编《西藏封建农奴制社会形态》，中国藏学出版社1995年版，第64页。

从以上材料来看，察瓦龙和地方政权中心（拉萨）以及统治者通过传说联系起来。在清代，这种联系更加明晰化。一方面，门空长安国从五世达赖喇嘛那里获得了世俗权利，与地方的喇嘛寺有着密切关系。另外，我们在察瓦龙还听到了长安国与卡瓦格博神山的故事。这个故事和转经有关：

> 长安国是察瓦龙地区最大的土司。在他出生之前，他的母亲去转经（卡瓦格博），到一个叫樟树桶的地方休息。那天她觉得非常困，很快就睡过去了，并做了个梦，梦见卡瓦格博（梅里雪山神）的儿子。回去以后，她不久就怀孕了，10个月后生下了一个男婴，这就是长安国。下次转经时，她又到樟树桶休息喝茶，远远看见一匹马驮着两袋粮食朝她休息的方向走来；再细看，那匹马变成了鹿子，快到身边时候，忽然一阵风，鹿子不见了，只留下两袋东西；长安国母亲一看袋子，发现其中一袋装的是金子，另一袋装的是银子。人们说这是卡瓦格博山神赠给儿子的财宝。长安国成年后，娶了很多老婆都未能给他生个儿女。后来，他找喇嘛占卜，喇嘛告诉长安国得找一位有文面的女子做妻子。只有独龙族姑娘是文面的，这样长安国就娶了独龙族姑娘。过了几年，他们生了很多儿女。①

卡瓦格博是藏族人心目中众神山之首，在转经的路上，昌西村的喇嘛庙里供奉着骑着白马的战神像，即是卡瓦格博山神。长安国的出生与地方最大的保护神相关，这表明了其身份的神圣性。这样一来，在察瓦龙地区，长安国通过五世达赖喇嘛与卡瓦格博山神的关系，强调了他政治社会地位获得的合法性和权威性。长安国家族本来是经商的，在获得五世达赖喇嘛赐封后，他有权征收寺庙香火钱及其他赋税；同时，他建立了地方权威，成为察瓦龙地区最有权势的大户，并不断向南部扩展势力。

18世纪，清朝政府出兵西藏平定内乱，解除了来自北边游牧部落准噶尔人的威胁。与此同时，朝廷一方面设立驻藏大臣制，让七世达赖喇嘛参与政教，建立由这两者共同领导的噶厦地方政府；另一方面清朝皇帝册封了昌都地区（康区）的呼图克图（大活佛），让其管理地方政务并直接向中央政府纳贡。这样的举措便加强了中央对西藏的管理和施政。雍正初年，为了扶持黄教和达赖喇嘛，雍正皇帝将桑昂曲宗和康区的贡觉、左贡以及洛隆等地作为香火地封赠给达赖喇嘛。②察瓦龙地区属于桑昂曲宗，宗相当于县府，设僧俗两人为宗本，宗本下设协傲。桑昂曲宗由西藏地方噶厦政府直接管辖，由噶厦委任宗本和协傲负责征收徭役。宗本和协傲任期3年。在察瓦龙地区设有协傲，像

---

① 2011年8月28日扎那村的访谈资料（报道人达旺，县交通局退休干部）。
② 参见多杰才旦主编《西藏封建农奴制社会形态》，中国藏学出版社1995年版，第69页。

瓦渣、瓦宗等富户和领主是最初受委任的协傲；但他们凭借在地方政教事务上的影响力，长期把持着协傲的人选，控制着察瓦龙地方社会。察瓦龙协傲和喇嘛寺的统治势力所达之地，南部与维西土司境地相接壤，曾在维西禾娘土司手中取得怒江上游和独龙江地区的税收权；东北部管辖日东、德鲁（今属缅甸）一带。①

也就是说，维西土司禾娘的势力向怒江西岸开拓，进行征税管理；同时，北部察瓦龙地区也有了地方权力机构——藏族领主（协傲）和喇嘛寺（达吉寺）。这样，来自藏族土司的力量与维西土司的力量就在怒江上游交锋了。根据20世纪50年代末的调查资料，在独龙江地区的报道人称：

> 清代阿济植母统治时期，察瓦龙藏族土司"墨朗奎得利"的强大势力伸展到独龙江地区，强迫当地人民缴纳捐税，并把独龙族人看作自己的臣民，把独龙江当成了私有的地盘任意征税盘剥。②

材料中说的"阿济植母"指的是维西土司禾娘，那么察瓦龙藏族领主如何从禾娘的领土上得到税收权呢？地方文献没有记载具体的事件和过程，但有几则相关的传说：

> 从前独龙江与怒江都为木氏土司管辖，后来是归叶枝土司管理。在女土司阿吉·吉母统治时，她的儿子病了，请奔卜喇嘛来医。言明医好送独龙江与怒江收税作香火费，但无效而死。喇嘛却说，天上要他，他的命就这么长。阿吉·吉母不服，奔卜喇嘛便把楚巴挂在太阳上，遮住了太阳。从此阿吉·吉母服了他，将此区域赠给喇嘛寺。这是独龙江与怒江上游由喇嘛寺统治来由的传说。当时喇嘛说不知在何处，阿吉便告诉他说在太阳落的地方，从此即归他来统治，区域是由一村北部至今日四村北部的斯拉旺。③

据民国学者杨征东的记录，禾娘修建喇嘛寺也是因为丈夫和儿子病逝：

> 约雍正年间，康普叶枝禾土千总死，子幼，由其妻禾娘执政，其子成人后亦不寿，禾娘媳禾志明也孀居。禾志明是一位勇敢的女将。以后婆媳二人曾去德格朝见红教喇嘛四宝法王。法王使禾娘见其夫在地狱受苦状，甚不安，询法王如何方可使其升入天堂。法王谓须捐建喇嘛寺若干所，禾

---

① 参见杨毓骧著《伯舒拉岭雪线下的民族》，云南大学出版社2000年版，第56页。
② 云南省编辑组编：《独龙族社会历史调查》（二），云南民族出版社1985年版，第80页。
③ 同上书，第17～18页。

从其言，捐产建寺 5 所：康普寿国寺、喇普达摩寺、县城澜经寺、罗吉吉喇嘛寺（太平院）、贡山普化寺。①

表面上看，怒江北部和独龙江村落归察瓦龙领主控制，是由于禾娘被喇嘛的法术征服了，加之儿子和丈夫遭遇不幸，不得不拿出一部分领地的捐税作为超度他们的费用。禾娘乃至木氏土司信仰藏传佛教，禾娘和媳妇禾志明捐钱捐地，建了 5 所寺庙，晚年，禾娘被贬职后削发入寺修行，因此禾娘将她的领地转赠给察瓦龙喇嘛寺，不乏宗教的因素。另外，由于维西土司署在澜沧江东岸，需要翻越碧罗雪山和怒江才能到达怒江北部和独龙江流域。而维西土司在这些领地的控制实际上很薄弱，只依靠地方头人维持管理和征税。相较于维西，贡山与察瓦龙接壤，藏族领主进入独龙江和贡山北部的丙中洛不会有多大的阻碍。文献记载独龙族人先民为"撬"、"曲子"，这从语言学上可以证明，北部藏族人与独龙族人开始接触的时间比较久远。也就是说，位于怒江西北岸的藏族人先于纳西族人接触到怒族和独龙族人，但是由于明代木氏土司的政治军事实力强大，藏族人还无法撼动纳西族土司的地位。到了清代实行改土归流，木氏土司势力衰落，维西纳西族土司对于相对偏远的怒江西北岸，只能依靠委任地方头人管制。实际上，这一地带无论是藏族领主还是维西土司都没有完全控制的实力。后来，禾娘感觉到来自北方藏族人的威胁，在丙中洛捐建了喇嘛寺，即普化寺，寺里的大喇嘛是蓝秋活佛，属于红教的嘎玛噶举派。据普化寺的负责人介绍，20 世纪 50 年代前普化寺在怒江北部、独龙江等地负责收税，解决村民纠纷。② 又据《征集菖蒲桶沿边志》记载：

> 菖属一区菖蒲地方有新旧寺院两所。旧寺在丙中洛，道光中叶由喇嘛都拱创修；新寺在菖蒲桶，于光绪十三年由喃穹大喇嘛修建，内供释迦土偶像，尊尚红教。现有大小喇嘛二十七人，均各有家室，不住寺内；其管理寺者，系喇嘛管事夷人，小喇嘛四人；掌教者系维西叶枝何姓大喇嘛，现在维西寿国寺代务。建寺原因，纯系土司意。③

禾娘捐建的菖蒲桶（丙中洛）喇嘛寺属于红教，是康普寿国寺的支属，实际上由维西土司掌控。菖蒲桶喇嘛寺作为一支政治势力，既可以与察瓦龙喇嘛寺（黄教）相抗衡，还可以代维西土司管理地方事务。菖蒲桶较早居住的

---

① 杨征东：《德钦日记》，载《边疆文化》（鹤庆）1943 年。
② 2011 年 8 月 30 日访谈资料。现在重修的普化寺位于丙中洛重丁村，寺庙负责人噶玛龙渡江出介绍了寺院的历史。丙中洛旧称"甲菖蒲桶"，"甲"是藏族之意，"菖蒲桶"意为上万僧人居住的寺庙。
③ 《征集菖蒲桶沿边志》，见怒江州志办公室编《怒江旧志》，1998 年刊印，第 141 页。

是被称为"怒子"的群体，喇嘛寺修建后，从德钦等地迁来大批藏族人，随后纳西族人、汉族人也过来了，他们开垦水田、做药材生意以维持生计。这样，在怒江北部、中缅边界的独龙江河谷的独龙族人、怒人，不仅要向维西土司和菖蒲桶喇嘛寺纳税，还要向察瓦龙领主和喇嘛寺缴纳香火钱和承担徭役。当地的传说，又体现了维西土司与察瓦龙领主之间的某种协议，即怒江北部和独龙江上段归察瓦龙管理和收税，南部地区及更偏远的西部由维西土司控制和管理，表现了复杂的交错关系。

(三) 傈僳人的介入

傈僳族属于藏缅语族，历史上傈僳族人在汉藏边缘处（藏彝走廊）不断迁徙和流动。作为一种族称，傈僳最早见于唐代樊绰《云南志》卷四"名类"第四："栗粟两姓蛮，雷蛮、梦蛮皆在茫①部"。15—16世纪中叶，丽江纳西族木氏家族崛起，受朝廷册封为土司，纳西族周围的傈僳族人和其他族群受其统治和奴役。这时期的傈僳族人一部分不受管束，以刀耕火种兼狩猎、采集为生计，居无定所，流动性比较大；另一部分人依附于纳西族土司，过着定居生活，受制于木氏土司。随着木氏土司与藏族贵族争夺滇西北的控制权，如中甸、维西、德钦、宁蒗等地的领土和人口，大批傈僳族人参与了这一场持续80余年的战争。为了逃避战争之苦，一部分傈僳族人在首领括木必的率领下，于明嘉靖二十七年至二十八年（1548—1549年）逃离了家园。迁徙的方向是从东到西，即从金沙江往西走，迁居到澜沧江两岸的维西、兰坪等地；一些人继续西迁，"渡过澜沧江，翻越碧罗雪山，进入怒江"②。按照王恒杰的分析，在今天金沙江以北的中甸、德钦及维西西北的居民主要为藏族，东南部则主要为傈僳族、纳西族。这一民族分布格局，到10世纪以后就已经形成了。③ 由于经济和战争的原因，滇西北各族群的居住格局处于动态发展的过程中，这也推动了不同族群之间的冲突和融合。

19世纪初，在维西土司统治下的傈僳族人恒乍绷发动了反抗土司统治的起义，杀了纳西族土司的人，提出田地"大家分种"的口号④，引来官兵围剿。结果，一些首领被官兵杀害，大部分傈僳族人迁徙到怒江西岸以寻求新的生存空间，有的还远迁到缅北密支那一带。这些从东部逃难来的傈僳族人，主要分布在今天怒江州的知子罗、上帕（今福贡）等地，与当地土著如"卢蛮"

---

① "茫"应为"邛"，唐代乌蛮种族，居于今四川凉山越西一带。
② 斯陆益著：《傈僳族文化大观》，云南民族出版社1999年版，第6页。
③ 参见王恒杰著《迪庆藏族社会史》，中国藏学出版社1995年版，第44页。
④ 参见马曜主编《云南简史》，云南人民出版社1983年版，第177页。

融合为新的群体①，族称仍为"傈僳"。随着群体人口的不断增多，傈僳族很快成为怒江中上游地区比较强势的族群。除了人口多的因素外，从地方文献的记载中可以发现，强悍的民族性格也是其成为强酋的条件。

乾隆年间《丽江府志略·种人》记载："傈僳……性凶暴，嗜酒，一语不同，即持刀相向，俗好仇杀。"② 又见余庆远《维西见闻纪》曰："傈僳，近城四山、康普、弓笼、奔子栏皆有之。……性刚狠嗜杀，然麽些头目、土官能治之，年奉头目麦、黍共五升，新春必率而拜焉。"③ 这些官府和汉人描述的傈僳人，实际上是有内部差异性的：一类是不受官府和土司统治的自成体系的部落，一类是接受土司和官府统治并每年向其纳贡缴税的部落。其中，前者常与官府对抗，同时抢掳比他弱小的族群为奴。例如，民国二十年（1931 年）编纂的《纂修云南上帕沿边志》记载：

> 上帕僻处滇边，居怒江上游，为西北屏障，人种原为"怒子"，后渐始有"傈僳"，由沧江、六库一带移来，杂居其间，名虽归丽江府管辖，其实则怒傈自成部落，亦无土司统属。……故怒、傈僳极为自由，常随时聚集数十人，往沧江、俅江两处，任意滋扰。沧江一带，则肆意勒赎，汉人畏如虎狼，勿敢深入。④

在这种"强者为酋，弱者为仆"的族群社会结构中，势力弱小的俅子等成为被欺压的对象。一些奴隶主还勾结内地逃犯、匪徒抢劫怒俅子民的财产，或者把弱小者抢去卖给北部藏族领主为奴。"怒人受不了就纷纷往北迁，或跑到高黎贡山西面。俅人则大部分迁入坎底平原和俅江（即恩梅开江）流域。"⑤

除了强悍的性格和人口众多外，傈僳族能成为怒江上、中游的一个强势群体，还与这一片区域的政治环境有关。如上所述，怒江西岸虽然属于丽江府管辖和维西土司统属，但没有设立管治机构，一年之中很少有官员深入其地巡查，多数时候依靠村落头人维持社会秩序。同时，北边的察瓦龙藏族势力不断南下，与维西土司势力相互制衡，但谁也没有实力征服对方。而傈僳族力量的出现，使怒江上半游的政治格局变得更加复杂。随着人口的增多和势力的强

---

① 参见高志英《唐至清代傈僳族、怒族流变历史研究》，载《学术探索》2004 年第 8 期，第 98～102 页。
② 转引自高国祥编《中国西南文献丛书》（第 1 辑），兰州大学出版社 2003 年版，第 183 页。
③ （清）余庆远：《维西见闻纪》，见方国瑜主编《云南史料丛刊》（第十二卷），徐文德、木芹、郑志惠纂录校订，云南大学出版社 2001 年版，第 64～65 页。
④ 《纂修云南上帕沿边志》，见怒江州志办公室编《怒江旧志》，1998 年刊印，第 55 页。
⑤ 云南省编辑组：《中央访谈团第二分团云南民族情况汇集》（上），云南民族出版社 1986 年版，第 12 页。

大，傈僳族的力量开始渗入怒江北部，进入贡山地区，难免与来自北方的察瓦龙藏族发生冲突。在丙中洛，至今还流传着傈僳族人与藏族人争夺土地的故事。而在独龙江，两者抢夺、控制地方之争变得更加激烈和复杂。换言之，清代松散的边疆管治，为其他政治力量的存在和发展提供了生存空间。怒族的情况也比较复杂，福贡、兰坪一带的怒族和傈僳族接触比较多，且互相交融，而贡山北部丙中洛一带的怒族人则与独龙江的独龙族人在人种、语言和文化习俗上比较接近，在上述的族群关系历史脉络中，他们往往处于族群权力结构中的最底层。正如法国学者施蒂恩所言："怒和俅子的周围有多少近邻，就有多少统治者。"① 但是，这些统治者之间亦存在着复杂的互动关系：既有族群融合的一面，也有政治统属关系，在不同历史时期，表现出不同文化、政治、经济的多层次多维度的族群关系。

二、独龙族人与周边族群的政治关系

元代的《元一统志》提到了丽江路有"八蛮"，即"曰磨些、曰白、曰罗落、曰冬闷、曰峨昌、曰撬、曰吐蕃、曰卢，参错而居"；"磨些、白、罗落、冬闷，在丽江之东部多有之，而峨昌、撬、吐蕃、卢，则多在西部，吐蕃及撬在西部之北，峨昌在西部之南，卢则西部之南北多有之"。方国瑜考证"撬"为独龙族先民，"卢"为傈僳族。② 但是，这些提到的族称不能与今天的民族相等同，他们"参错而居"，在漫长的历史过程中，不断互动、接触而交融，或者排斥与冲突而形成新的族群。后来的研究也印证了这一事实。例如，高志英从民族史过程论证了"卢"与傈僳相交融，分化成新的傈僳族和怒族。③ "撬"本身也在和因其他群体挤压、逃避战祸而迁徙来的人群共同生活在独龙江流域，且相互交融和整合。作为一个族群单位，俅人与一定文化特征、生活方式和地理区域相联系而被官方文献记载和认知，则始于清代。《清职贡图》记载：

> 俅人，居澜沧江大雪山外，系鹤庆、丽江西域外野夷。其居处结草为庐，或以树皮覆之。男子披发，着麻布短衣裤，跣足。妇耳缀铜环，衣亦麻布。种黍稷……性柔懦，不通内地语言，无贡赋。更有居山岩中者，衣

---

① （法）施蒂恩·格罗斯：《19—20世纪滇西北盐、牛及奴隶的交换与政治》，尼玛扎西、彭文斌、刘源译，见罗布江村主编《康藏研究新思路：文化、历史与经济发展》，民族出版社2008年版，第107～115页。

② 参见方国瑜著《中国西南历史地理考释》（下），中华书局1987年版，第846页。

③ 参见高志英《唐至清代傈僳族、怒族流变历史研究》，载《学术探索》2004年第8期，第98～102页。

木叶，茹毛饮血，宛然太古之民。俅人与怒人接壤，畏之不敢越界。①

这是官方较早记录的关于独龙族人社会风俗的文献。从内容上看，当时的独龙族人还未被丽江府统治，生活状况如野人，被视为太古之民，并且和怒人相邻。怒人和俅人居住在不同的江河流域，但如前面所言，由于缺少足够的生活物资，俅人需要与外界群体接触和交换贸易，两个群体间彼此相邻、互相来往。道光年间的《云南通志》记载："俅人，近知务耕织，常为怒人佣工。"这和独龙族人迁徙的传说是相符合的。有一部分独龙族人最初居住在怒江北部山区，或者说他们就是怒人的一部分，他们因为出猎到了独龙江而定居下来。滇西北的山地民族都有刀耕火种的农业种植历史。例如，独龙族人先是狩猎与采集，后引入轮歇耕作技术，这与当地生态环境相适应，从而成为新的生存策略；怒人和俅人都有织布技术，俅人身穿的衣物和睡被，皆是织成的毯子。从我们在独龙江访谈的信息来看，当地的织布技术是从怒族人那里学来的。不过，从族群迁徙互动历史过程来看，也有可能是原来居住在怒江北部的人迁徙到独龙江后，将耕织技术传给了周围的人。独龙族与贡山北部的怒族之间的亲缘关系，早已有学者从民族史、体质人类学等多角度论证而达成共识。换言之，早期族群互动关系中，俅人与怒人因地缘、族源关系，相互接触和互动比较多；但由于居住在俅江地区的俅人在耕织等生产技术上落后于怒人，于是在生产关系中成为怒人的雇工，社会地位比怒人低。

怒、俅的关系还反映在与维西纳西土司的联系上。怒江西岸北部地区纳入维西土司势力范围之后，土司委任怒族头人（能事者）为俅管，深入俅江向俅人征税。例如，《纂修云南上帕沿边志》记载：

> 所谓怒子管俅子，迄今尚相传以为口实也。亦不知有俅江（曲子），嗣因怒子往高黎贡山猎兽，见路旁置网获獐，无人看守，辗转寻视，必有置网者，遂坐以待。候至日晡，有人自山西趋来取獐，始知山西有"曲子"焉。达竹人得闻，即今沧江德溪人腊夏那、木既朵、洽也洽（即和夏禾），分上下两路，各率怒子探进俅江之拉打阁地方，相议会于岔路口，并栽胡桃树一株为标志树。树北归腊夏那管，树南归和夏禾管，每年有怒子之能事者到俅江征收门户送解。其子孙世代相沿，至清末照旧征收。②

怒子在雍正八年（1730年）因不堪傈僳族侵凌之苦，主动向维西厅纳贡，

---

① 转引自《云南通志》（卷一百八十五），清代道光十五年（1835年）刻本。
② 《纂修云南上帕沿边志》，见怒江州志办公室编《怒江旧志》，1998年刊印，第55页。

请求归附。怒子在向高黎贡山西部出猎时，发现了俅子的存在，于是报告给了维西土司；几个维西土司带着怒子深入到俅子地，并划分不同区域管辖，每年命怒子能事者（诸如头人）征收门户送解。在福贡怒族地区，流传着怒族人管理独龙族人的说法。具体如下：

> 很早以前，怒族有两个祖先名叫摄拉撒和戛干鸣。有一次，他们翻越高黎贡山去打猎，到达喜多瓦米地方（俅江的一个地方），在江上看到了由江水冲下来的竹筒盖子，断定上游有人居住，便溯江上行，找到了俅江独龙族头人戛干当和加拉宜两人。他们就和独龙族头人打赌比赛，比谁的盐巴、生姜、锅及烧柴多，谁比输了，就被管理和统治。结果，独龙族头人输了，怒族便要管理他们，但独龙族人不答应。于是，摄拉撒和戛干鸣便回村搬救兵，要与独龙族打仗。他们带了三四十人，取道高黎贡山之西，因山陡缺粮，不能前进。后来，摄拉撒和戛干鸣想了一个计策，分怒人每3人为一组，各烧起一把火，并把箭矢射在树干上，便折回福贡。摄拉撒和戛干鸣只带领数名怒人去找独龙族头人戛干当和加拉宜，叫他们看看燃烧着的火把和树干上密密的箭矢，虚张声势，以示怒族人多势众，促其投降。独龙族头人看了以后，信以为真，十分害怕，就认输投降，接受了怒族的统治。据说当时怒族共管辖了独龙族内部的"勒伯"、"博才"、"力帮"、"柜咱"、"阿力门作"、"腮阿娃"、"教娃"、"力娃"共8个氏族。独龙族居民分布到哪里，管辖权也伸展到那里。当时管辖的地区有"托门"、"扒腊那莫"、"体里王各"、"阿贡瞎王"、"扩劳辅"、"勒墨孕"、"罗腊莫汉"、"赤察"共8个地区。每年怒族都要到独龙族那里收纳黄蜡、黄连、米肉一次，直到路阿夲（福贡二区区长）、副禄（福贡县司法科科长）这一代人之前，怒族管辖独龙族约5代之久。①

和其他统治者与被统治者的关系不同的是，来自福贡地区的信息表明怒族俅管和俅民的关系没有那么紧张。如上所述，他们之间的地缘、亲缘关系比其他族群近。如同独龙族人选头人一样，能力强、智慧超群者来当"卡夏"，只是怒族人当独龙族人的头人还得到上级管理者维西土司的任命。俅子从俅管那里获得盐巴和牛羊等生活物资，俅管收的税也仅是一些手工产品如背箩、背绳和蜂蜡等少量土特产品，怒俅双方"互相往来均以礼相待，没有等级森严的

---

① 《民族问题五种丛书》云南省编辑委员会编：《怒族社会历史调查》（一），云南人民出版社1981年版，第111页。

主仆关系"。①

  维西土司没有在独龙江设置基层权力机构，因而在清代的政治关系中，纳西族人和独龙族人之间没有直接的接触，他们之间通过俅管或菖蒲桶喇嘛寺而发生联系。一些怒族头人成为放贷的中间人，他们从维西土司那里拿到砂盐和布匹，到高黎贡山以西的俅马地放贷。乾隆时云贵总督硕色了解到土司的放债行为，写了奏折送到朝廷。该奏折言明，在维西自雍正九年（1731年）改土归流以来，女土千总禾娘、禾志明和头人王芬等人仍然遵循着旧的制度，每年派人到怒江各寨收山租；每到过年节时，要怒族、傈僳族头人，携带砂盐、布货，赴"外域野夷俅马地方放账，折售黄连未偿还者，即准折人口子女带回康普，或抵给土弁头人作额规。殊属貌法，今该女头弁，自首交出俅夷男妇十八名口，情愿出资送还"。在砂盐、布货与药材贸易中，出现了人口交易，弱小的俅子成为任人欺凌的群体，在这个过程中，俅管怒族头人充当了协从和帮手。朝廷虽然将俅子和俅江流域视为野夷和外域，但对维西土司"准折人口"的做法进行了严肃处理，起到"以肃边境"的作用。朝廷对维西土司的具体处理情况如下：

> 应如该司等所议，除女土千总禾娘已故，禾志明系新出首且年逾七十应免置议外，头人王芬、王芝、禾品、王永锡，保长和为贵、催头和可清与和志宏等各伽号一个月，满日40板并役，另令一诚实之人承充。其放债准折之怒子、傈僳姑免深求。康普土千总名缺，永远裁革。所有维西怒江两岸一百一十一村寨，丽江府怒江两岸五十八村寨，各俟设有头人，均责令维西通判及丽江府约束拊循，时加稽查，勿许怒夷再行越境放债、准折人口。倘再违犯，即照红苗越境抢夺例治罪；该管地方官照失察例一并议处。仍将私越关津即红苗越境抢夺、重利放债、准折人口等例摘录，简明告示，翻译夷字遍行晓谕，俾知深畏遵守。其康普怒子准折带回俅夷男妇五十八名，丽江怒子准折男妇七十二名，应令维西通判及丽江府慎选妥役、头人、通事，于本年夏暑雪消之后，伴送回籍。一切衣食路费均于禾志明、王芬、和为贵等名下追出，按名实给、伴送启程回籍，交与俅地头子诘各亲属承领团聚，取具木刻通报立案。②

  这说明在雍正年间，维西土司权还很大。但是，到了乾隆时期，从朝廷介

---

① 参见路阿夺口述《尼拉三家族"俅管"史略》，胡正生整理，见《怒江文史资料选辑》1987年第8辑，第24～28页。
② 《中国第一历史档案馆藏军机处民族类139号档案》，见李汝春主编《唐至清代有关维西史料辑录》，维西傈僳族自治县编委会1992年刊印，第274页。

入边地土司的"放债"、"准折人口"事件来看,清朝政府一方面进一步削弱了土司的职权,另一方面趁此加强了边疆管治力度。朝廷直接设立怒江两岸村寨头人,由维西通判及丽江府管辖。包括前面提到的(道光)《清职贡图》和这里的材料均透露出清朝政府将俅夷地称为"外域"、将俅人称为"野夷",说明这一时期朝廷仍然将俅夷地区视为化外之地,只是由被朝廷削去权势的纳西族土司派代理人到俅夷地放贷砂盐和收取山货作为贡物。从怒子主动纳贡求附后,朝廷认为"至怒子久居化外,向不输纳钱粮,前因感激皇仁,岁贡土产,实出输诚向化之忱,与内地任土作贡者迥不相同"①。但是,对怒江两岸地区而言,朝廷的势力毕竟有限,鞭长莫及,旧势力土司的影响力仍然发挥着作用。不过,这恰恰维持了朝廷对边疆如俅夷地的控制。

相对于怒人和俅人,傈僳人较晚迁入贡山。整体上看,傈僳人主要分布在独龙江东南部的福贡、六库等地,中间有高黎贡山阻隔。但正如民国严德一所言,黎苏(即傈僳)最富"冒险精神",他们远到察瓦龙高寒之地,采集虫草、贝母、黄连等珍贵药材,或者越过高黎贡山而西,到中缅未定界内拉达阁一带采掘金矿。② 具有冒险精神和彪悍性格的傈僳人,对于独龙族人来说是强盗和掠夺者,他们被称为"郭拉",而傈僳人称独龙族人为"俅扒"。前面的称呼现在没有了,但是后面的称呼还在民间使用。独龙江南部的村民受傈僳人侵扰最重。傈僳人有的进来抢劫,有的来做买卖,行为非常霸道。如果有傈僳人病死或被打死,他们就纠集族人到出事的村子里抢劫烧杀,年年都这样,从没有停息,直到有头人出来讲和,承认傈僳头人为自己的主人,愿意每年缴纳钱粮给死者家族,以偿人命。这就是所谓"骨尸钱粮"③,独龙族人所欠的人命债,每到青苞谷成熟之时,整寨子家家户户都要上交一包黄连或者一张麂子皮给傈僳人死者家属。这种"尸骨钱粮"税要维持数代,直至独龙族人变得强大或者收税的傈僳人家族衰落了,或者有其他势力介入才会终止。这种类似家族仇杀的纠纷,有时会有土司的人或者喇嘛寺来调解,但多数时候土司无法约束傈僳人的行为。同时,作为一种强势力量,一方面,傈僳头人跟纳西族土司、察瓦龙藏族领主之间存在着竞争关系;另一方面,傈僳头人又是维西土司委任的俅管,替其收税和管理村民。傈僳头人(即蓄奴主)跟察瓦龙领主之间既有对抗,也有合作。他们互相争夺地盘和人口以增加税收,这是对抗性的一面;另外,抢掳人口为奴所带来的利益又使得双方合作有了可能性,如傈僳

---

① 转引自李汝春主编《唐至清代有关维西史料辑录》,维西傈僳族自治县编委会 1992 年刊印,第 277 页。
② 参见严德一《中印公路之经济地理》,载《边政公论》1947 年第 6 卷第 2 期。
③ (清)夏瑚:《怒俅边隘详情》,见方国瑜主编《云南史料丛刊》(第十二卷),徐文德、木芹、郑志惠纂录校订,云南大学出版社 1999 年版,第 149 页。

蓄奴主将抢劫来的人口卖给藏族领主为农奴。

独龙江北部连接着西藏察瓦龙，18世纪，察瓦龙藏族领主从纳西族土司禾娘家族中取得了独龙江上段地区的税收权。察瓦龙藏族领主将独龙江两岸的土地和独龙族人视为他的领土和子民，其管辖的地段包括南部斯拉洛（今巴坡和孔当交界）以上的村落和土地。有关察瓦龙领主在独龙江的管辖范围，当地有一个传说：

> 起初，察瓦龙连布管辖的范围延伸到木克甘（今属于缅甸国），后来连布的管家下到各村收税。他们来到南部村落，在江边大石头上坐下来休息。突然从江里面冒出来一个像狗一样的怪物，并迅速杀死了两个察瓦龙连布的兵，吓得管家再不敢下到南部收税了。察瓦龙连布觉得下面不安全，他的管辖范围划到斯拉洛，往南的村落和人就不再收税和管理了。①

此传说解释了藏族人为什么不去南边的村落收税，以及所划定领土界线与怪物有关，但它抹去了现实中察瓦龙藏族人同维西土司、傈僳族蓄奴主，以及后来与贡山设治局争夺独龙江控制权的激烈和复杂性。藏族领主将他的领地重新划分为9个村26个寨，每村设伙头2人，为其管理村民、收集税物，头人本身也要纳税。头人还要负责接待收税官，并安排村民背运税物到察瓦龙领主家里。独龙族人把藏族领主和收税的人称之为"连布"，具体负责征税的连布住在察瓦龙南部的扎恩村里。现在，扎恩村还保留着最后一任连布布楚和贡米多吉的老房子。连布和他的管家只能在雨季开山期间进入独龙江，通常是一年来两次：一次是开山之初进来放贷砂盐，即将盐巴摊派给各户，规定秋后抵付黄连、贝母和竹制编织品；一次是接近封山时进来，一面收盐债，一面收贡税。所交贡物，包括每户黄连4包、麂子皮1张、麻布5床、刀子1把。② 每个连布所收的税物数量可能有些差别，但他们都会尽可能提高税收额度以增加自己的财富。

迪政当河谷位于独龙江的上游，这里直接与察瓦龙藏族聚居区接壤。连布和管家从扎恩翻山过来收税，把迪政当村作为他们的据点。连布在收税之前，先送木刻通知各村寨的头人，要村民们准备好贡物以及招待他们的食物。村里很多老人仍然记得旧时连布收税、交换盐物的情形。冷木当村90岁的文面老人格莱本，原属于根仁氏族，从熊当村嫁到冷木当村。据她回忆：

> 连布每次过来之前，都要派人送木刻给我们的卡夏（头人），木刻上

---

① 2012年7月4日迪政当村访谈资料（曾国良口述，其子陈永华翻译）。
② 参见云南省编辑组编《独龙族社会历史调查》（二），云南民族出版社1985年版，第19页。

刻着缴纳贡物的时间和地点。卡夏安排一些村民在村头的一块地上搭了一间帐篷，连布来了就住在那里。我们将独龙毯、麝香、野牛皮作为贡物交给连布，他们坐在帐篷里数着我们交上去的物品，如果数量不够，连布会生气，管家会打人。如果女人不会织布，或者那年没有织出来，男人就要多交兽皮来补充。我小时候记得妈妈上交一床独龙毯，那是她花了两个月才织好的。除了缴纳贡物，还有交换东西。但是交换时，我们给的毯子、兽皮比他们给的多。他们把我们的东西拿到外面其他地方交换。①

在格莱本老人看来，藏族人不仅是独龙族人的统治者，同时还是提供盐巴和进行贸易的对象。然而，在另外一个老人眼里，来收税的连布和管家就如同土匪一般：

> 连布过来收税时，常带着三四个随从。村里要好好招待他们，有好吃的全部拿给他们吃。连布挺着大肚子，皮带松了用鸡蛋塞，爬山的时候走不动就由手下人推他。他们欺负村民，看见独龙族人家里有什么就拿什么，我们没有办法说不要拿。独龙族人什么时候打到猎物、什么时候织好毯子，他们就过来了。交不出贡物的人，他们就用鞭子抽打。有时连布的管家会把交不出税的人带走，让他们帮忙干活，也有一些人自己跑过去打工。②

这则信息的提供者是熊当村一位70多岁的基督教徒，也是20世纪60年代最后一批文面的女人。她信教有12年了，她认为信教好，不会乱想，而以前的"南木萨"他们搞的那一套是迷信。教徒的身份和对传统习俗的认识，使她对信仰佛教的察瓦龙藏族领主持有"土匪"的印象，觉得那时候的独龙族人生活很苦，现在的人不应该忘记这段历史。另一位年纪更大的报道人，则向我们提供了更为丰富的信息：

> 察瓦龙最大的官是协傲，他偶尔来独龙江巡察，他下面是连布，具体负责收税的是连布的管家宗巴的人。他们来到村里时，我们要送鸡蛋，要做饭、提供水酒招待。村里的头人卡夏见到他们要磕头，还要说好话，让收税的人开心、舒服。在我的印象中还没有纳不起税的，如果有的家里太穷，村里其他人会帮忙。连布带着盐巴、楚巴等生活用品过来和我们交换。通常是用独龙毯来换盐巴，如果没有织好的毯子，用捻好的麻线也可

---

① 2011年10月13日冷木当村访谈资料（李林高翻译）。
② 2011年10月10日熊当村访谈资料（莲自仙口述，李胜荣翻译）。

以换盐巴。连布到各个村交换，回去时，请人把他的东西背到察瓦龙。那些背夫回来时，会得到粮食、盐巴作为酬劳。有时，他们回去晚了，山上有积雪，很多背夫就冻死在路上。开山的时候，连布又过来，找一些人到山上挖药材。连布提供伙食，挖出来的药材归他。没有听说过察瓦龙藏族人抢劫人口，不过有一些孤儿被用来换黄牛。有些生活极为困苦的人，会自愿跑到察瓦龙去打工，以换取粮食。也有来自缅甸的独龙族人被抓来换牛。有些人和藏族关系好，家里有什么缺少的，藏族朋友会送土罐或其他生活用品。①

这位报道人也强调了察瓦龙连布像是一个雇主，穷苦的独龙族人成为他的佣工。另外，我们也认识到在察瓦龙领主家里干活的不一定都是农奴。他们可以分为两类，一类是完全没有人身自由的人，通常是被抓来卖的人，这是真正意义上的奴隶；另一类是在缺粮时期为了生存下去而到领主家里受雇，以得到口粮和衣物的人，当他家里生活改善时，他就可以结束和领主之间的雇佣关系。例如，前面提到的个案，普尔村咕噜老人的经历就是一个明证。他小时候家里生活困难，然后去察瓦龙扎恩村投靠姑妈；他的姑妈是连布买来的农奴，但他不是娃子（农奴），几年后他又回到了独龙江。

从以上的访谈材料中不难发现，居住在不同地段的独龙族人，由于受不同族群势力的统治因而有了不同的遭遇。在孔当和巴坡交界的斯拉洛村以上的独龙族人主要受察瓦龙藏族领主统治；而斯拉洛以下的村落和独龙族人由不同的势力统治，既有维西纳西族土司以及后来的贡山设治局，也有高黎贡山以东的傈僳族蓄奴主。独龙族人根据不同的互动对象，在经济文化认同上维持着与统治者的依赖关系，以获得生存的经济利益和地理空间。独龙族人与周边族群的关系是建立在权利关系基础上的，或者说是通过政治权利关系来构建的。

从地理空间上看，独龙族人的统治者分布在独龙江北边和东边。也就是说，不仅有高黎贡山这样的自然屏障，还有如狼似虎的统治者把独龙族人不断地挤压到西边偏远的地方，独龙族人只能顺着江水往西南迁徙，到狄子江、托洛江以及恩梅开江流域寻找生存的立足点。在独龙江地区流传的创世神话也反映了族群的分类和居住地的分布：宇宙初期发生大洪水，世间只剩下兄妹两人。他们结成夫妻后生了9对儿女，这9对儿女又相互结成夫妇。随着人类的增多，兄弟之间开始不和。父母通过射箭比赛，选出头人来管理以维护秩序。比赛结果是大哥获胜，其他兄弟都要听他的话。后来，各个兄弟姐妹分居到9条江附近，各据一方：

---

① 2011年10月22日迪政当村访谈资料（乾奈口述，李林高翻译）。

大兄妹迁到内地（澜沧江）做了"空麻"（官吏），成了今天的汉族；
二兄妹迁至怒江一带，成了今天怒族的祖先；
三兄妹留在独龙江，成了独龙族的祖先；
四兄妹迁居墨哇江流域，即今之"墨哇"、"甲文"；
五兄妹迁居迪子江，即今之"迪就龙"；
六兄妹迁居拉达阁，即今之"打斜龙"；
七兄妹迁居桑曲河（察隅），约为今天的"僜人"；
八兄妹迁居迪不勒江，即今之"迪布勒龙"；
九兄妹迁居托洛江，称为"托洛龙"。①

这个神话描绘了不同族群的地理分布空间，从东到西分别是汉族—怒族—独龙族—独龙族的各支系。通过射箭比赛，汉族成为各族的统治者。这种从东到西的人群空间分布即是独龙族人世界空间秩序的表达，同时也将统治者的地位合法化了。在20世纪30年代陶云逵收集的口述材料中，神话中的老大变成了藏族祖先。② 这可能是因为讲述者所在村落属于察瓦龙领主管辖之地，藏族的形象取代了早先的汉族。实际上，统治者"汉族"是一个模糊的族群概念，这里面包含着居统治地位的纳西族、白族、满族以及汉族。统治者身居东方，而独龙族人生活中需要的盐巴、布匹等稀缺物品也来自东方。独龙族通过政治和经济关系，维持着与东方统治者的关系，这样的"东方"概念强化了对朝廷的认同和向心力。怒族与独龙族的兄弟故事，也说明了两个民族之间存在着彼此依赖的亲缘关系。

第二节 夹缝中的生存政治

高耸的高黎贡山以及半年的雪山形成的天然屏障，显然无法阻挡来自北部和东部政治力量的入侵。这些力量由不同的族群势力构成，其中纳西族土司以及后来的国民党设治局代表着更遥远的政治力量，与藏族领主、傈僳族蓄奴主构成了对独龙江的合围之势。独龙族人由于部分重要的生存资源控制在土司和藏族领主手中，因而在政治经济上受到他们的制约和支配；当蓄奴主以野蛮的

---

① 《中国少数民族社会历史调查资料丛刊》修订编辑委员会编：《独龙族社会历史调查》（修订版），民族出版社2009年版，第14页。

② 参见陶云逵《几个藏缅语系土族的创世故事》，见《边疆研究论丛》，金陵大学中国文化研究所1942—1945年印行。

方式侵扰独龙江时，独龙族人又不得不向土司和领主寻求庇护。在这样的政治环境中，依附与抗争成为独龙族人谋求生存的策略。

一、依附

18世纪以来，独龙江东南部傈僳族蓄奴主日趋强大，整个傈僳族社会流行家族仇杀械斗，强者为酋，弱者被虏，由此产生"尸骨钱粮"税。贡山北部的怒俅子不堪忍受傈僳族的欺凌，相约到维西厅，主动纳贡求附。在余庆远《维西见闻纪》中记录的"怒子求纳"事件，怒子即贡山北部的怒子和俅子，他们此时还没有完全分化。这件事表明，最弱者怒俅民向代表朝廷的地方权力机构维西厅求附，目的是希望官府为他们伸张正义。另外，他们通过归附朝廷，获得了盐巴、布匹等重要的生活物资。对于怒江西岸的各族人来说，这是一个重要的历史转折时期。因为"怒子求纳"事件之后，维西土司专门设立部落安抚机构，调解怒江两岸各族群之间的纠纷；同时，设立"白色"和"里甲"等基层管理人员，由地方村落里有威望的头人担任，主要的职责是管理村民和收缴税物并运送到土司署。像独龙族这样的弱势群体，正是通过维西土司被纳入了朝廷的政权体系。

但是，担当"白色"和"里甲"的人多是傈僳族头人，他们原本也分属于不同的家族，受土司委任为俅管后在政治上也很难约束其他头人。到清末夏瑚进入独龙江时，独龙族社会仍然存在着来自傈僳强人的威胁。独龙族人内部主要依靠血缘关系的家族组织以及成员之间的合作与互惠维持群体的生存和发展。另外，由于人群居住分散且经常流动，没有形成超越村落和家族的自治权组织，因而自身无法抵抗外强的侵略。面对这样的遭遇，独龙族人要么满足对方的要求，要么组织家族成员反抗，要么选择依附或投靠另外一股势力。据怒江州地方志记载，19世纪末叶是怒江地区傈僳族家长奴隶制的鼎盛时期，弱小而又贫困的独龙族人民成了蓄奴主掠夺的主要对象。独龙江的不甲腊木等10多个村寨经常受到劫夺，被掠走了难以计数的奴隶。这使独龙族人难以安生，有的甚至跑到深山老林中栖息，由此造成独龙族人口锐减。为了免遭劫夺，独龙江上游的村民只能请求察瓦龙领主保护。① 这说明独龙江上游之所以被察瓦龙领主管辖，是因为独龙族人主动投靠察瓦龙藏族领主，以避免遭到傈僳族强人的糟蹋。我们在前面也谈到了藏族领主的治理措施，他将管辖的地段划分成9村26个寨，然后委任伙头征收钱粮、摊销砂盐、放牛债和"楚巴"债。在这里没有提到维西土司，上游的人和察瓦龙地域距离较近，而远在澜沧

---

① 参见怒江傈僳族自治州地方志编纂委员会编《傈僳族自治州志》，民族出版社2006年版。

江东岸的维西土司鞭长莫及，何况上游的一些家族本身是从察瓦龙迁徙下来的，当他们受到威胁时投靠察瓦龙的领主也在情理之中。

自然环境恶劣，生活贫困，亦是独龙族人不得不依赖外界的原因。独龙江上游的一些老年人在口述中不断提到，在缺粮季节很多人跑到察瓦龙扎恩村农奴主庄园里干活，以求得到衣物口粮。普尔村的咕噜老人12岁的时候，由于家里人多，所种的粮食只够吃半年，他的母亲就让他到扎恩村找吃的；咕噜的姨妈是扎恩村大连布布楚的农奴，咕噜到连布家后，主人让他到高山上放牛、背柴火，农忙季节跟着大人一起参加种地、犁地等活。他和姨妈姨父住在一起，吃的是苞谷糊，偶尔还能吃到肉。两年后，他又回到了独龙江老家。像他这样到察瓦龙的人不少。而藏族人用"文面的人"和"没有衣服穿的人"来指称独龙族人，可见旧时独龙族人的生活多么贫困。一些人与察瓦龙藏族人建立"本南"关系，除了在贸易中扮演着中间人的角色，也是希望在饥荒季节得到对方的粮食援助。

独龙族人依附于藏族领主，除了从藏族人那里获得安全方面的庇护外，还进行各种交易。有些年轻人受雇于藏族人，做背夫、挖药材，获得低廉的报酬。在物物交换中，他们得到生活需要的牛肉、盐巴、衣服、粮食、铁器等外来物品，从而解决了部分生存的问题。但是，独龙族人与藏族领主之间的依附关系建立在经济不平等的基础上。交易形成债务关系，独龙族人因日积月累而无法偿还，最终只能以人（劳力）来抵债，或者承认自己为藏族领主的子民，每年向其纳税。因此，债务关系是政治关系最基本的表现。

独龙族社会整体而言是一个没有分层的社会，家族长自然形成的领袖也无权支配社会资源和家族成员；相反，西藏察瓦龙社会是有阶层分化的社会，宗教领袖、贵族、富户居于社会的最高地位，贫农和雇农为中层，最低等为没有土地和人身自由的农奴，贫富因社会地位而悬殊。当这两种社会相连接时，独龙江与外围之间的关系是不平等的。这需要从社会阶层的角度来分析，独龙族人整体上处于社会权力体系中的最低层。

解放军进藏[①]前，扎恩有四大庄园，其中帕拉西和木果西为直接统治独龙江的连布。他们把各地买来的奴隶变成农奴，为其劳动。有些买来的年纪小的娃子要上山放牛，他们在不同季节将牛赶到不同海拔的牧区放牧；他们生活很苦，没有衣服穿，吃得也很简单。扎恩村年纪最大的老人卓玛回忆：

---

① 1950年解放军第十四军四十二师部从云南贡山进入察瓦绒（龙）冈空，后进驻察隅，沿途解放了娃子（即农奴）并宣传了民族政策，有力地配合了第十八军的昌都战役。

一个地主①有六七十个娃子,娃子天天干活,吃的是稀饭。很多娃子是地主用牛、粮食换来的。有些独龙族家庭人口多,粮食不够吃,父母用小孩来交换吃的东西。这些买来的娃子,年纪小的服侍地主家人,照看地主的小孩,有时犯错了,地主就让娃子吃小孩的粪便。娃子住在地主的房子里,不能随意离开。我的母亲刚会走路的时候,就被卖到扎恩来了;父亲是龙普村的怒族人,他不用给地主干活,待在家里,后来被冤枉为偷了地主的首饰,就喝毒药自杀了。我大概是18岁的时候和一个独龙族娃子结婚的。当时不敢让地主知道,我们偷偷在一起,没有举行任何仪式。我这一辈子只去过一次贡山,那次是跟着地主去换大米,我做背夫。去时,几个人坐独木船顺着怒江漂流下去,因为那几天水大,差点翻船掉到江里;到了龙普地段时,江水更加湍急,不能再坐船了,改成走路。那时的贡山,只有两家商店,要买吃的都没有,只能吃干豆。地主用羊毛线和老板交换大米。回来没有骡马驮,都是我们这些娃子背,走了7天时间,才回到扎恩。我们非常辛苦,要过悬崖,还要溜索过怒江,很危险。②

对于独龙江的独龙族人来说,最大的威胁来自不平等的政治制度。独龙江峡谷的土地种不出富余的粮食,但人们可以通过挖掘葛根以及捕猎来弥补粮食的不足。但是,他们还要向统治者缴税纳贡,而且在贸易交换中受制于外来的商人,生活更加贫困。独龙江人卖儿卖女实属无奈之举。有些农奴是被独龙族社会遗弃的偷盗者、下蛊作祟者以及孤儿弱女之流。不过,有些幸运者在藏族领主家生活得比在独龙江好。

藏族统治者看到了独龙族人对食物的需求,他们控制着食物资源,常以食物提供者的身份来统治独龙江,独龙族人也因此而依附于藏族领主。在上游地区,独龙族人认为向藏族领主缴税最重要的理由是独龙族人吃了藏族人的牛肉。作为食物提供者,藏族领主获得统治者身份权威。

南部村落是由维西土司任命的俅管负责管理。但俅管的主要责任是"收受钱粮"和"摊卖盐布货",而地方村落的社会治安主要由家族头人来维持。由于南部村落经常受到傈僳族蓄奴主的侵扰,本身松散和弱小的家族组织无法对抗外来入侵。他们和怒族人主动归附维西土司后,就希望得到土司力量的庇护。清同治九年(1870年),居住于独龙江流域南部拉达阁地区的蓄奴主,派遣一伙强人又到独龙族人居住的村落抢掠人口。独龙族人被迫聚众反抗,杀死了6个强人。事件发生后,独龙族人担心蓄奴主报复,便派人前往澜沧江东

---

① 地主是用来指称那些有土地、富有及居于社会高层者。
② 2012年3月2日访谈资料(报道人:扎恩村卓玛,83岁,怒族;翻译:嘎玛曲美,西藏农牧学院大二学生)。

岸，向叶枝土司报案，述说独龙族人遭受蓄奴主残害的苦情，要求土司保护。叶枝土司当即派遣亲信官员同往菖蒲桶（贡山）处理此案件。土司官员把菖蒲桶地区的怒族、傈僳族蓄奴主与头人召集到当打村的普拉河边，经过3天谈判，最后达成三条协议：一是禁止对独龙族人的侵扰仇杀活动，二是禁止虐杀、掳掠、买卖和奴役独龙族人口，三是各民族互相通婚、友好相处。土司官员还代表叶枝土司向独龙族、怒族、傈僳族代表分别颁发了一袋"千总铁箭头"，并郑重宣布：如有一方违约，受害一方可以联络另一方对违约一方进行惩罚，并将得到叶枝土司的援助。为了表示对协议信守不渝，协议三方又在普拉河岸的岩石上刻下三道刀纹，并对天发誓、勒石为盟。独龙族代表回到独龙江后，用同样的办法与拉达阁蓄奴主代表谈判，并出示了叶枝土司颁发的"千总铁箭头"，要求蓄奴主停止对独龙族人的侵扰活动。拉达阁蓄奴主摄于土司威力，与独龙族达成了友好协议，最后双方在独龙江下游的戞木米台地上举行了勒石为盟的仪式。①

独龙族人的行动表明了他们主动寻求庇护具有三点政治意义：一是认同自身为维西土司的子民，也就是认同该地区是朝廷的一个部分；二是希望借助土司的力量制裁蓄奴主；三是求得一个相对和平的生存环境。维西土司在雍正年间归附中央后，仍然对部分地方享有自治权利，其手握"千总铁箭"就代表了朝廷授予的权威，解决边民纠纷就有了社会控制的权威资源。但是，土司治理独龙江地区仍然采取以夷制夷的模式，没有在独龙江建立地方权力机构统一管辖，而是分封头人，让其相互制衡。当权力失衡时，族群之间"倚强凌弱、相互兼并、仇杀械斗"以扰乱社会秩序的现象并没有得到彻底改善。

光绪三十四年（1908年），阿墩子弹压委员夏瑚借处理"白汉洛"教案之际，进入怒俅两江，果断地采取了一系列政治举措：一是重新划清了滇藏察瓦龙与贡山之间的界线；二是宣布纳西土司、察瓦龙领主不准到独龙江征收赋税；三是委任袁裕才为俅管，分封各村落伙头，并亲自到俅江安抚俅人等边民。这几项措施表明朝廷治理边疆的策略做出了改变，同时朝廷的权力进一步渗透到了怒江流域，由此而确定了朝廷是唯一正统和合法的统治者。换言之，地方土司和藏族领主若再去俅江征收贡物，就失去了合法性基础。最重要的是，夏瑚带着属官到俅江宣扬朝廷的权威，不许土司和察瓦龙领主纳贡。对独龙族人来说，夏瑚巡察和重新任命头人的举措重塑了他们对朝廷的认同性。随后，先是朝廷在地方设立菖蒲桶行政委员会，后改设贡山设治局，尽管朝廷政权历经更替，但是代表国家的地方权力机构已经在贡山扎根了，而且成为独龙

---

① 参见李道生《维西康普、叶枝等土司管理怒江始末》，见李道生主编《怒江文史资料选辑》（第十一辑），政协怒江傈僳族自治州委员会文史资料研究委员会1989年刊印，第56～57页。

族人依靠的新的力量。

《菖蒲桶志》载:"民国二十年四月,俅江甲长金等来署请求保护。"① 甲长金等独龙族人为何要跑到贡山寻求保护?原因在于独龙江流域的社会政治环境仍然没有大的改善。傈僳族强人的威胁难以消除;而察瓦龙领主自清末夏瑚治边后,对独龙江征收税物有所消停,但到了菖蒲桶委员梁彦之当政时,见梁彦之为人软弱,又趁势恢复了对独龙江的税收。独龙族人负担多重税收,又陷入了生活安全无法保障的处境,最后派代表到县治来请求保护,目的也是为了消除察瓦龙领主的税收。此时,新任的委员杨作栋是一个想有所作为的官员,他极力安抚独龙族代表,遂后在独龙江设立公安局,以稳定社会秩序;另一方面,他重申独龙江地区的管治权,不让察瓦龙藏族人来收税,察瓦龙官员派代表来交涉,杨作栋态度坚决,并向藏族人讲明相关利害关系。第二年,察瓦龙藏族人不再派人到独龙江收税。

也就是说,清末至民国间,随着英缅殖民者的入侵,边界危机出现,朝廷的势力也卷入了争夺独龙江控制权之中。朝廷的参与,表明了国家权力的下渗,不过地方势力的影响仍然存在。1933年,国民政府将菖蒲桶行政委员公署改设为贡山设治局。在独龙江地区,各村推行保甲制度。这在一定程度上抵制了英缅殖民者的入侵,同时也在一定程度上排斥了察瓦龙领主的势力。但是,藏族势力强大,国民党未能把藏族人的势力排挤出去。在这样复杂的政治环境中,作为生存的群体,独龙族人并非一味地服从外来统治者。很多实例表明,他们有一套应对的措施。傈僳族蓄奴主和强人是他们社会生活的主要威胁,他们依靠藏族人的力量或者维西土司的势力来保护自己。而对土司和领主等统治者,他们要适时缴纳贡物,为的是能够从他们那里交换到盐巴、布匹等生活必需品;但是,一旦税收压力超过了他们的承受范围,他们也会选择依附另一方力量的策略来抵抗征税,或者动员族人与怒族人结盟以对抗外来的统治者。

二、抗争

在和朝廷或者地方强权的斗争中,失败了的少数族群不断向偏远的西部迁移,以躲避对方战后的报复。急流的江水和高耸的山峰,以及由此形成的峡谷坡地,既提供了阻挡统治者和官府力量的天然屏障,也构成了逃难者移居的生活空间。前面已经说过,在滇西北怒江流域,傈僳族蓄奴主、强悍者以及内地逃犯合伙抢掠人口,当地人少势弱的怒俅子不堪忍受,有的投靠维西叶枝土司

---

① 菖蒲桶行政委员公署编撰:《菖蒲桶志》,见贡山独龙族怒族自治县志编纂委员会编《贡山独龙族怒族自治县志》,民族出版社2006年版,第507页。

以求保护，有的举家迁移到山中林地以逃避祸害。今天，独龙江的一些氏族传说中，就有先祖是从怒江迁来的这种说法。在独龙江流域，当地居民更加稀少而分散，聚族而居。由于担心被抢或者交不起税物，一些家族深居山林中，把房舍结在树上。例如，夏瑚《怒俅边隘详情》载："考其巢居之由，在昔野兽较多，……以避虎患；近则杀人、拉人，所在恒有，亦仍以巢居避患为乐。"①以树为居者，到了夜晚，要撤掉连接地面的那一段圆木。白天，他们在树端眺望来往路上的匪情，一旦发现有异，全体迅即下树逃逸，分散隐匿。有的家族一年四季居住在不同的地方，雨季开山期间就居住在独龙江西岸或者海拔更高的森林中，这样外人难以接触到他们。房屋建在独龙江西岸的家族，如遇到外来入侵者就砍断溜索，江水则成为天险。到了冬季雪山封路，此时山上降雪，他们又搬回到低地或者独龙江东岸居住。今天，仍然有很多老年人喜欢独居在山林中，不喜欢在公路边居住。这除了说明他们喜欢幽静的生活方式，也从侧面说明历史的遭遇对他们的影响很深。这种向西部偏远地迁移、树巢而居、随季节性流动的居住模式，在没有安全保障的时代，其实是逃避外人侵扰的一种生存策略，也是对统治者的一种抗争，属于消极反抗类型。

  然而，逃离并非是消除危机和躲避灾祸的最佳方式。独龙族人周围的民族本是以山地民族为主，他们不怕深山阻挡，尤其是傈僳族人最富有冒险精神，尽管独龙族人树居或者躲在山里，他们仍然能把人找到。独龙族人一旦被他们发现，则躲避不及。傈僳族强人上不了树房，就用砍刀砍树，使上面的人不得不下来，承受其残暴的掠夺。在无法忍受的情况下，独龙族人会联合起来反抗。如上一节提到的同治九年（1870年）独龙族人聚众反抗拉达阁蓄奴主事件，是由于独龙族人不堪忍受欺凌而进行的抗争。不过，这件事情因为独龙族人及时上报维西土司，得到后者居中调解，独龙族人取得了抗争的胜利。但是，这些远居澜沧江东岸的土司们无法监管日常生活秩序，当他们离开怒俅回到土司署后，那些蓄奴主和强人又开始侵扰弱势者。而且维西土司委任傈僳族头人为俅管，使这些强人对独龙族人变得有恃无恐。据20世纪五六十年代调查资料，以前，曾有贡山傈僳族蓄奴主翻过高黎贡山，来到二村的献久当，杀了一家独龙族人，把留下的独龙族人全部拉去卖为奴隶。返回的途中在戛比毒卡过夜，他们禁止独龙族人以石为枕。午夜时分，独龙族人一起用石头把蓄奴主全部砸死，逃回家中。结果招致蓄奴主的报复，独龙族人势单力薄，无法阻止蓄奴主的杀掠，头人只好请求和议，每年每户向蓄奴主上缴"尸骨钱粮"

---

① （清）夏瑚：《怒俅边隘详情》，见方国瑜主编《云南史料丛刊》（第十二卷），徐文德、木芹、郑志惠纂录校订，云南大学出版社1999年版，第150页。

税。① 从独龙江南部村民的口述中，可知这种反复无常的侵扰一直到1949年才终止。

对于察瓦龙领主的统治，独龙族人也不是一直沉默和顺从。在孔当一带流传着丙当·图里恰痛打察瓦龙藏族领主管家的事：

> 有一天，丙当·图里恰正在屋内煮酒，领主管家进来就喝。都里恰一边煮，管家一边喝。都里恰骂他不讲理，管家举刀要砍都里恰。都里恰奋起打掉了管家的刀，抓住其长发便是一顿毒打。管家无力挣脱，被都里恰像牵牛一样抢了一圈抛在地上，管家无力还击，捡起刀子落荒而逃。第二年，领主来人要抓都里恰为奴，都里恰杀了一头猪，请头人说情，并赔了一点东西了事。②

随着贡山设治局的设立，国民政府的势力延伸到了独龙江，与维西土司一样，设治局对独龙江地区实施征税统治。与此同时，国民政府的实力无法消除地方旧势力的影响，旧土司、藏族领主和喇嘛寺有自己的代理人，在独龙江分段收税。因此，抗税、反徭役成为民国时期独龙族人抗争的主题，其中规模最大的是20世纪30年代发生的一次抗税斗争。③ 事件的起因是，一个怒族人在独龙江上游挖贝母，受到藏族领主管家的无理干涉，独龙族人不满，便将这个管家捆吊一日才放回。但是，独龙族人的义举招致了藏族领主的报复——增加税收，连人的耳鼻都要交税。头人去设治局请愿交涉无效，于是整个独龙江的头人集合起来，决定反抗。由一村（龙元以上的村落）头人发起，14个头人响应参加，并约定于献久当开会。会议一致通过采取坚决行动，由布哇尔·拉木松为总负责，决定在藏族聚居区通向独龙江的敌斯柔筑垒，如果答应减税就不打、不答应就打，若此次行动失败了就迁走。每个村头人挑选身强力壮者参加。当连布来收贡物时，反抗队伍个个背起砍刀、弩弓、口粮，集中在敌斯柔，将溜索砍断，把沿江石头垒起做围，每次30人轮流守围，一直坚持到大雪封山。第二年雪化山路开，独龙族人仍然组织守防，藏族领主派布力东·工布几次攻打，都被打回。自此以后，藏族领主连续3年不敢派人来收贡物。这次事件的另一个版本，描绘的是独龙族人与贡山的怒族人联合抗税的经过。但是，在这次怒俅结盟抗税的过程中出现了一段有趣的插曲。在怒俅地区，传统的通信以木刻传递方式为主，而算日子用结绳方式计数。按照约定，独龙族人到了察瓦龙，但是怒族的绳结打错了一节，所以迟到了一天。因此，独龙族人

---

① 参见云南省编辑组编《独龙族社会历史调查》（二），云南民族出版社1985年版，第21页。
② 同上书，第21页。
③ 同①，第108页。

只能单独行动,他们利用藤索把藏族领主的房子拉倒了,杀掉了领主等人。待怒族人赶到时,他们一同去攻打了阿丙村的领主,烧毁住房,杀光领主全家,得胜而归。①

这是20世纪五六十年代搜集到的口述材料,强调集体主义的行动;但在20世纪80年代蔡家麒、杨毓骧等人的调查报告中,同样的抗争主题,却突出了可罗南巴尔和拉佩廷这样的英雄。② 前者在动员独龙族人进行抗争、联络怒族人结盟的过程中发挥了领袖作用,后者因在作战中表现勇敢而被人称道。

1932年国民党在贡山设立设治局,但没有改变独龙族人被压迫的命运,每年除了有旧土司和藏族领主来收税外,他们还得向国民党纳税。有一年,国民党任命的独龙江区区长元阿秘、元阿嘉也住在茂当,每年向独龙族人收税,剥削甚为苛刻。于是,第三村的村民组织起来,以家族长为首,到贡山县府请愿,要求罢免区长职务。结果独龙族人得胜,元阿秘、元阿嘉等垮台。5年后,独龙江二区的汉族人元阿遭当四区区长,他对独龙族人进行残酷的剥削,任意欺压。独龙族人又组织起来,一边派人向县府请愿,一边用武力将元阿遭赶出去,结果迫使他辞职。随后,在全区保董们的推荐下,孔目·金(即孔当木·顶)被任命为独龙江区区长。③ 在一次向察瓦龙领主抗拒缴税活动后,设治局新任命的乡长孔目·金家里惨遭藏族人的报复——看家的小妻被搜出来,被砍断了脚筋,成为废人;藏族人杀吃了孔家的牛,并把家里的粮食劫掠一空。孔目·金当时在外举行治疗仪式,躲过了杀祸。不过,见到家里的惨状,不久他便含恨去世。

上述的反抗行动,透露了独龙族人为了共同目标而集体行动的意识。这种共同体的意识是和20世纪30年代独龙江政治情境紧密相连的。这一时期,国民政府在独龙江推行保甲制度,而在此之前察瓦龙藏族领主也实施了划村落设伙头的管理制度,因此对人口和家户的管理更加严格。过去分散的独龙族人,在统治者的规划和控制下,逐渐趋于集中定居。这种聚居模式,一方面有利于统治者的管理和税收,另一方面也有助于独龙江的独龙族人凝聚成一个共同体。共同的历史遭遇和现实生存的困境,使各村的独龙族人很快被动员起来,共同反抗藏族领主和土匪的掠夺,并向设治局请愿,表达政治诉求,以维护共同体的利益。

除了以群体性武力抗争外,从性别和个体的视角我们还发现了独龙族人复

---

① 参见云南省编辑组编《独龙族社会历史调查》(二),云南民族出版社1985年版,第108页。
② 参见蔡家麒著《藏彝走廊中的独龙族社会历史考察》,民族出版社2008年版,第102~107页。
③ 参见云南省编辑组编《独龙族社会历史调查》(二),云南民族出版社1985年版,第38页。

杂多样的抗争形式。在1949年以前，独龙族人是比较弱势、受统治者欺压较深的族群，独龙族妇女则是这个社会中最弱势、受统治者欺压最深的群体。在婚嫁中，她们自己没有决定权，听命于父母、丈夫家族的安排；有些女人不愿意嫁给父母指定的男人，则以跳江自杀来抗争。在社会公共活动中，妇女被当成"不擅长说话"的群体，因而家族长、村落头人都由男子来担任。而当外族侵扰时，妇女常常是遭受最苦、被劫掠最严重的对象。她们除了希望得到父亲、兄弟和丈夫的保护外，还通过文面的手段来自保。在今天的社会话语里，文面是独龙族古老的习俗、美的艺术行为和宗教观念的表达方式，并且作为一种民族文化的标志受到政府的关注和游客的追逐。迪政当一个文面老人说："村里的女孩都文面，不文面的女人嫁不出去，男人不喜欢。"① 大部分文面老人都声称文面是一种习俗，每个女孩长到十一二岁就要找人文面，母亲或者其他家人是执行者和监督者。但是，在社会不稳定、生命安全无法保障的历史情境里，文面也是一种自我保护的策略。一方面，文面遵从社会习俗规范，只有这样才能获得社会的认可；另一方面，文面是独龙族妇女抵抗外来入侵者的武器——"弱者的武器"。民国十九年（1930年），蒙藏委员会调查员杨斌铨和王继先到独龙江勘查，路上遇到一名文面女，感到很惊讶。向导告诉他们："潞江未开化前，傈僳时去俅江抢劫俅民妇女，以为奴婢，俅民有女子年至四五岁时，以青色图面如飞蝶形，用针刺之，使黑，傈僳即不抢劫。或云文之以为美观。俅江上游妇女大都如此。"② 但是，正如观察者的所见所闻，只有独龙江上段的部分女子才文面，文面女子的分布和察瓦龙藏族领主控制的区域相一致。这种习俗与察瓦龙领主的统治有着什么样的关系？从政治经济学的角度分析，这与当时各种力量争夺独龙江地区的社会控制权有关。民族学者陶云逵描述了民国时期独龙族人的政治生活状况：

> 除汉商、汉官削盘外，尚有所谓察瓦龙土司之苛勒，傈僳之尸骨钱粮，俅子于是乎变成受尽压迫的弱小民族。俅女至十二三岁即文面，据说是怕被察蛮拖去用以偿牛价，怕被傈僳拖去当尸骨钱粮。③

正如前面提及的，周围强势族群通过结构性的权力关系，在经济上达成不平等交换，使独龙族人债台高筑，最后不得已只好用人来抵债，孤儿和弱女常常成为受害者，因为他们在本族社会中处于边缘地位。女孩文面既可以逃避被送去当奴隶的命运，也可以避免被外族人抢劫。我们在察瓦龙扎恩村调查时，

---

① 2011年10月3日采访格莱本的资料（李林高翻译）。
② 转引自尹明德编《云南北界勘查记》，成文出版社有限公司1974年版，第145页。
③ 陶云逵：《俅江纪程》，见《西南边疆》第14期，成都西南边疆研究社1942年印行。

村中年纪最大的阿婆卓玛指出:"藏族领主并没有强迫独龙妇女文面,但是在我们扎恩这里,我们的山神不会保佑文面的人。"① 也就是说,在扎恩人的观念里,文面的人得不到神的庇佑,于是成为被社会排斥的边缘人。延续这样的逻辑,藏族领主也不希望招入不受神欢迎的人来当奴仆,那么那些欠债的人也不会以文面女来抵债、傈僳族蓄奴主也不会抢文面女来与藏族领主交易。相反,在独龙社会中,文面是一种文化制度,文面女人即是被认可的社会成员。结合当时的政治经济情境以及文化逻辑,我们可以理解文面缘何成为弱女的一种自我保护手段。之所以出现不同地段独龙族人的文面习俗的内部差异,与不同势力的政治文化主张有关。这是划分不同领地的一个标志,亦是不同力量博弈的结果。独龙族人利用不同的政治力量求得生存,但在获取各种生存资源的过程中,也受到了周边政治环境的影响。

第三节 民族国家进程中所依赖的生存条件

19世纪下半叶以降,随着中华民族与西方列强不断的对抗和碰撞,出现列强入侵和西学东渐,整个中华民族感受到了民族危亡与边疆危机,这刺激并产生了中华民族"自觉的民族意识"。② 英法殖民者对中华民族西南藩属国的入侵,方便了传教士、探险家进入内陆进行活动,也加剧了这一地区的社会复杂性,导致"教案"、边境冲突不断。英国殖民者直接以武力入侵西藏和对缅甸的占领,以及不断向东部和北部吞噬之势,使独龙江流域的政治形势变得更加复杂。另一方面,由于中央政府的重视和地方治理的推进,独龙族人的命运与民族、国家的历史进程联系得更加紧密。

一、边疆危机背景下的生存环境

传统中华民族视野中的边疆是相对于权力中心而界定的,通常用"儒家文化"和离中央的地理距离来分辨"夏"和"夷"。文化作为不同人群的最高认同标准,同属于一个文教系统的接受帝制文化主张的人群属于"我族",其他的人群则属于"非我族类"的"蛮夷"。但正如吉登斯指出的,像中华民族这样的前现代的国家,并非与真正的领土一致,统治集团宣称是所有目之所及

---

① 2012年3月2日扎恩村访谈资料。
② 参见费孝通《中华民族的多元一体格局》,载《北京大学学报》(哲学社会科学版)1989年第4期,第1~19页。

的主宰，但是缺乏使此主张变成现实的必要的行政性的、沟通性的以及军事性的下层结构。因而传统国家只有"边疆而无边界"。① 清末以来，列强入侵引起了边疆危机，更多的有识之士开始关注边疆问题。民国民族学者凌纯声撰文提出了边疆的定义：

> 所谓边疆，可有三义。一为地理的，如东北三省、蒙新高原、青康藏高原及云贵台地，沿内陆边疆之地，不仅地在沿边，且多为未经开发之区。一为文化的，在国内具有特殊语文文化的弱小民族，分布之区，即在腹地，可称为文化之边疆。一为政治的，至今各省尚行旧日边政制度之地，即为政治之边疆。②

按照这个定义，独龙族人所在的俅夷地，实属位于中华民族的边疆。从地理分布上看，俅夷地不仅指独龙江地区。这一区域大致范围在岔角江及江心坡以北、担当力卡山及高黎贡山以西、西康（西藏杂瑜）南界以南、孔伦山以东，包括恩梅开江的四条源流——独龙江、狄子江、狄不勒江、托洛江，还有迈立开江源流之一的狄满江。这一带区域的居民主要是独龙族各支系，所以过去这一区域曾被称为"俅夷地"。在独龙族人的创世神话中，第一对父母所生的9对儿女，除了前面3对儿女，其余皆分布到俅夷地居住。传统上，这些地方被统治者称为蛮荒之地，或者外域境地，政府通过任命土司和地方部落头人来管理和维持地方秩序，后者则以朝贡的方式维持着与统治者的关系。对于独龙族人来讲，他们有"兄弟故事"和"盐来自东方，我心向东方"等认同中华民族的心理表达；在具体行为上，他们归附于地方土司，并每年向其纳贡，以获得盐、茶、布匹等生存物资。

自元朝起云南划为行省，缅甸也向中国皇帝朝贡，属于藩国，滇缅之间没有严格的边界划分。光绪十二年（1886年）英国吞并了缅甸，而后开始向东蚕食侵略，想以怒江及恩梅开江中间的分水岭高黎贡山为界，于是发生了中缅边界纠纷。③ 当时清末政府漠视边疆的治理，对边地的地理和人民也不熟悉，这给英殖民者提供了可乘之机。光绪三十四年（1908年），菖蒲桶喇嘛寺管事亚鲁阿通会西以及喇嘛松匹五儿、大古宗等，联合当地土人围烧茶兰及白汉洛法国教堂，赶走了传教士任安守，地方志称之为"白汉洛教案"。前面我们提到过，喇嘛寺在菖蒲桶地区的影响力很大，既负责地方税收，也担当着调解民

---

① 参见（英）约翰·格莱德希尔《权力及其伪装：关于政治的人类学视角》，赵旭东译，商务印书馆2011年版，第23页。
② 凌纯声：《中国边政改革刍议》，载《边政公论》1947年第6卷第1期。
③ 参见郑励俭、孙敏贤《中缅划界史》，载《中国近代史论丛》1977年第2辑第7册。

事纠纷的责任。传教士来了之后,拉拢教徒、侵占土地,扩大地方社会的影响力。"教案"之发生,实质是争夺地方社会控制权的结果。谈起这起"教案",今天普化寺(重建后的喇嘛寺)的喇嘛说:

> 天主教刚传进来的时候,神父(任安守)与我们的蓝秋活佛关系很好,后来神父向活佛要地,引起喇嘛们的不满和愤怒。随后喇嘛打死了神父的两个随从,烧掉了他们的教堂。神父狡猾,躲过了追杀。后来神父上告云南都府,喇嘛寺被判赔偿,寺庙从此少了很多金银财富。①

在列强入侵造成边疆危机以及清朝政府软弱不济的政治背景下,任安守上诉朝廷。结果,朝廷代理人丽江府惩处了闹事者喇嘛寺的管家亚鲁等人,并让喇嘛寺赔偿给法国传教士3 000两银子,朝廷拨5万两银子重修教堂。丽江府派阿墩子弹压委员夏瑚处理此案。夏瑚看到了边地人民遭受喇嘛寺、土司的苛刻压索,所以他一兼任怒俅两江委员,就解除了喇嘛寺的收税权,并要求边民不要再向察瓦龙领主和维西旧土司缴税。另一方面,夏瑚也看清了英国殖民者的侵略之心,如果任由他们所为,该地区不久就会被他们占领。于是,夏瑚亲自带领属官到俅夷地巡察,最远到达了木王地坎底,即今天的缅甸葡萄县境内。夏瑚每及所到之处,安抚人心,分发衣裤、针线、布、盐等给俅民,委任伙头甲长,发给执照,并赏伙头每五人一头牛以及茶酒之类;同时,又委任袁裕才、和安定为俅管。在安定民心方面,夏瑚颇得人心,独龙族人均称之为"夏师爷"。返回后,夏瑚写成了《怒俅边隘详情》一文,呈报云贵总督锡良,计划在坎底设府知县,提出了"设官、兴学"等10条建议。② 夏瑚巡察俅江俅夷地的举动,对当地的独龙族人来说具有非常重要的政治意义。夏瑚任命新的俅管和伙头,禁止向土司和领主缴税,重塑了中央权威的形象。但是,夏瑚治理俅夷地的设想和禁止领主、土司向俅民收税的做法,引起了维西土司的不满,于是土司们勾结维西县绅士翟洪儒等人向云贵总督控告夏瑚。时任总督锡良不查虚实,即将夏瑚撤职查办。宣统二年(1910年),滇西边防司令李根源乔装探查俅夷地。此时,俅夷地大片已经陷入英缅之手。加之时局变迁,国内形势混乱,英缅殖民者趁势侵吞俅夷地,并笼络俅民,将原来夏瑚发的伙头执照收去而改发英国执照。到民国七至八年(1918—1919年),所有俅夷地之木王坎底、狄子江、狄不勒江、狄满江、托洛江、拉达阁等地,已完全被英人占据。但是,当地的俅民仍持有向朝廷之心:"此地本归天朝管,我们系天朝

---

① 2011年8月30日丙中洛乡重丁村普化寺访谈资料(报道人噶玛龙渡江出)。
② 参见(清)夏瑚《怒俅边隘详情》,见方国瑜主编《云南史料丛刊》(第十二卷),徐文德、木芹、郑志惠纂录校订,云南大学出版社1999年版,第147~163页。

种，有我祖宗遗传之言。"① 由此可知，夏瑚对他们认同朝廷的影响，另外也表明这些人是从怒江、独龙江等地迁移而来的。

英缅殖民者占领恩梅开江流域后，利用地形的便利溯江而上，侵占之地达到了独龙江下游南部空贤一带。所占之地，殖民者以现代化方式治理经营，如在占领地区设立行政、军政、警政、路政、医药等官职，由英国人或缅甸人担任；另外，他们特别重视修筑公路，以方便交通和管理。正如方国瑜描绘的情形：

> 由密支那修筑汽车路到坎底，再由坎底至托洛江，都可通车，并正修到狄子江之一段。又在坎底设学校二所教缅文，土民头目子弟，送到坎底读书。军事上建筑兵营，驻军约五十名为一队，而土人每户每年缴纳英洋一元或两元以供军需。②

可见，殖民者已在原来的俅夷地采取了现代化的治理措施，建立了基层行政管理机构，并设立学校教化地方俅民。对于当地的俅民来说，这些建设举措同样需要缴税，但上缴的不是土产手工制品等实物，而是改用洋元代替。随着交通设施的修筑，俅民面临着与更广阔的世界互动和联系的问题，只是由于缺少殖民地时期的材料，我们无法弄清英缅殖民者治理下俅民的具体生活状况。据英国军官兼人类学家利奇在缅北的考察，在恩梅开江与迈立开江合流处以北，以及恩梅开江上游两岸的高山地带，居住着被英缅官方称为"侬人"的族群。这群人与周围的族群关系如下：

> 侬人在南部逐渐与木如人融合，而在北部则与萨尔温江上游和藏族聚居区边界上各种不太为人所知的"部落"相融合。克钦山区内的侬人通常进贡给比他们强大的邻居，即萨尔温江上游的傈僳人和倮倮人、坎底弄的掸人以及江心坡北部的景颇人。和木如人一样，除语言外，侬人的大多数文化特征都与景颇人非常接近。侬人与其他克钦人之间经常通婚。在部分地方，侬人村寨与傈僳村寨紧密地混杂。侬人的组织在针对内部事务时是贡劳制，但向掸人和景颇等外部人群纳贡时，就采用贡萨制。③

法国学者施蒂恩认为，"侬人"是对分布范围很广的群体的泛称，具体可

---

① 李根源：《滇西兵要界务图注》，见方国瑜主编《云南史料丛刊》（第十卷），徐文德、木芹、郑志惠纂录校订，云南大学出版社2001年版，第804页。
② 转引自林超民主编《方国瑜文集》（第1辑），云南教育出版社2001年版，第473页。
③ （英）埃德蒙·R. 利奇著：《缅甸高地诸政治体系——对克钦社会结构的一项研究》，杨春宇、周歆红译，商务印书馆2010年版，第67页。

包括达鲁人、日旺人、俅子以及怒子。① 从利奇的描述中可知，侬人与周边的族群政治关系如同独龙江的独龙族人与周边的统治者一样，在权力结构中处于底层位置，在本身社会内部则实行的是部落社会的平等主义，但侬人与其他克钦本地人之间通婚融合程度比独龙族人高。在宗教文化方面，通过传教士的努力，大部分独龙族人皈依基督教。这正如民国学者尹明德所感叹的："今（1930年）沿边野人入耶教者不少，儿童多能唱耶稣歌，英美人在野人山传教，已大收效，蚩蚩边氓，经此麻醉，已于不知不觉中而受其驱使矣。"② 此时独龙江西北岸之木克甘以下及狄子江以西，都被英缅殖民者占领。而且，英国人修筑人马驿道到木克甘了，此地距离今天独龙江乡最南部村子钦兰当只有2小时的路程，英人有时越过木克甘到达今天巴坡孟定一带收税。原夏瑚任命的总俅管袁裕才也因辖地被人占领退回来被革职为平民。1935年民族学家陶云逵到达独龙江调查独龙族人的文面及体质情况，与袁裕才的儿子袁怀仁谈到管理俅民的情形时，引用了袁怀仁的话："归中国管辖的俅子，约近千户，北自喇卡塔，南至木刻戛，西至不考王河。"③ 这个管辖范围和今天的行政区域相差不多了，也就是说今天中国境内的独龙族人生存空间边界自此形成了。袁怀仁还说："自木刻戛以下，转西至狄子江一带，亦间有纳税者。"④ 这些俅民还向俅管缴税，是为了感念夏瑚才这么做的。但是，国民政府官员假借政令，对俅民收受苛税和盘剥，导致这些俅民的心逐渐偏向英方。实际上，这是一种生存本能使然，作为生存群体，他们要考虑如何才能使自己生存下去。于是，在中缅未定界的情况下，这些俅民不断摆荡和周旋于不同政治势力之间，以求得生存。

英缅殖民者对俅夷地的入侵，只是近代以来列强侵略中国领土的一个缩影，但是对于具体的独龙江地区的人来说具有里程碑意义，即中央政府开始重视和经营独龙江，因而独龙族人的生存有了新的动力。

这一里程碑意义具体表现在三个方面：

第一，政府对俅夷地区的地形、民情调查活动增多。继夏瑚之后，李根源受滇督李经羲委命筹办防务交涉事宜，于宣统二年（1910年）微服私访，从昆明出发，走茶山旧墟，达恩梅开江支流小江流域，返回写成《滇西兵要界务图注》。该图注除了有关军事内容外，还记录了沿途交通及社会情况，涉及当地的历史事实。民国十九年（1930年），国民政府委派腾冲人尹明德等组成

---

① 参见（法）施蒂恩·格罗斯《族名政治：云南西北部独龙族的识别》，周云水译，载《世界民族》2010年第4期，第68~77页。
② 尹明德编：《云南北界勘查记》，成文出版社有限公司1974年版，第87页。
③ 陶云逵：《俅江纪程》，载《西南边疆》第14期，成都西南边疆研究社1942年印行。
④ 同上。

勘查队，成员包括滇籍的杨斌铨、王继先。他们熟悉边地人的语言和生活情形，乔装易名深入中缅北段未定界之茶山、里麻、孟养旧土司辖地，及丽江、维西所属的浪速、俅夷各地，测绘地形、了解社会历史与民情，历经险阻，完成勘查任务，作成《云南北界勘察记》一文。他们记录的边界政治历史、人群居住情况方面的资料，为日后划定国界提供了有力的证据。

第二，吸引科研人员前往独龙江地区考察研究。1935 年，陶云逵亲赴滇西北，来到了被他事后称为"令人引起浓厚兴趣"的地方——俅江。在这里，他和俅民相处了将近 1 个月。他为俅民测量体质，了解和记录俅子的文面、宗教祭祀、族源传说等历史文化及社会生活状况。3 年后，北平植物研究所余德浚研究员，踏着陶云逵的足迹，在独龙江度过了半年的时间；他在采集植物标本的同时体察了独龙族人的生活，对他们产生了浓厚的兴趣和同情心。随后余德浚联系大理政治学校校长，将他的向导兼翻译独龙族人孔志清送到学校读书。

第三，英缅殖民者不断蚕食中缅未定界之俅夷地，令国人认识到边疆的重要性，政府亦开始采取新的治理措施，以保未失之地。辛亥革命后的第二年，李根源在大理建立了"怒俅殖边队"，任命任宗熙为筹办边务委员长，景绍武、何泽远为副委员长，各率队进驻怒江，其中何泽远负责贡山片区的开辟；设立菖蒲桶行政公署，派行政委员进驻。但是，这些汉官进入怒江之后，与当地少数民族隔阂很深，冲突和矛盾不少。所以，当局仍然授用旧土司行使收税权，因为当地少数民族只服从土司管理，如果直接由汉官来管理，边地的政治形势将变得更加难以控制。菖蒲桶行政公署在建立之初，其委员和下属借住在喇嘛寺里，独龙江流域仍然归维西土司收税管理。民国二十一年（1932 年），菖蒲桶行政委员改设为贡山设治局，并在所辖地村落推广保甲制度。独龙江改新民乡，全乡划分为 4 个保，每一行政村为一保，每一自然村为一甲；并任命当地独龙族长为保长、甲长，负责替国民政府收纳税款，平时处理村社内的大小事务，保长 3 年一任。① 至此，在独龙江建立了一套比较完善的地方基层管理体系——设治局—乡—保甲，加强了中央政府对地方控制的力度。同时期，设治局还将公安局设在独龙江的孟当村，目的非常明显，其一是阻挡英缅殖民者进一步侵入，其二是排挤北方察瓦龙领主在独龙江的势力。另外，根据当地缺粮的现实，设治局实行了储粮备荒的策略。据《菖蒲桶志》记载：

> 菖属设治二十年，并无颗粒积谷。各种夷人，不知节俭，一经粮熟，

---

① 参见贡山独龙族怒族自治县志编纂委员会编《贡山独龙族怒族自治县志》，民族出版社 2006 年版，第 9 页；高志英著《独龙族社会文化与观念嬗变研究》，云南人民出版社 2009 年版，第 52 页。

则任意煮酒，次年二三月，粮食即尽，由各处借粮充饥，借之不获即忍饥耐饿，形容枯槁，诟面菜色，惨不忍睹。足食之家，全境不过数十户。民国二十年秋，经杨作栋委员提倡积谷，由各区夷人每户捐粮三升，汉人每户捐粮一、二、三、四、五斗不等，分存一、二、三、四区。每至青黄不接之际，遂照定章，将积谷全数借与穷困人民，俟秋粮熟后照数收存，每斗酌加收利息二升，办理未竣，杨委交卸。陈应昌委员到任后，赓续整理，严厉督促，并分委人员管理。现在各区均存有杂粮八九石，十四、十五石不等，加以递年息率，不十年后可增至百余石，以之备荒，自无不足，夷民可免饥馑之患。①

但是，独龙江所在的五区并没有实施这一措施，这说明国民党当局对独龙江并没有完全控制。南有英国人的入侵，北有察瓦龙藏族领主的威胁，社会秩序无法保障，当局只能逐步推行这一措施。除了在治安、行政组织上确立了新的体系，民国二十年（1931年）设治局还设立了教育局。《菖蒲桶志》载："在各区成立小学，每校汉夷学生定为30名，可增不可减，夷童书籍、伙食、衣服、笔墨，照旧由教育局供给。汉童学费，一律豁免"；"俅江小学校办法，仍照怒江小学办理，所需衣服、伙食、书籍、笔墨仍由教育局供给"。② 由于当地少数民族视"读书为畏途"，开设学堂之初，设治局多半是强迫当地小孩上学，当地人则选了那些孤儿或者奴仆来应对和充数。旧志记载，民国二十二年（1933年）独龙江在孔孟建立1所小学，但没有相关的资料证明这所学校的存在，当地老年人也没有相关的记忆。实际上其他地区开办的学校也是由于经费困难、师资缺乏以及教育方法不当，经常处于时办时停的状态；只有贡山小学，受云南省教育厅捐助，学校规模较大，在培养地方人才方面颇有成效。来自独龙江的黎明义和孔志清都在该学校接受了小学教育，但两人的家庭出身和读书的初衷却有天壤之别。黎明义是孤儿，为了完成县府定的学员名额，被族人强行送进贡山读书；而孔志清是独龙江头人的儿子，为了学习外面的知识由家长主动送来求学。之后，他们在学校读书的经历，也改变了两人后来的人生命运；新中国成立后，他们都成为民族精英——国家基层干部，参与独龙江社会各方面的建设。

在商贸方面，随着设治局的成立，内地汉人及商贩也进入了贡山。他们带来土布、棉线、茶盐与边民交易，形成定期的集市——"药会"。到了民国后

---

① 菖蒲桶行政委员公署编纂：《菖蒲桶志》，见李道生主编《怒江文史资料选辑》（第十八辑），政协云南省贡山独龙族怒族自治县委员会、政协云南省怒江傈僳族自治州委员会文史资料委员会1991年刊印，第27页。

② 同上书，第32页。

期，贡山已成为滇西北滇藏边缘地带的一个贸易中心；察瓦龙、独龙江及附近的药材、山货等物品集聚到贡山，使之成为第一交易市场。独龙江西部高山上丰富的药材资源，成为外商进入独龙江的主要驱动力。随着药材贸易的发展，对药材原产地控制权的争夺也越来越激烈，以致20世纪30年代发生了独龙族人抵抗察瓦龙领主的事件。同时，贡山在地区商贸中的地位逐渐吸引独龙族人出来参与交易；对于独龙族人来说，参与交易也丰富了获取生活所需物资的渠道。前面多次提到，独龙族人生存所需的粮食、盐布货都仰赖外界输入，一旦贡山当局对资源的控制力增强，独龙族人对贡山国民党当局的依赖性也就增加。

概而言之，在英缅殖民者入侵俅夷地的逼迫下，中国政府采取了新的治理策略，国家权力下移到怒江两岸，贡山县府逐渐成为地方最有实力的一方，最终取代了维西土司在独龙江的统治权。在民国二十一年（1932年）左右，基本确定了中国政府和英缅殖民者在俅夷地的控制线，独龙江两岸的独龙族人与他们传说中的"西部兄弟"逐渐被纳入了不同的政治经济体系，获得了不同的生存空间，开始了不同的历史过程。经过学者、军事勘查人的调查报告，政府和国人了解到中国存在独龙江这么一块区域和区域上的人民；而独特的历史文化和自然资源也令独龙江成为备受关注的地区。在这种复杂的背景下，独龙族人与外部的接触越来越频繁，在生产方式上出现新的转变，一些专门用于交换的捕猎和挖掘活动产生，一些善于经营的人成为富有者，有些头人则成为政治能人。一些头人产生了族群意识，他们主动参与到外部活动中，希望能够改变族人的命运。而且在内外因素的影响下，这种参与是多维度的，包括药材皮货交易、接受新式教育以及乡村一级的管理。正因为如此，在民族国家发展进程中，独龙江的生存环境和生存条件越来越有利于独龙族人。

二、族名界定及国家的援助

1949年10月，中国共产党领导人毛泽东在北京宣布成立中华人民共和国，至此，以毛泽东为领导核心的共产党成为新中国的执政党；同年年底，贡山和平解放。此时，在独龙江家中有些担心的头人孔志清接到了老同学和耕的来信，而和耕是新贡山的领导人之一，他希望孔志清出山共同商讨有关独龙江的解放工作事宜。孔志清来到贡山后，接受了和耕的一套中山装和新的思想。另外，解放军第十四军某团的团长在准备进入察瓦龙藏族聚居区之前，专门和孔志清等独龙江代表进行了座谈；随后向孔志清赠送了一头小牛、一些茶叶及盐巴，同时还送给他一本《中国人民政治协商会议共同纲领》的小册子，希望他回到独龙江后，向独龙族人民宣传共产党的政策，以稳定社会秩序。

孔志清接受共产党在贡山的军政干部赠送的物资（如盐茶及衣服）及其

新的思想和任务的过程具有传统的地方特色，就像以往的统治者委任独龙族头人一样，但是这一次，共产党的领导人并没有找其他民族的头人来担任"俅管"，也不再进行设段分治。新的统治者希望孔志清回到独龙江，动员当地居民凝聚成新的共同体。这既是新统治者希望他做的工作，也是历史赋予他的使命。从这一刻起，他和独龙族人的命运就绑在一起了。

1952年，孔志清作为独龙江人民的代表到北京参观。其间，孔志清与周恩来总理的一段对话，首次出现了"独龙族"族称的提法。在之后的民族识别过程中，学者从历史文化和语言上考察，认为贡山的怒子与独龙江的俅子具有同源性，以往使用不同的称呼是随居住地名的不同而取的，建议使用同一个族称。① 1964年第二次全国人口普查中，独龙族作为单一民族以正式的合法身份公开了。② 也就是说，最后在怒子和俅子的界定中，"独龙族"成为国家认定的合法族称。这是自称"独龙族"的头人孔志清不断与新政权互动带来的影响。从此，在独龙江流域居住的人群，独龙族成为他们唯一合法的民族身份。1956年10月，贡山独龙族怒族自治县成立，孔志清当选为第一任县长。这意味着新的民族身份政治利益进入了实践阶段。

民族识别工作和民族身份的界定，是民族历史文化与政治结合的过程。它的最终目标是使中国共产党的民族政策得到落实，包括每个民族享受平等的权利、参与新政权的管理，即享受民族区域自治的权利。正如参与这一民族识别工作的民族学家林耀华揭示的："民族身份确定后，国家用法律形式规定下来，帮助他们充分享受民族平等和民族区域自治的权利，发挥他们在祖国社会主义革命和建设中的积极性。"③ 贡山自治县的成立，以及孔志清担任县长及全国人大代表，标志着这一民族政策的具体实践，从而与旧社会的政策有了本质的区别，在滇西北边缘地区各民族之间，重新确立权利与财产关系。

独龙江地区的居民有了共同族称，也就意味着与其余居住在中缅未定界地区的俅人有了政治上的边界。当地理上的国界最终在1962年确定下来，分布在国界两边的居民虽然有了不同的族名和政治身份，但无法隔断历史形成的亲缘关系。

独龙江流域中缅两国分界线的勘查与确定，当地独龙族人都参与了这一过程。当时，一些独龙族人充当了向导和背夫，而像伊里亚这样的民族精英直接

---

① 《云南省民族识别报告》（1954年），见云南省编辑组《云南少数民族社会历史调查资料汇编》（三），云南人民出版社1987年版，第12页。

② 参见黄光学、施联朱主编《中国的民族识别：56个民族的来历》，民族出版社2005年版，第109页。

③ 林耀华：《中国西南地区的民族识别》，见云南省编辑组编《云南少数民族社会历史调查资料汇编》（三），云南人民出版社1987年版，第1页。

参与了边界问题的会谈。据他回忆：

> 1956年冬，我参加"全国少数民族国庆观礼团"，从首都北京回到丽江，再从丽江回到贡山。经过巨甸时，接到丽江专区电话通知，重新返回丽江。周总理要在芒市与缅甸官方举行中缅边界问题会谈，邀请中缅边界一线各族知名人士一同参加座谈会。我们坐车到下关，然后由大理白族自治州委派车送我们到保山。到达芒市的第二天，总理与云南省长郭影秋、省民委主任王连芳一同来到芒市。缅甸方派来了政府副总理吴巴顺和夫人，还有司令耐温将军等高级官员。
> 座谈会上，我与泸水县段承经一组，缅方有四人都是军队干部。座谈会前，负责同志反复交代，要我们多谈历史上中缅的波胞感情。我谈了自己对中缅边界北段的看法。我说："当年在独龙江头人孟当纳挂当事时期，曾管辖到木克嘎以下两个驿站的登肯当地方；贡山袁裕才俅管当事时期，曾管理到迪子江畔，还任命了那里的头人尼布肯管理王庆当、布甲兰以上的地方，吉娜朋登管理布兰岗以上的地方，麻布必利朋管理迪子江强口以下的地方。英国人来了抢去了这些地方。现在，我们要友好和气地商量，世代做友好的邻邦。"①

从伊里亚的回忆中，可以看出当时中缅边界是在平等友好基础上协商划定的，以维系历史上建立起来的"波胞"兄弟关系。独龙族人"兄弟分族"和"兄弟分居"的故事，也诠释了边界两边的人具有"波胞"关系。伊里亚强调了中缅未定界历史上的管辖情况，意在说明此地区与中央政府的关系。但是，为了维系"波胞"关系，只能将边界线确定在英缅入侵的地方，大部分俅夷地划入缅甸，而在这些地区的俅人也成为缅甸国籍的人，他们亦在各支系宗教领袖协商下，有了"日旺族"的统称。②

但是，在20世纪50年代末期，随着全国性的政治运动席卷到边地独龙江时，边界两岸出现了波动。一些担心被祸及的独龙族人纷纷投靠到缅甸的亲属家庭，缅甸军方也趁乱侵犯独龙江，所幸被击退。这些逃到缅甸的人大部分是南部基督教徒，这在我们的访谈中也提及过，在南部巴坡以下的村落，大部分村民与缅甸的日旺人有亲缘关系。另外，在新政权还未稳固时期，中缅边界还

---

① 伊里亚：《参加芒市中缅边界座谈会议的回忆》，见李道生主编《怒江文史资料选辑》（第十八辑），政协云南省贡山独龙族怒族自治县委员会、政协云南省怒江傈僳族自治州委员会文史资料委员会1991年刊印，第139页。
② 参见杨将领、李金明《中、缅跨界独龙族：自称与他称释义》，载《世界民族》2010年第4期，第78~83页。

未正式划定，独龙族人仍然存在着摇摆态度。不过，大部分人在以后的日子里都陆续返回了。这是因为随着中国政局的稳定，少数民族区域自治政策和国家的援助逐渐得到了实现，因而吸引了独龙族人的回迁。在这个过程中，独龙族人增强了对国家的认同。

新旧制度对独龙族人生存环境的影响有着明显的差异。在1949年以前，独龙族人因为生存物资仰赖外部的输入，与周边的强权和统治者的关系是建立在债务基础上的不平等关系，因为欠债，独龙族人必须依附某个势力和统治者才能生活下去；而在新中国成立后，共产党人确立了民族平等和各少数民族享有区域自治的权利，同时国家的领导人带着"还债"的姿态，整合各种力量，源源不断地支援独龙江人民建设新的美好生活。

新政权一开始就把基层权力机构建立在独龙江，随着在各村建立党支部和村民委员会，国家权力下移到了每个行政村。于是，国家的控制力加强了，同时在组织和动员独龙族人改造新生活的过程中，起到了领导核心的作用。

正如在第一章所提到的，任何一个项目在独龙江地区的推广都依赖于地方干部的引导和带头示范，在政府和村民之间，乡村干部的作用非常明显。具体而言，国家为了改变独龙江的生存条件，从开挖水田、修建马帮驿道和修通公路到对电视通信、住房等生活基础设施都做了改善。

在独龙江两岸开挖水田，确实改变了过去单一的刀耕火种生产方式；另外，大量田地的开垦，也改变了人们流动的居住模式，新的定居点和村落的形成，亦有利于管理和提升凝聚力。但是，独龙江特有的峡谷地貌和稀少的可耕地，导致粮食不足，缺粮仍然是独龙族人生存与发展的最大障碍。即纳入新中国政权体系后，独龙江居民生活所需的大部分物资和粮食仍然要靠外界输入。因此，独龙江与外界沟通的交通线就非常重要，它可以说是独龙族人的生命线。

1964年贡山到独龙江的人马驿道修通了，而在这之前，所有运送物资全靠人力背送。据《贡山独龙族怒族自治县志》记载，在1953年至1964年的11年中，县政府调拨给独龙江的粮油达28.5万公斤，年均2.38万公斤，人均负荷25公斤，年需80个强壮劳动力连续背运4个月才能完成集运粮油的计划。① 1964年后，政府组建了"国家马帮"，每年运送600吨左右的粮食和其他生产、生活物资进入独龙江，以保证独龙族人的基本生活正常进行。这种运送模式直到1999年修通了贡山到独龙江乡的公路才结束。这条独龙族人的生命线是在国家领导人直接关注下修通的。今天，在独龙江乡政府所在地孔目的

---

① 参见贡山独龙族怒族自治县志编纂委员会编《贡山独龙族怒族自治县志》，民族出版社2006年版，第347～348页。

一块广场上立着一座石碑，上面镌刻着时任中共中央总书记江泽民的题词："建设好独龙江公路，促进怒江经济发展。"这说明公路建设与独龙江社会经济紧密联系在一起，而这个项目的完成过程则体现了国家对边疆少数民族的政策。当前，国家仍然强有力地支持地方政府修通隧道，穿越海拔4 000多米的高黎贡山，以改变半年封山的状况。

在修建交通路线的同时，国家也在改造独龙江地区的生产模式。新中国成立后，曾开垦出800多亩的新田地，同时也引进了牛耕技术，但是产量仍然低下，独龙族人还要靠开种火山地来增加粮食收获，缺粮问题仍然没有完全解决。1998年，时任中共云南省委书记令狐安带着下属官员徒步到独龙江，通过亲身体验和调研，强调独龙江和独龙族是中国的一部分，"独龙江乡再边远偏僻，也是祖国壮丽河山不可分割的一部分，独龙族人民再远离内地，也是祖国56个民族大家庭里不可缺少的成员"；进而提出了独龙江乡发展的新思路，"保护与开放并重，全面退耕还林，加快畜牧业发展，以草养畜，以畜换粮"。① 在此之后，几百年来一直延续的刀耕火种生产方式结束了，国家每年给每个独龙族人提供185公斤大米以换取独龙江的生态，而独龙牛的养殖也作为政府推进的新发展项目。令狐安被认为是继清末夏瑚之后进入独龙江走访的级别最高的中央政府官员，确实对地方社会的经济建设产生了很大的影响。2010年，独龙江乡被列入云南省扶贫开发整乡推进试点名单，上海也启动了对口帮扶工作。截至目前，包括安居温饱、基础设施、产业发展、素质提高、社会事业发展、生态环境保护与建设的六大工程已累计完成投资6.12亿元，独龙江正处于国家设想的完美生活项目的实施之中。

从滇西北的历史脉络中，不难发现独龙江地区早期处于自成部落的社会，明清两季成为吐蕃和纳西军事集团争夺控制的区域。当朝廷的权力逐渐渗透到边疆地区，地方权势反而成为其在边地的政治代理人。民国后期到中华人民共和国时期，国家力量代替了地方势力，在当地直接设立了权力机构进行管理。本章意在阐明国家权力在向边疆地区渗透过程中，中央与地方社会的互动如何影响了独龙族人的生存策略。处于政治边缘地位的独龙族人，一方面受到了周边强势组织的政治、经济压力，同时也有了周旋的空间。在这个过程中，独龙族内部的人群和村落被划分成两部分或者更多部分，形成多重势力的叠压状态，他们的宗教文化因此而受影响。但是，在外来压力增强时，内部社会组织如头人制度却得到了发展。这是独龙族人与统治者互动而导致的与之相对应的生存策略。独龙族群体内部成员来源具有多元性，并非都是本土居民，有的是

---

① 转引自尹善龙《山高水长隔不断：中共云南省委书记令狐安徒步深入独龙江乡调研散记》，载《民族工作》1999年第1期。

因逃避战乱或掠夺而迁入独龙江者,后者是为躲避来自傈僳族、藏族强人和土匪的威胁,并非是地方权力机构和国家的代理人。雍正初年的"主动求纳"事件和"弟兄分族"神话以及"东方为正统"的观念,反映了独龙族人主动寻求与国家及其代理人联系和获得庇护。独龙族人与国家的联系,和中央对边疆治理政策以及边疆社会性质相关,并具有自己的历史独特性,不能单纯地认为他们想逃离国家的统治或者主动接受统治。而造成20世纪上半叶之前的这种生存政治状况,并不能忽略中央王朝的影响和存在;相反,在中央与地方社会递次层级的权力结构中,独龙族人理性选择的策略更加凸显,已经超越了独龙族社会与中央双边的互动关系。

中华人民共和国成立之后,独龙族社会发展的动力来源于国家的各种发展规划项目。这时期的国家性质与过去的王朝时代和民国时期都有着本质的区别,至少在独龙族人的政治地位和经济利益方面,新时期的独龙族人比过去有更多机会参与管理地方事务,也比过去有了更多的渠道从国家和各级政府获得生存资源。由于独龙江独特的地理政治位置,政府不可能无视独龙族人的诉求和发展现状。因此,有了20世纪五六十年代的社会改造运动,以及80年代以来的各项发展名目的实施。在这个过程中,独龙族人与国家权力组织的联系越来越紧密,改变了1949年以前与周边各种权力机构和族群的动态多边关系。这一时期,中央与地方的互动关系不同于以往任何一个朝代,作为边境地区上国家合法化的民族之一,他们直接从国家的政策中获得了生存空间和发展的机遇。这种受惠看似国家对地方社会的单向关系,实际上,如果没有地方独龙族人强有力的政治精英,也不可能获得这么多援助和项目支持,否则将无法理解同样生活在边境地区的其他少数民族在国家那里获得的关注和重视程度的差异性。另外,国家对独龙族人实施援助和改善生活条件的种种措施中,各种物资是由地方政府控制和支配的,即地方精英参与了物资的分配和项目的制定与实施,他们与国家各级政府良性互动,推动了地方社会的有序发展。

结论：互动、交换与适应产生的动力学诠释

人类生存所需的基本物质条件包括食物、土地和安全保障。围绕着这三个要素，不同地区的人群必然与自然和社会发生互动关系。在与自然环境的互动中，人们通过一定的技术生产与掠夺，以获取群体人口所需要的食物。由于一个地方的自然环境能提供的粮食和猎物是有限的，群体还不断与其他有着类似需求的邻近人群进行交换或发动战争来取得土地、人口和食物，形成区域群体之间竞争、互惠、共生的多重关系。与此同时，群体自身通过某种方式建立一套观念和社会秩序体系，组织和动员成员去生产、获取食物，或者发起军事行动和远距离贸易。而在自然生活中形成的习俗、宗教观念则约束并规范着群体成员的行为。这也是人们不断争取适当的生存环境、解决生存难题的活动过程。因生存自然环境、与周边的族群关系和外部政治经济环境不同，每个生存群体采取的生存方式、适应策略也是不相同的，因而每个人群所获得的生存的动力因素也具有多元化特点。独龙族人与其他弱小的边缘群体一样，生存与发展是其漫长历史中的主题。本书提出了独龙族人生存历史过程中的几种动力模式，意在揭示独龙族作为主体，在强大的生存压力下如何建立、维系与周边民族以及中央政府之间的互动关系。对一个人群或者民族而言，生存之道是一个复杂的政治经济过程，各种生存的动力要素之间互相关联。

一、基于生态环境基础上的生存动力

充足的食物和安全的住所是人类生存和繁衍最基础的两种必备因素。独龙江峡谷地带和自然条件，满足了独龙族人生存需要的基本物质环境。他们以家族为纽带，常年穿梭在密林和高山草原中寻找猎物，直到雨季结束。接着他们要砍倒并焚烧一片水冬瓜树，以便在下年雨季来临之前完成播种工作。这就是早期独龙族人的生存技术，即用一种混合了轮歇耕作农业和搜食活动的方式以获取生存需要的食物。在这种自然环境下，粗耕式的生产和搜食活动互为补充，任何一项单独活动都不能提供足够的粮食和肉食。与这种生存经济活动相对应的是松散的血缘家族组织制度和流动的居住模式，家族成为生产和社会构

成的基本单位,自然形成的头人卡桑一方面组织族人生产和狩猎,另一方面还要处理家族内外的事务。一个家族内部成员之间共享食物及其土地,同时还要建立起互惠互助的依赖关系,以应对饥荒和突如其来的厄运,使族群得以不断繁衍和发展。简而言之,上述独龙族人的生存经济活动和人群组织方式,即是独龙族人与自然环境长期互动调适的结果。轮歇耕作方式并非一无是处,在独龙江峡谷脆弱的地表、气候和社会条件下,轮作也是理性、高效率和可持续的技术。

　　本书认为,独龙族人与当地自然环境之间联系紧密,在生存实践中建立互惠性的辩证关系,因此,人与自然不能分割,不能"唯技术论"。人、环境与技术构成相互关联的适应机制,揭示了独龙族人在长期与自然接触中,感知和摸索出一套从自然界植物里辨识、采集和加工成可食用淀粉的有用的知识系统。独龙族人习惯吃荞、黍、稗等杂粮谷物,来自森林和丛草中的可食用植物源,也一直是独龙族人食谱中重要的补充,如董棕、野百合等野生可食用植物。但随着与外界沟通的加强,食物结构随之改变。1949年后,国家农业部门推广如水稻、大棚蔬菜等种植项目之后,野生的食物逐渐被其他食物取代。斯图尔德在阐释文化进化中强调了技术的重要性。他依据美洲大盆地印第安人的民族志指出,环境资源是否有用取决于人的技术高低。然而,独龙江的生产历史表明,环境限制才是最重要的,独龙江一度引进代表先进技术的农耕以及大力开垦水田播种水稻,但实际上粮食产量虽有所提高,却仍然不能解决缺粮的问题。在假设独龙江社会的封闭性前提下,斯图尔德等人的"技术决定论"在这里亦无法解释独龙族人与外界群体之间的权利关系和贸易交换的情形。另外,独龙江峡谷的地形、垂直气候的生态体系并没有决定独龙族社会变迁的方向,只是作为限制因素和前提条件影响人们选择何种方式来生存与发展。比如,独龙族选择或放弃刀耕火种的适应策略,是独龙江与北部和东部地区的联系推动的,即输入刀、斧之类的铁器才使刀耕火种成为可能。中央权力渗透以后,政府的定居政策、生态保护的措施也是重要的外在影响因素。

　　同时,独龙江半封闭的地理条件,成为弱势群体避难的生存空间。独龙江两岸的人群是由不同的氏族后代构成的,他们出于生计(如出猎、游耕)和逃难而迁移到独龙江流域。通过外婚制和共享食物的文化原则,来自不同世系的分散的人群联系起来。这是他们的生存选择策略,亦是日后他们形成一个民族共同体的历史根基。但这不意味着独龙族人能够逃离国家的控制或者不愿意接受更大的政治体系的统治。由于粮食生产无法满足独龙族人自身的需求,粮食的短缺和需求,加上"盐、布匹、铁制工具"皆仰赖外部输入,这种境况下,独龙族人必然要和外部世界联系,也意味着独龙江必然成为世界的一部分。他们要通过其他渠道来满足生计的需求,如此推动单一群体成员与更大的社会单位和经济组织发生联系。

人与环境的关系，并不单纯是索取和提供食物资源的对立关系。分享、互惠的观念是独龙族人文化特点之一，这种观念源于狩猎活动中对自然世界的理解，并通过生产和各种祭祀仪式塑造了群体的价值观念和行为准则。无处不在的交换活动以互惠为原则，这是群体成员彼此依赖与合作的前提，也是构建社会网络的基础。独龙族人生活物资稀缺，依靠群体合作与互惠交换，解决缺粮及劳动力不足的问题，因而社会单位中的群体成员之间依赖性比较强。正如埃里克·沃尔夫所言，作为事物、行为以及观念的"决定性组织方式"的文化形式，在支配人类互动方面扮演着醒目的角色。[1] 独龙族人与本家族之外的人互动时，通过建立"本南"关系，仍然可以维持原来的互惠原则。但是，当遭遇到另外一个社会体系的人时，独龙族人试图用原来的方式去交换物品，而由于两者之间的亲密程度、等级发生了变化，也就产生了与独龙族人期望相反的结果，即萨林斯提出的"消极的互惠关系"模式。在这种模式支配下，清末至民国期间，独龙族人成为藏族领主、纳西族土司任意支配和控制的对象。后者占有生存物质资源，在内部实行着与独龙族社会不一样的生产方式，即基于农奴制基础之上的"贡赋式生产方式"。两种类型的生产方式相联结，主要表现在纳贡和贸易中。在交换过程中，处于权力等级边缘的独龙族人，总是成为债务的牺牲者，他们要为还债而输出劳动力以及失去人身自由权，一些债务甚至确认了他们在政治上依附于这些统治者的正当性。

从长时段的历史视角看，本书认为独龙江流域丰富的自然资源和独特的地理封闭性，成为独龙族人最初的生存根基和生存空间；与生存环境密切联系的一套有关宗教观念、生产技术和获取食物的认知体系，为独龙族人提供了解释世界秩序的宇宙观和生存的物质基础；而通过食物分享和互惠性交换以及外婚制，独龙族人找到了人群结合和社会网络扩展的方式。以上要素构成了独龙族人适应该生存领域的原动力，在此基础上，随着独龙族人更多地与外部政治经济环境联系和互动，又不断产生新的动力和发展方向。

二、独龙江内外不同社会体系互动产生的动力

诚如王明珂研究羌族给我们的启示，从边缘看中心的研究视角有助于我们理解独龙族人的宇宙秩序观念。位于国家边陲的独龙江的独龙族人在"兄弟故事"中将东方汉族人视为"老大哥"，汉族人是统治者以及他们建立的政权是宇宙秩序的中心，以此来表达独龙族人属于这个政治秩序体系中的一部分。

---

[1] 参见（美）埃里克·沃尔夫著《欧洲与没有历史的人民》，赵丙祥、刘传珠、杨玉静译，上海人民出版社2006年版，第27页。

但是,"老大哥"的身份和族属并非固定的、静止的符号,有一些独龙族人的"老大哥"是来自北部的藏族人。以独龙族人为中心来考察独龙族人与汉族、藏族的关系,这种政治文化反映了独龙族人与周边族群的政治权利、经济文化的互动关系。另外,独龙族人眼中的汉族人是个混杂的群体,它既包括了汉民族,也指称来自怒江以外的那些接受儒家文化及归附于中央政权统治的人群,如纳西族人、大理民家人等。澜沧江东岸的纳西族土司成为朝廷在滇西北的代理人,独龙族人通过归附纳西族土司成为朝廷的一部分。土司向朝廷纳贡是边疆土人获得王朝庇护和权威的途径,土司又将这种人与物维系起来的关系模式推广到更加偏远地带。在多重结构权体系下,独龙族人成为最边缘的部分,同时与中央的联系是他们取得盐巴、布货等生活物资的一个重要渠道。对于独龙江地区的人来说,与维西纳西族土司和菖蒲桶喇嘛寺相对的另一个权力中心,是位于独龙江北部的察瓦龙地区。这两个地方政权相同之处在于均以农奴制为基础,信奉藏传佛教,都有强烈的政治野心,并通过纳贡和贸易方式将触角伸到了独龙江流域及更偏远的西部。处于政治统治真空的独龙江流域成为两大强权争夺的地带,最后博弈的结果是分段而治,独龙江上江属于察瓦龙藏族领主管辖,下江和西部俅夷地归纳西族土司的管辖。但这只是表面上的妥协,实际上代表土司势力的菖蒲桶喇嘛寺宣称在全境内拥有解决诉讼纠纷以及收税权。

  政治经济学研究认为,中心地区对边缘地带的支配和影响力是主导性的。埃里克·沃尔夫在《欧洲与没有历史的人民》一书中将"土著人"置于社会与文化的历史主体地位,但他更多的是强调外部世界对土著人的影响,这仍然在世界体系理论的"冲击－反应"框架之中。我们在独龙族人的政治社会史中不难发现相反的例子。独龙族人在1949年以前,受到周边族群和朝廷的统治,在权力结构中处于最低端,在与外部世界经济、文化的互动活动中,受到结构性权力的制约和影响。在这样的政治环境下,独龙族人依靠独龙江的条件和内部秩序的"运行规则",寻找到生存的空间和力量。

  在独龙江地区,对独龙族人最大的安全威胁来自于南部的傈僳族强人和蓄奴主的抢劫,以及北部地区来自云南西北部与西藏交界处的藏族武装土匪的掠夺和侵扰。面对安全威胁,一些人选择往西部密林中迁居,一些人则依附藏族领主或者维西土司以求庇护。藏族领主或者维西土司以合法统治者自居,提供牛、盐等生存物资,并担当纠纷和命案的调解方。到了清末至民国年间,独龙江周围的地方统治权受到了来自中央政权的削弱,毕竟前者的"权威性资源"来自于后者,只是他们趁中央权力还没有在独龙江扎根时仍然采用过去的办法——收税、放贷盐货来维持自身的地位。这时候,独龙族人则会寻求代表正统的贡山设治局的帮助,摆脱地方势力的控制和支配——而将维西土司、藏族领主一如既往的税收与贸易视为是对独龙族人的剥削和压榨,所以才有了独龙族人联合怒族人反抗察瓦龙藏族领主税收的事件。但是，从另一个角度看，独龙族人所处的政治环境为多重政治权利交汇且边界模糊地带，才使独龙族人在政治上不断摇摆于各种势力之间。这种在政治上的摇摆性，也说明了周边政治集团并不能完全满足独龙族人生存所需的物资和条件，一旦出现了新的势力并且能够提供更好的条件，独龙族人自会做出新的选择而归附于新势力。20 世纪 50 年代，独龙江地区很多人跑到边境的另一边，除了部分人受他人蛊惑外，大部分人出逃的目的是为了躲避政治风暴和追求更大的物质利益；而后随着独龙江地区政局的稳定，国家援助的物资越来越多，当地生活有了明显的改善，边境另一边的独龙族人又回归独龙江。这也就是为什么当前中央和地方政府将独龙江地区的经济开发和民生的改善作为一项政治任务来完成。各级领导也意识到了这一点，只有独龙江两岸的人民过上安定富足的生活，才可能实现边境的稳定和增强当地人对国家的认同感。

沃尔夫在《欧洲与没有历史的人民》一书中提供了全球视野研究方法，但他对"土著"（非西方）文化所具有的能动性和独立性强调不够。正如前文所言，独龙族人与外部世界互动关系中具有能动性和功利性的特点。这与它自身的生产力低下、粮食不能自足以及周边的政治环境互为关联。沃尔夫对生产方式的定义，即一组特殊的、历史地发生的社会关系，人们借此以工具、技巧、组织及知识为手段实施劳动以从自然界获取能量，以及人类社会存在的三种不同生产方式的分类模式，我们认为独龙族人和纳西族土司以及藏族领主所属的生产方式分别是——亲属制生产方式和贡赋制生产方式。换言之，独龙族人与统治者的互动和接触，使得存在于滇西北、滇藏边缘地带的两种不同生产方式发生了联结。之所以发生联系，其最大动力来源于亲属制生产方式和贡赋制生产方式的内在结构矛盾。具体而言，一方面，独龙族人主动拿自己的山货与藏族领主或者纳西族土司交换盐巴和铁器等生活用品，甚至去换取牛这样的珍贵物品；另一方面，领主和土司为了积累财富和扩大权势，增加农奴数量，不断扩张控制的领土，最后通过职权和贸易网络控制了独龙江流域。在贸易过程中，伴随着结构性权力带来的不等价交换（即独龙江的山货价低而领主和土司的盐货价高），独龙族人产生了债务，并最后发展为以人抵债的结局。这恰恰是领主和土司所期望的结果，这样他们的庄园便有了劳动力来源。

清乾隆时期，纳西族土司放盐贷"不偿还者，即折算人口"的做法引起了朝廷的注意，朝廷下令取消这种交易。而在察瓦龙藏族聚居区，直到 1949 年才终止以"盐牛换人口"的交易。这些记载和历史事实便是两种生产方式相遇时所发生的情况。但是，法国学者施蒂恩的研究和我们在独龙江、察瓦龙所做的民族志调查发现，那些被卖为藏族领主的"农奴"的人，其生活状况并非如人们所设想的那么悲惨，至少他们有最低限度的吃穿保障，碰上心地好的农奴主，其生活待遇不会比在独龙江时差。另外，被抵债或者卖到察瓦龙的人，其在自身社会结构中属于被抛弃和边缘的人群，如孤儿、有命案在身的人、偷盗者等被剥夺了社会成员身份的人，因此到了察瓦龙，他们虽然没有人身自由和社会地位，但能生存下来。鉴于此，不少贫困的独龙族人，在缺粮饥荒季节，主动到察瓦龙求附于农奴主（领主）。这些事实，反过来说明了外部社会带来的影响既是独龙江人民苦难的根源，也是其生存希望之所在。

  独龙族人和外界的交流和接触，构成了社会体系不同层次的互动系统。独龙江流域物资稀缺，这导致在清朝和民国年间，占有资源如盐茶、粮米、布货和铁器等生活生产用具，以及掌握物资调配权，成为统治者和富商能够支配和统治独龙江的根基。最初独龙族的头人翻越高黎贡山来到东部向统治者纳贡，得到土司的酒肉招待，返回时又受赠盐布等物。而土司也每年派人到中原，向朝廷呈献来自边疆的珍宝财礼，他们从朝廷那里获得丰厚的回报，并被赋予了地方统治权。这属于在中心与边缘的权力框架下的资源分配体系。独龙族头人回到独龙江后，这些物资作为特别的礼物，通过举办宴席馈赠的方式再次分配，或者通过"本南"交换制度将物资在独龙江流域重新分配。这一不同层次、跨越单一社会体系的物品流动过程，体现着互惠原则和交换的义务性。借用萨林斯对交换中的互惠性的分类①，独龙族人社会内部的再次分配充满了平等主义和"慷慨的互惠"，互惠性根据交换双方的亲疏距离对应从"慷慨"到"等价"的互惠交换。在独龙族人与其周边的强势族群和统治者发生交换时，由于双方的关系不对等，交换过程即产生"消极互惠"关系。独龙族人为此不得不依附于后者，而后者从独龙族人那里攫取了更多的资源。独龙族人通过物品的交换、朝贡等方式，建立了不同层次的区域体系，在他们与更大的体系联结时，总是伴随着不均衡的权利关系产生。在这种视野下，分配、交换过程中的互惠性也具有多层含义，但是保持着义务性的原则。对于独龙族人而言，与国家各层次的权力机构之间动态性的互动，是参与稀缺物质分配的前提，以此才能在交换互动中求得生存的能量；而文化观念因素和外界政治力量的介入，使他们交换的性质变得更加复杂化。

三、文化调适：不同社会历史时期的生存机制

  与其他群体一样，独龙族人为了获取生存需要的物资和条件，必然要与自然和社会进行长期的互动。辩证地互动是独龙族人不断调适平衡的过程，也就是适应社会文化的过程。

---

① 参见（美）马歇尔·萨林斯著《石器时代经济学》，张经纬、郑少雄、张帆译，生活·读书·新知三联书店2009年版，第224～225页。

牛是独龙族人表达财富和声望的象征物，以牛作为结婚的聘礼属于最高级的礼物。但是，独龙江两岸潮湿的丛林和陡峭的坡地上难以进行规模化的养殖，独龙族人也不善于饲养牛类，牛肉亦是稀缺品和奢侈物。以祭祀鬼神为主题的剽牛仪式"投荣哇"，最后演变成了一场集体聚餐的节庆活动。从这个意义上看，牛和牛肉镶嵌到独龙族人社会的各个方面，正因为牛肉具有特殊的价值和意义，提供牛肉的人获得了声望和地位。独龙族人周边的权势者，也通过牛肉来表达等级关系和统治的合法性，牛和牛肉成为结构性关系中的"支配性资源"。20世纪50年代，中国共产党领导的新政权无偿给独龙族人提供了黄牛，使其作为耕牛；21世纪以来，政府将一种稀有的独龙牛（即大额牛、野牛）投养到独龙江，让独龙族人饲养和管理，使其成为独龙江地区的特色产品，为独龙族人带来可观的经济收益。这时候，牛和牛肉不再属于稀有的物品，不过独龙族人和国家的关系中仍透露出传统关系的象征意味。对于独龙族人内部社会而言，一方面在于富有者提供牛肉可以提高他的声望和地位；另一方面则在于牛肉的分享成为限制财富积累的制度，使独龙族人不会出现贫富悬殊式的社会分层。正如田汝康研究芒市傣族人做赕仪式揭示的事实：宗教社会仪式作为再分配机制，调节和控制社会分化。

　　进入20世纪，随着中央权力逐渐渗透到怒江西岸，地方政府以家户为税收单位，过去的大家庭模式被解散。这种以小家庭为主的居住方式，便于管理和增加税收。以伙头制度为主的村落组织逐渐取代了血缘家族组织。而到了民国末期，独龙江社会得到进一步的整合，那就是设立地方权力机构，在最后时刻独龙族的头人孔当廷成为独龙江地区最大的官。这时个体、英雄人物出现了。孔当廷一方面主动与外界交流和沟通，如接受设治局的封官、送儿子孔志清到怒江上学，另一方面动员独龙族人抵抗察瓦龙领主收税。当共产党领导的政权最终取代旧势力之后，在地方实施的基层管理体制——生产大队、人民公社、村民委员会和村党支部，逐步削弱了血缘关系在地方政治经济方面的组织作用，国家力量对地方的影响伴随着经济物资的投入而得到增强。与此同时，国家支援的各种物资由自治县—乡政府—村委会掌控和支配，独龙江村民在物质条件比过去更加充裕的同时，与外界的联系越来越密切，他们对政府和国家的依赖也越来越大。但在国家中心与边缘转化到国家与地方的关系过程中，个体行动者作为中介发挥的作用越来越重要。其中，接受了较高等级教育的独龙族人最早成为政治精英，他们在国家少数民族政策实施背景下，成为国家干部，参与地方事务的管理；同时，他们利用独龙族的身份，表达独龙族人苦难的历史遭遇，成为获取国家援助的政治资本。历任贡山县县长的独龙族人承担着这样的使命，其中孔志清、高德荣两人可以说是这方面最具代表性的政治精英。他们在获取民族身份、改变民族命运以及推进独龙江社会经济现代化的进程中，发挥了不可替代的积极作用。现在，国家的力量已经渗透到独龙江每一个村落，甚至影响到每个独龙族人日常生活的安排。独龙族人的生存环境比任何一个历史时期都好，国家的支援和补助成为独龙族人基本生存的保障。在市场化的影响下，一方面独龙江的资源包括山里的药材、兽皮乃至独特的景观成为重要的商品，成为独龙族人与政府聚焦的对象；另一方面，各地独龙族人的谋生方式和适应情况凸显了个体化现象。随着交通设施的改善，独龙江与外界的接触和互动比以往任何时期都要频繁，与世界的距离也越来越近。但在参与互动的人群中，除了在政府、教育文化部门工作的部分精英能够适应新的环境，并为独龙江的社会经济发展而努力，其他人走出独龙江后并非都能适应新的环境。如迪政当的李付，他在昆明读完大专后，到广西北海打工，被人坑骗，只好回家乡发展，目前担任村委副主任，这才有了新的发展前景。同村另外一个年轻人陈永强到大城市里打工，就感受到语言和饮酒等生活习惯是独龙族人最难以适应城市生活的因素，在经历挫折后，他回到家乡跟着二哥办旅游"农家乐"，有游客来时就提供背夫、向导等服务，这样他的生活也有滋有味。这些在外地无法立足的年轻人，他们的见识和生活阅历使他们回到家乡后比其他人更懂得处理与政府和外来人的关系，而后者是支配性资源控制者，与他们进行良好的互动，能创造出更好的经济生活条件。

　　独龙族人的个案表明，只有主动去适应自然环境和社会环境，才能不断获得力量和机会而求得生存与发展。一些才华出众、勇猛和"能说会道"的人，成为具有个人魅力的头人、祭师或者拥有多个"本南"关系的人。这些人在内外互动系统中以及人与超自然联系方面获得比其他人更多的资源和威望，但是独龙族人自身的互惠规范和互助义务，却限制了个体在财富和权利方面距离的进一步拉大。在民族国家和现代化进程中，这部分人发展成为社会文化精英，他们的行动和诉求与整个民族的利益和形象联系在一起。在新的社会环境下，由于个体在教育背景、经济交往能力方面的差异，整个社会不可避免地出现了新的分化，一些社会性问题如酗酒、自杀现象由此产生。与以往不同的是，今天的地方政府注重独龙族人适应技能的培训，包括举办劳务技能讲座、提供机会参加旅游接待服务培训班等，目的是使更多人适应新的发展模式。本书所要揭示的观点之一，即肯定人的因素在生存活动中的积极作用，人不是被动存在、听任物质关系摆布的，他们可以在改变处境方面采取积极行动。

　　文化作为最重要的适应手段和动力要素，包含物质的、观念体系和组织形式等不同维度的复合体。如同沃尔夫对传统文化概念的批评，即文化并非是静止的和固定不变的，我们在书中已经展现了独龙族人的文化多元性和动态性的事实。在国家文明化的项目——新农村建设之前，独龙江流域上下江两段地区的民居呈现不同的建筑风格：北部以木楞房为主，主要的用料是木材；南部多建盖竹篾房，用料以竹子和茅草为主。传统的解释认为这是受到了周边不同族群的建筑文化的影响。实际上，地方自然条件也是建筑房舍时考虑的因素，不同地区的人用竹篾房还是木楞房，取决于当地生态条件和人们的居住习惯，这是一种适应自然和社会的结果；但人们在选地基、房梁走向以及大门的朝向等方面，体现了独龙族人对统治者的态度和宇宙观。在宗教信仰的选择和态度上，南北部不同的人群因地理、政治环境以及居住模式的不同，形成了不同的信仰氛围——北部是受藏传佛教影响的传统宗教阵地，以巴坡及之下的村落为主，是基督教传播的中心。不过，与其说是信仰上的不同选择，还不如说是不同地区的独龙族人选择和利用不同宗教因素来获得经济利益和解决现实问题。但不可否认，随着宗教观念的传播，宗教周期性的活动在抚慰人心、凝聚群体、规范行为和社会整合方面具有积极意义。牛的流动和牛肉被分享的仪式，在诠释人与物的关系时，也界定了人与人之间的权利关系。作为独龙族人的文化标志和遗产，文面的行为和意义的阐释，不仅与独龙族人宗教观念的表达有关，还涉及独龙族人与周围族群的权利与支配关系，从另一个侧面反映了独龙族人的生存状况。我们虽然相信如文面者本人所说的其行为乃是传自父辈的习俗，但有趣的是从清末地方官员夏瑚开始，代表中央的地方官员屡次禁止文面行为，如贡山设治局官员以及20世纪五六十年代地方政府皆以陋俗为名加以禁止、取缔。而在今天这个传统文化可以挖掘出经济价值的时代，地方官员对遗留下来的文面者进行保护，并对文面赋予传统习俗的意义，不再提倡周边族群土司强迫之说。文面的禁止和意义的不断阐释，表明了独龙族人与统治者之间的结构关系，后者具有占统治地位的能力，从而进行社会动员、资源的控制和分配以及对象征符号的界定。当然，在当今贡山地方政府中，有独龙族身份的干部，他们在重新界定文面意义的过程中发挥了关键作用。这说明在界定文面象征意义上，独龙族人和地方政府依据不同的社会环境做出了适时的调整。因此，文化不仅建构着社会秩序，文化也是用来统治的工具。另外，文化再生产的过程，也透露出文化象征的表达受到了政治经济因素的限制和影响。

20世纪末，中国政府修通了从独龙江到贡山的公路，汽车运输代替了马帮运输。几年后，独龙江乡各村与乡政府之间也通了公路，中国移动公司也不失时机地"驻"进来。独龙江交通、通信设施的建设，在方便信息沟通的同时，也缩短了独龙江与世界的距离。如今，村里的任意一家小卖部里都可以买到罐装可乐，儿童可以在家里收看美国的动画片，而年轻人则乐于穿牛仔裤和跳迪斯科，独龙族人的生活与国家政治体系和全球经济文化体系终于联系在了一起。一些来自世界各地、富于冒险的年轻背包旅客不远千里来到独龙江，体验遗世生活和探访奇特的民俗文化。如今，独龙族人不再躲避外来人，他们跃跃欲试，推销独龙江的产品——一些人用兽皮和麝香与外来人交易，一些年轻人担任旅游向导和背夫，一些有条件的家庭开办了"农家乐"。他们在这场新的市场化运动中尝到了甜头。由于受到政府的鼓励和政策的引导，我们可以预测，这种为外来旅游者提供服务而获取经济利益的方式，将是未来独龙族人的主要生存方式。于是，在这热闹景象背后，我们发现国家的政治经济体系支配地方的力度得到了强化；但与此同时，旅游电视、网络信息等大众媒体和地方政府形成共谋以强调独龙江的独特性和神秘性——一种与世界保持距离的态度，渲染文面习俗和独特的生活方式，以及秀美的风光和艰险的交通条件，吸引着形形色色的旅行者和探险家。

附　　录

附录1　独龙江迪政当新生代的生存经历[①]

　　新生代指的是出生于20世纪80年代、读完初中、有城市生活的经历、目前生活在村里且敢于探寻新的生活方式的群体。这里以笔者熟知的陈永强和李林高[②]为代表，试图呈现他们的生活经历和对未来生活的设想。

　　陈永强是村支书陈记最小的弟弟，26岁（2012年），尚未结婚，和父母生活在一起。他为人热情，能说一口标准的普通话。在他家的火塘边，他向笔者述说了自己的经历。他在巴坡小学读书时，因为成绩好考上了昆明的云南民族中专学校。在该校，他学的是市场营销专业，前两年学习专业课程，第三年是实习期。毕业后进入某化妆品公司做销售员，对于来自大山里的永强来说，这是一个巨大的挑战。首先是语言关，虽然在昆明读书期间普通话学得还不错，但是要把产品推销出去还是有很大难度的；其次是经常外出推销产品，既辛苦又要遭人拒绝。特别是周围都是汉族人，只有他是独龙族人，由于没有朋友，他经常一个人喝闷酒。他所供职的公司不是很大，其工作就是拿着产品到街上一对一推销。虽然街上有很多人，但没有人愿意买他的东西，所以有时他觉得很沮丧。而且公司待遇也不好，又没有提成，也没有签订正式劳动合同。有些大学生也来了，嫌收入低，没做多久就走了。他克服种种困难和孤独感，坚持了两年。虽然挣到的钱只够吃用，没有剩余，但他因此练成了一口流利的普通话，性格也变得开朗了。在这两年中，他外出做销售，到过重庆、四川、湖南、广西、贵州等地，在多个城市乡镇往返的过程中，体验到销售生活的艰辛，也体验了不同地域的人情世态。有一次，公司派他和几个员工到四川毛尔

[①]　访谈时间：2012年7月4日。
[②]　李林高是我在独龙江迪政当田野工作期间的主要报道人和向导兼翻译，与笔者相处时间很长，但在本节里关于他的信息主要来自于2011年10月25日以及2012年7月9日的访谈整理。

盖推销产品，有人举报他们搞"传销"，结果被抓到派出所。派出所没有查清楚就把他们携带的洗发水、化妆品全部没收，同时进行检查、拍照，并找当地电视台进行报道，提醒消费者不要买这些产品。这些价值30万元的产品也被直接销毁。在派出所，他感到很紧张，担心会不会坐牢；警察给他们吃方便面和香肠，关了几天后就把他们放出来了。不知道后面有没有查清楚，但他们带出来的那些物品是拿不回来了。这是他在跑销售中碰到的最难堪的一次经历，但也碰到过好人。有一次，也是在四川，陈永强在路边摆摊卖化妆品时，一个挺着大肚腩、穿着西装的男人来到他的摊前，看了他之后，主动跟他聊了起来；当西装男人知道他是来自云南边远地区的少数民族时，给了他100元钱，但没有要任何东西就走了。

2009年年底，他不想再到处跑了，就辞掉了销售工作，重新找了一家装修公司，做喷漆工作。他在这家公司总共干了6个月，刚进入时的工资是每月700元，最后一个月老板给他发了2 300元。之所以回到独龙江，是因为家里没有人照顾父母。那时，他二哥盖了新房子分家单独住了，而父母也想念他，希望他回家。老板舍不得他走，他走后还打电话邀请他回公司工作。2010年6月回到迪政当以后，陈永强一直跟着二哥做旅游接待工作。

独龙江峡谷属于滇西北三江并流自然景区的外延部分，神奇的文面习俗和秀美的自然景观，以及半年封山遗世的生活，让外面的人产生了无限的遐想。最近几年，越来越多的中外旅客背着登山包进入独龙江探秘。迪政当作为滇藏交界地带，以及保留传统文化比较完整的村子，往往成为游客向往和必经的地方，很多独龙族小伙子受雇为背夫和向导。陈记的二弟是迪政当第一个开"农家乐"提供住宿吃饭的人。在他家客房的墙壁上挂着一块白布，上面填满了游客留下的墨迹。据陈永强介绍，游客比较集中的季节是6—10月，也就是说开山之后就有人陆续地进来了。但是，独龙江雨水多，一年中大部分时间都在下雨中度过，只有到9—10月雨水才会减少。这段时间也是游客最多的时候，是他们最辛苦的季节。独龙江到西藏察隅县没有公路，所以游客来到这里就是要体验徒步游。其路线有两条：一条是沿着克劳洛河向上走，六七天后到达察隅县的日东乡；另一条是沿着麻必洛河翻越海拔4 000多米的高山牧场，两天后可抵达察瓦龙扎恩村或者昌西村。背夫的费用是出发前就已经定好的，按照目前的情况，一天收费120～130元，如果游客不接受这个价格可自行徒步翻越。很多村民都有做背夫的经历，他们感受到一些游客的态度很不友好，有着城里人的优越感。其实，背夫很辛苦，除了背负行李和食物，到达休息点后，还要煮饭、搭帐篷，在游客欣赏美景或体验人力极限的同时村民付出的不仅是汗水。村民的原则是，要游客至少同时请两个人，这样他们在路上有个伴，可以说说话以减轻劳累，同时返回的时候也有个伴。有些游客就是没有顾及当地人的感受，不愿多请一个人。但是，村民也反映有些游客和他们在旅途中结下了友谊，回到城市后，还给他们寄送衣物；有的甚至邀请村民到昆明、北京等地旅游，这种旅游过程中的主客互动，也让村民有机会走出独龙江体验和欣赏城市风光。

村里还有其他年轻男子从事向导和背夫工作，但陈永强发挥了他会讲普通话的优势，跟游客交流比较方便，主客合作比较愉快。有时碰到体力不好的游客，在途中尤其是在高山地段时发生高原反应，吃不了饭，没法走路，他们就尽力照顾。在过去的经历中，有一个来自湖南的老师到半路发生高原反应，永强兄弟两人轮流背着他上山，又扶着他下到扎恩村并找车子将其送回贡山。由于态度友好，服务热情，他们给很多游客留下了美好的印象。这些游客回到城市之后，在旅游论坛上介绍了他们的情况，并留下他们的电话等联系方式。通过网络平台，很多"驴友"认识了他们，来之前都跟他们联系订房。因此，最近一两年他们两人接待的游客越来越多。游客多的时候，他们还请村里其他人帮忙。这样，给自己带来收益的同时也给其他村民提供了挣钱的机会。政府规划将独龙江打造成4A级国家自然风景区，相信到那时会有越来越多的人进入独龙江。谈到自己未来的规划，陈永强计划再开发新的徒步旅游路线。这条路线从43号国界碑绕过去，到达察隅。有村民挖药材时到过这一带，据说风景很美。

随着民族文化特色村安居房的建设完成，越来越多的村民将加入到旅游服务的项目中。李林高就是有这个计划的年轻人之一。

李林高是笔者在迪政当村时认识的朋友和报道人，他的独龙名叫都里。按照他们的传统习俗，他属于斯尤家族，排行（男性）第二。他的奶奶青妮是冷木当科全家族的人。这个家族的人在他奶奶那一辈出了几个出类拔萃的人物，家族中有当地非常有名望的"南木萨"（祭师）和"一乡"行政村的干部，科全青妮本人亦是独龙族文面文化的传承人。林高的父亲那一代，在村子里也属于有威望的人物：有人继承传统的"南木萨"，也有人到高等学府深造而成为独龙族第一位学者，还有人在县城政府行政部门机关工作。[①] 李林高的父亲也不简单。20世纪90年代，国家与社会急速转型，市场经济成为实践中的主流话语，当时河谷两岸有很多天然的樟树，樟油市场价格很好，他就与其兄弟一起炼黄樟油。同时，林父还开了小卖部，自己赶马从巴坡运来日用百货进行销售。2006年修通公路后，他第一个买了农业拖拉机搞运输。林高的母亲属于迪政当琼青家族人。她1975年初中毕业，擅长文艺表演，可惜她的家

---

① 关于科全家族的信息，可以参考李金明的《高山峡谷独龙家》（云南大学出版社2001年版）、郭建斌的《边缘的游弋——一个边疆少数民族村庄近60年变迁》（云南人民出版社2010年版）。

族在"文革"期间被错划为富农，因而没能如愿到县城歌舞团发展。2001年她担任村委会妇女主任，直到2009年才退下来。

李林高出生于1989年，但是在不到1岁的时候得了一种怪病，昏睡了九天九夜。家人以为没救了，后来按独龙族人习俗请当地一位"南木萨"来为他治病才治好。因此，他谈到"南木萨"时就流露出敬重之意。他认为是"南木萨"的力量让自己活下来的。9岁时，他与父亲一起到巴坡赶马帮。那时正值深冬，山上飘着雪花，而迪政当通往乡政府的公路还没有修好，当爬过喇卡塔这个地方时，一块冰雪从树上掉下来，落在林高身上，雪水侵入衣缝，没过多久，他全身就冻僵了，只有几个手指头能动；父亲抱住他，用自己的胸脯温暖着他，一直到家中。林高是一个非常聪明的人，他父亲希望林高读好书，然后到城里工作和生活。小学毕业后，林高来到贡山县城读初中。此时，他的两个姐姐和一个弟弟都在上学，他们的父亲一如既往地辛苦挣钱。幸运的是，林高读初一开始就得到了郭老师的资助。郭老师来自昆明某高校，曾在独龙江做过博士论文的田野调查工作，和林高的家族结下了深厚的友谊。2007年林高父亲不幸病逝，这时在县城读书的林高因封山而无法见到他最亲密的人最后一面。此事令林高十分伤心和痛苦，一时无法振作起来，以致中考没有考出好成绩。

但是，李林高没有放弃读书，初中毕业后，他继续在县城读高中。开学一周后，在县城工作的叔叔对他说，读高中不如读中专，可以学到一门技术，将来也好在社会上立足。于是，叔叔便将他推荐到昆明读云南省民族中等专业学校。该学校提供免费食宿，这样可以减轻家庭负担。他报的专业是服装设计。军训结束进行入学前的体检时，林高被发现是乙肝携带者，于是被迫退学回家养病。面对这样的结果，林高觉得是命运跟自己开了玩笑，情绪非常失落，觉得自己的人生好像掉进了深谷里。返回独龙江后，他吃了西药也用了中药调理。即便如此，他也没有在家休息，毕竟他是家里最大的男子，既要帮母亲承担家务劳动，还要上山挖药材挣生活费。他从昆明回来第二年的8月份，郭老师到独龙江调研。临走时，郭老师把林高带出来了。到昆明后，他们直奔昆明军区医院，医生化验之后告知林高一年来的治疗有效，他的身体已经康复了。但是，学校负责人不同意林高复学。后来，郭老师又带他到昆明第一附属医院再做体检，抽血化验显示出阴性，再次证明了身体没有问题。拿着医院的证明，他们再次来到云南省民族中等专业学校，这次学校同意了林高复学的申请。由于推迟了一年，赶不上课程，林高只好改学工业美术专业。

在昆明读书期间，每逢周末他就到在云南省社会科学院工作的叔叔家做客。他的叔叔是少数民族民间文学和独龙族民俗文化研究者，书房里摆满了各种书籍。在叔叔的鼓励下，他沉浸在书的海洋中，渐渐对文学产生了兴趣。但是，他在学校的生活过得并不如意，学校也没有想象中那么好。他总是想起家乡的绿山和青水，还有家人和朋友。到了第三年实习期间，他本来打算去外省的工厂里实习；但他的叔叔怕他误入传销组织，劝他不要出去，并安排他回到贡山县文化馆实习。在离开昆明之前，他曾帮他的叔叔整理独龙族文化研究的资料，这令他感到搜集和研究自己民族文化的工作是有意义的。2010年7月，林高来到了县文化馆实习，由于他懂电脑操作，文化馆负责人安排他做电脑输入和整理资料的工作。然而，不到1个月，在乡里工作的大姐夫的建议下，李林高离开了县文化馆，回到独龙江。大姐夫联系了乡的道路管理处，为他谋到了一个合同工职位，每个月有800元的收入。

　　回到独龙江后，林高感受到了家乡的变化——公路修到家门口了，可人心也变了，每个人都在忙着挣钱，他感到很失落。于是，他渐渐地喜欢上了喝酒。此时，家里两个姐姐都出嫁了，父亲刚去世，弟弟在县城读高中。林高说父亲的去世给他打击很大，但他觉得自己不能消沉，应该做一个有担当的男人，要照顾好母亲和弟弟。他希望以后在乡里能谋得一个正式的公职，比如到乡博物馆里当讲解员或者馆长助理、秘书；然后，在迪政当老家开一个"农家乐"，专门接待搞独龙族文化研究的人。他也喜欢摄影，希望能成为独龙族第一个摄影家。2012年他在公路管理处工作的合同到期了，他叔叔和郭老师帮忙给他介绍了县交通局的一份工作。但是，这时昆明电视台的记者来到了独龙江，准备拍摄搬迁的纪录片。他们找到林高做翻译和摄影助理。拍摄本来就是他的爱好，从事摄影工作也是他的梦想。然而，鱼和熊掌不可兼得，在做出加入拍摄纪录片的决定之后，他也丢掉了交通局的职位。有时他很失落，觉得在村子里生活不是他的理想。他经常对笔者说："每到太阳落下去的时候，不由得感到孤独和恐惧。"理想与现实之间的多种选择，让他一时无法适应。有一次酒后，他跌到公路边悬崖下，幸好伤势不重。不过，这令他重新思考自己的人生。这一年年底，他成为村党支部的一名预备党员。迪政当村新房子即将落成，村民们正在准备举行盛大的剽牛仪式，以庆祝新的生活。林高说："古老的圣火，重新燃烧起来了！"他和记者则进入了忙碌的拍摄工作中，同时，他也在积极筹划着自己的"农家乐"。

附录2 独龙江乡技能培训计划 (2012—2013年)

独龙江乡技能培训计划一览表

项目	人数	年龄（岁）	学历	培训时间	性别	马库（人）	巴坡（人）	孔当（人）	献久当（人）	龙元（人）	迪政当（人）	培训地点	备注
电焊工	130	16～35	初中以上	待定	男	10	26	36	22	16	20	州民族中专（1个月）	
土建工	80	16～36	初中以上	待定	男	6	16	23	13	10	12		
汽车修理工	50	16～36	初中以上	待定	男	4	10	13	9	6	8		
餐厅服务	154	16～40	初中以上	待定	不限	12	30	44	26	18	24		
客房服务	154	16～41	初中以上	待定	不限	12	30	44	26	18	24		
家政服务	82	16～42	初中以上	待定	不限	6	16	22	14	10	14		
中式烹调师	72	16～43	初中以上	待定	不限	5	14	20	12	9	12		
蜜蜂饲养员	80	16岁以上	初中以上	待定	不限	6	16	22	14	10	12	乡政府（1周）	
农副产品加工	81	16岁以上	初中以上	待定	不限	7	16	22	14	10	12		
中草药种植	82	16岁以上	初中以上	待定	不限	8	16	22	14	10	12		
蔬菜工	83	16岁以上	初中以上	待定	不限	9	16	22	14	10	12		
动物防疫员	84	16岁以上	初中以上	待定	不限	10	16	22	14	10	12		

续上表

项目	人数	年龄（岁）	学历	培训时间	性别	马库（人）	巴坡（人）	孔当（人）	献久当（人）	龙元（人）	迪政当（人）	培训地点	备注
拖拉机驾驶员	50												完成
独龙族学生	78												完成
合计	1260					95	222	312	192	137	174		

参考文献

一、中文文献

（一）学术著作

［1］《民族问题五种丛书》云南省编辑委员会. 怒族社会历史调查（一）［G］. 昆明：云南人民出版社，1981.

［2］云南省编辑组，《中国少数民族社会历史调查资料丛刊》修订编辑委员会. 中央访问团第二分团云南民族情况汇集（上）［G］. 北京：民族出版社，2009.

［3］《民族问题五种丛书》云南省编辑委员会. 独龙族社会历史调查（一）［G］. 昆明：云南民族出版社，1981.

［4］云南省编辑组. 独龙族社会历史调查（二）［G］. 昆明：云南民族出版社，1985.

［5］《民族问题五种丛书》云南省编辑委员会，《中国少数民族社会历史调查资料丛刊》修订编辑委员会. 独龙族社会历史调查（一）［G］. 北京：民族出版社，2009.

［6］《民族问题五种丛书》云南省编写组，《中国少数民族社会历史调查资料丛刊》修订编辑委员会. 独龙族社会历史调查（二）［G］. 北京：民族出版社，2009.

［7］国家民委《民族问题五种丛书》编辑委员会，《中国民族问题资料·档案集成》编辑委员会. 中国民族问题资料·档案集成《民族问题五种丛书》及其档案汇编：第5辑［G］. 北京：中央民族大学出版社，2005.

［8］蔡家麒. 独龙族社会历史综合考察报告：第一集［R］. 昆明：云南省民族研究所，1983.

［9］平措次仁，陈家琎. 西藏地方志资料集成：第二集［G］. 北京：中国藏学出版社，1997.

［10］陈庆英，高淑芬. 西藏通史［M］. 郑州：中州古籍出版社，2003.

［11］（清）鄂尔泰. 云南通志：卷二十四［M］. 刻本. 清乾隆元年（1736年）.

[12] 方国瑜. 云南史料丛刊：第十二卷［G］. 徐文德, 木芹, 郑志惠, 纂录校订. 昆明：云南大学出版社, 2001.

[13] 贡山独龙族怒族自治县志编纂委员会. 贡山独龙族怒族自治县志［M］. 北京：民族出版社, 2006.

[14] 贡山县政协文史资料委员会. 贡山文史资料：第一辑［G］. 1986.

[15]（清）管学宣. 丽江府志略：上卷［M］//中国地方志集成·云南府县志辑. 刻本之抄本. 清乾隆八年（1743年）.

[16] 何炳臣. 维西县治稿［M］. 抄本. 1932.

[17] 胡吉庐. 西康疆域溯古录［M］. 台北：台湾商务印书馆, 1963.

[18] 政协怒江州委员会文史资料委员会. 独龙族［G］. 德宏：德宏民族出版社, 1999.

[19] 方国瑜. 云南史料丛刊：第十卷［G］. 徐文德, 木芹, 郑志惠, 纂录校订. 昆明：云南大学出版社, 2001.

[20] 李根源. 永昌府文征：卷二十八、二十九［M］. 校注本. 杨文虎, 陆卫先. 昆明：云南美术出版社, 2001.

[21] 李生庄. 云南第一殖边区域内之人种调查［G］//云南边地问题研究：上卷. 昆明：云南省立昆华民众教育馆, 1933.

[22] 方国瑜. 云南史料丛刊：第五卷［G］. 徐文德, 木芹, 郑志惠, 纂录校订. 昆明：云南大学出版社, 1998.

[23]（清）倪蜕, 辑. 滇云历年传［M］. 李埏, 校点. 昆明：云南大学出版社, 1992.

[24] 怒江州志办公室. 怒江旧志［M］. 1998.

[25] 怒江傈僳族自治州地方志编纂委员会. 怒江傈僳族自治州志［M］. 北京：民族出版社, 2006.

[26]（清）清职贡图：卷一百八十五［M］. 刻本. 道光十五年（1835年）.

[27]（清）清实录·高宗纯皇帝实录：卷四百三十七［M］.

[28] 任乃强. 西康图经［M］. 拉萨：西藏藏文古籍出版社, 2000.

[29] 西藏社会历史调查资料丛刊编辑组. 藏族社会历史调查（四）［G］. 拉萨：西藏人民出版社, 1989.

[30]（唐）樊绰. 云南志补注［M］. 木芹, 补注. 昆明：云南人民出版社, 1995.

[31] 尹明德, 杨斌铨, 王继先, 等. 滇缅北段界务调查报告［R］//杨文虎, 陆卫先. 永昌府文征. 校注本. 昆明：云南美术出版社, 2001.

[32] 尹明德. 云南北界勘查记［M］. 台北：成文出版社有限公司, 1974.

[33] 杨世荣. 独龙族牛耕的开始［G］//政协怒江州委员会文史资料委员会. 独龙族. 德宏：德宏民族出版社, 1999.

[34] 云南省编辑组. 云南少数民族社会历史调查资料汇编：三［G］. 昆明：

云南人民出版社，1987.

[35] 云南省地方志编纂委员会. 云南省志（卷六十六）宗教志［M］. 昆明：云南人民出版社，1995.

[36] 云南日报记者部. 三江并流流向世界［M］. 昆明：云南民族出版社，2006.

[37] 云南府县志辑：中国地方志集成［G］. 南京：凤凰出版社，2009.

[38] 中共云南省委党史研究室. 云南民族"直过区"经济社会发展研究资料汇编［G］. 昆明：云南民族出版社，2006.

[39] 陶云逵. 俅江纪程［G］//西南边疆（1941—1942）：第12~14期. 成都：成都西南边疆研究社，1942.

[40] 任乃强. 西藏自治与康藏划界［G］//徐丽华，李德龙. 中国少数民族旧期刊集成. 北京：中华书局，2006.

[41] 陶云逵. 几个藏缅语系土族的创世故事［G］//边疆研究论丛. 南京：金陵大学中国文化研究所，1942—1945.

[42]（墨）阿图洛·瓦尔曼. 玉米和资本主义：一个实现了全球霸权的植物杂种的故事［M］. 谷晓静，译. 上海：华东师范大学出版社，2005.

[43]（美）埃里克·沃尔夫. 欧洲与没有历史的人民［M］. 赵丙祥，刘传珠，杨玉静，译. 上海：上海人民出版社，2006.

[44]（法）爱米尔·杜尔凯姆. 自杀论［M］. 钟旭辉，马磊，林庆新，译. 杭州：浙江人民出版社，1988.

[45]（法）爱弥尔·涂尔干. 宗教生活的基本形式［M］. 渠东，汲喆，译. 上海：上海人民出版社，1999.

[46]（英）埃文思·普里查德. 努尔人［M］. 褚建芳，阎书昌，赵旭东，译. 北京：华夏出版社，2001.

[47] 包路芳. 社会变迁与文化调适——游牧鄂温克社会调查研究［M］. 北京：中央民族大学出版社，2006.

[48] 蔡家麒. 藏彝走廊中的独龙族社会历史考察［M］. 北京：民族出版社，2008.

[49] 何大明，李恒. 独龙江和独龙族综合研究［G］. 昆明：云南科学技术出版社，1996.

[50] 吕大吉，何耀华. 中国各民族原始宗教资料集成［G］. 北京：中国社会科学出版社，2000.

[51] 陈庆德. 资源配置与制度变迁：人类学视野中的多民族经济共生形态［M］. 昆明：云南大学出版社，2001.

[52]（法）埃米尔·迪尔凯姆. 迪尔凯姆论宗教［M］. 周秋良，等，译. 北京：华夏出版社，1999.

[53] 多杰才旦. 西藏封建农奴制社会形态［M］. 北京：中国藏学出版社，

1995.
- [54] 方国瑜. 中国西南历史地理考释［M］. 北京：中华书局，1987.
- [55] 龚佩华. 景颇族山官制社会研究［M］. 广州：中山大学出版社，1988.
- [56] 西南民族历史研究集刊：2［G］. 昆明：云南大学西南边疆民族历史研究所，1981.
- [57] 高志英. 藏彝走廊西部边缘民族关系与民族文化变迁研究［M］. 北京：民族出版社，2010.
- [58] 高志英. 独龙族社会文化与观念嬗变研究［M］. 昆明：云南人民出版社，2009.
- [59] 格桑顿珠，纳麒. 云南民族地区发展报告（2003—2004）［M］. 昆明：云南大学出版社，2004.
- [60] 郭建斌. 独乡电视：现代传媒与少数民族乡村日常生活［M］. 济南：山东人民出版社，2005.
- [61] 郭建斌. 边缘的游弋——一个边疆少数民族村庄近60年变迁［M］. 昆明：云南人民出版社，2010.
- [62] 何国强. 围屋里的宗族社会：广东客家族群生计模式研究［M］. 南宁：广西民族出版社，2002.
- [63] 何国强. 政治人类学通论［M］. 昆明：云南大学出版社，2011.
- [64] 何群. 环境与小民族生存——鄂伦春文化的变迁［M］. 北京：社会科学文献出版社，2006.
- [65] 何大明，李恒. 独龙江和独龙族综合研究［M］. 昆明：云南科技出版社，1996.
- [66] 黄光学，施联朱. 中国的民族识别：56个民族的来历［M］. 北京：民族出版社，2005.
- [67] （日）今村仁司. 阿尔都塞：认识论的断裂［M］. 朱建科，译. 石家庄：河北教育出版社，2001.
- [68] （英）克里斯托夫·冯·菲尤勒-海门道夫. 在印度部落中生活：一位人类学家的自传［M］. 何国强，译. 香港：国际炎黄文化出版社，2009.
- [69] （英）克里斯托夫·冯·菲尤勒-海门道夫. 阿帕塔尼人和他们的邻族：喜马拉雅山东部的一个原始社会［M］. 吴泽霖，译. ［出版单位不详］，1980.
- [70] （英）卡尔·波兰尼. 大转型：我们时代的政治与经济起源［M］. 冯钢，刘阳，译. 杭州：浙江人民出版社，2007.
- [71] （英）埃德蒙·R. 利奇. 缅甸高地诸政治体系——对克钦社会结构的一项研究［M］. 杨春宇，周歆红，译. 北京：商务印书馆，2010.
- [72] （美）罗纳托·罗萨尔多. 伊隆戈人的猎头：一项社会与历史的研究

（1883—1974）［M］. 张经纬，黄向春，黄瑜，译. 北京：北京大学出版社，2012.

［73］（美）罗伯特·C. 尤林. 理解文化：从人类学和社会理论视角［M］. 何国强，译. 北京：北京大学出版社，2005.

［74］（美）罗伯特·C. 尤林. 陈年老窖：法国西南葡萄酒业合作社的民族志［M］. 何国强，魏乐平，译. 昆明：云南大学出版社，2012.

［75］（英）艾莉森·沃尔夫. 当代社会学理论：对古典理论的扩展［M］. 6版. 刘少杰，等，译. 北京：中国人民大学出版社，2008.

［76］李恒. 独龙江地区植物［M］. 昆明：云南科技出版社，1993.

［77］民族文学研究集刊：13［G］. 昆明：云南社会科学院，1999.

［78］李金明. 高山峡谷独龙家［M］. 昆明：云南大学出版社，2001.

［79］刘达成. 独龙族［M］. 北京：民族出版社，1998.

［80］吕昭义. 英帝国与中国西南边疆（1911—1947）［M］. 北京：中国藏学出版社，2001.

［81］林耀华. 民族学研究［M］. 北京：中国社会科学出版社，1985.

［82］云南省编辑组. 云南少数民族社会历史调查资料汇编：三［G］. 昆明：云南人民出版社，1987.

［83］林超民. 方国瑜文集：第1辑［G］. 昆明：云南教育出版社，2001.

［84］罗康隆. 文化适应与文化制衡：基于人类文化生活的思考［M］. 北京：民族出版社，2007.

［85］熊清华，施晓春. 高黎贡山研究文丛（第二卷）高黎贡山民族与生物多样性保护研究［G］. 北京：科学出版社，2006.

［86］（美）卢克·拉斯特. 人类学的邀请［M］. 王媛，徐默，译. 北京：北京大学出版社，2008.

［87］（美）路易斯·亨利·摩尔根. 美洲土著的房屋和家庭生活［M］. 李培茱，译. 北京：中国社会科学出版社，1985.

［88］（法）马塞尔·莫斯. 礼物：古式社会中交换的形式与理由［M］. 汲喆，译. 上海：上海人民出版社，2002.

［89］（英）马林诺夫斯基. 西太平洋的航海者［M］. 梁永佳，李绍明，译. 北京：华夏出版社，2001.

［90］马克思，恩格斯. 马克思恩格斯文选：第1卷［G］. 北京：人民出版社，2009.

［91］马克思，恩格斯. 马克思恩格斯全集：第22卷［G］. 北京：人民出版社，1965.

［92］马克思. 资本论：第一卷［G］. 中共中央马克思恩格斯列宁斯大林著作编译局，译. 北京：人民出版社，2004.

［93］毛泽东文集：第七卷［G］. 北京：人民出版社，1999.

[94] 马世来，马晓峰，石文英. 中国兽类踪迹指南［M］. 北京：中国林业出版社，2001.

[95] （美）马歇尔·萨林斯. 石器时代经济学［M］. 张经纬，郑少雄，张帆，译. 北京：生活·读书·新知三联书店，2009.

[96] （美）马维·哈里斯. 人·文化·生境［M］. 许苏明，编译. 太原：山西人民出版社，1989.

[97] 马曜. 云南简史［M］. 昆明：云南人民出版社，1983.

[98] （法）皮埃尔·布迪厄. 实践感［M］. 蒋梓骅，译. 南京：译林出版社，2003.

[99] 斯陆益. 傈僳族文化大观［M］. 昆明：云南民族出版社，1999.

[100] （美）斯图尔德. 文化变迁的理论［M］. 张恭启，译. 台北：远流出版事业公司，1990.

[101] 宋恩常. 云南少数民族研究文集［M］. 昆明：云南人民出版社，1986.

[102] （挪威）托马斯·许兰德·埃里克森. 小地方，大论题：社会文化人类学导论［M］. 北京：商务印书馆，2008.

[103] 田汝康. 芒市边民的摆［M］. 昆明：云南人民出版社，2008.

[104] 田雪原. 中国民族人口：三［M］. 北京：中国人口出版社，2005.

[105] （美）托马斯·C. 帕特森. 马克思的幽灵：和考古学家会话［M］. 何国强，译. 北京：社会科学文献出版社，2011.

[106] 王恒杰. 迪庆藏族社会史［M］. 北京：中国藏学出版社，1995.

[107] 王明珂. 羌在汉藏之间［M］. 北京：中华书局，2008.

[108] 吴飞. 火塘·教堂·电视——一个少数民族社区的社会传播网络研究［M］. 北京：光明日报出版社，2008.

[109] 吴飞. 浮生取义：对华北某县自杀现象的文化解读［M］. 北京：中国人民大学出版社，2009.

[110] 杨福泉. 纳西族与藏族历史关系研究［M］. 北京：民族出版社，2005.

[111] 杨将领，李金明，曾学光. 独龙族［M］. 北京：中国水利水电出版社，2004.

[112] 杨毓骧. 伯舒拉岭雪线下的民族［M］. 昆明：云南大学出版社，2000.

[113] 杨毓骧，杨奇威. 雪域下的民族［M］. 昆明：云南教育出版社，2008.

[114] 杨庭硕，罗康隆，潘盛之. 民族文化与生境［M］. 贵阳：贵州人民出版社，1992.

[115] 伊伟先. 明代藏族史研究［M］. 北京：民族出版社，2000.

[116] 尹善龙. 风流高黎情报告文学集［M］. 昆明：云南大学出版社，

2002.

[117] 尹绍亭. 远去的山火——人类学视野中的刀耕火种 [M]. 昆明: 云南人民出版社, 2008.

[118] 西南民族历史研究集刊: 5 [G]. 昆明: 云南大学西南边疆民族历史研究所, 1984.

[119] (英) 约翰·格莱德希尔. 权力及其伪装: 关于政治的人类学视角 [M]. 赵旭东, 译. 北京: 商务印书馆, 2011.

[120] (美) 詹姆斯·C. 斯科特. 国家的视角 [M]. 修订版. 王晓毅, 译. 北京: 社会科学文献出版社, 2011.

[121] (美) 詹姆斯·C. 斯科特. 农民的道义经济学: 东南亚的反叛与生存 [M]. 程立显, 等, 译. 南京: 译林出版社, 2001.

[122] (美) 詹姆斯·C. 斯科特. 弱者的武器 [M]. 2版. 郑广怀, 张敏, 何江穗, 译. 南京: 译林出版社, 2011.

[123] 张桥贵. 独龙族文化史 [M]. 昆明: 云南民族出版社, 2000.

[124] 赵伯乐. 新编怒江风物志 [M]. 昆明: 云南人民出版社, 2000.

[125] 赵世铎, 韩俊彦. 养牛问答 [M]. 沈阳: 辽宁科学技术出版社, 1985.

[126] 赵心愚. 纳西族与藏族关系史 [M]. 成都: 四川人民出版社, 2004.

[127] 朱永祥. 实用地膜覆盖栽培技术 [M]. 成都: 四川科学技术出版社, 1987.

[128] (法) 施蒂恩·格罗斯. 19—20世纪滇西北盐、牛及奴隶的交换与政治 [G]. 尼玛扎西, 彭文斌, 刘源, 译//罗布江村. 康藏研究新思路: 文化、历史与经济发展. 北京: 民族出版社, 2008.

[129] 严德一. 俅子——传说父辈尚为有巢氏之民 [G] //李绍明, 程贤敏. 西南民族研究论文选. 成都: 四川大学出版社, 1991.

(二) 学术论文

[1] 陈庆德, 潘春梅. 经济人类学视野中的交换 [J]. 民族研究, 2010 (2).

[2] 费孝通. 关于我国的民族识别问题 [J]. 中国社会科学, 1980 (1).

[3] 费孝通. 中华民族的多元一体格局 [J]. 北京大学学报: 哲学社会科学版, 1989 (4).

[4] 费孝通. 民族生存与发展: 第六届社会学人类学高级研讨班上的演讲 [J]. 西北民族研究, 2002 (1).

[5] 高应新. 独龙族聚居区农牧业开发 [J]. 山地研究, 1995 (4).

[6] 高志英. 唐至清代傈僳族、怒族流变历史研究 [J]. 学术探索, 2004 (8).

[7] 高志英. 独龙女文面的文化阐释 [J]. 西南民族大学学报: 人文社会科学版, 2010 (2).

[8] 何国强, 周云水, 魏乐平, 等. 贡山独龙族怒族体质特征研究 [J]. 黔南民族医专学报, 2009 (1).

[9] 何翠萍, 魏捷兹, 黄淑莉. 论 James Scott 高地东南亚新命名 Zomia 的意义与未来 [J]. 历史人类学学刊, 2011 (1).

[10] 侯高远. 独龙族社会经济发展研究 [J]. 中央民族大学学报, 2002 (4).

[11] 黄淑娉. 论环状联系婚与母方交错表婚 [J]. 中央民族学院学报, 1987 (3).

[12] 李金明. 生态保护、民族生计可持续发展问题研究 [J]. 云南社会科学, 2008 (3).

[13] 李金明. 独龙族文化保护面临的问题及对策研究 [J]. 独龙族研究学会通讯, 2010 (1).

[14] 凌纯声. 中国边政改革刍议 [J]. 边政公论, 1947, 6 (1).

[15] 刘达成. 寻根溯源 "释" 独龙 [J]. 大理学院学报, 2009 (9).

[16] 刘军. 独龙族文面初探 [J]. 中央民族大学学报: 哲学社会科学版, 2007 (6).

[17] 麻国庆. 开发、国家政策与狩猎采集民社会的生态与生计——以中国东北大小兴安岭地区的鄂伦春族为例 [J]. 学海, 2007 (1).

[18] 钱宁. 云南边疆少数民族信仰基督教的社会历史原因分析 [J]. 中南民族学院学报: 哲学社会科学版, 1998 (3).

[19] 秦和平. 20 世纪初清政府对西藏察隅等地查勘及建制简述 [J]. 中国边疆史地研究, 2009 (1).

[20] 申旭. 藏彝民族走廊与茶马古道 [J]. 西藏研究, 1999 (1).

[21] (法) 施蒂恩. 缺少的分享: 喜马拉雅东部 (中国云南西北部) 作为 "整体社会事实" 的分享的仪式语言 [J]. 周云水, 译. 青海民族研究, 2009 (3).

[22] (法) 施蒂恩·格罗斯. 族名政治: 云南西北部独龙族的识别 [J]. 周云水, 译. 世界民族, 2010 (4).

[23] (美) 谢丽·奥特纳. 20 世纪下半叶的欧美人类学理论 [J]. 何国强, 译. 青海民族研究, 2010 (2).

[24] 杨鹤书, 陈启新. 独龙族父系氏族中的家庭公社试析 [J]. 文物, 1976 (8).

[25] 杨将领, 李金明. 中、缅跨界独龙族: 自称与他称释义 [J]. 世界民族, 2010 (4).

[26] 严德一. 中印公路之经济地理 [J]. 边政公论, 1947, 6 (2).

[27] 杨征东. 德钦日记 [J]. 边疆文化 (鹤庆), 1943.

[28] 尹善龙. 山高水长隔不断: 中共云南省委书记令狐安徒步深入独龙江乡

调研散记［J］. 民族工作, 1998 (1).

［29］郑连斌, 陆舜华, 许渤松, 等. 中国独龙族与莽人的体质特征［J］. 人类学学报, 2008 (4).

［30］庄孔韶. 可以找到第三种生活方式吗？［J］. 社会科学, 2000 (7).

［31］周国雁, 伍少云, 胡忠荣, 等. 独龙族农业生物资源及其传统知识调查［J］. 植物遗传资源学报, 2011 (6).

（三）学位论文

［1］郭建斌. 电视下乡：社会转型期大众传媒与少数民族社区［D］. 上海：复旦大学新闻学院, 2003.

［2］卢成仁. 群观：娃底傈僳人的人群结合与观念研究［D］. 广州：中山大学社会学与人类学学院, 2011.

［3］王天玉. 论多偶婚制度下藏族妇女的角色与地位：以滇西北德钦县尼村为例［D］. 广州：中山大学社会学与人类学学院, 2012.

［4］周云水. 独龙族社会结构变迁研究［D］. 广州：中山大学社会学与人类学学院, 2011.

二、英文文献

［1］Barth Fredrik. Ecologic relationships of ethnic group in Swat North Pakistan［J］. American Anthropologist, 1956 (58)：1079 - 1089.

［2］Barth. On the study of social change［J］. American Anthropologist, 1967 (69)：661 - 669.

［3］Barnard, Alan. Contemporary hunter-gatherers：current theoretical issues in ecology and social organization［J］. Annual Review of Anthropology, 1983 (12)：193 - 214.

［4］Bennett J W. The ecological transition［M］. Oxford：Pergamon Press, 1976.

［5］Cohen Y A. Culture as adaptation［M］//Cohen Y A. Man in adaptation：the cultural present. 2nd ed. Chicago：Aldine, 1974b：45 - 68.

［6］Douglas M. Deciphering a meal［M］//Clifford Geertz. Myth, symbol and culture. New York：W. W. Norton, 1971.

［7］Friedman J. Marxism, structuralism and vulgar materialism［J］. Man (n. s.), 1974 (9)：444 - 469.

［8］Gros S. A sense of place：the spatial referent in the definition of identities and territories in the Dulong Valley (northwest Yunnan, China)［M］//Culas C, Robinne F. Inter-ethnic dynamics in Asia：considering the other through ethnonyms, territories and rituals. London：Routledge, 2010.

［9］Kuper A. Anthropology and anthropologists：the modern British school［M］.

London: Routledge, 1983.

[10] Hardesty D. Ecological anthropology [M]. New York: John Wiley & Sons, 1977.

[11] Richard B. Twenty-first century indigenism [J]. Anthropological Theory, 2006 (6): 455-479.

[12] Levi-Strauss C. The elementary structures of Kinship [M]. London: Eyre & Spottiswoode, 1969.

[13] Morrison K D, Junker L. Forager-traders in South and Southeast Asia: long-term histories [M]. Cambridge: Cambridge University Press, 2002.

[14] Max W. The critique of stammler [M]. New York: Free Press, 1977.

[15] Fortier J. Kings of the forest: the cultural resilience of Himalayan hunter-gatherers [M]. Honolulu: University of Hawaii Press, 2009.

[16] Wilk R R, Lisa C. Cliggett, economic and culture [M]. Colorado: Westview Press, 2007.

[17] Scott J C. The art of not being governed: an anarchist history of upland Southeast Asia [M]. New Haven & London: Yale University Press, 2009.

[18] Stein G J. Rethinking world-systems: diasporas, colonies and interaction in Uruk Mesopotamia [M]. Tucson, A Z: University of Arizona Press, 1999.

[19] Tharakan C G. The mixed economy of the South Indian Kurumbas [J]. Ethnology, 2003 (42): 323-334.

[20] Wallace, Anthony F C. Religion: an anthropological view [M]. New York: Random House, 1966.

[21] Winzeler R L. The peoples of Southeast Asia today: ethnography, ethnology, and change in a complex region [M]. New York: Altamira Press, 2011.

[22] Wallerstein I. The capitalist world-economy [M]. Cambridge: Cambridge University Press, 1993.

后　　记

　　高山、峡谷终究阻挡不了人类历史前进的脚步，高黎贡山上正在修建的隧道有望在一年后通车，从此居住在独龙江的人们不再担心为大雪所阻隔了。只有亲身经历过的人才会明白，虽然这只是中缅边界山区正在发生的一个小变化，但对独龙族人来说是前所未有的机遇，他们的生活每天都在变化。出于对这一段边界山区的"变化"和"发展"的好奇与思考，笔者才有了本书写作的动机。笔者将这些变化中的人和物放到了边疆社会历史的情境之下，探究一个被认为极度"贫困"和"封闭"的民族如何生存和发展直至今天的动力模式，并在指导老师何国强教授的鼓励和指导下，完成了本书的写作。在这里，首先感谢何老师给予无私的帮助。本书是由张劲夫和罗波共同完成的，具体分工情况如下：张劲夫负责全书的统筹、写作提纲及研究主旨的确定；罗波参与一次田野调查并完成了第一章的撰写工作，其余章节皆由张劲夫负责完成。由于笔者学识尚浅、理论修养有限，书中难免出现不足和错误，希望广大读者给予批评指正。

　　本书中使用的大部分材料来源于笔者在田野点的亲身经历和访谈。对于一个边远山区的田野工作者来说，得知该书即将出版，感激之情溢满心怀。首先浮现于脑海的是那些给了笔者无私帮助的村民，特别是察瓦龙藏族小朋友桑珠和房东阿沃顿珠一家，独龙江迪政当村的李林高、陈永强，还有很多真诚而友善的朋友，请原谅这里不能一一具名道谢。在独龙江的生活和经历，让笔者感受到了独龙族人迫切改变现状的心情，他们精彩的奋斗生活，非本书笔墨所能完整书写，笔者相信勤劳的独龙族人民很快能实现美好的愿望。此外，不得不提及一位给笔者田野过程带来无限鼓舞和精神力量的老人，他就是云南民族研究所的退休研究员杨毓骧先生。杨老年轻时曾参加过中缅抗日远征军，并于20世纪50年代投身到云南民族调查和研究事业中，勤勤恳恳、默默无闻地在云南少数民族山区进行调查工作，直到退休了才回到昆明的妻儿身边。30年前，年近六旬的他不怕艰险，翻山越岭，走马道、过沙石流，深入中缅边界独龙江、西藏察瓦龙开展独龙族历史文化调查。30年后，当笔者向杨老当面请教时，他很平静地告诉笔者："作为一名老兵，不怕辛苦和危险，只想着要完成调查任务。"当时带队的调查组长蔡家麒教授回忆说："我们调查独龙江之后，考虑到杨老师的年纪，开始并不同意他再去察瓦龙调查，但是他意志坚定,坚持原计划不变,后来安排了独龙族向导与他一同去。"① 后来在察瓦龙沙石流地遇到了危险,就像杨老本人说的:"当时身子陷在沙石流中,要不是独龙族向导奋力抢救,我以为回不来了。"靠着这种无畏的精神,杨老成为第一个到察瓦龙进行历史文化考察的民族学者。退休之后,杨老仍笔耕不辍,还在整理以前调查的资料。他对事业的执着和献身精神,深深地鼓舞了笔者。

在本书的写作过程中,笔者还得到另外很多人的帮助。感谢黄淑娉教授多年来对笔者学习成长的关心,并多次赠阅藏文资料用于参考。感谢香港科技大学华南研究中心的廖迪生、张兆和、马健雄和黄永豪及其他工作人员,无论在物质上还是在学习上他们都为笔者提供了很多帮助;特别是马健雄博士,从初中开始,笔者成长的每一个阶段都得到了他的鼓励和引导。感谢香港中文大学的科大卫教授和历史系提供经费,让笔者有机会进入香港科技大学进行为期1个月的访学,这为笔者修改书稿提供了良好的工作环境。

感谢中山大学出版社副编审嵇春霞女士,她的耐心和一丝不苟的工作态度,为本书增色不少,也使本书的文字更加流畅和通顺。

最后感谢父母和家人一直以来对笔者的默默支持和关心。在外游学多年,一直未能尽孝,愧疚之情无以言表。在此也特别感谢妻子温美珍,她的豁达宽容,她的理解支持,让笔者一路前行、不断前进。

张劲夫
2013 年 9 月

---

① 私人交流,2009 年 12 月 11 日于昆明。